IGNACIO LARRAÑAGA

EL HERMANO DE ASÍS
Vida profunda de san Francisco

XII Edición

SAN PABLO

Primera Edición, 1989

Puede imprimirse
Juan Manuel Galaviz H., SSP
Provincial de la Sociedad de San Pablo
México, D.F., 7-I-1990

Nada obsta
Heriberto Jacobo M., Censor
México, D.F., 23-I-1990

Primera edición, 1990
12ª edición, 2009

Calle Alba 1914 - San Pedrito, Tlaquepaque, Jal.

Impreso y hecho en México
Printed and made in Mexico

ISBN: 978-970-685-009-6

A Francisco de Asís
en el Octavo Centenario
de su nacimiento

El Autor

Capítulo Primero

AMANECE LA LIBERTAD

A pesar de todo, regresaba tranquilo. Tenía motivos para sentirse abatido, pero, contra todo lo esperado, una extraña serenidad inundaba su rostro, y a sus ojos asomaba un *no sé qué*, semejante a la paz de un sueño alcanzado o un amanecer definitivo.

En aquella noche habían saltado todos los quicios, y sus sueños descansaban ahora sobre un nuevo centro de gravedad. Todo había cambiado como si el mundo hubiera dado aquella noche un repentino giro de ciento ochenta grados. Entre las nieblas matinales que se extendían sobre el valle desde Espoleto hasta Perusa, el hijo de Bernardone cabalgaba, en paz, hacia su casa. Estaba dispuesto a todo, y por eso se sentía libre y feliz.

Se la ha llamado la noche de Espoleto. No obstante, contra lo que parece y se dice, no comienza en esta noche la aventura franciscana, sino que, al contrario, aquí culmina una larga carrera de obstáculos en que hubo insistencias de parte de la Gracia y resistencias de parte del joven soñador. En esta noche se rindió nuestro combatiente.

* * *

Nada se improvisa en la vida de un hombre. El ser humano es siempre hijo de una época y un ambiente, como lo son los árboles y las plantas. Un abeto no crece en las selvas tropicales ni un ceibo en las cumbres nevadas. Si en la cadena de las generaciones surge un alto exponente humano, no brota de improviso como los hongos en las montañas.

Nuestra alma es recreada a imagen y semejanza de los ideales que gravitan a nuestro alrededor, y nuestras raíces se alimentan, como por ósmosis y sin darnos cuenta, de la atmósfera de ideas que nos envuelve. Si queremos saber quién es un hombre, miremos a su derredor. Es lo que llaman entorno vital.

Al asomarse al mundo por la ventana de su juventud, el hijo de Bernardone se encontró con un cuadro de luces y sombras. Las llamas de la guerra y los estandartes de la paz, los deseos de reforma y la sed de dinero, todo estaba mezclado en la más contradictoria fusión. Si queremos desvelar el misterio de Francisco de Asís, siquiera unos segmentos –y es eso lo que pretende este libro–, comencemos por observar qué sucede a su alrededor.

Entorno vital

Los nacionalistas *güelfos* se aliaban una y otra vez, entre sí mismos y con el Pontificado, para expulsar a los imperialistas del Sacro Imperio Germánico. Los *gibelinos* eran lo que hoy llamamos colaboracionistas, y los *güelfos* pertenecían a lo que hoy se llama *oposición*.

Hacía un siglo que había tenido lugar la penitencia de *Canossa*. Durante tres días y tres noches permaneció descalzo el emperador Enrique IV de Sajonia junto a los muros del castillo de Canossa, en la Toscana, vestido con la túnica gris de los penitentes, antes de que el Papa Hildebrando (Gregorio VII) le levantara la excomunión.

Fue el vértice de una crisis en la larga hostilidad planteada entre el Pontificado y el Imperio, y también el momento álgido en la *querella de las investiduras*, por la que el Papa reclamaba el derecho de elegir los dignatarios eclesiásticos, ya que los obispos y abades recibían solemnemente de mano de los príncipes no sólo las tierras y bienes sino también el báculo y el anillo. Naturalmente, la cosa no era tan simple como a primera vista parece. Detrás de los báculos y anillos se agitaba un mundo de intereses y ambiciones terrenales.

En cinco expediciones asoladoras el emperador Barbarroja había sembrado el pánico entre las ciudades itálicas. Unos años antes de nacer Francisco, las había emprendido el emperador con particular saña contra el condado de Asís, en cuyo recinto entró victorioso, recibiendo el homenaje de los señores feudales y poniendo la bota imperial sobre la plebe levantisca y humillada.

Al alejarse, dejó como lugarteniente al aventurero Conrado de Suabia para mantener sumiso al pueblo rebelde. Los aristócratas de Asís, aprovechando esta protección imperial, oprimieron a los *siervos de la gleba* con nuevas y duras exigencias, unciéndolos al carro del vasallaje del que se habían apeado anteriormente.

Francisco nació en estos momentos en que la villa se mantenía vigilada por Conrado desde la formidable fortaleza de la *Rocca,* erguida amenazadoramente en lo alto de la ciudad. En este contorno transcurrió la infancia de Francisco.

Es una época amasada de contrastes y sumamente movida. Las alianzas se anudan y desanudan con la inconsistencia de las palabras escritas en el agua; suben y bajan las pequeñas repúblicas y los grandes señoríos; hoy el emperador pide protección al Papa, y mañana lo depone o le contrapone un antipapa o entra a fuego por los muros de Roma.

La serpiente de la ambición levanta su cabeza en las torres almenadas de los castillos, en los palacios lateranenses y en las fortalezas imperiales; las llamas siempre estaban de pie al viento; las cruzadas se parecen a un turbión que arrastra, en desatada mezcla, la fe y el aventurerismo, la devoción y la sed de riqueza, la piedad con el Crucificado y la impiedad con los vencidos...

* * *

Al subir al pontificado Inocencio III, personalidad de gran empuje y alto corazón, las ciudades italianas levantaron cabeza exigiendo independencia, reclamando justicia y, en algunos casos, alzando el puño de la venganza. La rebeldía se extendió como ciego vendaval por toda la Italia central. En el condado de Asís, la revolución alcanzó alturas singulares. Era la primavera de 1198. Cuando el pueblo se enteró de que Conrado se había sometido en Narni a las exigencias del Papa, los asisienses subieron a la *Rocca* y, en el primer asalto, desmelenaron el soberbio bastión, sin dejar piedra sobre piedra.

Y con gran celeridad levantaron una sólida muralla alrededor de la ciudad con el material de la *Rocca* desmantelada. Así se erigió la república de Asís, independiente del emperador y del Papa. Francisco tenía a la sazón 16 años.

Las llamas de la venganza se encendieron por todas partes, atizadas por la ira popular, en contra de los opresores feudales. Ardieron sus castillos en el valle umbro, estallaron las torres almenadas, fueron saqueadas las casas señoriales, y los nobles tuvieron que refugiarse en la vecina Perusa. Entre los fugitivos se contaba una preadolescente de unos doce años llamada Clara.

Los nobles asisienses refugiados pidieron auxilio a la eterna rival, Perusa, en contra del populacho asisiense que los había expulsado. Después de varios años de parlamentos, ofertas y amenazas, se dirimió el combate bélico en los alrededores de Ponte San Giovanni, lugar equidistante entre Perusa y Asís. Era el verano de 1203.

Aquí participa Francisco, que a la sazón tenía 20 años.

Así asoma a la historia el hijo de Bernardone: peleando en una escaramuza comunal a favor de los humildes de Asís. Los combatientes de Asís fueron completamente derrotados, y los más acaudelados fueron tomados como rehenes y deportados a la prisión de Perusa.

Ahí tenemos a Francisco hecho prisionero de guerra en las húmedas mazmorras de Perusa.

Los castillos amenazan ruina

Francisco era demasiado joven para absorber sin pestañear aquel golpe. A los veinte años, el alma del joven es una ánfora frágil. Basta el golpe de una piedrecita, y la ánfora se desvanece como un sueño interrumpido. Es el paso del tiempo y del viento lo que da consistencia al alma.

Uno tiene la impresión de que los biógrafos contemporáneos pasan como volando por encima de los años de conversión de Francisco. Igual que los periodistas, los cronistas nos entregaron anécdotas. Pero, al parecer, no presenciaron o, al menos, no nos transmitieron el drama interior que origina y explica aquellos episodios. Nada nos dicen de su conversión hasta la *noche de Espoleto*. Sin embargo, en esta noche cayó la fruta porque estaba ya madura.

Para mí, en estos once largos meses de encierro e inactividad comienza el *tránsito de Francisco*. Para construir un mundo, otro mundo tiene que desmoronarse anteriormente. Y no hay granadas que arranquen de raíz una construcción; los edificios humanos mueren piedra a piedra. En la prisión de Perusa comienza a morir el hijo de Bernardone y a nacer Francisco de Asís.

Zeffirelli nos ofreció un bellísimo filme, *Hermano sol, Hermana luna*. Pero tampoco ahí se nos desvela el misterio. Nada se nos insinúa de los impulsos profundos que dan origen a tanta belleza. La película se parece a un mundo mágico que, de improviso, emergiera nadie sabe de dónde ni cómo. Es como imaginar el despegue vertical de un avión sin reactores. Nadie, salvo un masoquista químicamente puro, hace lo que Francisco en esas escenas: someterse a una existencia errante presentando un rostro feliz a las caras agrias, con la frente erguida ante las lluvias y las nieves, dulzura en la aspereza, alegría en la pobreza... Todo eso presupone una fuerte capacidad de reacción, que no aparece en la película, y un largo caminar en el dolor y la esperanza; presupone, en una palabra, el paso transformante de Dios por el escenario de un hombre.

La Gracia no hace estallar fronteras. Nunca se vio que el mundo amanezca, de la noche a la mañana, vestido de primavera. El paso de un mundo a otro lo hizo Francisco lentamente, a lo largo de dos o tres años y no fue un estallido repentino sino una transición progresivamente armoniosa, sin dejar de ser dolorosa. Todo comenzó, según me parece, en la cárcel de Perusa.

* * *

En toda transformación hay primeramente un despertar. Cae la ilusión y queda la desilusión, se desvanece el engaño y queda el desengaño. Sí; todo despertar es un desengaño, desde las *verdades fundamentales* del principe Sakkiamuni (Buda) hasta las convicciones del *Eclesiastés*. Pero el desengaño puede ser la primera piedra de un mundo nuevo.

Si analizamos los comienzos de los grandes santos, si observamos las transformaciones espirituales que ocurren a nuestro derredor, en todos ellos descubriremos, como paso previo, un despertar: el hombre se convence de que toda la realidad es efímera y transitoria, de que nada tiene solidez, salvo Dios.

En toda adhesión a Dios, cuando es plena, se esconde una búsqueda inconsciente de trascendencia y eternidad. En toda salida decisiva hacia el Infinito palpita un deseo de libertarse de la opresión de toda limitación y, así, la conversión se transforma en la suprema liberación de la angustia.

El hombre, al despertar, se torna en un *sabio*: sabe que es locura absolutizar lo relativo y relativizar lo absoluto; sabe que somos buscadores innatos de horizontes eternos y que las realidades humanas sólo ofrecen marcos estrechos que oprimen nuestras ansias de trascendencia, y así nace la angustia; sabe que la criatura termina "ahí" y no tiene ventanas de salida y, por eso, sus deseos últimos permanecen siempre frustrados; y sobre todo sabe que, a fin de cuentas, sólo Dios vale la pena, porque sólo Él ofrece cauces de canalización a los impulsos ancestrales y profundos del corazón humano.

* * *

En la cárcel de Perusa *despertó* Francisco. Allí comenzó a cuartearse un edificio. ¿Qué edificio? Aquel soñador había detectado, como un sensibilísimo *radar*, los sueños de su época, y sobre ellos y con ellos había proyectado un mundo amasado con castillos almenados, espadas fulgurantes abatiendo enemigos: los caballeros iban a los campos de batalla bajo las banderas del honor para dar alcance a esa sombra huidiza que llaman *gloria;* con la punta de las lanzas se conquistaban los títulos nobiliarios, y en brazos de gestas heroicas se entraba en el templo de la *fama* y en las canciones de los rapsodas, igual que los antiguos caballeros del rey Arturo y los paladines del gran emperador Carlos. En una palabra, todos los caminos de la grandeza pasaban por los campos de batalla. Éste era el mundo de Francisco y se llamaba *sed de gloria.*

Persiguiendo esos fuegos fatuos había llegado nuestro joven soñador a las proximidades de Ponte San Giovanni. La primera ilusión degeneró en la primera desilusión, ¡y de qué calibre! Soñar en tan altas glorias y encontrarse con tan humillante derrota, y en el primer intento, ¡era demasiado! Y ahí mismo le esperaba Dios.

En los castillos levantados sobre dinero, poder y gloria no puede entrar Dios. Cuando todo resulta bien en la vida, el hombre tiende insensiblemente a centrarse sobre sí mismo, gran desgracia porque de él se apodera el miedo de perderlo todo, y vive ansioso, y se siente infeliz. Para el hombre, la desinstalación es, justamente, *su salvación*.

Por eso, a Dios Padre, si quiere salvar a su hijo arropado y dormido sobre el lecho de la gloria y el dinero, no le queda otra salida que darle un buen empujón. Al hundirse un mundo, queda flotando una espesa polvareda que deja confuso al hijo. Pero, al posarse el polvo, el hijo puede abrir los ojos, despertar, ver clara la realidad y sentirse libre.

Eso le sucedió al hijo de doña Pica. En el llano de Ponte San Giovanni se vinieron al suelo sus castillos en el aire. En el primer momento, como siempre sucede, el muchacho, envuelto en la polvareda, sintió confusión. Pero, al llegar al presidio, en la medida en que fue pasando el tiempo y el polvo se desvanecía, el hijo de doña Pica, como otro Segismundo, comenzó a ver claro: todo es inconsistente como un sueño.

Era demasiado, para un joven sensible e impaciente, permanecer inactivo entre los muros de una cárcel, mascando la hierba amarga de la derrota. En un cautiverio hay demasiado tiempo para pensar. Allí no hay novedades que distraigan. Sólo queda flotando, como realidad única y oprimente, la derrota.

Por otra parte, nuestro muchacho no se escapó de la psicología de los cautivos. El cautivo, igual que el preso político, vive entre la incertidumbre y el temor: no sabe cuántos meses o años permanecerá recluido en la prisión, ni cuál habrá de ser el curso de los acontecimientos políticos, ni qué será de su futuro. Sólo sabe que ese futuro queda pendiente de un *podestá* arbitrario o de una camarilla hostil de señores feudales.

Por otra parte, nuestro joven estaba bien informado de que los cautiverios y derrotas son el alimento ordinario en la vida de las aventuras caballerescas. Pero otra cosa era experimentarlo en carne propia y por primera vez, ¡él que todavía no estaba curtido por los golpes de la vida y era, además, de natural tan sensible!

La crisis comienza. Frente a las edificaciones que hoy suben y mañana bajan, frente a los emperadores que hoy son de carne y mañana sombra, frente a los nobles señores que son silenciados para siempre por la punta de una lanza, hay otro Señor cabalgando sobre las estepas de la muerte, otro Emperador al que no le alcanzan las emergencias ni las sombras, otra Edificación que tiene estatura eterna. La Gracia ronda al hijo de doña Pica. Éste pierde seguridad.

Los viejos biógrafos nos dicen que, mientras sus compañeros estaban tristes, Francisco no sólo estaba alegre sino eufórico. ¿Por qué? Un hombre sensible fácilmente se deprime. A partir de su temperamento, tendríamos motivos para pensar que Francisco tenía que estar abatido en la cárcel. Sin embargo, no lo estaba.

Las palabras de Celano, cronista contemporáneo, nos dan pie para confirmarnos en lo que venimos diciendo desde el principio: que todo comenzó en la cárcel de Perusa, que Dios irrumpió entre los escombros de sus castillos arruinados, que allá tomó gusto a Dios, y allá vislumbró, si bien entre nieblas, otro rumbo para su vida.

Efectivamente, cuenta el viejo biógrafo que, ante la euforia de Francisco, se molestaron sus compañeros y le dijeron:

–Estás loco, Francisco. ¿Cómo se puede estar tan radiante entre estas cadenas oxidadas?

Francisco respondió textualmente:

–¿Sabéis por qué? Mirad, aquí dentro llevo escondido un presentimiento que me dice que llegará el día en que todo el mundo me venerará como santo.

Fugaces vislumbres de eternidad cruzaron el cielo oscuro de Francisco en la oscura cárcel de Perusa.

La gran palabra de su vida

En agosto de 1203, los hombres de la plebe y los aristócratas de Asís se dijeron entre sí: ¿Para qué gastar energías en combatirnos mutuamente? Hagamos un tratado de paz y consolidemos la vida de nuestra pequeña república.

A consecuencia de esta alianza, Francisco y sus compañeros de cautividad fueron dejados en libertad y regresaron a Asís.

Entre este momento y la *noche de Espoleto* han transcurrido aproximadamente dos años. ¿Qué hizo en este ínterin el hijo de Bernardone? Los biógrafos nos hablan poco. De lo poco que nos hablan, sin embargo, podemos deducir mucho.

Para desgracia nuestra (no sé si decir para desgracia, también, de la Iglesia e incluso para la historia humana) Francisco, a lo largo de su vida, fue extremadamente reservado en lo referente a su vida profunda, a sus relaciones con Dios. No hay hombre que haya guardado su secreto profesional con tanta fidelidad como aquel hombre sus comunicaciones con Dios. Normalmente era comunicativo; por eso el movimiento que originó tiene carácter fraterno o familiar. Pero en lo referente a sus experiencias espirituales se encerraba en un obstinado círculo de silencio y nadie lo sacaba de ahí.

Fue fiel hasta las últimas consecuencias a aquello que, en su época, se llamaba *Sigillum regis*, el secreto del rey: «mis cosas» con mi Señor acaban entre Él y yo. Hay que notar, por ejemplo, que la noticia de su muerte causó alegría. ¿Por qué? No porque hubiera fallecido Francisco, naturalmente, sino porque ahora sí se podían contemplar y palpar sus llagas.

Durante tres años ocultó celosamente aquellas señales misteriosas que llevaba en su cuerpo. Todo el mundo sabía de su existencia pero nadie, mientras vivió Francisco, tuvo la dicha de contemplarlas, ni sus confidentes más íntimos, ni siquiera Clara. Solamente pudo verlas el hermano León, que hacía las veces de secretario y enfermero.

Puede ser que, debido a este *sigillum*, los narradores contemporáneos no hubieran tenido noticias de su paso o conversión y que, por eso, la información respecto a esa época sea tan parca.

* * *

Tanto los cronistas contemporáneos como Francisco mismo en su Testamento nos introducen de un golpe en el escenario de Dios, como si ya existiera una alta familiaridad entre Francisco y su Señor. Pero una gran familiaridad con Dios presupone una larga historia de trato personal. Y es esa historia la que está por desvelarse.

Hoy día, en los libros sobre san Francisco, se tiende a pasar por alto su vida interior, dándosenos, en cambio, un amplio anecdotario concorde con la mentalidad actual. Frecuentemente se nos presenta un Francisco del gusto de hoy, contestatario, *hippy*, patrono de la ecología, sin preocuparse, en general, por desvelar su misterio personal.

Para presentar a san Francisco al hombre de hoy no nos debiera preocupar tanto, me parece, si lo que Francisco fue o hizo es o no del gusto de nuestra época, cuáles de sus rasgos concuerdan con nuestras inquietudes. Por ese camino desenfocamos a san Francisco y traicionamos al hombre de hoy. Lo correcto y necesario es mirar a Francisco desde dentro de él mismo, incluyéndolo en su entorno vital, y así descubrir su *misterio*: y sin duda ese misterio será respuesta para hoy y para los siglos futuros.

¿Qué es el misterio de un hombre? En lugar de misterio, ¿qué otra palabra podríamos utilizar? ¿Secreto? ¿Enigma? ¿Explicación? ¿Carisma? ¿Un algo aglutinante y catalizador? Tengo la convicción de que todos los misterios, uno por uno, bajan desvelados a la sepultura y duermen allá su sueño eterno. En todos los individuos, su *misterio* está retenido entre los pliegues de los códigos genéticos, impulsos vitales, ideas e ideales recibidos desde la infancia.

Pero en el caso de Francisco encontramos, además, una personalidad singular tejida con fuertes contrastes que hacen más difícil captar su *secreto*. Sin embargo, para descifrar el enigma de san Francisco tenemos un cable: Dios. He ahí la gran palabra de su vida.

Dios *pasó* por sus latitudes. Dios *tocó* a este hombre. Dios se *posó* sobre este hombre. Dios *visitó* a este amigo. Y, con este hilo conductor, comienza a entenderse todo. Ahora vemos cómo los contrastes pueden estructurar una personalidad coherente y armónica. Comprendemos también cómo el hombre más pobre del mundo podía sentirse el hombre más rico de mundo, y tantas cosas.

* * *

Existe el *principio del placer*: todo ser humano, según las ciencias del hombre, actúa motivado, en algún sentido, por el placer. Francisco de Asís, sin el Dios vivo y verdadero, podría ser encasillado, en cualquier cuadro clínico, como un psicópata. Todos sus sublimes disparates, su amor apasionado a nuestra Señora la Pobreza, su reverencia por las piedras y gusanos, su amistad con los lobos y leprosos, de presentarse a predicar en ropa interior, el buscar la voluntad divina dando vueltas como un trompo... dan pie para pensar en el desequilibrio de una persona. Lo sublime y lo ridículo se tocan casi siempre. La frontera que divide lo uno de lo otro se llama Dios.

Sí, Dios hace que lo que parece ridículo sea sublime. Dios es aquella fuerza revolucionaria que hace saltar las normalidades, despierta las dormidas potencialidades humanas y las abre hacia actitudes sorprendentes y hasta ahora desconocidas.

De una piedra es capaz de extraer hijos de Abraham, y de cualquier hijo de vecino puede sacar ejemplares absolutamente originales. Con esta palabra –Dios– el enigma de Francisco de Asís queda interpretado, su secreto descifrado.

Como vivimos en un mundo secularizante, existe el peligro y la tentación de pretender presentar al mundo de hoy un Francisco sin Dios, o un Dios con sordina o en tono menor. Y, en este caso, san Francisco comienza a parecerse a una bellísima marioneta que hace acrobacias prodigiosas; pero todo es fantasía: aquello no toca suelo; no explica el misterio de Francisco.

Nos podrán dar rasgos de su vida que conmueven a los románticos, hechos que seducen a los *hippies*, antecedentes históricos por los que los ecologistas lo consideran como su precursor, pero el misterio profundo de Francisco queda en el aire, sin explicación. Basta abrir los ojos y mirar sin prejuicios: desde el primer instante nos convenceremos de que Dios es aquella fuerza de cohesión que arma la personalidad vertebrada y sin desajustes de Francisco de Asís.

La mujer de su vida

A su regreso de Perusa, apenas pisó las calles de Asís, nuestro brioso muchacho echó por la borda sus meditaciones sobre la fugacidad de la vida, olvidó los reclamos del Señor y, dando rienda suelta a sus ansias juveniles retenidas durante un año, se enfrascó en el torbellino de las fiestas. Muerta la sed de gloria, le nacía la sed de alegría.

Se formaron grupos espontáneos de alegres camaradas. Los que habían permanecido en forzada camaradería en el presidio de Perusa constituían las pandillas más bullangueras. Nombraron al hijo de Bernardone como jefe de grupo y le dieron el simbólico bastón de mando porque sus bolsillos estaban cargados y su alma rebosaba alegría. Trasnochaban hasta altas horas. Subían y bajaban por las calles estrechas entre gritos, risas y canciones. Deteníanse bajo las ventanas de las bellas muchachas para entonar serenatas de amor al son de laúdes, cítaras y arpas. Era una sed insaciable de fiesta y alegría.

Pasaban los meses. Nunca se agotaban los bríos ni se apagaba la inspiración. Generalmente, Francisco costeaba los banquetes. Había en él ese algo misterioso que cautivaba a todos. Siempre se le veía rodeado de la juventud más dorada y disipada de Asís. Participaba en los certámenes de cantos y en los torneos ecuestres, y lo hacía brillantemente. Envidiado por algunos y aplaudido por todos, el hijo de Bernardone era indiscutiblemente el rey de la juventud asisiense.

* * *

Así como el año anterior la Gracia había derribado de un golpe su sed de gloria, ahora la misma Gracia iba a reducir a polvo su sed de alegría. El viejo cronista aplica a este momento las expresivas palabras del profeta: «Cercaré tu camino de zarzas y te cerraré el paso con un muro» (Os 2,3). Una grave enfermedad de extraña naturaleza y difícil diagnóstico se abatió sobre su juventud, y durante largos meses lo tuvo atrapado entre la vida y la muerte: sudor frío, temperaturas altas y obstinadas, pesadillas, debilitamiento general, y una lenta, muy lenta convalecencia.

En esta prolongada recuperación y, en general, en este período de su existencia, aparece la persona que abrirá horizontes de luz a su vida, la mujer que imprimirá en su alma marcas indelebles de fe y esperanza: su propia madre.

La silueta de doña Pica, hecha de dulzura y fortaleza, se nos desvanece en el fondo del silencio. Pasa fugazmente como un meteoro por entre las páginas de los viejos cronistas. Aparece, resplandece y desaparece. Es de aquella clase de mujeres capaces de sostener el mundo en sus manos, pero lo hace sin dramatismos, simplemente y en silencio.

Por esas paradojas de la historia, aunque las fuentes nos transmiten sólo fugaces vestigios de su figura, estamos, sin embargo, en condiciones de sacar, por la vía deductiva, la radiografía completa de doña Pica. El método para lograr este propósito será indirecto: asomarnos al alma de Francisco y entresacar de su inconsciente, rasgo por rasgo, la efigie cautivadora de esta mujer a quien tanto debe el franciscanismo.

* * *

La tradición la supone oriunda de Provenza, cuna de la poesía y del cantar. Pero las fuentes guardan silencio al respecto. Disponemos, no obstante, de suficientes elementos para concluir, por deducción, que doña Pica era efectivamente francesa.

Es una *constante* humana el hecho de que, en los momentos en que la emoción se sale de cauce y se torna incontrolable, el ser humano tiende a manifestarse en su lengua materna, aquel idioma que «mamó». Se dice que san Francisco Javier, en su agonía, se expresaba en «euzkera» (vasco), su idioma materno. El Pobre de Asís, siempre que era poseído por una intensa emoción, pasaba a manifestarse en francés (provenzal). ¿No sería éste su idioma materno, el idioma de su madre?

Supongamos, por ejemplo, que yo aprendiera a los 20 años el idioma inglés y que lo dominara a la perfección. Si en un momento de explosiva emoción necesitara expresarme libremente y sin obstáculos mentales, instintivamente pasaría al idioma materno o nativo en que van aglutinados la palabra y los sentimientos, la fonética y las vivencias lejanas.

Si, como la mayoría supone, Francisco hubiera aprendido el francés, ya de joven, en sus viajes comerciales, sería psicológicamente extraño y casi inexplicable que, en los momentos de júbilo en que las palabras, enlazadas a las vivencias más primitivas, necesitan salir connaturalmente, lo hiciera en francés. Se supone que a la persona que aprendió ya de adulto un idioma, le falta flexibilidad o facilidad para expresarse en ese idioma.

Podemos, pues, deducir que el idioma materno de Francisco era el francés, esto es: que el idioma de su madre era el francés (provenzal). Justamente por eso se dice *idioma materno*, y no paterno, porque se aprende junto a la madre, junto a la cuna.

* * *

Como dijimos, disponemos de una vía deductiva para conocer el alma de aquella mujer y así, indirectamente, podemos conocer mejor el *misterio* de Francisco. Es un juego alternado: desde la vertiente inconsciente de Francisco extraemos los rasgos para una fotografía de doña Pica, y en el reflejo de la madre veremos retratada la personalidad del hijo.

Celano nos dice que, cuando el viejo mercader capturó al joven dilapidador en quien habían aparecido inclinaciones místicas y lo encerró en el calabozo, a la madre «le crujían de pena las entrañas». Hay una fuerza primitiva en esta expresión: no era sólo que la madre sentía pena por la situación del hijo. Era mucho más. Entre la madre y el hijo circulaba una corriente profunda de simpatía. No sólo había consanguinidad entre los dos, sino también afinidad. Ambos estaban constituidos en unos mismos armónicos.

* * *

Ateniéndonos a los escritos de san Francisco, impresiona con qué frecuencia y emoción evoca Francisco la figura materna, de la madre en general e inconscientemente (¿quién sabe si a veces conscientemente?) de su propia madre. Siempre que Francisco quiere expresar la cosa más humana, la relación más emotiva, la actitud más oblativa, acude a la comparación materna. Necesitamos sumergirnos en el fondo vital de este hombre, fondo alimentado por mil recuerdos –casi olvidados– de una persona que le dio cuidado, alma, cariño, fe, ideas e ideales.

En la Regla de 1221, al señalar las altas exigencias que originan y sostienen la vida fraterna, Francisco les dice a los hermanos que «cada uno cuide y ame a su hermano como una madre ama y cuida a su hijo». Volviendo a los mismos verbos tan maternos (amar y cuidar), en la segunda Regla, Francisco vuelve a la carga diciendo que «si una madre ama y cuida al hijo de sus entrañas, ¡con cuánta mayor razón deben amarse y cuidarse los nacidos del Espíritu!».

En todo esto la novedad no está en el verbo amar, vocablo muy viejo y bastante manido, sino en el verbo cuidar, verbo exclusivamente materno. Cuidar está en los mismos armónicos que el verbo *consagrar* o *dedicar* en la Biblia. Cuidar significa reservar la persona y el tiempo a otra persona, lo cual hacen, sobre todo, las madres.

* * *

Allá por el año 1219 aproximadamente, Francisco intentó dar una organización elemental a los hermanos que subían a las altas montañas para buscar allí el Rostro del Señor en silencio y soledad, y poder así recuperar la coherencia interior.

Escribió, pues, una norma de vida o pequeño estatuto que llamó *Regla para los Eremitorios.* Supone que allá arriba, en la cabaña, vive una pequeña fraternidad de cuatro hermanos. Y queriendo puntualizar las relaciones que deben regir entre ellos, Francisco utiliza expresiones chocantes, pero que trasuntan infinita ternura fraterna, digo, materna, acudiendo, una vez más y esta vez más que nunca, a la figura materna.

De los cuatro hermanos, «*dos sean madres* y tengan dos hijos». En cuanto a la índole de vida, «los dos que son madres sigan la vida de Marta, y los dos hijos sigan la vida de María». Después ordena, mejor, desea que, al acabar de rezar tercia, puedan interrumpir el silencio «e ir a sus madres». Entre tantas expresiones hay una cargada de especial ternura: «...y cuando tengan ganas, puedan [los hijos] pedir limosna a las madres, como pobres pequeñitos, por el amor del Señor Dios».

Como se trata del período de la vida eremítica, les aconseja también que no permitan en la cabaña la presencia de personas extrañas y que las madres «protejan a sus hijos para que nadie perturbe su silencio», y «los hijos no hablen con ninguna persona sino con las madres». Y para que no se establezca entre los hermanos ninguna dependencia sino que exista una real igualdad, tanto jurídica como psicológica, acaba Francisco diciéndoles que los hermanos se turnen en el oficio de madres e hijos.

En el trasfondo vital del hombre que se expresa de esta manera, palpitan ecos lejanos, casi desvanecidos, de una madre que fue fuente inagotable de ternura, de aquella mujer que pasó noches en vela a la cabecera del joven enfermo, el Pobre de Asís enhebró en un mismo lazo dos de las cosas más distantes y reversas que pueden darse en este mundo: la vida eremítica y la vida fraterna, la soledad y la familia, el silencio y la cordialidad.

* * *

Hacía muchas semanas que el hermano León vivía con una espina en el alma que le empañaba la paz. Ni él mismo sabía exactamente de qué se trataba. Diríase a primera vista que sufría una duda de conciencia y quería consultar con Francisco; pero quién sabe si juntamente con eso se mezclaba también una dosis de nostalgia por el padre y amigo del alma con quien, caminando por el mundo durante tantos años, había forjado una profunda amistad.

Francisco, sabiendo que en el fondo de toda tristeza hay escondido un pequeño vacío de afecto y que, de todas maneras, no hay crisis que no se sane con un poco de cariño, tomó la pluma y le escribió una cartita de oro que comenzaba con estas palabras: «Hijo mío, te hablo como una madre a su niño». Detrás de la cartita «vivía» todavía «*madonna*» Pica.

* * *

Al analizar sus escritos, sobre todo los escritos místicos, advertimos, no sin cierta sorpresa, que, al dirigirse a Dios, casi nunca Francisco lo hace con la expresión *padre*, cosa extraña en un hombre tan afectivo.

Aquel Dios con quien tan entrañablemente trataba Francisco, era el Señor, el Omnipotente, el Admirable... Casi nunca *padre*. Esta palabra no solamente no le decía nada, sino que le evocaba inconscientemente la figura de un hombre egoísta y prepotente, y estaba cargada de los recuerdos más desapacibles de su vida. Si no sonara chocante, Francisco bien pudo haber invocado a Dios con el nombre de «Madre». Hubiera estado en perfecta consonancia con las fibras más profundas de su historia personal.

¿Cómo era, entonces, la mujer que emerge de estos textos y recuerdos? Se fusionaron en aquella mujer la fuerza del mar, la dulzura de un panal y la profundidad de una noche estrellada. La inspiración caballeresca que los trovadores provenzales habían importado a las repúblicas italianas, ya la había inoculado mucho antes aquella exquisita madre en el alma receptiva de su pequeño. ¿Cómo definir *aquel no sé qué* de su personalidad, que evocaba una inefable melodía, el esplendor de un amanecer o la serenidad de un atardecer?

Dios, antes de dar a Francisco tal vocación y tal destino, le dio tal madre.

La densidad del humo

La tribulación estaba a las puertas. La mano del Señor había caído pesadamente sobre nuestro joven metiéndolo en el círculo de la aflicción y acarreándole noches de insomnio y días de delirio.

La sed de gloria estaba reducida a cenizas. Y ahora, sobre el lecho de su juventud, yacía abatida la sed de placer. Francisco no era nada. Unos centímetros más que avanzara la enfermedad, y ya estaba en el abismo.

El ángel del Señor bajó una y otra vez junto al lecho del enfermo y le comunicó lecciones de sabiduría. Le dijo –una vez más– que la juventud pasa como el viento ante nuestras puertas, como las olas del mar que se alzan como montañas y enseguida vuelven a ser espuma. ¿Qué densidad tiene el humo? Menos que el humo pesan los sueños del hombre. ¿Cuánto pesa en una balanza la gloria? Tanto arriba como abajo no queda nada que tenga peso y firmeza sino el Eterno.

* * *

Estamos a pocos meses de la *noche de Espoleto* en que encontramos a Francisco muy interiorizado en el trato con el Señor y resuelto a todo. Teniendo presente la marcha evolutiva de la Gracia, se ha de presuponer que en esos meses de convalecencia el ángel del Señor descubrió al enfermo muchas veces el Rostro del Señor.

Aquel joven, que desde la cuna traía la sensibilidad divina, empezó a experimentar en estos meses la dulzura de Dios, y entonces Francisco sentía una profunda paz y arranques de sabiduría. En esos momentos el camino de Dios le parecía el más luminoso.

Pero la conversión es, casi siempre, una carrera de persecución en la que el hombre va experimentando alternativamente la dulzura de Dios y el encanto de las criaturas hasta que, progresivamente, éstas se van decantando, y se afirma y confirma definitivamente la Presencia.

En nuestro joven convaleciente, presentimos este juego alternado en que, de pronto, prevalecen los ímpetus mundanos y más tarde los deseos divinos.

Como hemos dicho, entre los bastidores de esta crisis estaba sin duda «*madonna*» Pica colaborando con la Gracia para forjar aquel destino privilegiado. En las largas horas desveladas, veladas por la madre, un joven, apretado contra la pared de la muerte, recibe dócilmente las meditaciones sobre la inconsistencia de las realidades humanas, inconsistencia experimentada en su propia carne.

* * *

Sigue diciéndonos el viejo cronista que, al recuperar su salud, aunque no del todo, Francisco se levantó y, apoyado en un bastón y sin duda también en los hombros de su madre, dio unas cuantas vueltas dentro del aposento para ver cómo andaban sus fuerzas.

Se sentía impaciente por salir de casa para zambullirse primero en el corazón de la naturaleza y más tarde en las calles bullangueras. Y, a los pocos días, pálido todavía y con las piernas vacilantes, abandonó los muros de la casa paterna dispuesto a darse una *tournée* por la campiña. Quería cerciorarse de que no le habían abandonado los bríos juveniles.

Muy cerca de la casa paterna se abría la Porta Moyano, una de las pocas salidas de la ciudad amurallada hacia la campiña. No bien hubo doblado el enorme portón, el pálido joven se vio envuelto entre los esplendores de una naturaleza embriagadora, en una mañana azul, en los momentos en que el sol vestía las lejanas colinas de un misterioso tono blanco azul.

La vida palpitaba en las entrañas de la madre tierra y se expandía hacia afuera en armonías y colores por medio de insectos, aves, plantas y árboles. Desde Perusa hasta Espoleto se extendía el valle umbro, deslumbrante de belleza y vitalidad. Francisco sintió unas ganas locas de zambullirse en ese mar, entrar en comunión con las palpitaciones de la vida, vibrar...

* * *

Pero su sangre estaba apagada. Para prender el fuego se necesitan dos polos vivos, pero Francisco se sentía muerto y era imposible encender la llama del entusiasmo. «Ni la belleza de los campos –dice el cronista– ni la amenidad de las viñas, ni cuanto se ofrecía de hermoso y atractivo fueron suficientes para despertar su dormido entusiasmo».

Continúa diciendo el cronista que Francisco se sintió entre sorprendido y defraudado por este apagón cuando él, en otras ocasiones, al primer contacto entraba en vibrante comunión con la belleza del mundo. Y agrega el narrador que ahí mismo nuestro joven «herido» comenzó a meditar en que es locura poner el corazón en las criaturas que a la mañana brillan y a la tarde mueren, y, poblada su alma de melancolía y decepción, regresó lentamente a su casa.

La explicación de esta insensibilidad no tenía misterios ni trascendencias. Simplemente le faltaban vitaminas porque su naturaleza había sido reciamente agredida por la enfermedad, y necesitaba sobrealimentación. Posiblemente también, fue temerario en levantarse tan pronto, ¡siempre fue tan impaciente y tan «imprudente»! No había otra explicación. Pero por encima de los fenómenos biológicos, y aun por medio de ellos, Dios comenzaba a conducir a este predestinado abriéndole caminos que, de momento, el joven no comprendía.

Humanamente hablando, Francisco estaba fuera de combate. En un par de asaltos el Señor había derribado sus dos bastiones más firmes: la sed de gloria y el ansia de placer, quedando el muchacho, de esta manera, desplumado.

En aquel día, al regresar a casa, sigue el narrador, retomó mucho más en serio las meditaciones sobre la locura y la sabiduría, meditaciones que le venían acompañando desde la cárcel de Perusa. Pero, esta vez, los pensamientos le llegaron mucho más a fondo, justamente porque le faltaban "armas" de defensa y contraataque, ya que el muchacho estaba cercado de debilidad por todas partes.

Despiertan los sueños dormidos

Estaba herido pero no acabado. Así es la conversión. Nadie se convierte del todo y para siempre. Herido y todo, el *viejo hombre* nos acompaña hasta la sepultura. E, igual que la serpiente herida, de repente levanta, amenazadora, su cabeza.

Pasaron los meses y Francisco recuperó enteramente su salud. El fuego de la ilusión levantó de nuevo su cabeza llameante y, en alas de los bríos juveniles renacidos, se lanzó nuestro alocado mozo en la vorágine de fiestas y diversiones. No podía pasar sin sus amigos. Dicen los cronistas que muchas veces abandonaba apresuradamente la mesa familiar dejando plantados a sus padres para reunirse con sus amigos.

* * *

Desde 1198, Italia entera permanecía alerta al curso de los acontecimientos entre el Pontificado y el emperador. Esta vez el epicentro de la discordia era el Reino de Sicilia.

Por causas complejas se extendió la contienda y rápidamente fue tomando proporciones universales. El Papa Inocencio III colocó al frente de las fuerzas papales al capitán Gualterio de Brienne, que muy pronto fue inclinando las armas a su favor.

El comandante normando transformó las batallas en victorias, y las banderas papales avanzaban de triunfo en triunfo. El nombre de Gualterio llenó el alma de Italia. Sus hazañas corrían de boca en boca llevadas por los trovadores populares.

La guerra tomó carácter de cruzada. En todas las ciudades italianas se alistaban caballeros y soldados que acudían a los campos bélicos de la Apulia, al sur de Italia, para sumarse a las huestes que militaban bajo el estandarte del caudillo normando.

El fuego sagrado prendió también en Asís. Un gentil hombre asisiense llamado Gentile tomó la iniciativa y preparó una pequeña expedición militar con la flor y nata de la juventud asisiense.

La nobleza de la causa y la posibilidad de ser armado caballero cautivaron a Francisco, y entre las cenizas apagadas despertaron sus sueños caballerescos. Y, a sus veinticinco años, Francisco se alistó en la expedición.

En pocas semanas preparó alegremente sus arreos bélicos, y llegó el día de la partida.

La noche de la libertad

Francisco se despidió de sus padres. Aquella mañana la pequeña ciudad, con su ir y venir nervioso, se parecía a una colmena hirviente. Abrazos, besos, lágrimas, adioses. Y en medio de una conmoción general y de flamear de pañuelos, la pequeña y brillante expedición militar emprendió la marcha saliendo por el portón oriental en dirección de Foligno, para tomar la Vía Flaminia que los conduciría, pasando por Roma, al sur de Italia.

Al caer la tarde, la expedición llegó a Espoleto, ciudad que cierra el incomparable valle espoletano. Pero estaba escrito que en Espoleto acababa todo y en Espoleto comenzaba todo.

* * *

Francisco se acostó en medio de los arreos de caballero: la gambesina, las calzas de malla, el yelmo, la espada y la lanza, el escudo blasonado y una amplia túnica. Y todo este esplendor estaba a su vez revestido por el resplandor dorado de sus sueños de grandeza.

Todos los cronistas dicen que en aquella noche Francisco escuchó, en sueños, una voz que le preguntaba:

–Francisco, ¿adónde vas?

–A la Apulia, a pelear por el Papa.

–Dime, ¿quién te puede recompensar mejor, el Señor o el siervo?

–Naturalmente, el Señor.

–Entonces, ¿por qué sigues al siervo y no al Señor?

–¿Qué tengo que hacer?

–Vuelve a tu casa y lo entenderás todo.

Y a la mañana siguiente Francisco regresó a su casa.

* * *

Francisco tuvo aquella noche lo que la Biblia llama una *visitación de Dios*. En mi opinión, en aquella noche Francisco no escuchó voces, ni tuvo sueños, ni vio visiones, sino que, por primera vez, tuvo una fuerte, muy fuerte, *experiencia infusa de Dios*. Es lo que, en la vida espiritual, se llama *gratuidad infusa extraordinaria,* que tiene características peculiares.

Eso sí: tuvo también sin duda aquellas impresiones que los biógrafos nos retransmitieron en forma de un sueño, de un diálogo entre el Señor y Francisco. Es más que probable que Francisco mismo, más tarde, refriendo a algún confidente la experiencia de aquella noche, lo interpretara como un sueño o quizá en forma de alegoría.

Es una constante en la historia de las almas: cuando un alma ha tenido una vivencia fortísima, se siente incapaz de trasvasar el contenido a las palabras y, para expresarse, acude instintivamente a las alegorías.

¿Qué pasó aquella noche? Por razones deductivas que luego explicaré, debió pasar, tuvo que pasar, lo siguiente: de una manera sorpresiva, desproporcionada, invasora y vivísima (éstas son las características de una *experiencia infusa*) se apoderó de Francisco la Presencia Plena, gratuitamente.

El hombre se siente como una playa inundada por una pleamar irremediable. Y queda mudo, anonadado, absolutamente embriagado, con clarísima conciencia de su identidad, pero al mismo tiempo como si fuera hijo de la inmensidad, trascendiendo y al mismo tiempo poseyendo todo el tiempo y todo el espacio; todo esto *en Dios,* algo así como si el hombre experimentara en un infinitésimo grado en qué consiste *ser* Dios (¿participación de Dios?), un poco parecido en tono menor a lo que será la Vida Eterna, y todo esto como gratuidad absoluta de la misericordia infinita del Señor, nadie sabe si en el cuerpo o fuera del cuerpo…

Un cúmulo de palabras juntas podrían dar, en términos de expresividad, una aproximación a lo que es una gratuidad infusa extraordinaria: seguridad, certidumbre, luz, calor, alegría, claridad, clarividencia, júbilo, paz, fuerza, dulzura, libertad…

* * *

Esta *visitación* de Dios tiene en la persona que la recibe las características de una revolución. Francisco tuvo una evidencia vivísima y clarísima (que no se la podían dar los sueños ni las locuciones) de que Dios («conocido», experimentado) es Todo Bien, Supremo Bien, Pleno Bien, el Único que vale la pena, y en cuya comparación los títulos nobiliarios y los señores de la tierra no son más que humo.

Ahora bien, ¿por qué digo que tuvo que suceder algo de todo eso en aquella noche? Porque de otra manera no se podría explicar lo sucedido. Y para entendernos, tenemos que meternos en el contexto personal de Francisco.

Iba a la Apulia como un cruzado para defender al Papa. Ayer se despidió de sus padres y del pueblo de Asís. En esta expedición militar Francisco estaba comprometido con la juventud de Asís; con los nobles muchachos que iban con él; con el conde Gentile, a cuyas órdenes marchaba; con sus padres, que cifraban en esta expedición sus deseos de grandeza; estaba comprometido con su honor, su palabra de caballero, su nombre...

Un simple sueño no es capaz de desarticular tan intrincada cadena de ataduras. Si Francisco decide regresar a casa a la mañana siguiente, tirando por la borda tantos compromisos, significa que algo muy grave sucedió aquella noche. Francisco demostró en su vida ser hombre de gran tenacidad cuando algo importante emprendía. No basta un simple sueño para explicarnos esta revolución nocturna. Sólo una fortísima y libertadora experiencia de Dios explica esa formidable desinstalación.

* * *

En aquella noche volaron todas las ataduras. Francisco se sentía libre. Ya no le importaba nada. Sólo su Señor. El futuro inmediato se le abría lleno de problemas y de interrogantes. ¿Qué explicación dar al conde Gentile? ¿Qué dirían sus compañeros de armas, ayer camaradas de fiesta, que a las pocas horas seguirían su viaje al Sur? Hablarían de deserción, de locura tal vez. Podían decir cualquier cosa. Ya no le importaba nada.

Mañana mismo regresaría a Asís. ¿Qué diría la gente, la juventud? ¿Qué diría el violento Bernardone, la misma *madonna* Pica, los vecinos, inclusive los prelados? ¿Qué explicación dar? No podía dar explicaciones; nadie entendería nada. Algunos, los más benignos, dirían que había perdido la cabeza. Otros, más maliciosos, hablarían de deserción, tal vez de frivolidad. La palabra más temible para un caballero era *cobardía*. Esa palabra se la echarían en cara a él que era tan sensible al honor. Soportar todo eso, que ayer hubiera sido imposible, hoy ya no le importaba nada. Se sentía completamente libre.

Aquí abandonaba una vía segura y halagüeña. Y aquí mismo se lanzaba a una ruta incierta, llena de enigmas e inseguridades, y lo hacía solitariamente. Pero estaba dispuesto a todo, con tal de seguir a su Señor, que, ahora sí, lo «conocía» personalmente.

A la mañana siguiente se despidió –yo no sé con qué palabras– de sus compañeros de expedición y emprendió su regreso a Asís. Una experiencia infusa, aunque normalmente dura pocos minutos, deja a la persona vibrando largo tiempo, a veces toda una vida.

Al desandar el camino desde Espoleto hasta Asís, Francisco iba sin duda bañado por aquella Presencia. Al pisar las primeras calles de Asís, comenzó primeramente la incredulidad de las gentes, luego la extrañeza, más tarde el rumor general, donde se mezclaban la ironía, la burla y hasta el sarcasmo. A Francisco, todavía bajo los efectos de la *visitación* no le importaba nada lo que dijeran, y pudo presentarse en la ciudad absolutamente sereno. Había amanecido la libertad.

CAPÍTULO SEGUNDO
SUBE EL SOL

Era como si el joven Francisco hubiera regresado de un viaje largo, muy largo. Había visto que el mundo estaba lleno de piedad, y los montes destilaban misericordia, y la paz cubría la tierra entera. Todo era hermoso. El mundo no podía ser más hermoso de lo que era. La vida es un privilegio. Todo eso, y mucho más, había aprendido en el largo viaje. ¿Quién puede abatir la altivez de las montañas o detener la marcha de las estrellas? Dejar que las cosas sean: he ahí la fuente de la paz. Respetar las cosas pequeñas. Las grandes se hacen respetar por sí mismas.

El hijo de doña Pica fue tomando insensiblemente una nueva fisonomía en los tres años, a partir de este momento. La Presencia fue vistiéndolo con la madurez de un trigal dorado. La transformación fue lenta como el brotar de una primavera. Una mañana advertimos sorprendidos que los almendros han florecido y que los árboles están impacientes por reventar en flor. Pasan los días y nadie nota la diferencia. Otro día abrimos la ventana y vemos que el mundo ya está vestido de flores. Todo ha sucedido tan lentamente, tan silenciosamente, tan sorpresivamente...

Esto mismo sucedió a Francisco. A lo largo de tres años, el hijo de doña Pica fue cubriéndose insensiblemente, nadie supo cómo, con la vestidura de la paz, nacida, sin duda, de las profundidades de la libertad interior. Sólo con mirarlo, los que lo miraban quedaban vestidos de paz.

Le nació, –yo no sabría cómo decirlo– una especie de ternura o piedad para con todo lo que fuera insignificante o pequeñito. Ya no sería capaz de matar a una mosca, ni pisar una piedra, ni enjaular un pájaro. Le nació todo un río de compasión para con los pordioseros y leprosos. Y una serenidad, típica de las montañas eternas, fue velando progresivamente su pequeño rostro. Toda esa metamorfosis se realizó en el espacio de unos tres años.

Te alimentaré con miel

A su regreso de Espoleto, pasados los primeros días, la maledicencia popular fue desvaneciéndose paulatinamente, como cuando el polvo de la habitación se posa sobre los muebles. Para Francisco nada estaba claro, pero todo estaba decidido. No había por qué precipitarse. El Señor mismo, en su piedad infinita, abriría las puertas e indicaría las rutas.

Reanudó su vida normal. Volvió a ocuparse de los negocios de su padre. Acudió al reclamo de la gente moza que, de nuevo, lo proclamó rey de las fiestas. Fueron pasando las semanas. Compartía la vida juvenil, dirigía los cantos, competía en chistes y ocurrencias. No obstante, sin proponérselo y sin poder evitarlo, iba sintiéndose, cada vez más, como un extraño en medio de ellos. Su corazón estaba en otra parte.

Es imposible. El corazón que ha sido «visitado de noche» por Dios, todo lo encuentra insustancial, todo le parece tiempo perdido, siente unas ganas locas de buscar cualquier tiempo y cualquier lugar para estar a solas con el Señor. Esa es la pedagogía que el Señor utiliza con sus profetas.

Con una seducción irresistible los arrastra primero a la soledad. Allá los alimenta con su miel, los sacia con su dulzura, los quema con su fuego, los golpea con su cayado y los moldea como en un yunque de acero. Y cuando los profetas han tomado la figura de Dios y están completamente inmunizados a cualquier virus, los devuelve al medio del pueblo innumerable.

* * *

Francisco ya no se sentía bien en medio de aquellas fiestas y decidió acabar con todo. Preparó, pues, una cena de gala. En su intención se trataba de un banquete de despedida; y por eso proveyó la mesa con todo lujo de manjares y licores. Acabada la cena, encendidos los corazones por el espíritu del vino, se lanzaron los muchachos calle abajo por la silenciosa ciudad, entre gritos y canciones, con acompañamiento de laúdes y clavicordios. Francisco, como de costumbre, portaba el bastón de capitán de fiesta, pero en su espíritu se sentía terriblemente mal.

Y en este contexto de fiesta y orgía, su desconcertante Dios le esperaba con otra inesperada «visitación». En el marco estrecho de un mes, y posiblemente en menos de un mes, el Señor *visitó* a Francisco por segunda vez con una *gracia infusa extraordinaria.*

Un corazón que ha sido *visitado* vive durante largos días bajo los efectos de aquella *visita*. Y es más que probable que, en medio de aquel frenesí dionisíaco, el pensamiento de Francisco estuviera, en mayor o menor grado, con su Señor.

Paulatina y disimuladamente fue Francisco rezagándose en medio de la cuadrilla para poder «estar» con su Señor. Y en uno de aquellos románticos vericuetos de la ciudad, la Presencia cayó de nuevo sobre Francisco, como en un asalto nocturno, con todo el peso infinito de su dulcedumbre. Nuestro capitán de fiesta quedó clavado allí mismo, enajenado.

Todas sus energías vitales y atencionales, funcionando en *alto voltaje*, además de estremecidas y potenciadas a su máximo nivel, quedaron concentradas y paralizadas en su Señor. Dicho de otra manera, la Presencia tomó posesión instantánea y total de toda la esfera personal de Francisco, integrando y asumiendo todas sus partes en una alta fusión. No hay en el mundo experiencia humana que se acerque, ni de lejos, a la embriaguez y plenitud de una de estas «visitaciones».

* * *

Aquello habría durado pocos segundos, quizá uno o dos minutos. De pronto, los iluminados camaradas se dieron cuenta de que el capitán de fiesta había quedado rezagado. Se fueron en su busca y lo encontraron paralizado. Naturalmente comenzaron a burlarse de él y a sacudirlo con el fin de sacarlo de aquel arrobamiento. En su vida, posiblemente, Francisco nunca se sintió tan mal como en este momento. Aquel despertar fue peor que un cortocircuito. Hubiera deseado estar en ese momento sobre la cumbre pelada del monte Subasio.

Los mozos comenzaron con sus chanzas:

–¡Eh! ¿Qué es eso, Francisco? ¿Pensando en la novia?

Algo tenía que responder para disfrazar lo ocurrido, y Francisco respondió en el mismo tono de la pregunta:

–Naturalmente; y os aseguro que se trata de la novia más rica, noble y hermosa que jamás se haya visto.

Algunos cronistas dicen que se refería a la Dama Pobreza. Es una suposición gratuita. En este momento, Francisco no sabía nada de la tal Dama Pobreza. Posiblemente se trataba de salir airoso de una situación incómoda respondiendo cualquier cosa en la misma línea y tono de las preguntas.

Sin embargo, podría haber, eventualmente, otra explicación. Por este tiempo, Francisco comenzó a expresarse en alegorías y metáforas, y normalmente lo hacía con la figura del tesoro escondido. Si algo concreto quiso decir Francisco con aquella respuesta, era esto: No hay en el mundo esposa o tesoro que puedan dar tanta felicidad como el Señor, a quien «encontré».

Los alegres camaradas celebraron aquella salida y continuaron entre risas su «pasacalle» nocturno. Pero algo quedó flotando en el aire, que indicaba que se había abierto una distancia infranqueable entre ellos y el noble amigo, distancia que muy pronto los habría de separar definitivamente.

Ave solitaria

A partir de este momento, aparece en Francisco, impetuosa, una inclinación que le acompañará hasta la muerte: la sed de soledad. Nunca lo hubiéramos imaginado. Nadie hubiese pensado que aquel joven atolondrado, amigo de fiestas, callejero y extrovertido, hubiera de transformarse en un anacoreta. Entre los contrastes de su personalidad, y de su historia no menos contrastada, encontramos éste: fue alternadamente un anacoreta y un peregrino.

Las visitaciones extraordinarias que había recibido despertaron en Francisco un ardiente deseo de estar a solas con el Señor. Sus ojos eran pozos de nostalgia y su alma era una sima insaciable que tenía un nombre: *sed de Dios*. Al alma humana, cuando ha sido profundamente seducida por Dios, le nacen alas del alcance del mundo, y con tal de estar con su Señor, es capaz de trasponer montañas y mares, recorrer ciudades y ríos; no teme el ridículo; no hay sombras que la asusten ni fronteras que la detengan.

* * *

Nos dicen los biógrafos que Francisco comenzó a frecuentar diariamente las soledades que rodean a Asís, para orar. Silenciosamente trasponía los pocos metros que separaban su casa de la Porta Moyano. Subía monte arriba por la pendiente del Subasio entre fresnos, encinares, robles y matorrales.

Cuando encontraba una hondonada a resguardo seguro de toda mirada humana, se sentaba sobre una piedra, a veces se arrodillaba, y derramaba su corazón en la Presencia. A veces miraba al infinito por encima del Apenino Central, allá donde su Visitador ocupaba los espacios; cerraba otras veces sus ojos y sentía que su Amigo llenaba sus arterias y entrañas.

Volvía a su casa. Trabajaba en el mostrador del comercio. Salía poco. Cuando disponía de menos tiempo, caminaba por veredas de atajo, abiertas entre olivares y viñedos, y rápidamente alcanzaba el bosque del valle central, cerca de Santa María de los Ángeles. Allá permanecía de pie, apoyado en un secular abeto, o sentado junto a una retama, o postrado en el suelo, según los casos.

Había días en que hubiera deseado que el tiempo se detuviera para siempre ahí mismo como un viejo reloj cansado. Hubiera querido tener las palpitaciones del mundo, disponer de diez mil brazos para adorar y acoger el misterio infinito de su Amigo Visitante.

Como era principiante en los caminos de la oración, fácilmente se desataba en lágrimas, según los biógrafos, y se expresaba con voces ardientes.

Subiendo por las empinadas calles, volvía Francisco a su casa bañado en profunda paz. Un buen observador hubiera podido distinguir en sus ojos un resplandor de eternidad. Sin embargo, ni sus familiares –salvo, quizá, la señora Pica– ni sus amigos eran capaces de descifrar lo que sucedía en su interior. En el seno de la pequeña ciudad todo eran comentarios y rumores sobre el extraño sesgo que estaba tomando la vida del joven Francisco.

Un confidente anónimo

De tanto vagar por los bosques y las pendientes del Subasio, Francisco acabó por encontrar un lugar ideal para sus retiros cotidianos. Se trataba de una concavidad, algo así como una gruta, abierta en un terreno rocoso que, según se piensa, bien pudo ser una antigua sepultura etrusca.

Por este tiempo se dio también un fenómeno curioso que constituye uno de los tantos contrastes de la personalidad de Francisco. Como por naturaleza era comunicativo, sintió Francisco una gran necesidad de desahogarse comunicando a alguien las experiencias inéditas y fuertes que su alma estaba viviendo. Así, pues, escogió para este desahogo a un muchacho de su edad, con quien seguramente tenía gran afinidad, o a quien, en todo caso, apreciaba mucho.

Pero aun con este amigo fue extremadamente cauteloso: le hablaba en enigmas y alegorías, diciéndole que había encontrado un tesoro que en un instante tornaba rico y feliz a quien lo poseía. A pesar de la necesidad que sentía de comunicación, Francisco se mantuvo reservado como de costumbre en cuanto a manifestación de experiencias espirituales.

El afortunado confidente se nos pierde en el anonimato.

Es un personaje que siempre ha intrigado a los biógrafos posteriores, y, a pesar de tanta investigación hecha para descubrir su identidad y a pesar de haberse tejido tantas suposiciones, nada se sabe sobre su nombre e historia posterior.

* * *

Pues bien, Francisco y su confidente dirigían sus pasos hacia aquella gruta. Amablemente rogaba Francisco a su compañero que le aguardara unas horas en la cercanía mientras él rezaba. Complacido y cortés (¿quién sabe si curioso también?), accedía el privilegiado amigo. Francisco ingresaba en las entrañas de la cueva y allá derramaba su alma.

Nos dicen los biógrafos que se expresaba con fuertes gemidos, suspiros y lágrimas en el interior de la gruta. Esta información no pudieron recogerla los biógrafos sino de la boca de aquel misterioso confidente. ¿Habría ingresado posteriormente en la Fraternidad? ¿Habría sido uno de los compañeros de san Francisco?

Sea como fuere, y volviéndonos a Francisco, llama la atención el drama que se desarrolló en su interior por este tiempo. ¿A qué se debían aquella angustia y lágrimas? ¿Al hecho de sentir compunción por el recuerdo de su vida frívola? ¿Sentía pavor sólo de pensar que podía regresar a la vida disipada de antes? ¿Sentía el aguijón de la contradicción al experimentar vehementes deseos de santidad y la imposibilidad de realizarlos?

Después de largas horas, Francisco salía de la gruta. Allá estaba esperándole su paciente amigo. Francisco aparecía a veces desfigurado y tenso, otras veces rezumando paz y bañado en un aire de alegría.

El confidente esperaba grandes revelaciones. Francisco no se salía de sus consabidas metáforas de tesoros, reinos, esmeraldas... A pesar de ser tan amigos, aquel confidente por fin debió cansarse de tantos enigmas y misterios, porque muy pronto desaparece del escenario.

Después de unas semanas «era tanta su alegría –dice Celano–, que todos notaron su cambio». ¿Qué explicaciones dar a los amigos, hasta ayer compañeros de juerga? Era inútil dar explicaciones objetivas. Nadie las comprendería, o las hallaría desproporcionadas.

Sin embargo, algo tenía que decirles, y les decía que, en cuanto a las hazañas, en lugar de hacerlas en la Apulia, las tenía que realizar en su propia tierra, y que para eso había regresado. Por lo demás, volvía a la carga con las consabidas fantasías de tesoros escondidos o esposas incomparables. El cronista no nos habla de la reacción de los amigos ante estas explicaciones.

Entrañas de misericordia

Siguiendo a los narradores vemos, pues, que a estas alturas comienza a operarse una como transfiguración, por la que el hijo de doña Pica aparece vestido de serenidad y de una extraña alegría. Juntamente con eso, las consolaciones de Dios despertaron en él una sensibilidad fuera de lo común para con todos los dolientes. Pero era más que eso: le nació también algo así como ternura, o simpatía, o atracción (todo junto) por todo lo que fuera pobre, insignificante o inválido.

En una palabra, a los pocos meses de asiduo trato personal, el Señor sacó a Francisco de sí mismo y lo lanzó hasta el fin de sus días al mundo de los olvidados. Primeramente fueron los pordioseros los que llevaron sus predilecciones. Luego de un semestre aproximadamente, sin abandonar a los primeros, volcaría sobre los leprosos sus preferencias.

* * *

Me impresiona fuertemente la frecuencia y tranquilidad con que se afirma hoy que Francisco llegó a Dios mediante el hombre, los pobres. Hoy día están de moda esas afirmaciones, pero nada más contrario al proceso histórico de su vida y a las palabras mismas de san Francisco.

Si uno analiza cuidadosamente los textos de todos los biógrafos contemporáneos, y los confronta con una mirada sincrónica, queda a la vista que la sensibilidad extraordinaria de Francisco para con los pobres provino a raíz del cultivo del trato personal con el Señor, si bien en su naturaleza había de antemano una inclinación innata hacia las causas nobles.

En los últimos días de su vida, al hacer en su Testamento una recordación agradecida de los años de su conversión, a modo de síntesis nos dirá: «El Señor me llevó entre los leprosos y usé de misericordia con ellos». Así, pues, primero encontró al Señor, y fue el Señor quien lo llevó de la mano entre los leprosos, y no a la inversa. Y eso cae de su propio peso.

El hombre es conducido en todo por el código del placer, placer de un género o de otro. Nadie va por gusto a los pordioseros y leprosos, ni por ideas, ni por ideales, y menos el hijo de doña Pica, que, como veremos, sentía una repugnancia particular por ellos.

Para frecuentar y asumir cosas desagradables, el hombre no sólo necesita motivaciones elevadas sino también necesita estar enamorado de Alguien, lo cual, y sólo lo cual, trueca lo desagradable en agradable. Por inclinación y por gusto, el hombre sólo se ama a sí mismo y busca siempre cosas placenteras. Eso es lo normal.

* * *

Dice la crónica de los Tres Compañeros: «Aunque ya de tiempo atrás era dadivoso con los pobres, sin embargo, desde entonces se propuso en su corazón no negar limosna a ningún pobre que se la pidiera por amor de Dios, sino dársela con la mayor liberalidad. Así, siempre que algún Pobre le pedía limosna hallándose fuera de casa, le socorría con dinero, si podía. Si no llevaba dinero, le daba siquiera la gorra o el cinto para que no se marchara con las manos vacías».

Así, pues, el hijo de doña Pica siempre había sido desprendido y generoso. Bien lo sabían aquellos mozos desenvueltos que habían banqueteado con harta frecuencia a costa del bolsillo bien surtido del hijo del comerciante en telas.

Pero ahora era diferente. Le habían surgido a Francisco, no se sabía de dónde, todas las entrañas de misericordia. En cada limosna depositaba toda su ternura. Al entregar una moneda, gustoso habría entregado también el corazón y un beso.

Era Jesús. Jesús mismo había vuelto al mundo y vestía como los mendigos. En el pórtico de San Rufino encontraba a Jesús con la mano tendida bajo el arco redondo. Por el camino solitario, arrastrando los pies, venía Jesús. Era Jesús el que dormía bajo el puente del río, tiritando de frío. Desde los abismos arcanos de cada pordiosero emergía Jesús alargando la mano y mendigando un poco de cariño. Sí, los mendigos tenían el estómago vacío, pero su corazón –y eso era lo más grave– tenía frío y buscaba calor.

Por eso el limosnero de Asís se aproximaba a cada uno de ellos, aprendía sus nombres, los llamaba por su nombre, les pedía que le contaran algo de su vida, les preguntaba por sus esperanzas, se interesaba por su salud.

Aquellos trashumantes, habituados a la indiferencia de grandes y pequeños, se llevaban la mano a la cabeza y no podían comprender cómo el hijo del gran mercader podía interesarse personalmente por la existencia arrastrada de cada uno de ellos. Y lo sentían cerca. Percibían en su mirada y en sus gestos una secreta palpitación de ternura, un algo que las palabras no podrán traducir, como si un ángel hubiera bajado portando el corazón de Dios.

* * *

Salía caminando por entre cipreses y castaños hacia el bosque o la gruta. Se encontraba con el primer mendigo y le entregaba el dinero que llevaba en el bolsillo. Seguía caminando. En otro recodo se encontraba con un segundo vagabundo y le regalaba el sombrero o el cinto.

Pasaba largas horas en la caverna oscura, iluminada por el resplandor de su fuego interior. Hablaba con Dios como un amigo habla con otro amigo. Salía de aquellas concavidades encendido como un tizón, radiante de alegría, y emprendía el regreso hacia su casa.

Si durante el regreso se encontraba con un tercer pordiosero, podía suceder una cosa insólita. Como se había prometido a sí mismo no dejar de dar algo a quien se lo pidiera por amor de Dios, y como ya se había quedado sin nada, tomaba de la mano al pordiosero, se iban los dos recatadamente tras un matorral. Francisco se quitaba la camisa y, con infinita delicadeza, suplicaba al mendigo que se la aceptase por amor de Dios.

Más de una vez regresó Francisco semidesnudo a su casa. Doña Pica disimulaba, haciendo como que no se daba cuenta. En el fondo le agradaban aquellas santas excentricidades, porque así parecían cumplirse sus intuiciones sobre los altos y misteriosos destinos de aquel su hijo.

De nuevo la madre

Afortunadamente, mientras se gestaba esta metamorfosis de Francisco, el arrogante y frío mercader, su padre, andaba entregado a sus negocios en Italia y Francia, dedicado a sus transacciones de compraventa en telas importadas desde Persia o Damasco.

Aprovechando esta ausencia y utilizando la tácita complicidad de su madre, Francisco se decía a sí mismo:

—En tiempos pasados yo era pródigo y hasta rumboso con mis viejos amigos porque quería conquistar la jefatura de la juventud de Asís. Ahora que tengo otros amigos, ¿por qué no voy a proceder de la misma manera?

Así, pues, cuando doña Pica preparaba la mesa familiar para los dos, Francisco, sin hacer comentarios y sin dar explicaciones, repletaba copiosamente la amplia mesa con toda clase de manjares, como si hubiera de recibir a muchos convidados.

Al principio doña Pica se sorprendió de este hecho anómalo y preguntó al muchacho por la causa de aquella desproporcionada cantidad de comida. El hijo respondió con simplicidad que aquella sobreabundancia estaba reservada para sus nuevos y numerosos amigos, los pobres.

La madre quedó en silencio. Ni le reprochó ni le aprobó. Simplemente guardó silencio. No obstante, bien sabía Francisco que este callar significaba otorgar. Durante muchas semanas, continuó Francisco con esta costumbre y prodigalidad. La madre nunca más le preguntó nada. Hay cosas que se dicen sin mediar palabras. En aquel silencio de la madre se ocultaba una secreta y tácita complacencia.

Una profunda afinidad, como dijimos, enlazaba a la madre y al hijo, y circulaba entre ambos una cálida corriente de simpatía y de comunicación. Hay hijos que no parecen fruto de su madre. Pero otras veces se parecen tanto que no hay entre madre e hijo otro muro de separación que una sutil membrana de cristal: reflejos, impulsos, reacciones, ideales, en todo son idénticos.

No cabe duda de que doña Pica se sentía satisfecha por el rumbo que estaba tomando Francisco. ¿Quién sabe si esta complacencia obedecía al hecho de estar realizando el hijo los altos ideales que la madre soñara –sueños imposibles– en su pretérita juventud?

Si la madre de Clara ingresó en el monasterio fundado por su hija, ¿quién sabe si esta otra madre, de haber coincidencia cronológica, no hubiera seguido fervorosamente los pasos de su hijo?

De todas maneras, todo cuanto de grande había en su corazón de la mujer se lo transmitió al hijo, no sólo por los cauces biológicos, sino también mediante las palabras y gestos de vida. Si no impulsó al hijo expresamente por los caminos de Dios, al menos lo alentó y estimuló. La madre de Francisco es también madre del franciscanismo.

En los mares de la gratuidad

Pero no bastaba con dar limosna a los necesitados ni con ser cariñoso con los mendigos, ni siquiera con proyectar la imagen de Jesús en aquellas piltrafas humanas. La prueba más decisiva de amor es, se ha dicho, dar la vida por el amigo.

Pero es posible que exista otra cumbre todavía más elevada: pasar por la propia experiencia existencial del amigo. Eso es lo que hizo Jesús en la Encarnación.

Y eso intentaba ahora hacer Francisco: se sumergirá en los abismos de la mendicidad experimentando durante un día el papel de pordiosero y el misterio de la gratuidad.

Por este tiempo, no se sabe por qué motivos, Francisco viajó a Roma para postrarse a los pies de los santos Apóstoles. Ingresó en la Basílica de San Pedro. Oró largo rato. Depositó una generosa limosna. Y al salir fervoroso desde la nave central, se encontró en el atrio con un enjambre de pordioseros que, al pie de las potentes columnas, extendían sus manos suplicando una limosna. Y entonces sucedió un hecho sumamente insólito.

Francisco posó sus ojos de misericordia en el más desharrapado de ellos. Lo llamó aparte. Lo condujo a un rincón del espacioso atrio. Y con tono de súplica le propuso el trueque de vestidos, porque el elegante muchacho quería probar el papel de pordiosero durante unas horas. Efectivamente –es difícil imaginar la escena–, allí mismo se trocaron la vestimenta. Y Francisco, cubierto de harapos, se mezcló entre los mendigos; se sentó en las escalinatas del pórtico y comenzó a pedir limosna a los peregrinos. Llegada la hora de la comida, participó de la mesa común de los mendigos, comiendo con ellos en una escudilla común y con buen apetito.

¿Se le ocurrió repentinamente hacer esa experiencia por sentirse fervoroso en ese momento? ¿Era una prueba de amor que el neoconverso había prometido a su Señor? ¿Era una vivencia que deseaba experimentar hacía tiempo, pero no se atrevía a llevar a cabo en Asís para evitar un disgusto a sus padres o porque no se sentía suficientemente fuerte para afrontar el ridículo?

Sea como fuere, esta aventura era extremadamente descabellada, y si no encontramos motivaciones profundas que transfiguren las cosas en su raíz, el extraño episodio nos da pie para pensar que el aventurero estaba, en cuanto a equilibrio, al borde del precipicio. La mugre de los harapos, el hedor pestilente ambiental, la bazofia de una escudilla común (¡él, que estaba habituado a los exquisitos platos de doña Pica!), a una persona normalmente sensible (y Francisco lo era en alto grado) tenían que causarle náuseas y ganas de vomitar.

Si, en lugar de eso, todo le causa alegría, como dicen los biógrafos, y gran satisfacción la comida, significa evidentemente que allá en su interior funcionaba en ese momento, en alto voltaje, aquel poderoso motor que transforma lo repugnante en agradable: Francisco estaba pensando vivamente en su Señor Jesús. Más aún, estaba «sustituyendo» y viviendo «a» Jesús.

El hijo de la señora Pica se sentía mentalmente identificado con el Hijo de la Señora María. El Pobre de Asís se sentía haciendo las veces del Pobre de Nazaret, ya que los mendigos eran una fotografía de Jesús. Así comprendemos cómo las palpitaciones e impulsos de Francisco –que no podían menos de provocarle repugnancia– habían sido asumidos por la presencia de Jesús y transformados en dulzura.

¿Qué significó para Francisco este lance? ¿Fue la victoria sobre sí mismo? ¿Quería Francisco disparar un proyectil contra las altas y gloriosas torres de sueños de grandeza? ¿Quería vislumbrar los horizontes de libertad que se abren en la planicie de la pobreza? De todas maneras, con esta aventura, Francisco de Asís hizo un descenso vertical en los mares profundos de la gratuidad, donde vivirá gozosamente sumergido gran parte de su vida: todo es Gracia.

Igual que hoy, transformado en mendigo, recibe gratuitamente la limosna y la comida, pasará la vida entera recibiéndolo todo de las manos del Gran Limosnero.

Fue también la primera experiencia, de gran calado, en la desapropiación total de sí mismo para sumergirse en las raíces de la pobreza evangélica: se expropió de sus vestidos, de su personalidad burguesa, se despojó de su condición de hijo mimado de familia rica. En una palabra, volvió a repetir la misma historia que trece siglos antes había vivido Jesús: siendo rico, se hizo pobre por nosotros.

Un episodio como éste puede hacer crecer de un golpe a un predestinado muchos codos por encima de sí mismo en madurez.

La hiel se transforma en miel

Al volver Francisco a su casa, tenía otra estatura en el espíritu. La sed de Dios henchía todos sus vacíos y, al menor resquicio de tiempo libre, se iba raudo, subiendo pendientes o bajando hondonadas, a sus anheladas soledades.

Subía por el barranco del Subasio, entre hojarasca y piedras, hasta una altura adecuada, y allí pasaba el día con el Señor. Su comunicación con Dios iba siendo cada vez más serena y profunda. Ya no derramaba lágrimas. Cada vez hablaba menos, y el silencio iba sustituyendo a las palabras.

Al parecer –según los biógrafos– comienzan a aparecer en el espíritu de Francisco dos poderosas alas como dos ramificaciones: por un lado el Crucificado fue abriendo paulatinamente en su corazón profundas heridas de compasión, y por otra parte emerge en su intimidad un estado general de suspensión y asombro por el Gran Señor Dios, vivo y verdadero. Cada día se sentía más libre.

Ya no aparece más aquel simpático confidente que, por lo visto, se aburrió de las fantasías, nunca verificadas, de este empedernido soñador. Significativamente nos dice la crónica de los Tres Compañeros que desde ahora «sólo con Dios» Francisco se derramaba, consultaba y se consolaba. Alguna vez lo hacía también con el obispo Guido.

Sentimos a Francisco como un meteoro que se va alejando progresivamente y perdiéndose en el fondo sideral de la soledad completa. Lo encontramos junto a los cerezos en flor, acompañado por el canto de los grillos y cigarras, mientras las rojas amapolas levantan su cabeza sobre el mar verde de los trigales. Francisco extiende acogedoramente su alma a la Gracia. Poco a poco va entrando en un estado de profunda sumisión y docilidad.

* * *

Por este tiempo, sucedió lo siguiente. Había en la ciudad una anciana contrahecha y deforme, con una joroba tan abultada que parecía un monstruo. La pobre tenía una figura horrible, y causaba horror al divisarla desde lejos.

Muchas veces se encontró con ella nuestro joven, cuando iba y venía de sus soledades. El hijo de doña Pica tenía una sensibilidad extremada. Mientras las cosas bellas lo hacían entrar enseguida en vibrante comunión, le llenaban de náuseas los seres deformes y no lo podía evitar ni con pensamientos elevados. Es interesante resaltar que, a esta altura de su vida en que con tanto cariño trataba a los harapientos, no aguantara divisar ni de lejos a esta anciana porque se le llenaba de asco el estómago y sentía ganas de vomitar. Lo mismo le sucedía con los leprosos.

* * *

El hecho es que poco a poco fue apoderándose de Francisco algo así como una sugestión obsesiva por la que se le metió la idea de que, si perseveraba en sus ayunos y penitencias, se iba a transformar él, el joven elegante, en una figura grotesca como aquella vieja gibosa. La obsesión acabó por dominarlo por completo.

¡Tentación diabólica!, dicen los biógrafos. No es necesario ir tan lejos. Podía tratarse de una idea fija o, quizá, de un debilitamiento cerebral, efecto lejano de sus ayunos. ¿Quién sabe también si no se trataba de una prueba expresamente promovida por el Señor? Sea como fuere, no interesa aquí descubrir la naturaleza del fenómeno sino su desenlace.

Un día, estando Franciso en la gruta, en una comunicación serena con su Señor, sintió, inequívoca y vivamente, una inspiración interior (los biógrafos dicen que escuchó una voz) que decía así:

«Querido Francisco: Si quieres descubrir mi voluntad has de despreciar todo lo que has amado hasta ahora y amar lo que has despreciado.

Y en cuanto hayas comenzado a hacerlo, verás cómo las cosas amargas se tornan dulces como la miel, y las que te agradaban hasta hoy te parecerán insípidas y desagradables».

Y desapareció la obsesión.

Misteriosa transmutación

Dentro de la melodía que nos acompaña desde las páginas anteriores, esta aclaración hecha a Francisco (en realidad es una declaración), colocada entre el *affaire* de la viejecita deforme y la aparición de los leprosos en el escenario de Francisco, es un relámpago que ilumina tantos hechos extraños del Pobre de Asís y descifra el misterio profundo de este testigo excepcional de Jesús.

Hemos visto, y sobre todo vamos a ver, cómo el Pequeñito de Asís afronta a cada paso situaciones y realidades desagradables, las asume y, si se me permite la expresión, «se las traga»; y después, en su interior, se le transforman en un río de miel.

El hijo mimado de doña Pica nunca se interesó por los harapientos por motivos de agrado, ni se aproximó a los leprosos llevado por altos ideales, ni se negó sus gustos por alguna extraña satisfacción. El moribundo Francisco, volviendo sus ojos hacia atrás, comenzará solemnemente su Testamento recordando que, allá en su juventud, los leprosos le causaban profunda repugnancia, pero que el Señor lo tomó de la mano y lo condujo entre ellos y los trató con misericordia y cariño.

Y al despedirse de ellos, lo recuerda con emoción en su lecho de muerte, aquello que antes le producía tan viva repugnancia, se le había transformado en una inmensa dulcedumbre, no sólo para el alma sino también *para el cuerpo.*

Misteriosa expresión esta última. ¿Cómo puede explicarse que seres repulsivos al sentido y hediondos causen sensación placentera no sólo a nivel espiritual sino también corporal? El hecho hace presuponer que Francisco, por un lado, estaba dotado de un sistema nervioso de alta radiación, y que, por el otro lado, poseía una imaginación sumamente viva y sugestionable.

Estos antecedentes son interesantes para conocer su personalidad y explicarnos muchos de sus presentes y futuros episodios. Pero eso solo no explica que lo desagradable se le torne agradable.

* * *

Lo que explica esa misteriosa transmutación, repetimos, es la presencia de Jesús, sentida vivamente en su interior. Todo hace presuponer que Francisco, con aquella naturaleza tan rica, sentía de tal manera la realidad divina, experimentando tan a lo vivo la personalidad de Jesús (proyectando esa Persona en la persona del leproso), que la fuerza de esa vivencia hacía olvidar o eclipsar la realidad repulsiva que tenía delante, quedando remanente como única realidad sensible la presencia divina, superpuesta a la tangible realidad humana.

Dicho de otra manera. En la amplia esfera de la personalidad, la atención de Francisco (mente, impulsos, motivos, energías sensibles) estaba completamente ocupada por la persona de Jesús. Y esta presencia le causaba tan vibrante alegría y tan completo gozo que la sensación de bienestar se desbordaba por superabundancia, ocupando también la zona somática.

¿Cómo decirlo? Como motivo de conducta, Jesús ocupaba el primer lugar de la conciencia y de la sensibilidad, la sensibilidad espiritual oscurecía la sensibilidad sensorial y, así, Francisco no sentía el hedor de los tejidos comidos por la lepra, sino la dulzura emanada de Jesús, por quien se metía entre los leprosos y a quien abrazaba en la persona de los mismos.

La historia con los leprosos, la alegría total y la pena total en la crucifixión del Alvernia, al echar ceniza en la comida y el vibrar con la magia de la madre tierra, el experimentar la alegría completa en la pobreza completa y otras mil cosas aparentemente contradictorias que saldrán en estas páginas, sólo pueden ser entendidas por este factor: el paso resucitado y primaveral, aglutinante y afirmador del Señor Dios vivo y verdadero a través de un hombre sensible y ricamente dotado que correspondió con todo su ser a la *llamada*.

La prueba de fuego

Como se ha dicho, sus primeros amigos fueron los mendigos. Enseguida aparecerán aquellos otros que se llevarían las preferencias de su corazón: los leprosos.

Siempre había sentido horror instintivo por ellos. Cuando por razón de los negocios paternos cabalgaba Francisco a la feria de Foligno y divisaba a lo lejos la encorvada sombra de un leproso, tomaba otro camino o daba un amplio rodeo para evitar su proximidad. Pero en tal caso, más de una vez entregó una limosna a cualquier transeúnte encargándole que se la entregara *al enfermo del buen Dios.*

Raza maldita se los llamó. En contraste, se los denominó también *enfermos del buen Dios* o simplemente *hermanos cristianos,* siendo ésta la denominación más común. Las almas de fe contemplaban en los leprosos la figura doliente y viviente del Crucificado, que se hizo leproso para limpiarnos de la lepra del pecado.

En alas de leyendas populares volaban anécdotas llenas de ternura de cómo Jesús se apareció a tal santo o a tal reina en forma de leproso. En largos períodos de la Edad Media el leproso llegó a ser el personaje más desechado y venerado en la sociedad. Vestían todos ellos un uniforme gris, llevaban un distintivo para ser reconocidos desde lejos. Tenían prohibido beber en las fuentes, nadar en los ríos, acercarse a las plazas o mercados. En una palabra, eran los hombres de la desolación.

A su modo, sin embargo, aquella sociedad medieval los amaba. No había ciudad o villa que no hubiera erigido albergues o leproserías para estos *hermanos cristianos.*

* * *

Llama la atención que a estas alturas de su vida, en que Francisco respiraba profundamente el perfume de Dios y había adquirido alta estatura espiritual, sintiera todavía una repugnancia tan invencible para con estos *enfermos del buen Dios.*

Es un parámetro, digamos de paso, para medir la sensibilidad y también la impresionabilidad de su temperamento. Por otra parte, este dato es importante para interpretar muchos sucesos de su vida y para hacernos una idea de la intensidad con que Francisco vivía los acontecimientos. El biógrafo nos dice que por este tiempo sólo la idea del leproso le causaba tan viva impresión que «al divisar a lo lejos, a unas dos millas del camino, las casetas de los leprosos, se tapaba las narices con las manos».

Pero no podía continuar así. Uno por uno había saltado con éxito todos los obstáculos y vallas. Faltaba la prueba de fuego. ¿No eran aquellas tristes sombras las siluetas dolientes de su Amado Crucificado? Después de todo, el asco que sentía por los *hermanos cristianos,* ¿no era una blasfemia contra Jesús? ¿Acaso no le había regalado Jesús las satisfacciones más profundas de su vida? Su cobardía, en el mejor de los casos, no era sino ingratitud.

Un día, estando Francisco sumergido en el hondo mar de la consolación, depositó en las manos de su Señor la espada llameante de un juramento: tomaría entre sus brazos, como a un niño, al primer leproso que topara en el camino. Para él, eso era como arrojarse desnudo a una hoguera. Pero la palabra ya estaba en pie como una lanza clavada en tierra. Lo demás era cuestión de honor.

* * *

Una mañana, cabalgando por el camino que serpentea por entre las estribaciones del Subasio en dirección de Foligno, en un recodo del camino, se topó súbitamente a pocos metros con la sombra maldita de un leproso, que le extendía su brazo carcomido.

La sangre se le encrespó a Francisco en un instante como fiera dispuesta al combate, y todos sus instintos de repulsa levantaron un muro cerrándole el paso. ¡Era demasiado! El primer impulso fue apretar espuelas y desaparecer al galope. Pero le vino el recuerdo de aquellas palabras: «Francisco, lo repugnante se te tornará en dulzura». Cuanto más rápidamente ejecutara lo que tenía que hacer, mucho mejor.

Saltó del caballo como un sonámbulo y, casi sin darse cuenta, se encontró por primera vez en su vida frente a frente con un leproso. Con cierta precipitación depositó la limosna en sus manos. Lo tomó en sus brazos, no sin cierta torpeza. Aproximó sus labios a la mejilla descompuesta del *hermano cristiano.* Lo besó con fuerza una y otra vez. Luego estampó rápidos y sonoros besos en sus dos manos y, con un «Dios contigo», lo dejó. Montó de nuevo a caballo y se alejó velozmente. La prueba de fuego había sido superada, ¡bendito sea el Señor!

Habiendo cabalgado unos metros..., ¿qué es esto? Nunca había experimentado semejante sensación. Desde las profundidades de la tierra y del mar, desde las raíces de las montañas y de la sangre comenzó a subirle en oleadas sucesivas el océano de la dulzura. Era (¿qué era?) el perfume de las rosas más fragantes, la quintaesencia de todos los panales del mundo. Sus venas y arterias eran ríos de miel. Su estómago y cerebro, surtidores de ternura. ¿Cómo se daba aquello? ¿Embriaguez? ¿Éxtasis? ¿Lecho de rosas? ¿Cielo sin nubes? ¿Paraíso? ¿Beatitud?

En su lecho de agonía, refiriéndose a ese momento, Francisco dirá que experimentó «la mayor dulcedumbre del alma y del cuerpo». Fue, sin duda, uno de los días más felices de su vida, y, de todas maneras, un acontecimiento tan marcante que Francisco lo considera en su Testamento como el hito más alto en el proceso de su conversión.

* * *

Desde ese momento, los *hermanos cristianos* serán los favoritos de su alma, y hasta su muerte será para ellos el ángel de misericordia, estableciéndose una corriente inexplicable de cariño, no sólo entre Francisco y los leprosos, sino también entre ellos y la Fraternidad por Francisco fundada.

Vuelto a Asís, su primera preocupación fue visitar a sus nuevos amigos. Bajando por la Porta Moyano en línea recta hacia el valle, como a media hora de camino, había una famosa leprosería llamada *San Salvatore delle Pareti*. Con sus bolsillos repletos de monedas, allá dirigió sus pasos el hijo de doña Pica para confirmarse en la misericordia. Puede imaginarse la estupefacción de aquellos pobres enfermos al ver entrar al famoso hijo del arrogante mercader.

Nunca el hombre siente tan honda satisfacción como cuando ha conseguido salvar el escollo más difícil de su vida, y eso suele reportarle una madurez semejante a la de la madre que ha dado a luz.

Francisco seguía siendo un desconocido para sí mismo. Hace apenas unos días él mismo no hubiera creído que fuera capaz de hacer lo que estaba haciendo ahora. Los ojos de Francisco estaban llenos de (no se sabría exactamente cómo llamarlo) benignidad, proximidad, piedad y misericordia (todo junto). El Hermano miró largamente, uno a uno, a los ojos de los *hermanos cristianos.* Ellos se sintieron acogidos, amados.

Luego, depositó en las manos de cada enfermo una moneda, no sin antes besar pausadamente cada mano. Los enfermos casi no podían creer lo que estaban viendo. El hijo predilecto de doña Pica les parecía un ángel del cielo, portador de la misericordia eterna de Dios. Fue un día memorable para la leprosería de *San Salvatore.*

Desde entonces, el Hermano de Asís los visitaba frecuentemente. A veces, en lugar de dirigir sus pasos a la gruta, se venía derecho a la leprosería y ya no se contentaba con regalarles monedas. Llenaba una jofaina con agua tibia, se inclinaba a sus pies y lentamente, como quien toca pies sagrados, con delicadeza materna les lavaba los pies, les vendaba las heridas, no sin antes curarlas con gran cuidado.

Muy pronto aprendió sus nombres y a cada uno lo llamaba por su propio nombre. Pronto adquirió también conocimientos de enfermería y él mismo les traía medicamentos desde la botica de la ciudad. Y al poco tiempo no había en la leprosería enfermero tan competente como el Hermano Francisco.

Restaurador de muros arruinados

Había depositado en las manos de su Señor un cheque en blanco en la *noche de Espoleto*: ¿qué quieres que yo haga? Pero el cielo no se había manifestado todavía. Sus horizontes estaban cubiertos de noche. No se vislumbraba ningún derrotero, y Francisco se conformaba con vivir en fidelidad día tras día: dedicaba largas horas al Señor, largas horas a los leprosos, sembraba la paz por todas partes. Siempre permanecía en pie como centinela nocturno esperando órdenes, atisbando novedades.

Un día bajaba el Hermano por un camino pedregoso, flanqueado por cipreses puntiagudos y oscuros pinos. A su vista se extendía la llanura infinita desde Perusa hasta Espoleto, ciudades perdidas en la lejanía entre la bruma.

Después de descender la pendiente, Francisco se encontró de buenas a primeras con una humilde capilla recostada en una loma. El Hermano venía frecuentando desde tiempo atrás todas las capillas diseminadas por las colinas y el valle. Pero nunca había pasado por allí.

La ermita estaba dedicada a san Damián. En sus muros se veían varias hendiduras que ponían en peligro la estabilidad de la vetusta iglesia. La hiedra trepaba alegremente hasta cubrir por completo los muros laterales. En su interior no había más que un sencillo altar de madera, unos bancos y, a modo de retablo, un crucifijo bizantino. La humilde capilla estaba atendida por un anciano sacerdote que vivía a expensas de la buena voluntad de las gentes.

* * *

El Hermano entró en el recinto umbroso y, luego que sus ojos se habituaron a la oscuridad, se arrodilló con reverencia ante el altar y fijó su mirada en el crucifijo bizantino. Lo miró largamente.

Era un crucifijo diferente: no expresaba dolor ni causaba pena. Tenía unos ojos negros bien abiertos, por donde se asomaban la majestad de Dios y los abismos de la eternidad. Y una extraña combinación de dulzura y majestad envolvía toda la figura causando confianza y devoción al espectador.

Seducido por aquella expresión de calma y paz, Francisco permaneció inmóvil, nadie sabe cuánto tiempo. Según los biógrafos, tuvo en este momento una altísima experiencia divina.

En mi opinión, se concreta aquí la tercera «visitación» o experiencia infusa. El Hermano, entregado, se dejó llevar por la fuerza de la corriente, río abajo, hacia el Mar, la Totalidad sin contornos, hacia los abismos sin fondo del misterio del Amor Eterno, en que el hombre se pierde como un pedacito de papel.

Esta vez el Amor tenía un nombre concreto, una figura determinada y una historia apasionante: Jesucristo en la cruz, entregando la vida por los amigos. La imagen del Crucificado penetró en el alma del Hermano como una centella, y se grabó a fuego en la sustancia primitiva de su espíritu, y el tiempo nunca consiguió cauterizar esa herida. Al parecer, aquí comenzaba la peregrinación que habría de culminar sobre las rocas del Alvernia, con una consumación total. La devoción franciscana adquirió aquí su fisonomía original. A partir de este momento, dice san Buenaventura, siempre que recordaba a Cristo crucificado, a duras penas conseguía retener las lágrimas, según el mismo Francisco declaró en confianza poco antes de morir.

La tradición nos ha conservado la oración que el Hermano pronunció en esta mañana. Elevados y fijos sus ojos en la majestad del Cristo bizantino, decía así:

–¡Glorioso y gran Dios, mi Señor Jesucristo! Tú eres la luz del mundo, pon claridad, te suplico, en los abismos oscuros de mi espíritu. Dame tres regalos: la fe, firme como una espada; la esperanza, ancha como el mundo; el amor, profundo como el mar. Además, mi querido Señor, te pido un favor más: que todas las mañanas, al rayar el alba, amanezca como un sol ante mi vista tu santísima voluntad para que yo camine siempre a su luz. Y ten piedad de mí, Jesús.

Y de pronto, nadie podría decir cómo o de dónde surgió, se oyó claramente una voz que al parecer procedía del Cristo:

«Francisco, ¿no ves que mi casa amenaza ruina? Corre y trata de repararla».

Nunca había oído pronunciar su nombre con acento tan inefable, ni siquiera a la gran dama, *madonna* Pica. ¡El Señor lo había llamado por su propio nombre! Era la prueba mayor de predilección.

En mi opinión, en este caso la voz fue una típica *locución* de que hablan los libros de mística. ¿De qué se trata? Es una voz. Digamos que es un sonido. Nadie puede precisar, sin embargo, si la voz viene de fuera y es recogida por los tímpanos, o si resuena en el interior de todo el ser. Lo único que se sabe es que la *locución* es otra cosa y más que una inspiración interior.

* * *

Igual que en los tiempos bíblicos, a los grandes encuentros siguen siempre las grandes *salidas*. A cada intimidad sucede una misión.

–Con mucho gusto lo haré, mi Señor –respondió Francisco al mandato.

Y como habría de proceder tantas veces en su vida, es decir, con una cierta precipitación, el Hermano de Asís, tomando el mandato al pie de la letra, se levantó, miró las paredes interiores y era verdad: estaban cuarteadas. Salió afuera, dio una vuelta completa en torno a la ermita y era verdad: amenazaba ruina. No había tiempo que perder. Durante muchos meses había estado esperando que el cielo manifestara su voluntad. Dios había hablado e impartido, además, una orden. Era la hora de la acción.

Traspasados sus ojos por la seguridad y la alegría, emprendió la marcha hacia su casa entre trigales y viñedos. A los pocos pasos se encontró con el anciano capellán. Lo saludó con reverencia, besándole la mano. Y, sacando de su bolsillo todo el dinero que llevaba, se lo entregó diciéndole:

–Mi señor, por amor de Dios dígnate recibir este dinero. Gustoso permanecería yo mismo, de pie, día y noche al pie del Crucificado. Pero ya que no lo puedo hacer, al menos que arda en mi nombre, sin interrupción, una lámpara de aceite. Todo te lo pagaré de mil amores.

Buen comerciante

Y siguió su camino subiendo la cuesta que, en pocos minutos, lo depositaría en su casa. En el breve trayecto fue madurando sus inmediatos proyectos. Necesitaba dinero para comprar material de construcción. Para disponer de dinero, tenía que hacer una buena venta comercial. Ningún otro lugar más apropiado para hacer un buen negocio que la feria de Foligno, adonde su padre lo llevara muchas veces. Lo importante era proceder con rapidez.

Cuando pisó el umbral de su casa todo estaba decidido. Al entrar en ella, sin preocuparse de comer y sin dar mayores explicaciones, preparó el caballo y cargó sobre él unas cuantas piezas de telas vistosas –imaginamos que Bernardone estaba ausente–. Al salir de casa, se santiguó como si acometiera una empresa importante y sagrada, y enfiló sus pasos en dirección de Foligno, con el alma rebosante de alegría.

Fue un negocio redondo. En pocas horas lo vendió todo, incluso el caballo. Con la bolsa repleta de dinero, desandando las dos leguas de distancia, regresó a San Damián sin necesidad de entrar por las murallas de la ciudad. ¡Pobre Francisco! Todavía creía en la omnipotencia del dinero. Pronto vendría el desengaño y celebraría el divorcio más irreductible que haya existido entre un hombre y el dinero...

* * *

Con la bolsa en alto y sacudiéndola fuerte para que las monedas sonaran como un clarín de guerra, se presentó Francisco ante el anciano sacerdote. Le habló con entusiasmo de su proyecto de restauración de la vetusta ermita. Francisco suplicó al venerable capellán que aceptara íntegra aquella bolsa.

El buen cura no sabía a dónde mirar. Todo aquello le daba pie para pensar que el muchacho había perdido la cabeza o que estaba burlándose de él. Había leído en las *Vidas de Santos* historias de conversiones fulgurantes. Pero otra cosa era dar crédito a la transformación de este muchacho que hasta ayer era conductor de la juventud más mundana de Asís.

Además sabía del corazón estrecho de Pietro Bernardone y no podía entrar en una eventual querella con el viejo y violento mercader. Así, pues, con gran extrañeza del Hermano, el anciano capellán rehusó la suculenta oferta.

Divorcio y desposorio

En mi opinión, aquí, y en este momento, se va a levantar la muralla divisoria, alta e infranqueable, que partirá en dos mitades la historia de Francisco de Asís. Vamos a asistir a dos despedidas y dos desposorios, efectuados tan imprevistamente como todas las cosas del Hermano de Asís y que tan largas consecuencias tendrían en la historia del espíritu. Aquí muere y es sepultado el hijo de Bernardone y nace Francisco de Asís.

En primer lugar, en vista de la renuncia del sacerdote, Francisco agarró la sonora bolsa y no sin cierto desdén la arrojó con estrépito contra el marco de la ventana. Aquí se despidió para siempre del dinero y, al parecer, desde ese momento, nunca más en su vida tocó siquiera el apetecido metal. Es uno de los divorcios más extraños y sagrados de la historia humana. Francisco de Asís fue el hombre que no despreció nada en su vida, salvo el dinero.

¿Por qué se despidió con ese aire de desdén? ¿Se desengañó al comprobar que el metal no es omnipotente, pues no servía para restaurar la ermita? Había mucho más que eso.

Hijo de opulento burgués, con una alta capacidad perceptiva, la vida le había enseñado muchas cosas: donde está el dinero no hay lugar para otro Dios. Donde hay dinero no hay amor. El dinero corrompe los sentimientos, prostituye los afectos, divide los corazones, disocia las familias: enemigo de Dios y enemigo del hombre.

Por todo eso, en los años de su juventud, Francisco fue cobrando una profunda aversión al oro y la plata. Y en ese gesto rápido, en esa instantánea «liturgia» de arrojar la bolsa, estaba retenida toda esa aversión. Y en esa misma escena comienza el culto del Hermano a Nuestra Señora la Pobreza. Pocos románticos habrán guardado tan alta fidelidad a la dama de sus pensamientos como Francisco a su Señora la Pobreza.

* * *

En segundo lugar, una distancia insalvable se había abierto entre él y la familia, entre él y la sociedad. Ya no había nada en común entre ellos. Nadie lo comprendía ni lo podía comprender: vivía en otro mundo.

La familia y la sociedad asientan sus pies sobre el sentido común, sobre la amplia plataforma de convencionalismos y necesidades, naturales unas veces, artificiales otras: hay que casarse, tener hijos, ganar dinero, labrar un prestigio social... Es difícil, casi imposible, ser libres en ese entorno, y el hombre que quiere seguir a Jesús hasta las últimas consecuencias necesita primeramente la libertad, y no hay libertad sin *salida*. Llegó, pues, para Francisco la hora del éxodo: sal de tu tierra y parentela.

Al ver el Hermano que el sacerdote rehusaba tan tenazmente la bolsa de dinero, se arrodilló a sus pies con gran reverencia y le suplicó con instancias conmovedoras que, por lo menos, le permitiera morar en su compañía junto a la ermita. El sacerdote accedió a esta súplica. Y por primera vez aquel día Francisco no regresó a su casa, y durmió en la ermita. Y así, tan simplemente, se consuma el segundo divorcio: la ruptura con la familia y la sociedad.

Al parecer, Francisco nunca más regresó a su casa, salvo cuando el viejo mercader lo encerró en el calabozo. Refiriéndose a esta ruptura, el Hermano, en su Testamento, dirá así: «Y salí del mundo». El divorcio con el mundo significaba desposorios con Jesús y su evangelio. De ahora en adelante el Hermano no pertenece a nadie, está libre para comprometerse y pertencer solamente y totalmente a Jesús, y en Jesús, a todos los pobres del mundo.

En adelante su casa sería el ancho mundo. Sus amigos serían los leprosos, los mendigos y los salteadores de caminos. Sus hermanos serían el viento, la lluvia, las nieves y las primaveras. Le acompañarían el calor del sol y la luz de la luna. Comería por los caminos igual que los espigadores y las alondras. Y cruzaría el mundo bajo la sombra de las alas protectoras del Padre Dios. No le faltaba nada. Era feliz.

Estalla la persecución

Hacía tiempo que el viejo Bernardone llevaba una herida de la cual manaba sangre: el regreso repentino y vergonzoso del muchacho desde Espoleto cuando iba en la expedición a la Apulia.

Un tipo arrogante es incapaz de asimilar eso, y comienza a respirar encono y rencor por la herida. Por otra parte, no le importaba tanto que el muchacho hubiera despilfarrado el dinero con los compañeros nobles. Después de todo, eso halagaba su vanidad. Pero que lo repartiera a manos llenas ante los indigentes de los caminos, eso ya era demasiado.

Además, desde hacía muchos meses, el muchacho, perdido en la soledad de los bosques y montañas, no prestaba ningún servicio a su padre en el gran comercio de telas. Pero, más que todo eso, lo que torturaba al acaudalado mercader era que aquel muchacho constituía una profunda frustración para los sueños de grandeza que había cifrado en él.

Es difícil imaginar, ni siquiera a nivel teórico, dos polos tan distantes y opuestos. Y Bernardone, espíritu de mercader, era absolutamente incapaz de comprender los nuevos rumbos del joven soñador. Día a día la situación se hacía más insostenible, y por algún lado tenía que estallar.

* * *

Bien sabía Francisco que, en cualquier momento, tarde o temprano, habría de estallar la persecución. Y para guarecerse de sus embates, había encontrado o preparado en las proximidades de la ermita un escondite que difícilmente sería descubierto –así le parecía– por los eventuales perseguidores.

Todavía no se sentía enteramente seguro de sí mismo. Quedaban aún en el lecho de su río sedimentos de miedo: miedo al ridículo, miedo al sufrimiento.

En la conquista de la libertad se producen oscilaciones. En este momento, Francisco sufría temores que no los tenía a su regreso de Espoleto. ¿Retroceso? No. El ser humano es así: en el momento en que su atención estaba afectivamente poseída por la Presencia, Francisco era capaz de enfrentarse a pie firme con las llamas, el demonio, la muerte.

Pero no en todos los momentos el alma tiene el mismo estado de ánimo. Cuando deja de apoyarse en Dios, instintivamente el hombre se reclina sobre su centro, y en ese caso, al instante, desde todas partes hacen su aparición las sabandijas de las inseguridades. Entonces el hombre busca escondites para no sufrir ansiedad. El poder total, la libertad completa llegan después de mil combates e innumerables heridas.

* * *

Después de larga ausencia, Bernardone regresó a casa y se encontró con la ingrata novedad: Francisco se había fugado de casa. Doña Pica no disponía de explicaciones precisas y si las hubiera tenido tampoco se las habría comunicado, conociendo la turbulencia del carácter de su marido.

Entonces, como siempre ocurre, fueron los sirvientes de su comercio y los vecinos los que le abrieron regocijadamente la compuerta de noticias: hacía tanto tiempo que no había vuelto a casa; la última vez que estuvo se llevó las mejores telas a Foligno; dicen que vendió también el caballo; dicen que duerme en la ermita de San Damián; el otro día lo vieron con unos mendigos...

Una turbación profunda se apoderó del apasionado mercader. Era vergüenza, furia y frustración a la vez. Aquello no podía continuar así. Ese loco muchacho había echado por tierra el prestigio familiar levantado con tanto esfuerzo, y ahora hasta amenazaba con arruinar el negocio.

Resuelto a cortar de un tajo aquella cadena de desvaríos, Bernardone lanzó a vecinos y parientes, como perros de presa, a las proximidades de San Damián. Ante el estrépito de la cacería, Francisco corrió a guarecerse en su escondite. Después de largas horas de pesquisa y averiguación, de husmear y rastrear en los escondrijos más inverosímiles, no lo localizaron y regresaron a casa mohinos y disgustados.

Novicio todavía en los combates del Señor, paralizado momentáneamente por el miedo, permaneció el Hermano oculto durante un mes entero en aquel escondrijo. Fue, sin duda, un momento de debilidad, una crisis de *baja forma* en su estado atlético.

Al parecer, ni el anciano capellán sabía del lugar exacto de aquel refugio. Sólo una persona, que bien podría ser aquel antiguo amigo anónimo, poseía la preciosa información. Con mucha precaución y bastante asustado salía el Hermano de cuando en cuando fuera, pero regresaba prontamente a su trinchera. No sintiendo seguridad en sí mismo, toda su esperanza la depositaba en la misericordia del Señor.

Dulzura en la aspereza

Un determinado día, dice el biógrafo, una súbita consolación como nunca había experimentado antes se apoderó de todo su ser. Fue la nunca desmentida misericordia del Señor la que, una vez más, le sacó de las mallas de la pusilanimidad. A la luz de esta Gracia, Francisco se recordó a sí mismo el código de los caballeros: no tener miedo, nunca desertar, dar siempre la cara...

Aquel día sintió vergüenza de su propia vergüenza. Nada, sin embargo, se recriminó a sí mismo. Simplemente pasó horas dando vueltas en su cabeza a estas ideas:

–No se puede confiar en el hombre –se decía–; es frágil como el cristal; es capaz de alcanzar una estrella o de dar la espalda como el desertor; el hombre es eso: arcilla, pero no hay que asustarse.

Y dijo:

–¡Mi gran Señor Jesucristo!, absuélveme de mi pusilanimidad. Tú sabes que soy hoja seca al viento. Cúbreme con tus alas. Calza mis pies con sandalias de acero y no permitas que el miedo anide en mi corazón.

Y, diciendo esto, emergió desde el fondo oscuro de la gruta, con la cabeza erguida y bañado en paz. En este momento hubiera podido presentar combate a las mismas fuerzas del infierno colocadas en orden de batalla. Se sentía infinitamente libre y fuerte.

* * *

Con paso tranquilo comenzó a ascender la empinada pendiente que conducía a la puerta oriental de las murallas. Tuvo que hacer varias paradas. No le respondían las piernas. No soplaban los pulmones. El espíritu estaba imbatible, pero los ayunos, la lucha interior y los desvelos habían consumido por completo sus energías vitales. Estaba exhausto, flaco como penitente de la Tebaida, demacrado y ojeroso.

Atravesó el portón oriental de las murallas, pisó el empedrado de la estrecha calle, y, al pasar las primeras casas, alguien gritó desde una ventana.

–¡Un loco!

El grito sonó como clarín de guerra. Al minuto las ventanas estaban ocupadas por mujeres, niños y hombres.

–¡Un loco! ¡Un loco!

Fue creciendo el clamor. Los niños y muchachos saltaron a la calle, no había para ellos divertimiento más sabroso. Unos por diversión, otros por curiosidad y otros por malignidad, rondaban junto a él, mofándose con gruñidos y silbidos.

Al parecer nada le importaba al Hermano de Asís. Sus ojos estaban llenos de paz. Pocas veces un hombre ha sentido tan poco miedo a ese terrible muñeco que llaman el ridículo. ¿Qué pretendía realmente Francisco con este pasacalle, con esa exhibición bufonesca? ¿Intentaba llegar a su casa para dar una explicación a Pietro Bernardone? ¿Quería dar a Jesús una satisfacción por su anterior cobardía? Las fuentes no nos esclaresen esta duda.

Sea como fuere, el Hermano de Asís se mantuvo tan imperturbable ante aquellos gritos salvajes, y de tal manera la dulzura envolvía su rostro, que esa actitud, en lugar de apaciguar a la fiera que estaba agazapada detrás de la chusma, fue la mejor prueba para ellos de que Francisco estaba efectivamente loco de remate, pues un ser normal no reacciona así, y excitó mucho más la furia de la muchachada.

La serenidad del Hermano era como un acicate para ellos. Ya no se contentaron con empujarlo, tirarle de la ropa, dejarlo sordo a gritos e insultos. Había que sacarlo de aquel atolondramiento. Tomaron, pues, todo lo que encontraron a su alcance, piedras, barro, tomates podridos, y se hartaron de probar puntería en él.

La pequeña ciudad era un tambor de resonancia y pronto llegaron a casa de Bernardone los ecos del estrépito callejero. El mercader, picado por la curiosidad como todo el mundo, se asomó a la ventana para ver qué sucedía. Al instante, la vergüenza y la rabia le subieron por todo el cuerpo como un río de fuego: era su propio hijo. Por un instante quedó paralizado sin saber si moldear, blasfemar o llorar. Su miedo al ridículo impidió que sucediera ninguna de esas cosas.

En una segunda reacción, arrastrado por la furia, se abrió paso en medio de aquella turba sádica, se precipitó sobre el hijo, desahogó su ira con parras de grueso calibre, lo agarró de la nuca y, abriéndose paso entre empellones, lo arrastró hasta la casa, le dio durísimos azotes y lo dejó bajo llave en los sótanos oscuros. En medio de aquella barahúnda infernal el Hermano mantuvo una serenidad inalterable: ni miedos, ni miradas hostiles, ni movimientos bruscos: parecía el ángel de la paz.

* * *

Todos los días bajaba el acaudalado burgués a los bajos de su casa para persuadir al muchacho y desviarlo del rumbo extravagante que había tomado su vida. A veces le suplicaba. Otras lo amenazaba. Casi siempre lo reconvenía. Todo fue inútil. Con una calma admirable, que desesperaba al mercader, el Hermano permaneció inflexible. En ese momento Francisco era inexpugnable. La amistad con el Señor y las humillaciones lo habían fortalecido de tal manera que no habría en ese momento fuerzas de arriba o de abajo o torturas inhumanas que le hicieran dar un paso atrás.

En las entrañas de tales pruebas fue naciendo el pobre y humilde Francisco de Asís, aquel hermano «mínimo y dulce» cuya única fortaleza era su paciencia; el hombre más libre del mundo y el pobre más rico de la tierra.

El viejo mercader tuvo que ausentarse por razón de sus negocios. Pero antes de salir de casa, preocupado de poner a buen recaudo al extravagante muchacho, le puso esposas en las manos y pies, a lo cual no sólo no resistió el Hermano sino que se comportó con la suavidad de un cordero y el señorío de un rey.

No contento con esto, el mercader colocó un poderoso candado a la puerta del sótano y le echó llave. Llamó a su mujer y le encargó que, en su ausencia, se esforzara con todo el peso de la dulzura materna por convencer y disuadir al terco muchacho. Y, dando las últimas instrucciones, se ausentó.

La última bendición de la madre

Es difícil imaginar una situación humana tan incómoda como la del hijo y su madre en este momento. Ambos se hallaban entre la espada y la pared.

Doña Pica, por un lado, estaba de acuerdo con Francisco. Con su intuición femenina y su madera de noble madre simpatizaba, en el fondo, con la posición del muchacho y hasta se sentía feliz de que el hijo consagrara su vida a Dios y a los pobres.

Sin embargo, no podía aprobar la manera como su hijo llevaba a cabo esta consagración, abandonando el hogar y viviendo como un desharrapado. Por el otro lado, como esposa fiel, estaba doña Pica de parte de su marido, sufría infinitamente por la amargura de Pietro y deseaba ardientemente una reconciliación efectiva y afectiva entre padre e hijo.

Recurriendo, pues, a los medios de persuasión más eficaces, le hacía ver a Francisco que algunas cosas no estaban bien. Con lágrimas en los ojos le suplicaba que volviera a quedarse en casa y que accediese, al menos en algunos puntos, a los ruegos de su padre.

Si la madre se sentía mal, peor se sentía el hijo. Para un hijo tan sensible como Francisco tuvo que resultar desgarrador el encontrarse entre las lágrimas de una madre tan amante y tan querida por él, y los reclamos de la voluntad perentoria de su Señor Dios. Sin duda fueron días angustiosos para el Hermano.

Es el drama de todo profeta: hombres de fuerte emotividad, tironeados por la voz de Dios, se ven en la necesidad de desgarrar fuertes ataduras como si el predestinado, colocado en el cruce, fuese estirado por dos polos contrarios. ¿A quién obedecía?

* * *

¿Qué sucedió en el sótano de la casa entre la madre y el hijo? A partir del desenlace, podemos imaginar las vicisitudes de la escena. Con cariño suplicaba la madre. Con cariño rehusaba el hijo. Con lágrimas insistía la madre. Con brillo en los ojos resistía el hijo. La madre comenzó a perder fuerza en sus palabras. El hijo, siempre con dulzura, fue subiendo en inspiración. Combate singular en la historia humana.

A la gran dama se le fueron quebrando, uno a uno, los cántaros, y pronto se encontró indefensa y sin palabras. Fueron apagándose sus lámparas y soltó al aire todas sus guirnaldas. La señora Pica calló, y de contrincante pasó a oyente, y de madre a discípula. La noble madre comenzó a ser un poco «hija» de su hijo. Comenzó a nacer en la cuna de los ideales de Francisco, a calentarse en el sol del hijo.

Al hablar de Jesús, las palabras de Francisco parecían melodías inmortales o canciones de cuna, y la madre fue cayendo y rodando por los abismos de un sueño sin sueños, de donde le renacieron sus antiguos ideales, nunca esclarecidos y nunca realizados, de entregarse por completo a un Amor inmortal: tenía razón Francisco.

Ella bien sabía qué dan y qué no dan el amor y la maternidad; sabía que la primavera da besos y el otoño despedidas: Francisco tenía razón. Abrir de par en par las puertas, dejar entrar a Jesús, perderse en Dios, tener el corazón de la hermosura divina, no dejar nada para la devoradora muerte, en la desnudez completa y en la soledad completa de ser libres, no tener nada para darlo todo, cantar la última canción y a la brisa del crepúsculo morir, morir que no es deshacerse sino completarse: Francisco tenía razón. Volver por el sendero vespertino y repartir amor a todos los hambrientos, con el misterio infinito grabado en la frente caminar con Jesús a través de mundos y milenios repartiendo la paz en la voz, en los ojos, nacer otra vez con Jesús, retornar: Francisco tenía razón...

* * *

A la mañana siguiente, la noble madre buscó por toda la casa las herramientas pertinentes y, con ellas en la mano, bajó la escalera del sótano y, sin decir palabra, abrió el gran candado del calabozo; después, rompió el cepo que sujetaba los pies de Francisco, y luego le soltó las esposas de las manos.

Ella sabía muy bien que, con esta acción libertadora, acarreaba sobre su cabeza las furias del iracundo mercader. Pero ya tampoco a ella le importaba nada. También ella se había contagiado de la gloriosa libertad de Francisco.

Al verse libre el muchacho, sin decir nada y profundamente emocionado, allí mismo se arrodilló a los pies de su madre en actitud de recibir la bendición. Doña Pica le dijo:

–Pájaro de Dios, vuela por el mundo y canta.

Y luego, colocando sus manos sobre la cabeza del hijo, añadió:

–Hijo de mi alma, las alas de Dios te cubran y protejan como estas manos. Lleva mi sangre y mi sombra hasta los confines del mundo. Abre y recorre los caminos que yo no puedo recorrer. Mete mis lámparas en las noches y mis manantiales en los desiertos. Recoge los dolores del mundo y esparce por doquier la esperanza. Que tu muerte sea una fiesta y tu vida un parto. Que te acunen los vientos y te den sombra las montañas. Cubre la tierra de piedad y transforma las urnas en cunas. Te amo, sangre de mi sangre e hijo de mi espíritu. Cuando tu carne desnuda y transitoria reciba el beso de la Hermana no amada, estaré esperandote de pie bajo el gran arco de la Aurora para siempre.

Y, diciendo esto, la madre levantó a Francisco. Se abrazaron los dos prolongadamente sin decir nada. Subieron en silencio las escaleras del sótano. Francisco miró largamente las dependencias comerciales como quien mira por última vez. La madre lo acompañó hasta la puerta y el Hermano salió caminando lentamente. Nunca más pisaría aquel umbral. Doña Pica fue siguiéndolo con su mirada hasta que el muchacho se perdió en un recodo de la calle. Gustosa lo hubiese seguido hasta la muerte. El Hermano llegó a su morada de San Damián.

Fue un suceso inenarrable, y sin duda una de las escenas más conmovedoras y trascendentales de la historia humana.

* * *

Por estos años se nos pierde de vista para siempre la silueta evocadora de aquella maravillosa mujer. Las fuentes franciscanas no hablan más de ella. Los historiadores presuponen que la muerte se la llevó prematuramente. Nunca debió gozar de buena salud. Vislumbramos, inclusive, que la tan frágil salud que acompañó a Francisco desde su juventud –también Francisco murió prematuramente– la habría heredado dentro de los códigos genéticos de su propia madre, así como había heredado también su nobilísima alma. En adelante no encontramos de ella ninguna sombra de noticia en las fuentes franciscanas.

También nosotros nos despedimos aquí, con gratitud, de doña Pica, mujer admirable.

Sólo de Dios recibo órdenes

El viejo cronista apunta que tantas aflicciones acabaron por dar al Hermano una solidez definitiva. Ya nunca el miedo golpearía sus puertas salvo en algún que otro momento de excepción.

Un buen día, continúan los cronistas, regresó Bernardone a casa, y como era de esperar, al ser informado que doña Pica había soltado al preso, ciego de cólera la emprendió con ella estallando en un temporal de insultos, amenazas e invectivas. Doña Pica estaba preparada en la «escuela franciscana» y armada interiormente. Recibió, pues, aquella tempestad con el escudo de los fuertes, que es la paciencia. Ni pestañeó.

Pietro dio por irremediablemente perdido al hijo en quien había depositado sus sueños de grandeza. En cuanto a recuperarlo, y sobre todo en cuanto a enderezarlo por el camino de la sensatez, no se hacía ninguna ilusión. Pero no podía tolerar que las extravagancias de aquel hijo terco y loco abatieran el prestigio de gran burgués que había adquirido con tantos años de esfuerzo. Un solo camino restaba: expulsarlo del país.

Rodeado de vecinos y amigos, el mercader invadió el recinto de San Damián. Esta vez, el Hermano no huyó. Al contrario, aquello fue un espectáculo de belleza. Respirando paz, escudado en una indestructible libertad interior, con los ojos llenos de tranquilidad y dulzura, el humilde Hermano salió al encuentro de su padre.

Y cuando éste comenzó con sus consabidas amenazas y órdenes, el Hermano, con suma tranquilidad y mirándole a los ojos, dijo:

–*Messer* Pietro Bernardone: no hay para mí otro señor sobre los horizontes del mundo sino mi Señor Jesucristo. Sólo de Él recibo órdenes. Ni el emperador, ni el *Podestá*, ni Pietro Bernardone, ni las fuerzas de represión, ni los ejércitos de conquista, ni las energías aéreas que militan a las órdenes de la muerte, de la enfermedad o del infierno serán capaces de arrancarme de los brazos de mi Señor Jesucristo.

Y con tono muy humilde y bajando la voz, añadió:

–Disculpe mi señor, ahora ya pertenezco a las filas de Cristo y de la Iglesia.

* * *

Viéndose perdido también en este terreno, el mercader le echó en cara no haber entregado el dinero de la venta del caballo y de las telas. El Hermano no respondió nada. Se aproximó al mercader, lo tomó con cariño del brazo, lo introdujo en el interior de la ermita y, con el dedo índice, le señaló el hueco de la ventana. Después de dos meses, todavía estaba allí intacta la bolsa de dinero que había rehusado el capellán. El viejo agarró la bolsa y se retiró en silencio.

Ya que no podía recuperar al hijo, se le ocurrió que podría, al menos, recuperar otros bienes que el dilapidador tal vez habría repateado por ahí quién sabe en qué ermitas o beneficencias. Se fue, pues, derecho al municipio de Asís y demandó judicialmente al hijo.

Los cónsules enviaron alguaciles a la morada de Francisco para citarlo al tribunal. Con cortesía y humildad, el Hermano dijo a los alguaciles:

–Mis señores, deben saber ustedes y también los cónsules que, por la misericordia de Dios, soy un hombre exento y libre. Los cónsules ya no tienen jurisdicción sobre mí; soy siervo del Altísimo Señor Jesucristo y de la santa Madre Iglesia.

* * *

Informado el mercader de esta situación jurídica, y de que sólo un tribunal eclesiástico podría juzgar a Francisco, sin titubear se fue casi al instante al obispado y depositó en manos del señor Guido la querella judicial contra el hijo. Aceptó el obispo arbitrar en aquel litigio y envió un emisario para notificar a Francisco que compareciese ante él. El Hermano se alegró profundamente. Con mucho gusto iré, dijo, porque el obispo es mi señor y padre de las almas.

Se encendió de gozo la imaginación de Francisco. Le pareció que la escena que se avecinaba era como una ceremonia caballeresca en que los gentiles hombres hacen públicamente un juramento de fidelidad y obediencia a su señor. Ante el obispo y todo el pueblo de Asís habría de celebrar, también él, una alianza eterna con el Señor Jesucristo. Era un día de bodas.

¿Qué pretendía Pietro Bernardone con este comparendo? Al no poder expulsar a su hijo del territorio del municipio, pretendía primeramente desvincularlo de la herencia paterna por decreto judicial, a no ser que el mismo hijo se desvinculara voluntariamente; y, en segundo lugar, recuperar los bienes que todavía podían ser recuperados.

Mucho más al fondo, sin embargo, la intención secreta del viejo mercader era desconocer al hijo, esto es, no reconocer desde ahora como hijo a quel vástago desnaturalizado. De esta manera limpiaba su humillación.

Como los árboles en invierno

Fue un momento lleno de hermosura y trascendencia. Pocos espectáculos en la historia del espíritu han tenido el marco y la vestidura, la originalidad y la significación que la escena de aquella mañana invernal.

Todo Asís acudió a la plaza Santa María Mayor; muchos, por curiosidad, y otros, por el deseo de ver en ridículo al antipático mercader. La pequeña ciudad se estremeció hasta las raíces. Los que hasta ahora se reían de Francisco, hoy llorarían emocionados. De alguna manera ese día comienza a ser Asís la ciudad santa.

* * *

A la hora señalada, la plaza estaba atestada de gente. En el centro lucía un trono adornado con el escudo episcopal. Casi simultáneamente hicieron su aparición el obispo Guido, Pietro Bernardone y Francisco. Un murmullo de emoción se encendió y se apagó en un instante. El señor Guido estaba sonriente; Pietro, tenso; Francisco, tranquilo. Los cronistas dicen que el obispo recibió a Francisco con mucho cariño.

Este obispo, digámoslo de paso, fue privilegiado testigo de la epopeya franciscana, asistiendo inclusive a la muerte y canonización de Francisco.

El prelado, en funciones de juez, dirigió primeramente su palabra al demandado, que era Francisco, diciéndole:

–Hijo mío, una gran preocupación no exenta de amargura ha anidado en el corazón de tu padre. Está molesto por ti, por haber tú dilapidado inconsideradamente muchos de sus bienes. Como deseas ingresar al servicio de Dios, sería muy conveniente que, antes de dar este paso, todo quede en orden devolviendo a tu progenitor lo que en derecho le pertenece.

Bernardone miraba al suelo. Los limpios ojos de Francisco estaban fijos en el rostro del prelado. Y la atención de la plebe no se apartaba un instante de los dos protagonistas.

El prelado, dirigiéndose siempre a Francisco, continuó:

–Tú no sabes si esos dineros han sido ganados en buena lid, o si, por el contrario, fueron amontonados a costa del sudor de los débiles, en cuyo caso no sería justo que nuestras ermitas se levantaran con el precio de la sangre humillada. Hijo mío, devuelve a tu padre lo que es de tu padre. Con esta restitución se calmará su ira y verás florecer la paz en sus ojos. Por otra parte, deposita tus preocupaciones en las manos del Señor. Ten fijos tus ojos en los ojos de Dios. Llena tus cántaros de agua inmortal. Unta tu corazón con el aceite de la fortaleza. Espanta los miedos. Nada temas y verás cómo cada mañana, junto a cada ermita en ruinas, te encontrarás con un montón de ladrillos y piedras. Será obra del Señor.

Francisco dio unos pasos hacia adelante y dijo:

–Mi señor, cumpliré todo lo que me pides, y más de lo que me pides.

Se hizo un silencio expectante en la concurrencia. Todos vivían ávidamente estos momentos y nadie quería perder ni el más pequeño detalle.

* * *

Francisco hizo una pequeña reverencia, como pidiendo autorización para retirarse, y en un instante desapareció la pequeña figura ingresando en el recinto de la casa episcopal, a pocos metros de distancia. Una reacción de desconcierto se apoderó de todos los asistentes, incluso del obispo. Todos miraban como interrogándose mutuamente.

En menos de un minuto Francisco regresaba de la casa episcopal completamente desnudo, salvo una camisa de crin a modo de cilicio. Ante el espanto de todos, avanzó tranquilamente en medio de la multitud hacia el tribunal, llevando delicadamente en sus manos el rebujo de ropas. Un silencio tenso y angustioso hizo presa de toda la concurrencia.

Francisco avanzó hasta Bernardone. Sin decir palabra, depositó a los pies del mercader con mucha delicadeza el rebujo de ropas, y encima de la ropa puso la bolsita de dinero.

Desnudo como estaba, se volvió hacia la gente y, perdida la mirada en el infinito, comenzó a hablar lentamente. Sus palabras venían de otro mundo.

–Habitantes de Asís y amigos de la juventud –comenzó–. Ojalá mis palabras se grabaran a fuego en vuestra memoria. No hay en la tierra palabra que contenga tanta melodía como la palabra *padre*. Desde que mi lengua comenzó a balbucir y mis pies a caminar, aplicaba esa bendita palabra a Pietro Bernardone, aquí presente. Le llamaba padre y le daba besos. Me miraba y lo miraba. Me amaba y lo amaba. Él luchó para que yo fuera un gran mercader, tan grande como él. Pero Aquel que desde la eternidad me soñó y amó, puso un muro a mi carrera de comerciante, y, cerrándome el paso, me dijo: Ven conmigo. Y yo he decidido irme con Él. Ahora tengo otro Padre. Ahí quedan, pues, a los pies de Pietro Bernardone los bienes que de él recibí: los vestidos, el comercio, la herencia y hasta el apellido. De ahora en adelante a nadie en este mundo llamaré *padre mío* sino a Aquel que está en los cielos. Desnudo vine a este mundo, y desnudo retornaré a los brazos de mi Padre.

Los burlones que hasta hace un instante lo llamaban loco, ahora lloraban. Lloraba el obispo. Bernardone no sabía dónde mirar, y luchaba para no dejarse contagiar por la emoción. Había tanta simplicidad y sinceridad, tanta fuerza de convicción en esta escena singular y única en la historia de las almas, que una inmensa impresión se posesionó del alma de la multitud.

Debido a estos cambios bruscos que se dan en el alma popular, Francisco se apoderó de la atención ciudadana mucho más que cuando era considerado el rey de la juventud o un loco de atar. Las proezas que quería hacer en la Apulia las comenzaba a realizar en su propia tierra. La fama con la que otrora tan ardientemente soñó, llegó ahora cuando ya nada le interesaba la fama. La ciudad estaba a sus pies. Podía repetir, con Fray Juan de la Cruz: «Cuando menos lo quise, lo tuve todo».

* * *

Bernardone se inclinó al suelo, tomó las ropas y la bolsa y, sin mirar a nadie, desapareció. Un murmullo de desaprobación surgió del seno de la multitud y perduró largo tiempo.

Bernardone llegó a casa llevándose clavada una penetrante espada, forjada por la contradicción: ira, vergüenza y remordimiento, pues, por muy roca que fuese, era imposible que no le alcanzara alguna gota de emoción. ¡Qué no daríamos por saber la reacción de doña Pica al informarse del gesto profético de su Francisco! Sin duda, como todo el mundo, no pudo retener las lágrimas.

Francisco, desnudo, tiritaba de frío, pues eran los últimos días invernales. Cariñosamente se le aproximó el obispo Guido y lo envolvió entre los pliegues de su amplio manto.

Guido, a quien tanto debe el franciscanismo, no retuvo consigo a Francisco ni lo orientó hacia el sacerdocio o el monasterio, cosa habitual en aquellos tiempos. Tuvo ese don divino que se llama sagacidad o perspicacia para intuir un futuro diferente para aquel joven original, y en lugar de darle consejos y orientarlo él mismo, lo dejó en las manos de Dios para que el Señor lo guiara personalmente por rutas inéditas.

Cuando la concurrencia comenzó a disolverse y cada uno, entre comentarios, se dirigió hacia su casa, el obispo encargó a uno de sus sirvientes que se consiguiera alguna prenda de vestir para Francisco. Pronto regresó el sirviente portando en sus brazos un tabardo, una especie de capote de una sola pieza y sin mangas.

Francisco pidió greda y con ella trazó una cruz sobre el capote. Luego se lo puso alegremente. Después se arrodilló a los pies del obispo. Éste le impartió la bendición. Francisco se levantó. Se abrazaron efusivamente los dos y, atravesando el portón más próximo de las murallas, el Hermano salió de la ciudad y se perdió en las primeras estribaciones del Subasio.

Desnudez, libertad, alegría

Era el hombre más libre del mundo. Ninguna atadura lo vinculaba a nada. Nada podía perder porque nada tenía. ¿A qué temer? ¿Por qué turbarse? ¿Acaso no es la turbación un ejército de combate para la defensa de las propiedades amenazadas? Al que nada tiene y nada quiere tener, ¿qué le puede turbar? El Hermano no tenía ropa, comida, techo. No tenía padre, madre, hermanos. No tenía prestigio, estima ciudadana, amigos, vecindario. Y ahí, en la tierra desposada y desnuda nace y crece, alto, el árbol florido de la libertad.

El Pobre de Asís, por no tener nada, ni tenía proyectos o ideas claras sobre su futuro, ni siquiera ideales. Aquí está la grandeza y el drama del profeta. Es un pobre hombre lanzado por una fuerza superior a un camino que nadie ha recorrido todavía, sin tener seguridad de éxito final y sin saber qué riesgos le esperan en la próxima encrucijada.

Por no saber nada, ni siquiera sabe de qué manera ser fiel a Dios al día siguiente. Le basta con ser fiel minuto a minuto. Abrir un camino, paso a paso, golpe a golpe, sin saber cuál será el paso siguiente a dar; acostarse hoy bajo las estrellas con la amapola de la fidelidad en la mano sin saber qué amapola cortará mañana; abrir los ojos cada mañana y ponerse solitariamente en camino para seguir abriendo la ruta desconocida...

Cuando fallan todas las seguridades, cuando todos los apoyos humanos se han derrumbado y han desaparecido los atavios y las vestiduras, el hombre, desnudo y libre, casi sin pretenderlo, se encuentra en las manos de Dios.

Un hombre desnudo es un hombre entregado, como esas aves desplumadas que se sienten gozosas en las manos cálidas del Padre. Cuando no se tiene nada, Dios se transforma en todo.

Dios está siempre en el centro. Cuando todos los revestimientos caen, aparece Dios. Cuando desaparecen los amigos, traicionan los confidentes, el presagio social recibe hachazos, la salud le abandona, aparece Dios. Cuando todas las esperanzas sucumben, Dios levanta el brazo de la esperanza. Al hundirse los andamios, Dios se transforma en soporte y seguridad. Sólo los pobres poseerán a Dios.

* * *

Al desaparecer la madre, el Señor acogió al Hermano, apretó contra el pecho su cabeza y le dio más calor y ternura que la misma *madonna* Pica.

Al despuntar el día, todavía en el regazo de la «Madre» Dios, el Hermano escuchaba las palpitaciones del mundo, abría los ojos y miraba a los ojos de las criaturas y, como en el primer día de la creación, se sumergía en la virginidad del mundo. Y, al faltarle los hermanos de sangre, todas las criaturas le *eran dadas* como hermanas. Y no hubo en la tierra hombre que fuera tan «hermanado», tan fraternalmente acompañado por las criaturas, tan acogedor y acogido por ellas. Nadie disfrutó tanto del calor del sol y del fuego, del frescor de la sombra y de las fuentes, del resplandor de las estrellas y de las alegrías primaverales... Al faltarle la familia, la creación entera fue su familia y fueron su techo el cielo azul y la bóveda estrellada.

Al tener a Dios lo tuvo todo, pero para tener a Dios tuvo que despojarse de todo.

El Hermano, al no tener nada, entra experimentalmente en la profunda corriente de la Gratuidad: lo recibe todo. No merece nada. Todo es Gracia: el vestido, la comida, la mirada, el sacrificio, el consuelo.

El que recibe todo, no se siente con derecho a nada. Nada reclama. Nada exige. Al contrario, todo lo agradece. La gratitud es el primer fruto de la pobreza.

El Hermano fue como el almendro: siempre abierto al sol, del cual recibe, gozoso y agradecido, la vida y el calor. Pero si el sol se oculta, no se queja. No hay violencia. Ese es el segundo fruto de la pobreza: la paz, fruta con sabor a dulzura.

Al no sentirse con derecho a nada, el Hermano se coloca a los pies de todos, como el más pequeñito de todos. Para el Hermano la humildad no consiste en despreciarse a sí mismo, sino en considerar a los demás como «señores», para ser servidor de ellos, para echarse a sus pies, lavárselos, servirles en la mesa...

Como al comienzo del mundo

En lugar de dirigirse hacia Foligno, el Hermano tomó la ruta que conduce hacia Gubbio y comenzó a escalar los primeros contrafuertes del Subasio. Era todavía invierno, pero ya se insinuaban ampliamente los primeros avances de la primavera. El mundo estaba como Francisco: desnudo, puro, lavado, virgen. Un duro invierno había soplado como ráfaga despiadada sobre la plataforma de la creación, y había desmelenado bosques y rastrillado lomas, transformando los jardines en cementerios.

Las altas crestas del Apenino Central estaban todavía coronadas de nieve. Quedaba también nieve acumulada en algunas gargantas agrestes.

–Hace bien el invierno –pensaba el Hermano–. Fortalece y purifica. El invierno es la cuna de la primavera. Son valientes estos abetos –se decía a sí mismo–; se atreven a escalar tan alto y sin miedo porque cuando eran pequeños fueron duramente castigados por el cierzo y, para no caer, se afirmaron en las profundidades de la tierra. Bendita sea la pobreza, y la desnudez, y la incomprensión que nos hacen afirmarnos en Dios.

El Hermano estaba alegre como nunca. La primavera estallaba en sus venas. Era como si por primera vez su alma se asomara al universo. Todo le parecía nuevo. Nunca había saboreado tanto –y agradecido tanto– el tibio calor del sol; le sabía a caricia de Dios.

Acababa de librar la batalla decisiva. El Señor, en su misericordia, le había asistido y le había dado la victoria. Fue obra del Señor. Por su parte, el hombre es miedo e incoherencia, pensaba. Tenía la impresión de estar sumergido y braceando en el seno de la armonía universal; su alma se había identificado con el alma del mundo. Una ignota felicidad se le había prendido a todo el ser y sentía unas ganas locas de cantar y, sobre todo, de agradecer. Simplemente, estaba embriagado.

* * *

Seguía caminando. De pronto, pudo distinguir en el suelo un ciempiés que atravesaba despacito el sendero. Le nació al instante una profunda y desconocida ternura. Se agachó, puso delicadamente su dedo por donde tenía que pasar el miriápodo. El gusanito comenzó a escalar lentamente su dedo. Francisco lo miró y admiró largamente observando con atención sus mecanismos de movimiento. Luego, se aproximó a un arbusto y con suma delicadeza y paciencia depositó el ciempiés en la hoja del arbusto, acordándose de que la Escritura compara al Crucificado con un gusano.

Por todas partes estaban brotando pequeñas flores amarillas cuyo nombre no recordaba Francisco. Tuvo sumo cuidado de no pisar ninguna de ellas a lo largo del día en el subir y bajar las montañas.

Cosa curiosa: ese día sentía un cariño inmenso hacia Dios, pero también la necesidad de canalizar ese cariño hacia las criaturas del Señor, sobre todo las más insignificantes.

–Dios se asoma –pensaba el Hermano– por los ojos de las criaturas, preferentemente las más frágiles. Pero las criaturas en que más a gusto habita el Señor son, sin lugar a dudas, los mendigos y leprosos. Éstos son sus favoritos.

Embajador del rey

Sentía que su pecho estallaba por el peso de la felicidad y, no aguantando más, rompió a cantar. Lo hacía en francés. Cantaba canciones provenzales de caballería que había aprendido en otro tiempo. Más tarde comenzó a improvisar letra y melodía dedicadas al Señor. Al principio encontraba extraño todo aquello porque la voz revotaba en los altozanos y el eco regresaba con cierta tardanza.

Cuando se habituó a estos efectos acústicos, entrado completamente en trance de exultación, intercalaba gritos de gloria y gratitud al Señor Dios. Era el hombre más feliz del mundo.

* * *

Mediaba la tarde cuando alcanzó la profunda y áspera garganta que desemboca en el pueblecito de Caprignone, a medio camino entre Asís y Gubbio. De pronto, surgiendo nadie sabe de dónde, cayó sobre él una banda de salteadores intimándole:

–¡Alto! ¡Esto es un asalto! ¡Identifícate!

Sin perder la alegría, el Hermano respondió:

–Muchachos, soy la trompeta del emperador que va anunciando su llegada.

Los salteadores, que siempre buscan suculento botín, cuando lo vieron estrafalariamente vestido, medio desnudo, con aquel ridículo tabardo, pero al mismo tiempo sin atemorizarse y con aquel desplante tan osado, dijeron:

–¡Éste está loco!

Y descargaron su decepción sobre sus espaldas, lo zarandearon de un lado a otro y le quitaron el tabardo. Vieron a pocos metros un foso profundo, cubierto todavía de nieve, y, empujándolo, lo arrojaron allá diciendole:

–Quédate ahí afónica trompeta imperial.

En este episodio tragicómico, el Hermano en ningún instante perdió la paz. No resistió, no perdió la sonrisa. Lo cual confirmó a aquellos forajidos que efectivamente había perdido la cabeza.

Cuando se vio allá abajo hundido en la nieve, el Hermano se dijo a sí mismo:

–Esto mismo les sucedía a los antiguos caballeros que luchaban a favor del rey Arturo. Bienaventurado de mí por haberme escogido el Gran Emperador para sufrir estas pequeñas aventuras por su Gloria.

Se levantó. Vio que la zanja era muy profunda y la salida muy difícil. Comenzó a trepar. Se caía. Hizo varios intentos. Se agarraba con las uñas a las piedras. De nuevo se caía. Después de muchos intentos consiguió salir. Se sacudió la nieve y el barro y miró en todas las direcciones para cerciorarse si todavía estaban los ladrones. No vio a nadie.

—Estos muchachos –pensó el Hermano– asaltan y roban porque les falta pan y cariño. También ellos habrán de ser los favoritos de mi corazón. Primero los leprosos, luego los mendigos, después los salteadores; en una palabra, los marginados de esta sociedad.

Entre las ollas de la cocina

Pensando estas cosas, y sintiéndose feliz por haber sido encontrado digno de sufrir por el nombre Jesús, reinició el camino. Pronto se olvidó de la aventura y siguió cantando alegremente las glorias del Señor en francés. Pensaba que, gracias a la misericordia del Señor, ni las mismas fuerzas del Averno serían capaces, en este momento, de atemorizarlo.

–Todo es piedad en Dios –añadió en alta voz.

Caía la tarde. Tenía hambre, pues no había comido durante el día. Tenía frío, pues los salteadores se habían llevado su capote, dejándolo semidesnudo.

Allá, a cierta distancia, había un monasterio de benedictinos. Se llamaba *San Verecondo,* y pertenecía al distrito de Vallingegno. Allá dirigió sus pasos el Hermano, no sabiendo exactamente si pasaría varios días o solamente la noche. Llegó allí, golpeó la puerta, salió un monje.

–Soy un pobre de Dios que desea servir al Señor –dijo humildemente Francisco–. He quedado sin casa y sin vestido. Desearía que, en nombre del Amor, me dieran la gracia de trabajar y ganarme el pan de cada día y, si fuera posible, alguna ropa.

* * *

Allí pasó varios días. Los monjes lo pusieron a trabajar en la cocina. Como el Hermano no daba explicación alguna de su identidad, los monjes acabaron por considerarlo como un tipo raro pero no peligroso. Le dieron una celda retirada para dormir, con pocas mantas. Casi toda la noche la pasaba con el Señor, como en luna de miel. Apenas dormía y era inmensamente feliz.

Durante el día trabajaba entre las ollas de la cocina, participando de la comida común; pero no le dieron ropa para cubrir su semidesnudez. Al parecer, los monjes lo trataron en todo tiempo como a un pobre hombre, conforme a su apariencia.

Decidió, pues, buscar otras vías para procurarse alguna prenda de vestir. Un día el Hermano se cruzó en el claustro con el prior. Se arrodilló con reverencia ante él y le dijo.

–Mi señor, te doy rendidas gracias por haberme dado trabajo y alimento durante estos días. Pido a mi Dios que todas las mañanas envíe el ángel de la paz sobre esta casa para que la cubra con sus alas. Pido tu bendición para retirarme.

Y el Hermano se fue, semidesnudo como había venido. Dicen los narradores que este mismo prior, a los pocos años, cuando Francisco ya era famoso, fue a pedir disculpas al Hermano por haberlo tratado con tal desconsideración en esa oportunidad. Y para gran sorpresa suya, Francisco le respondió que pocas veces en su vida había pasado días tan felices como en San Verecondo.

Atuendo de peregrino

Al salir del monasterio, el Hermano recordó el nombre de su gran amigo Federico Spadalunga, residente en Gubbio, el cual podría proporcionarle alguna vestimenta. Hacia allá dirigió, pues, sus pasos.

En el camino fue desgranando reflexiones sobre los días transcurridos en el monasterio.

–Sí –pensaba el Hermano–; es bueno hacerse pobre y carecer de identidad. En este mundo sólo se hacen respetar los atavíos vistosos, los títulos nobiliarios y, en nuestros días, los acaudalados comerciantes. Los pobres sólo reciben desdén y, en el mejor de los casos, desconocimiento.

–Pero el Señor se hizo pobre –añadió en voz alta.

Durante el camino muchas veces sintió tentación de murmurar interiormente contra los monjes de San Verecondo.

Pero al instante ahogaba en vivo la tentación diciéndose en alta voz:

–Los pobres no tienen derechos; sólo agradecen, no reclaman. ¿Cuándo llegará el día –siguió pensando– en que sienta la perfecta alegría de sufrir tribulación?

* * *

Llegó, pues, a Gubbio ciudad noble y de empaque aristocrático. Al pasar por las calles, las gentes se reían de su extraña catadura. Pero el Hermano no se molestaba por eso.

–Es normal que se rían de mi figura –pensaba.

Dirigió sus pasos hacia la hidalga familia de los Spadalunga. Fue recibido con los brazos abiertos. Francisco les habló de un cofre de oro donde se guardan esmeraldas de desconocida tonalidad; de la ternura de Dios que ninguna mujer de la tierra, sea esposa o madre, puede impartir; de la libertad de las aves; de la paz de un atardecer; en suma, de la riqueza de la pobreza.

Profundamente conmovido quedó *messer* Federico. El Hermano se dejó vestir por los Spadalunga con el atuendo con que se cubrían en aquellos tiempos los peregrinos y ermitaños, a saber: una túnica con cinturón de cuero, zapatos y un bordón de caminante. El Hermano quedó vivamente conmovido, y con palabras sencillas les manifestó su gratitud. Se despidieron, y el Hermano emprendió el regreso a Asís.

–Es difícil tener dinero y ser libres –se decía a sí mismo en el camino–. Hay ricos, sin embargo, cuyo corazón contiene ternura y piedad, como mis amigos Spadalunga. Sobre todo, es un regalo tratar con ellos porque lo hacen con estilo de alta cortesía, y la cortesía es el lenguaje de los ángeles. Mi Señor Jesucristo piensa, no obstante, que el paraíso está en la otra orilla, que la riqueza es un remolino casi irremediable donde los ricos se ahogan sin poder llegar a sus riberas. Eso es verdad. Pero la piedad de mi Dios es mucho más potente que los remolinos irremediables. Para Dios nada es imposible. También los ricos serán salvados.

Y añadió en voz alta:

–La misericordia del Señor es invencible.

Con entrañas de madre

Al llegar a Asís, no se fue directamente a San Damián sino a San Salvatore delle Pareti, donde estaban sus amigos, los leprosos. La ternura que había recibido del Señor la tenía acumulada y reservada para derramarla completamente entre los dolientes. Era una necesidad.

Cuando los *hermanos cristianos* lo vieron entrar, dieron un salto de alegría; se divirtieron haciendo bromas con aquella vestimenta de peregrino, y le felicitaron porque también ellos habían sido informados de lo sucedido en la plaza ante el obispo.

–Predilectos de mi Señor Jesucristo –comenzó diciéndoles–. Hace varios meses, cuando yo llegaba aquí, venía cargado de monedas porque todavía era hijo del gran mercader Bernar-done. Pero ahora que soy hijo de mi Padre celestial, os traigo entrañas de madre. Y ahora quiero contaros una historia: «Una vez, allá en el cielo, el Señor llamó al arcángel más brillante y le preguntó: "Adivina, ¿quiénes son mis predilectos en el mundo?" "¡Los niños!", respondió el arcángel. "Mucho los quiero", respondió el Señor, "pero no son ellos". "¡Los pobres!", prosiguió el arcángel. "Me encantan los pobres, pero hay otros más queridos". "¡*Los hermanos cristianos*!", dijo el arcángel. "¡Ellos son!", exclamó el Señor levantándose del asiento. "Ellos son los que más me recuerdan a mi Hijo sumiso y entregado a la muerte"».

Los leprosos se emocionaron mucho. Algunos lloraban. Pasó varios días entre ellos. No habrá en el mundo madre que haya tratado a su pequeño enfermo con tanta delicadeza. El cariño le brotaba como rocío de las manos, de los ojos, de la boca. Les lavaba los pies. Les vendaba las heridas. Les extraía las escamas. Les tocaba las heridas, al lavarlas, con la máxima cautela para evitar el dolor.

Sabía los gustos de cada cual en cuanto a las comidas. A la hora de lavarles los pies, sabía a quién le gustaba agua más tibia o más caliente. Había aprendido la historia personal de cada enfermo. Francisco tenía la vivísima impresión de estar tocando a Jesús mismo, de estar aliviando sus penas o sanando sus heridas. Permanecía en pie hasta altas horas de la noche, lavándoles la ropa. Se levantaba temprano, barría la casa, preparaba la comida. Quería que aquellos días fueran días de fiesta para aquel hospital.

Recordando

El Señor mismo le había ordenado reconstruir ermitas. Primero se había preocupado de restaurar las ruinas de las ermitas vivas. Una mañana, después de despedirse de los leprosos con un *hasta luego,* recorrió despacio la vereda que llevaba a San Damián.

–Desde que recibí la orden de construir ermitas –pensaba mientras caminaba lentamente– han pasado unas siete u ocho semanas. ¡Cuántas maravillas, Dios mío, en tan poco tiempo! Parece una obra de mampostería levantada bajo el arco de la eternidad. Es la nunca desmentida e invicta misericordia del Señor –dijo en alta voz– más consistente que las montañas eternas.

El Hermano iba recordando y rumiando una por una las aventuras sucedidas desde entonces, y sentía ganas de llorar de pura gratitud. Caminando por la veredita que avanza bajo las murallas de Asís, mirando un poco hacia arriba y un poco hacia abajo y otro poco hacia adelante, de un golpe asomaba a sus ojos el escenario completo de todos los asedios de la Gracia, de los regalos inexplicables que el Señor gratuitamente le había conferido en tan breve lapso de tiempo.

No pensaba ingresar en un monasterio, ni prepararse para el ministerio sacerdotal. El Señor lo había metido como un explorador por veredas solitarias e inéditas. Su futuro era como un día de niebla.

–Pero el que me metió en esta vereda –pensaba– sabrá conducirme de la mano por entre la niebla y la soledad.

Se sentía libre, firme, feliz.

* * *

Y así llegó a San Damián. En primer lugar se preocupó de buscar al capellán. Se arrodilló con suma reverencia a sus pies, le pidió la bendición, le explicó cómo el Señor le había mandado reconstruir ermitas comenzando por la de San Damián, y cómo el obispo, en el tribunal, le había dado el estímulo y la bendición para dar cima a esta orden divina. No le convencían del todo estas explicaciones al anciano capellán.

Luego, se retiró al interior de la ermita para revivir delante del crucifijo bizantino aquel momento de inundación divina que había experimentado semanas atrás.

Sin salir de la ermita, comenzó a proyectar los modos y medios para reconstruir los muros arruinados.

–Fue una quimera –se decía a sí mismo–. No me explico cómo podía confiar en el dinero hace sólo unas semanas. Sin duda, estaba ciego al pretender apuntalar la ermita con monedas sonoras y brillantes en la mano. ¡Vana ilusión! –dijo en alta voz–. Son las manos –siguió pensando–, el trabajo, el sudor, el amor, herramientas de la Señora Pobreza, las que construyen las obras del Señor.

Aceite para la lámpara

Vestido al estilo de los ermitaños, lleno de alegría su corazón, subió el Hermano la empinada vereda pedregosa, y en pocos minutos alcanzó las primeras calles de la ciudad.

Con expresión de paz y serenidad en el rostro, recorría las plazas y los atrios de las iglesias. Para muchos, la mayoría, era indiscutiblemente el nuevo profeta de Dios. Algunos proyectaban cierta sombra de dudas sobre la rectitud de sus intenciones o la estabilidad de su cabeza. Para unos pocos seguía siendo el loco de siempre, y se reían de él en la cara. Frente a la sonrisa burlona de estos últimos, el Hermano pensaba:

—Es normal que no crean en mí.

* * *

Con el dinero de su bolsillo mantenía, en otra época, el aceite de la lámpara que ardía ante el crucifijo. Ahora que no tenía dinero, comenzó a mendigar aceite de casa en casa.

Conocía la casa de un propietario de grandes olivares en cuyos sótanos se elaboraba aceite. Allí se dirigió. Al aproximarse, vio que el vestíbulo de la casa estaba lleno de gente en animada charla: eran sus viejos amigos.

En un instante, desde las cenizas dormidas se le levantaron los restos de su vanidad no del todo extinguida, paralizándole las piernas. Al punto retrocedió y se fue por otra calle.

–Responde, hijo de Bernardone –se dijo a sí mismo–, ¿cómo se le llama a un caballero que reniega de su señor?

Y, diciéndose esto, se dio una vuelta en redondo dispuesto a hundir en la sepultura aquellos despojos de vanidad mundana.

Llegó, pues, a la casa. Saludó con naturalidad a los antiguos camaradas. Todos se alegraron del reencuentro. Francisco les dijo:

–Amigos, la mayoría de la gente piensa que soy un santo. Os contaré lo que acaba de suceder. Hace unos minutos venía yo derecho a esta casa para pedir aceite. Cuando os vi, me dio tanta vergüenza que, como un cobarde desertor, me escabullí por una callejuela. Y si no fuera por la infinita piedad de mi Dios, sería capaz de peores alevosías.

Sus amigos quedaron en silencio.

Por amor del Señor pidió un poco de aceite al dueño de casa. Éste le dio varios litros y, con esa preciosa carga, descendió a la ermita. Estaba alegre, no por el aceite sino por el triunfo sobre sí mismo.

–Me pregunto –pensaba el Hermano– qué sería de mí sin la misericordia de Dios. La fiera, herida y todo, permanece agazapada detrás de la puerta, dispuesta en cualquier momento a dar el asalto. Pero el Señor es más fuerte que la fiera –añadió en voz alta.

Una piedra y un premio

Todos los días subía a la ciudad, recorría las calles, reunía a la gente a su derredor. Les hablaba de la inexplicable felicidad que da el Señor Dios a los que se le entregan. Les cantaba antiguas canciones de caballería con palabras referentes a la nueva situación. E inventando un estribillo con una melodía adaptada, les decía así:

«Quien me dé una piedra, tendrá una recompensa.
Quien me dé dos piedras, tendrá dos recompensas.
Tres recompensas habrá para quien me diere tres piedras».

Y formando ronda, les hacía cantar a todos, a coro, este estribillo.

Y cargando a hombros piedras y otros materiales de construcción, descendía alegremente hacia su ermita. Necesitó madera para armar un andamio, y la consiguió en pocos días. Subido a los andamios comenzó la obra de albañilería. Los campesinos que trabajaban en los viñedos aledaños le ofrecieron gratuitamente varias horas de trabajo. Todos se sentían contagiados por la alegría de Francisco, y la restauración avanzaba rápidamente.

Algunos habitantes de Asís, sensibilizados por la transformación del heredero del gran burgués, se llegaban hasta allá para ver cómo iba aquello, y se detenían a curiosear. Con buen humor, el Hermano los invitaba, diciéndoles:

–Amigos, ¿qué hacéis ahí mirando? El reino de los cielos no es para los curiosos sino para los que ponen manos a la obra. Subid. No puedo daros un maravedí de recompensa, pero vuestro corazón será visitado por la consolación.

El capellán era de natural desconfiado. No se abría fácilmente y mantenía frente a los hechos o personas cierto aire de reticencia. Pensaba que, para abrirse, las cosas tienen que estar no sólo probadas sino comprobadas. También frente al Hermano mantuvo esa actitud de reserva y fue estudiándolo cuidadosamente durante varias semanas.

–No es justo –se dijo un día a sí mismo–. Nacido este muchacho en cuna de encajes, criado entre las atenciones más exquisitas, habiendo abandonado las comodidades burguesas para vivir desnudo y pobre por el Señor, no es justo que yo mantenga con él esta actitud reservada.

Un día lo llamó, y le dijo:

–Hijo mío, acostumbrado a la vida regalada de familia rica, tus manos no estaban hechas para manejar argamasa y cantos rodados. El oficio de albañil es muy pesado. Te veo feliz, pero extenuado. No eres de roble. Temo que te domine la debilidad. Déjate querer, hijo mío, y permíteme que te cuide.

Desde aquel día el anciano presbítero le preparaba esmeradamente los mejores guisos dentro de sus escasos conocimientos del arte culinario. Lo quiso más que a un hijo. Y entre los dos surgió una profunda estima no exenta de cariño.

* * *

Al anochecer, el Hermano se retiraba al interior de la ermita. Pasaba largas horas derramando su alma ante aquel sereno crucifijo, iluminado por el tenue resplandor de la lámpara de aceite.

Por este tiempo, el Hermano no tenía otros sentimientos que los de gratitud. Se sentía como un niño feliz conducido por la derecha cariñosa del Padre. Hubiese estado la noche entera repitiendo:

–¡Gracias, Dios mío!

No tenía miedo de nada. No se preocupaba por el futuro que, sin embargo, era muy incierto.

Todos los días encontraba tiempo para llegar a San Salvatore. Necesitaba volcar en los leprosos aquel mismo cariño agradecido que sentía por su Señor. Trataba de igual a igual con los mendigos que vagaban por las veredas del valle. Trabó honda amistad con ellos. Lo visitaban frecuentemente. Se sentaban, ellos y él, sobre sendas piedras y departían amigablemente. Los muros exteriores de la ermita pronto quedaron restaurados.

Escudilla en mano

Una noche, mirando fijamente a los negros ojos, bien abiertos, del Crucificado, el Hermano se dijo a sí mismo:

–Míralo, no en una cama sino en una cruz. No vestido sino desnudo. Alimentándose como mendicante y durmiendo bajo las estrellas, nacido en una cueva y enterrado en sepultura ajena... Y tú, ¿tratado y cuidado como un príncipe por un venerable sacerdote? ¡No puede ser! –dijo en voz alta–. Hijo de burgués –se dijo a sí mismo–, recuerda: mendigo es aquel que recibe agradecido los restos de comida igual que los perritos, y come todo sin reclamar y sin hacer ascos. Si el Señor se hizo mendigo por tu amor, es correcto que tú te hagas mendigo por su amor. Desde mañana iremos, humildes y agradecidos, de puerta en puerta.

* * *

Después de trabajar toda la mañana, al filo del mediodía subió a la ciudad y, con una escudilla en la mano, golpeaba las puertas diciendo:

–Por amor del Amor, denme algo de comer.

En pocos minutos aquella escudilla rebosaba de residuos de comida.

Las gentes decían:

–¡Y pensar que este mendigo era hasta ayer aquel magnífico señor que preparaba banquetes para sus amigos!

Con la escudilla rebosante en la mano transpuso las murallas y se sentó en una piedra bajo una leve sombra. En cuanto agitó un poco aquella mezcolanza con intención de comenzar a comer, se le revolvió el estómago y sintió ganas de vomitar.

–¡Otra vez el burgués! –dijo en alta voz.

Y, diciendo esto, se levantó y dejó la comida sobre la piedra para reponerse y superar aquella emergencia.

–Siempre sucede lo mismo –comenzó a reflexionar–. Cuando no pienso en Jesús y estoy descuidado, surge el hombre viejo con sus instintos e impulsos, y soy capaz de cometer felonías y hasta de escupir a los pobres. El hombre es arcilla pura, pero no hay que asustarse por eso –añadió.

Poco a poco fue tranquilizándose y comenzó a pensar en Jesús. Con viva sensibilidad imaginaba a Jesús caminando, mendigando, hambriento, sediento, comiendo agradecido lo que le daban. Con estos pensamientos, la Presencia se apoderó vivamente de todo su ser, cuerpo y alma, atención y sangre.

–¡Como Tú, mi Señor! –dijo en voz alta, y regresó a la piedra.

Tomó la escudilla y, sin dejar de pensar en Jesús, devoró rápidamente aquel extraño manjar, limpiando el plato, al final, con su lengua.

* * *

Se levantó y comenzó a descender lentamente hacia la ermita de San Damián.

–¡Prodigios del Señor! ¡Prodigios del Señor! –repitió dos veces en alta voz–. El corazón del hombre –pensaba– debería ser un mar de asombro. Jamás la mente humana admirará suficientemente el brazo potente y amante del Señor Dios.

El Hermano sintió una alegría repentina, intensa como nunca, y muchas ganas de cantar.

Una embriagadora primavera cubría el mundo con un manto de gloria. El Hermano daba unos pasos y se detenía para enfrascarse en la palpitación general de la vida. Los cerezos en flor parecían reinas orientales. Ráfagas de suave brisa azotaban el rostro del Hermano, y éste respondía en voz alta:

–¡Caricias de mi Dios!

Pequeños lagartos verdes tomaban el sol sobre las piedras calientes; en cuanto sentían los pasos del Hermano desaparecían al instante. Los trigales comenzaban a dorarse. De repente la atmósfera se henchía de perfumes de romero y tomillo. El Hermano aspiraba intensamente aquellos aromas, diciendo:

–¡Regalos del Señor!

Y así, regresó a la ermita.

–Hace cuatro horas –pensaba– que salí de aquí. Y en tan breve fragmento de tiempo, ¡cuánta Gracia, Dios mío, cuántos sucesos, cuánta maravilla! Pobre es aquel que pasa todo el día diciendo ¡gracias! –acabó pensando.

Bendíceme, Padre mío

Día a día se le veía al Hermano enfrentado con nuevas pruebas. El Señor lo había metido en una vereda inédita y era normal que a cada momento se encontrara con recodos inesperados, con emergencias imprevistas. Cada frente de batalla le exigía una lucha, y cada lucha lo iba curtiendo a fuego lento.

En el caer de la tarde de aquel día, entró el Hermano en la penumbra de la ermita. Un sentimiento de gratitud inundaba su corazón como una cascada de muchas aguas. Abría las compuertas y no hacía sino desgranar palabras monótonas, sobrecargadas de gratitud. Pasaban las horas.

Poco a poco se hizo presente en su conciencia una viva inquietud.

–¿A qué lado inclinarme? Puedo faltar a la cortesía –se decía a sí mismo– si rehuso la comida que con tanto cariño me preparaba el buen sacerdote. Puedo faltar a mi Señora la Pobreza si todos los días tengo la comida servida a la mesa. ¿Qué hacer? Sólo los que nada tienen pueden experimentar la liberalidad gratuita de Aquel que alimenta pájaros y flores. Las aves son libres porque no tienen graneros. Sólo los que reciben saben dar. Para amar, hay que ser pobre. Es la pobreza la que transforma este mundo de intereses y espadas en un gran hogar en que unos dan y otros reciben, si bien los que dan son los que más reciben. Y por encima de todas las razones –concluyó levantando la voz– mi Señor Jesucristo se hizo pobre.

A la mañana siguiente, se fue derecho en busca del anciano capellán, y después de besarle con reverencia la mano le dijo:

–Te ruego, padre mío, me disculpes por la decisión que he tomado esta noche. Quiero experimentar viva y directamente el cariño del Padre. Él mismo me alimentará personalmente todos los días. Yo mendigaré de puerta en puerta, como un hijo de Dios, sin salir nunca de las gozosas manos de la gratuidad. Mi señor, excúsame por no poder asistir en adelante a tu amable mesa.

* * *

Diariamente se le veía al Hermano, al filo del mediodía, recorriendo calles, golpeando puertas, llenos sus ojos de una profunda serenidad, alimentándose agradecido de lo que recibía de las manos del Gran Limosnero. Pasaron los meses. Las lunas crecían y menguaban. Todavía le esperaban espinas dolientes en el cariño.

Una mañana de invierno, el Hermano subió a la ciudad con intención de asistir a misa. Entró en la iglesia de San Jorge, lugar donde había aprendido a leer y escribir, a poca distancia de su casa paterna.

Por aquellos días habían caído grandes heladas, y Francisco, con su vestimenta de peregrino, tiritaba de frío. De pronto, alguien le tocó en el hombro, diciéndole:

–Tu hermano Ángel me envía a decirte si le puedes vender unas gotas de sudor.

Siguiendo el mismo tono de la broma y sonriente, le respondió al instante:

–Dile que lamento no poder complacerle porque las tengo vendidas, y a muy alto precio, a mi Dios.

Pasaron unos minutos, y aquella ironía comenzó a dolerle hondamente. Las cosas de familia las sentía el Hermano muy a lo vivo. Pero muy pronto reaccionó pensando:

–¿Qué culpa tiene él si no ha sido visitado por el Señor? Sin duda, en su caso, yo haría cosas peores.

Y este pensamiento lo consoló.

* * *

Pero más que una broma de mal gusto de su hermano lo que abatía profundamente a Francisco era la hostilidad de Pietro, su padre. Aferrado a la orgullosa categoría de los Bernardone, no podía soportar ver a Francisco mendigando de puerta en puerta. Era algo superior a sus fuerzas.

Puede ser que Pietro no fuese tan inhumano como lo han pintado. Puede ser, incluso, que fuese un honorable ciudadano. Pero era un burgués lleno de prejuicios de clase, pagado de su apellido y de su condición de rico comerciante. Era, en suma, esclavo del *orgullo de la vida,* que consiste en identificar persona, dinero e imagen social, y en erigir con todo eso una estatua, arrodillarse ante ella y rendirle sumisión. Era un esclavo, como la mayoría de los ricos.

Siempre que se encontraban padre e hijo, cerca o lejos, en las calles de la pequeña ciudad, Pietro soltaba una sarta de maldiciones contra Francisco. A pesar de tantos progresos en la superación de sí mismo, a pesar de haber crecido tanto en el «conocimiento» de su amigo Jesús, el Hermano no podía sufrir la maldición de su padre. Lo sentía vivísimamente. Y no había nada que lo consolara en esos momentos, ni siquiera el recuerdo del Crucificado. Entonces acudió a una estratagema tan sorprendente como original, y llena de conmovedora ternura.

Entre todos los mendigos, sus amigos, escogió al más anciano y cordial de ellos, llamado Alberto, y le dijo:

–Mira, amigo mío, en adelante voy a quererte como a mi padre y te alimentaré diariamente con las limosnas que yo reciba. A cambio de eso, tú me acompañarás siempre por las calles. Y cuando Pietro Bernardone me lance una maldición, tú serás mi padre querido. Me arrodillaré ante ti. Pondrás tus manos sobre mi cabeza. Harás la señal de la cruz sobre mi frente, y me bendecirás.

La escena era entre dramática y divertida, y profundamente conmovedora. En las horas del mediodía, el Hermano iba de puerta en puerta, acompañado, a su lado, de su *padre adoptivo*, como un perrito fiel. El viejo mendigo iba atento a ver por dónde hacía su aparición el orgulloso mercader.

Cuando aparecía y maldecía al hijo, el Hermano se echaba al instante a los pies del viejo mendigo. Juntaba las manos sobre el pecho e, inclinando levemente la cabeza, le suplicaba:

–Bendíceme, padre mío.

Hay en esta escena un denso contenido de ternura y humanismo.

La ermita del bosque

Terminó la restauración de San Damián. Luego, comenzó y terminó la restauración de otra ermita dedicada a San Pedro. Mientras tanto, iba también restaurando, mejor, instaurando en su interior la imagen de Jesucristo. La voz de Espoleto quedaba en la lejanía de unos tres años atrás. Los sucesivos combates que habían tenido lugar en este entretiempo acabaron por darle al Hermano una gran madurez y una paz casi inalterable.

Hacía tiempo que acariciaba el proyecto de emprender también la restauración de una capillita perdida en el bosque central del valle, como a dos millas de la ciudad. La capillita estaba casi devorada por plantas trepadoras y se veían grietas por todas partes.

Pertenecía a los benedictinos del monte Subasio, pero también ellos la tenían poco menos que abandonada. Por todo ello, a veces se preguntaba el Hermano si valdría la pena emprender su restauración, pero como estaba dedicada a la Madre de Dios, a quien profesaba especial devoción, sólo por este motivo acometió alegremente la nueva restauración.

* * *

La ermita tenía (y tiene) siete metros de largo por cuatro de ancho. Como estaba solitaria en medio del bosque y se decía que era muy antigua, excitaba la imaginación de las gentes y se prestaba a leyendas populares. Se decía en Asís, y la versión era unánimemente aceptada, que, en vísperas de ciertas solemnidades, descendían de noche innumerables coros de ángeles que cantaban aleluyas a muchas voces y hacían grandes fiestas.

Por esta razón, desde tiempo inmemorial se la denominó ermita de Santa María de los Ángeles. Se la llamaba también *Porciúncula*, porque, según la tradición, antes de instalarse los benedictinos en el monte Subasio habían residido provisionalmente allí, y, para el buen cumplimiento de sus obligaciones monásticas, se les había asignado una *pequeña porción* de tierra.

Francisco, pues, comenzó la reconstrucción según el método de las anteriores ermitas. Primero acumulaba material, principalmente ladrillo, cal, arena, yeso, y argamasa. Luego, buscaba voluntarios. Armaba los andamios. Fortificaba los muros arruinados. Derribaba los más deteriorados y los levantaba. Primero restauraba las paredes exteriores, luego las interiores.

Éxodo y asombro

La obra seguía adelante. Al principio, el Hermano pernoctaba en San Damián. Muy pronto, sin embargo, quedó vivamente seducido por la magia de aquel entorno nemoroso, y resolvió permanecer en la solitaria ermita día y noche.

Para su satisfacción completa, a media hora de camino se hallaban los predilectos de su corazón, los leprosos, y no mucho más lejos tenía la ciudad para mendigar el pan de puerta en puerta. Y en este ir y venir habría de encontrarse sin duda con sus queridos y viejos amigos los pordioseros. En suma, en la Porciúncula tenía todo: Dios, los pobres, el bosque.

* * *

Era una soledad habitada por Dios y gobernada por la paz.

—No me extraña –pensaba el Hermano– que los ángeles celebren sus fiestas en este paraíso.

Pasaron varias semanas. La obra de restauración iba adelante, pero lentamente, porque, estando la ermita lejos de la ciudad, tenía menos colaboradores voluntarios.

Pero el Hermano no sentía ninguna prisa por terminarla. Al contrario, era tan feliz en aquel lugar, que por este tiempo tomó la resolución de instalarse en aquella soledad en calidad de ermitaño. Como bien sabemos, por esos días el Hermano no tenía proyectos hacia el futuro. No sabía el rumbo que su vida tomaría. Simplemente se esforzaba por ser fiel cada día y vivía a la espera de la manifestación de la voluntad divina.

Manejando argamasa, cal y arena, el Hermano dedicaba varias horas al trabajo, varias horas a los pobres y muchas horas a su Señor. Las lunas iban y venían. Francisco se sentía completamente feliz.

A lo largo de estos meses sucedieron en su alma novedades profundas. El Señor había predestinado a Francisco para maestro de espíritus y conductor de pueblos. Si bien venía preparándolo desde años atrás para este destino, un poco antes de entrar el Hermano en estas funciones, lo sometió a una preparación intensiva.

* * *

Fue un éxodo. ¿Cómo explicarlo? ¿Cómo calificar el fenómeno? ¿Dónde clasificarlo? El Pobre de Asís se hizo más pequeñito que nunca, más sumiso y dócil que un niño. Se dejó seducir. Fue sacado, sin oponerse, de sus propios abismos. Era como una hojita de árbol arrastrada por un río desbordado.

Saltaron sus quicios. Volaron sus pivotes de ajuste. Estallaron los puntos de apoyo y centros de gravedad. Y el Hermano *salió*, mejor, se dejó llevar. ¿Por quién? ¿Cómo llamarlo? Por algo que era más que admiración. Algo distinto del vértigo. Se le podría llamar asombro. Midió la altura del Altísimo. Y sin querer, y por contraste, midió su propia altura. Y así, a los pies del Altísimo nació el *Poverello*. Y así también nació el *Sabio de Asís* al adquirir la visión proporcional de la realidad (Dios, mundo, yo).

Salida, asombro, fascinación, anonadamiento, espanto. Una impresión contradictoria. ¿Quién eres tú y quién soy yo?, es pregunta, es respuesta, es admiración, es afirmación; adorar, aceptar humilde y profundamente que el Señor sea Altísimo y que el Hermano sea pequeñito; adorar, no resistir sino aceptar todo maravillado y agradecido, comenzando por la propia pequeñez; adorar, arrodillarse a los pies de la creación para lavar los pies, vendar heridas, poner a los gusanitos en lugar seguro, servir a la mesa, reverenciar lo insignificante, no despreciar nada, ser hermano mínimo entre los hermanos pequeños de la creación; adorar, aceptar gustosamente que el Presente sea el Distante, y que Aquel que es la esencia de mi existencia sea al mismo tiempo la Otra Orilla; quedar quieto, mudo, estático, amar.

Es la revolución de la adoración por la que caen todas las marcas y estallan las fronteras humanas.

* * *

Después de la jornada de trabajo, el Hermano descansaba mientras caía la tarde. Al salir las primeras estrellas se disponía para tener su encuentro con el Señor. Nunca, pensaba el Hermano, nunca la presencia divina es tan densa y refrescante como en el misterio de una noche.

Generalmente se sentaba al pie de un alerce y se encorvaba hasta tocar las rodillas con su frente. Le costaba muy poco el concentrarse, se dejaba impregnar (no sabría cómo decirlo) por las palpitaciones y energías del mundo, se sumergía gozosamente en los abismos del Altísimo, y así pasaba muchas horas, a veces la noche entera, pronunciando con voz suave y asombrada, lentamente y con espacios de silencio, estas palabras:

–¡Señor, mi Dios! ¡Señor, mi Dios!

Sólo eso decía. Cada vez más pausadamente.

Después, se postraba en tierra de bruces, con los brazos extendidos, sumergido en la sustancia del mundo, y callaba el Hermano, mejor, nunca la adoración era tan profunda como en este momento en que nada decía.

* * *

Muchas veces el Hermano se levantaba desde el suelo y entonces adquiría una estatura sidérea. Un cielo despejado, pensaba el Pobre de Asís, en un bosque nocturno, es otra cosa.

Contemplar las estrellas desde la base de los abetos, encinas, robles y castaños, bajo su espesa enramada, le causaba un embrujo difícil de explicar. Quedaba conmovido y agradecido. Es inútil, decía. Hay que ser pobre.

–Los que viven en las habitaciones confortables –se decía a sí mismo– y los que duermen en lechos muelles, es difícil, casi imposible, que entiendan el lenguaje de las estrellas y el éxtasis del asombro. Sólo los pobres son capaces de descubrir, asombrados, las insondables riquezas de la creación –acababa diciendo–. ¡Loado seas, mi Señor, por la libertadora y Santa Señora Pobreza!

El bosque y sus habitantes

Al recibir tanto, el Hermano sentía necesidad de dar. Y se daba, primeramente, a la creación misma. Y aquí aparece, explosiva, una segunda novedad: la sensibilidad para con las criaturas.

Si bien en su naturaleza había una innata predisposición para vibrar con la belleza de un mundo, en estos tiempos le nació al Hermano, desde raíces desconocidas, una corriente de ternura y simpatía para con todas las criaturas. En una misma valoración estaban envueltos Dios, las criaturas y Francisco en la más gozosa y alta fusión.

Adquirió por este tiempo una especial capacidad receptiva, una hipersensibilidad de captación (no se sabría cómo decir) como si le hubieran nacido diez mil tentáculos vibrátiles a modo de antenas receptoras, como si hubiese sido dotado de un mágico radar equivalente a mil oídos y mil ojos de tal manera que distinguía perfecta y simultáneamente el movimiento de cada insecto, el frescor o tibieza del aire, las formas y colores de los helechos, ortigas, musgos, lacones, hongos, ricinos. Todo lo sentía y le causaba una embriaguez y plenitud difícilmente superables.

Como dije, trata en su naturaleza una gran sensibilidad pero en ese tiempo se le intensificó más allá de toda medida. Y, sobre todo, le nació algo así como piedad o ternura para con las criaturas pequeñas, sobre todo las más indefensas.

* * *

Un día, salió por el bosque y se encontró de improviso, entre unos arbustos muy tupidos, con una hermosa telaraña. Se detuvo. La estudiaba y admiraba. De pronto, cayó en la red una mosca incauta que comenzó a agitarse violentamente para liberarse de aquella red. Súbitamente apareció una araña con varios ojos dispuestos en arco, cuatro pares de patas y abdomen abultado. Con increíble rapidez se abalanzó sobre la mosca, la atrapó y desapareció arrastrándola. El Hermano quedó admirado de la destreza de la araña.

Pocos segundos después le invadió una gran tristeza, y no sabía exactamente por qué. En ese momento sintió profunda aversión contra la araña, y levantó la mano para destruir aquella hermosa red tejida con tanta simetría y belleza. Pero se detuvo y se dijo en alta voz:

–¡No destruir nada, no despreciar nada!

Reprimió sus sentimientos de aversión y no quiso seguir pensando. Se retiró de allí con paso bastante acelerado con el alma en silencio, mientras decía en voz alta:

–¡Todo está bien!

En general le causaba honda pena ese holocausto biológico por el que unas criaturas se alimentan de otras criaturas. No le gustaban, por ejemplo, las aves de rapiña, y, cuando las veía, en lugar de admirar su vuelo, miraba a otra parte.

Le parecía, sin embargo, que esta pena era una especie de censura a la sabiduría de Dios, que había organizado así la vida. Por eso nunca quiso reflexionar sobre ese problema biológico. Simplemente cercenaba el pensamiento. No obstante, le regresaba la tristeza cuando observaba la captura de un animalito por otro mayor o más agresivo.

En este caso sofocaba la tristeza repitiendo varias veces en voz alta:

–¡Nosotros no sabemos nada! ¡Todo está bien!

* * *

Había épocas del año en que no necesitaba marchar a la ciudad para mendigar el alimento. El Señor mismo le preparaba la comida en el bosque. Según las estaciones, se alimentaba de fresas silvestres, moras de zarzales, tiernas yemas de árboles primaverales, raíces de algunas plantas...

A cada fresa que comía, sobre todo cuando eran grandes, decía en alta voz:

–¡Gracias, mi Señor!

Satisfecho, volvía a la ermita pensando cómo el hombre ha hecho de la vida una enorme complicación, cuando los hijos del hombre podrían vivir tan simplemente de la madre tierra.

Cuando se sorprendía, sin embargo, a sí mismo pensando estas cosas, cortaba al instante el pensamiento porque le parecía que el primer mandamiento de la creación era no despreciar nada. Y cuando se volvía sobre sí mismo, tenía una aguda impresión de que él sabía menos que los demás.

Cada salida al bosque, sobre todo en los días de sol, era una asombrada explosión. Descubría mil mundos. Cada metro cuadrado era un abismo de misterio y novedad. Las cosas más insignificantes, que a otros nada les decían, el Hermano las acogía maravillado y agradecido.

Le parecía que el hombre no es el rey de la creación, sino el hermano más pequeñito, porque era el único que podía admirar y al admirar, el hombre se torna –sin pretenderlo– más pequeño, más hermano, más humano.

–También esto es adorar –pensaba.

No se sabe por qué, el canto de los grillos le causaba una sensación especial, como si su ser entero, a modo de arpa, entrara en una reverberación casi cósmica.

Avanzaba por el bosque muy despacio, casi sin pisar el suelo, para no asustar al insecto. De pronto, su pie pisa algún palito y éste se quebraba. Con el chasquido, el canto del grillo callaba. Francisco permanecía inmóvil. Muy pronto, sin embargo, rozando sus élitros, irrumpía de nuevo el insecto en su agudo canto. El Hermano llegaba muy cerca y permanecía largo rato, con la boca semiabierta, escuchándolo atentamente.

–¡Maravillas del Señor! –decía con voz suave, y regresaba a su lugar.

* * *

Un día se encontró con un fenómeno curioso. Sobre el pasto verde había abierta una hendidura larga y fina como el filo de una espada. El Hermano se agachó para observarla de cerca. Era un tajo abierto por las hormigas por donde iban y venían para sus faenas.

Se arrodilló el Hermano y se inclinó para estudiar muy de cerca aquella nueva maravilla. Quedó asombrado de tanta actividad: las hormigas cargaban a hombros briznas de hierbas de un volumen cinco o seis veces superior al de su cuerpo; trabajaban incansablemente con una organización impecable, en perfecta hermandad; salían a la superficie desde galeras subterráneas y allá regresaban con su carga. Lleno de admiración, exclamaba el Hermano suavemente:

–¡Señor, Señor!

Después, sin darse cuenta ni proponérselo, comenzó a pensar que tanta maravilla de organización y trabajo era solamente para hacer provisión de comida para el futuro. Le pareció que en aquel afán se escondía algo de avaricia y bastante falta de fe. Sobre todo, le pareció que esa conducta era contraria a la opinión de Jesús, que decía que a cada día le bastaba su afán.

Se le congeló la admiración por las hormigas y, cuando comenzaron a asaltarle pensamientos adversos hacia ellas, se levantó rápido para no ceder a la tentación y se marchó en dirección a la ermita, mientras decía con voz alta:

–¡Todo está bien!

En el camino iba pensando:

–No, no puedo permitir que en esta armonía universal mi presencia (con pensamientos y sentimientos hostiles) sea un acorde desabrido. ¡Reconciliación, sí; conflicto, no! –dijo en voz alta–. El amor une, la aversión separa; y la admiración es el pórtico del amor –pensaba.

* * *

Al pasar, un día, por un senderito se encontró súbitamente con un escuerzo que daba torpes saltos. Al instante sintió repugnancia y apartó la vista; y luego, como para redimir su falta y dar una satisfacción al batracio, estuvo mirándolo largo rato y con gran cariño. En general, profesaba especial ternura a las criaturas más repulsivas y débiles.

Conocía y distinguía por su propio nombre, con su perfume y colores específicos y sus características vitales, todas las plantas y arbustos del bosque: jara, mirto, enebro, espino, mimbre, enredadera, boj. Ante cualquiera de ellas se detenía admirado, se inclinaba y olía, y por cada una daba gracias al Señor porque ellas no saben hablar, pensaba.

Se emocionaba mucho con las luciérnagas, cuando aparecían y desaparecían ante sus ojos como estrellas errantes.

–¿Cómo conseguirán encender esa luz? –se preguntaba-. ¿La llevarán encendida también durante el día? No –se respondía–, seguramente ellas duermen durante el día.

También los saltamontes le causaban gran admiración. Permanecía largo tiempo estudiándolos. Sentía estremecimiento ante sus formidables saltos.

–¡Tan diminutos y tan fuertes! –pensaba–. Si yo diera un salto proporcional, llegaría a la altura del Subasio, o por lo menos a la altura de la *Rocca*.

Había veces, sobre todo de noche, en que quedaba quieto como en una estática implosión en el mar de la vida. En aquella complejísima sinfonía percibía distintamente las diferentes voces, lamentos y reclamos de los batracios, los insectos y de todas las criaturas de Dios, al mismo tiempo que percibía el correr de la savia en las arterias vegetales. Se sentía profundamente realizado.

Los predilectos

Aquel día, bajando de la ciudad y después de dedicar cuatro horas a sus queridos leprosos de San Salvatore, regresaba lentamente el Hermano a Santa María de los Ángeles.

Aquella serenidad habitual había desaparecido de su rostro y una tenue tristeza velaba sus ojos. Su caminar era como el de quien se siente turbado bajo el peso de pensamientos tristes. Alberto –aquel mendigo que respondía con bendición a la maldición de Bernardone– y otros tres mendigos más, habían buscado al Hermano para desahogarse y contarle sus cuitas.

–Cuando iba contigo –decía Alberto–, todos me miraban con simpatía. Ahora vuelven la cara a otra parte. El *Podestá* ha dado una orden para nosotros: sólo en determinado sector y a determinadas horas.

–Hay veces –continuaron los mendigos– en que las estrellas nos sorprenden con un sorbo de agua y cuatro aceitunas. Pero hay algo peor, Hermano Francisco: prefiero la sonrisa a la comida y el cariño a la limosna. Cuando las gentes nos dan, la mayoría lo hace con repugnancia, con desdén, de mala gana, extendiendo el brazo y apartando la vista…

* * *

Eran estas cuitas las que habían robado la alegría al Hermano. Siempre tenía sumo cuidado de no caer en el pecado del menosprecio, ni siquiera con el pensamiento. Pero esta vez estaba sombrío y dejaba paso libre a pensamientos oscuros.

–¡Siempre lo mismo! –dijo con voz alta y amenazante–; la gente se empequeñece ante los grandes y se engrandece ante los pequeños. Yo también lo hacía –añadió bajando la voz–. Tocan a la puerta, salen a abrir –seguía pensando el Hermano–, y en la medida en que sube la alcurnia del visitante, sea por el vestido, la fama o la belleza, en esa misma proporción suben la sonrisa, la ceremonia y la cortesía de los anfitriones. En la medida en que va disminuyendo la categoría del visitante, las gentes van rodando cuesta abajo desde la cordialidad a la frialdad, de la frialdad a la desatención, de la desatención al desdén. ¡Desnudos nos echó el Señor a este mundo! Y no hay categorías. Lo demás son convencionalismos y vestimenta artificial. ¿Cuándo llegará el día en que los hombres valoren la desnuda sustancia de hijos de Dios?

Y, levantando la voz, pronunció estas frases:

–¿Qué gracia tiene amar al amable, venerar al venerable, gustar la belleza de la persona hermosa o arrodillarse ante el campeón? El dinero clasifica. Levanta murallas de acero entre hermanos y hermanos.

Iba a decir: ¡maldito el dinero!, pero se contuvo. A pesar de todo, más horror sentía al desprecio que al dinero.

–El vestido clasifica –siguió pensando–, la fama clasifica y la belleza también. ¡Al diablo con todas las clasificaciones! –pensó–. ¿Qué les espera a todos los hijos de Dios que no tienen dinero, belleza, títulos, salud o fama? El olvido y el desprecio.

Nunca se le había visto tan alterado. Su respiración era agitada y había un fulgor de ira en el fondo de sus ojos. Sentía que todos estos pensamientos le hacían daño. No se sentía bien con estas reflexiones, pero no las pudo evitar; eran como una fuerza venida de fuera y extraña a sí mismo.

* * *

Llegó a la ermita de Santa María. Algo le decía que la paz había huido como paloma asustada.

–Nunca –pensaba– el corazón puro debe dar paso libre a la ira, ni siquiera en nombre de banderas sagradas.

Sentía necesidad de reconciliarse, pero, ¿con quién? No lo sabía. Después de meditar un momento, dijo:

–Me reconciliaré con la madre tierra que sostiene en pie y alimenta a todos los hijos por igual.

Y, diciendo esto, se arrodilló lentamente. Después, estampó un beso pausado en el suelo. Luego, siempre de rodillas, apoyó la frente en el suelo y permaneció en esta posición largas horas. Por lo demás, era su postura favorita para orar.

Y dijo:

–Mi Dios, primeramente pon la mano sobre el corazón de tu siervo para que recupere la paz. Sácame la espada de la ira y cúrame la herida. Sosiega mi corazón y mis entrañas antes de que tu siervo pronuncie palabras graves. En esta tarde de oro, en tus manos de misericordia deposito estas rosas rojas de amor:

No despreciaré a los que desprecian.
No maldeciré a los que maldicen.
No juzgaré a los que condenan.
No odiaré a los que explotan.
Amaré a los que no aman.
No excluiré a nadie de mi corazón.

Pero permíteme pronunciar ahora una nueva palabra y acéptala desnuda y sin atenuantes:

Mis preferidos serán los preteridos.
Cuanto más marginados de la sociedad,
tanto más promovidos serán en mi corazón.
En la medida en que disminuyan
los motivos de ser apreciados,
tanto más serán amados por mí.
Amaré sobremanera a los no amables.

Y permíteme reservar el rincón más florido de mi corazón para los leprosos, los mendigos, los salteadores de caminos y los pecadores. Y así tendré el privilegio de pisar sobre las pisadas mismas de Jesús.

Efectivamente, éstos fueron los favoritos de su corazón a lo largo de su vida: los marginados de la sociedad medieval, aquellos que, según los cánones del mundo, no eran «atractivos» o agradables. En los años de su juventud, el Hermano había observado el mundo y la vida desde dentro y llegó a la conclusión de que en las relaciones humanas funcionan los polos de atracción.

—Una persona –pensaba el Hermano– puede no tener belleza, dinero o bondad, pero puede tener fama. En este caso, la fama será el polo de atracción por el que esta persona será rodeada y estimada. Otra persona puede no tener fama, belleza, simpatía o bondad, pero puede tener dinero. En tal caso, su dinero será el polo de atracción. Otras veces será la belleza o la simpatía. Puede faltar todo, pero puede quedar la bondad como polo de atracción.

* * *

El Hermano vio que las gentes nunca aman al hombre puro, la criatura desnuda.

—Aman las cualificaciones superpuestas a la persona. Pero cuando comiencen a fallar, uno por uno, todos los polos de atracción y quede la criatura pura y desnuda, ¿quién la amará?, ¿quién la mirará?, ¿quién se le aproximará? Sólo un corazón puro y desinteresado –pensaba el Hermano–. Corazón puro es aquel que ha sido visitado por Dios.

El Hermano vio que, normalmente, si el corazón no ha sido purificado, el hombre se busca a sí mismo en los demás. Se sirve de los demás en lugar de servir a los demás. Siempre hay un secreto e inconsciente juego de intereses.

El caso más patente es el de los políticos que siempre proclaman estar interesados por los pobres. Pero, de hecho, generalmente los pobres son su centro de interés: se sirven de ellos (como un trampolín) para promoverse a sí mismos, crearse una figura social, y, por ende, medrar económica y profesionalmente. Y si alguna vez fallara ese interés, los políticos abandonan a sus pobres con hermosas explicaciones. Y los pobres quedan siempre a la intemperie en espera de corazones puros.

¿Humanismo? Humanismo es el culto o dedicación al *simplemente hombre*, a la criatura desnuda de atavíos y carente de polos de atracción. Es imposible el verdadero humanismo allá donde no exista un proceso de purificación del corazón.

Sería largo de explicar eso, pero humanismo puro no puede existir sin Dios, salvo a escala reducidísima. Hoy por hoy, sólo Dios puede hacer la revolución del corazón, invirtiendo los juicios de valor, derribando instalaciones y apropiaciones, y levantando escalas de nuevos intereses.

Por eso hay tan pocos verdaderos humanistas, y por eso los pobres quedan siempre frustrados en sus esperanzas, con un montón de palabras vanas en sus manos.

En la historia de la humanidad pocos hombres ha habido tan humanistas como el Hermano de Asís. Puso veneración donde no había motivos de veneración. Puso aprecio donde no había motivo de aprecio. Amó de forma sobresaliente a los que no eran amables. Cuanto menos polos de atracción había en las personas, en proporción inversa aumentaba su cariño. En esto, como en todo, no hizo más que seguir el ejemplo de Jesús.

A lo largo de este libro nos encontraremos a cada momento con emocionantes episodios en que veremos resplandecer el humanismo del Pobre de Asís.

Capítulo Tercero

EL SEÑOR ME DIO HERMANOS

De sorpresa en sorpresa

A estas alturas, el Hermano pensaba hacer vida de ermitaño, instalándose en la ermita restaurada de Santa María. De todas formas, este pensamiento o intención era también provisional. Su vida constaba, a la sazón, de los siguientes componentes: vida contemplativa en torno a la ermita del bosque; dedicación a los leprosos y mendigos; y, al parecer, concluida la restauración de las ermitas, trabajó también con los campesinos en las faenas agrícolas para ganarse el propio sustento y ayudar a los indigentes.

Mirando desde la atalaya de nuestro tiempo, hay varias cosas que impresionan vivamente en la historia singular, acontecida hasta ahora, del Hermano de Asís.

Vivía totalmente inmerso en la provisionalidad. Su única preocupación era ser fiel en el momento presente. No pensaba en el mañana, ni siquiera en términos de fidelidad. Se había arrojado desnudo en el mar de Dios y se dejaba llevar por las corrientes divinas. Siempre pensaba: El Señor se manifestará.

Nunca –ni ahora ni después– fue una mente ordenadora que toma asiento para hacer análisis y síntesis de los signos de los tiempos, combinándolos con reflexiones teológicas y estadísticas de sociología, para trazar líneas de acción en un marco de prospectiva general. Era el polo opuesto del hombre teórico o intelectual.

Fue –por poner una comparación– como un explorador. Al escalar la primera montaña, el explorador descubre desde allí una elevación prominente a lo lejos. Al acometer la subida de ésta, hacen su aparición crestas enhiestas que no se habían visto hasta ahora. O, igual que otro explorador de galerías subterráneas: avanza cinco metros horadando las entrañas y de pronto se encuentra con una veta de calidad y color desconocidos. Sigue horadando y a pocos metros, a la derecha, da con un nuevo filón; y a pocos metros, a la izquierda, con el yacimiento de un metal nuevo y puro. Vive de lo imprevisible.

* * *

Así vivió el Pobre de Asís, especialmente en estos años: Siempre en trance de descubrir, a la espera de lo inesperado, disponible y atento, sin presupuestos ni condicionamientos. Hoy recibía una inspiración divina, y, al instante, la ponía en práctica. A la vuelta de un par de horas, en otro recodo, se le presentaba otro desafío, y el Hermano respondía en el acto, sin complicaciones.

No le gustaba teorizar, menos todavía racionalizar. Fue el hombre de la concreción y de la literalidad. Hemos visto que su vida, en el lapso de tiempo que hemos analizado, se desarrollaba a un ritmo vertiginoso, saltando de sorpresa en sorpresa, de novedad en novedad, sin mirar atrás para analizar, sin mirar adelante para proyectar, viviendo siempre al acecho; en cuanto se le presenta una exigencia divina, la pone en práctica al instante, quedando a la espera de otra orden. Fue una terrible simplicidad hecha de concreción y fidelidad. Un teorizador fácilmente se transforma en un racionalizador. La historia ha demostrado que se pueden levantar teorías sobre una pata de un trípode.

Fue el hombre de la improvisación, en el mejor sentido de la palabra. ¿Cómo decirlo? ¿El hombre de la imprevisión? Digamos mejor que fue el hombre de la sorpresa por ser, originalmente, el hombre del asombro. Tenía gestos dramáticos llevados a cabo con naturalidad, esto es, sin dramatismos. Las cosas más grandes las realizaba con simplicidad, y las cosas más pequeñas las hacía con una cierta solemnidad.

Soledad completa

Lo que más sorprende al escritor que se sumerge en las Fuentes, es la soledad completa en que el Hermano hizo este recorrido. Cosa extraña en un hombre tan comunicativo. El escritor tiene la impresión de que el Pobre de Asís fue tratado en sus primeras rampas con una prodigalidad excepcional de parte del Señor, con una asistencia muy particular y casi única, y posiblemente por eso el Hermano aguantó sin quebrarse la solitaria peregrinación. El Señor mismo fue, personalmente, su compañero y guía.

No consultó a nadie. No buscó ningún conductor de espíritu. No recorrió caminos trillados. No entró en ningún esquema. Ni monje, ni sacerdote, ni cenobita. Dios lo lanzó a la oscuridad completa, a la incertidumbre completa y a la soledad completa para recorrer un camino que nadie había recorrido antes, sin saber cuál sería la meta y sin sospechar las emboscadas que le podrían esperar en cualquier encrucijada. ¿Cómo sabía Francisco que estaba en lo cierto? Corrió todos los riesgos. Se jugó todo entero en cada esquina. No recuerdo otro profeta, de cualquier época, lanzado a tan incierta aventura.

¿Fue temerario? En toda aventura se da una dosis de temeridad. Más tarde, ciertamente, el Hermano fue temerario varias veces. Pero no sé si ésta es la palabra correcta. Su proceder algunas veces parece autosuficiente. Ciertamente no lo fue. ¿Intuición? ¿Inspiración? Pudo haber habido algo de eso. Pero fundamentalmente fue otra cosa.

Desde el abismo, Dios le gritó: –¡Salta!

Y el Hermano, sin pensarlo dos veces, saltó.

Desde la tiniebla, Dios le llamó diciéndole:

–Ven, hijo mío.

Y el Hermano se metió, sin vacilar, en la tiniebla.

Fue una fe única, una confianza única. Fue aquella fe que traslada montañas: fe de niño, fe adulta.

El Señor le dijo:

–Hermano Francisco, entra en la selva y abre la ruta; no temas, yo estaré contigo.

Y se metió a ciegas en la espesura sin ver nada.

Fue una fe de aventura.

La Revelación

Llegó el otoño con sus frutos dorados, y se fue. Llegó el invierno con sus escarchas y heladas. El Pobre de Asís permaneció en la ermita del bosque en los duros meses. Se sintió libre y feliz.

El camino recorrido había durado tres años y había resultado hermoso y libertador. Había sido también sumamente doloroso, mucho más de lo que parecía. El Señor fue conduciéndole paso a paso y preparándolo esmeradamente para el alto destino al que estaba predestinado. A estas alturas, el Hermano era una tierra roturada, oxigenada y purificada. Todo estaba preparado.

Vivía al día. En los primeros planos de su conciencia, ninguna preocupación ensombrecía su cielo despejado. El ser humano, sin embargo, está constituido de muchos planos yuxtapuestos. Y allá, en los niveles profundos adonde no llega la luz de la conciencia, el Hermano esperaba algo pero no sabía qué. Presentía rumbos inesperados. Estaba tranquilo pero vivía al acecho.

Mas la revelación, por muy esperada que fuera, surgió inesperadamente.

* * *

Un día el Hermano llegó hasta el monasterio benedictino del Subasio. Dijo a los monjes que la ermita estaba ya restaurada y que sería conveniente hacer una celebración eucarística para instaurar de nuevo el culto divino. Convinieron en que, al día siguiente, iría un sacerdote.

Era el 24 de febrero, festividad de san Matías. La noche había sido muy fría. El Hermano pasó muchas horas con el Señor para ahuyentar el frío. Se levantó temprano al clarear el día más señalado, posiblemente, de su vida. Con suma devoción y prolijidad preparó lo necesario para la misa. Convocó a los campesinos de los alrededores, y todos juntos esperaron al sacerdote.

Comenzó la misa y el Hermano ayudaba con gran piedad. Cada oración, cada lectura las acogía cuidadosamente en el cofre de su corazón. Llegó el momento del Evangelio y todos se pusieron de pie.

Decía así:

–Id y predicad por todo el mundo. No llevéis dinero alguno en los bolsillos. Tampoco llevéis bolsa con provisiones. Os basta una sola camisa. No necesitáis zapatos ni bastón. Vivid del trabajo de vuestras manos. Al llegar a un poblado, preguntad por una familia honorable y alojaos allí. Siempre que entréis en una casa, decid: Paz en esta casa. Sed ingenuos como palomas y perspicaces como serpientes. Si en alguna parte sois rechazados, id a otra parte sin protestar. Hay muchos lobos por ahí; entre ellos vosotros no sois sino corderitos recentales. Posiblemente os arrastrarán a los tribunales civiles; el Padre colocará en vuestra boca precisos argumentos de defensa. No tengáis miedo. Yo estaré entre vosotros hasta el fin del mundo.

Un relámpago ante sus ojos no hubiera producido tanto efecto como estas palabras. El Hermano parecía funcionar en alto voltaje. Quedó impresionadísimo. Tuvo la sensación de que se le paralizaba la sangre en sus arterias. Parecía como si las palabras muertas, oídas tantas veces, de improviso recuperaran vida y resucitaran muertos.

Parecía que durante tres años llevaba ante sus ojos una cortina oscura. De repente, el Evangelio descorrió la cortina y apareció ante sus ojos un horizante interminable, lleno de claridad. Parecía que el sacerdote benedictino se había esfumado y era Jesús mismo el que pronunciaba las palabras.

* * *

Siguió la misa. El Hermano estaba profundamente conmovido. Terminada la misa, los aldeanos se fueron hacia sus casas. Con mucha delicadeza, como de costumbre, el Hermano se aproximó al sacerdote para decirle:

–Ministro del Señor, las palabras del Evangelio me han llegado hasta el alma. Desearía escucharlas de nuevo y, si fuera posible, recibir de su señoría alguna explicación pertinente.

Tomaron el libro de misa. Salieron fuera de la ermita. Se sentaron en sendas piedras al calor del sol. De nuevo el sacerdote le leyó el Evangelio. A cada versículo le hacía algún comentario. Luego, un comentario general al contexto. El Hermano le hizo algunas preguntas. El sacerdote dio las respuestas. Por un momento los dos quedaron en silencio.

De pronto, Francisco se puso de pie. Parecía ebrio. En sus ojos había brillo y su estatura diríase que era mucho más alta. Levantó sus brazos, que semejaban dos tensas llamas, y con voz conmovida exclamó:

–Palpando sombras, buscaba y buscaba ardientemente desde hace tiempo la voluntad de Dios, y por fin la encontré. ¡Gloria al Señor! El horizonte está abierto; la ruta, trazada. Es obra de mi Señor Jesucristo. Recorreré este camino evangélico aunque haya espinas entre flores hasta tocar el extremo del mundo, y en este camino se apagará mi cirio.

Regresaron a la ermita. Tomó él bordón de caminante y lo arrojó lejos.

–¿Qué más manda mi Señor Jesucristo? –se preguntó.

Y, sin responderse, se quitó los zapatos y los tiró lejos sobre un matorral. Se soltó la hebilla del cinturón y lo disparó con fuerza como una serpiente voladora. Se despojó de la túnica de ermitaño y la echó debajo de un arbusto.

–¿Qué más manda mi Señor Jesucristo? –se preguntó de nuevo alegremente.

Tomó un rudo saco. Lo cortó y lo confeccionó en forma de cruz con capuchón, a semejanza del vestido de los pastores del Subasio. Se ciñó una vulgar cuerda y, santiguándose, saltó al mundo.

Primera salida

Al caminar hacia la ciudad, el Pobre de Asís tenía una viva impresión de haber sido armado caballero de Cristo. Este pensamiento lo ponía radiante.

–No hay en el mundo orden de caballería más noble –pensaba mientras caminaba–, que recorrer el mundo a las órdenes del Gran Emperador Jesucristo, llevar sobre la espuma de los sueños a la Dama Pobreza, socorrer a todos los heridos por la tristeza, deshacer los entuertos del egoísmo, buscar la verdad en el error, combatir el desaliento de los pesimistas, asaltar las fortalezas del pecado, llevar sobre la punta de la lanza el estandarte de la paz, alcanzar las imposibles estrellas...

Estos pensamientos lo dejaban ebrio de felicidad, mientras caminaba en su primera salida evangélica.

Al aproximarse a la ciudad, ni siquiera se detuvo en San Salvatore, con sus *hermanos cristianos*. Siguió de largo, y al primer campesino con quien se topó le dijo:

«El Señor te dé su Paz».

En adelante, a todas las personas con quienes se cruzaba en el camino o en la calle, en lugar de saludarlas con un «buenos días», lo hacía con esta salutación evangélica.

Se fue derecho a la plaza del municipio. Dos o tres personas se le arrimaron, extrañadas de aquella vestimenta tan chocante. En lugar de explicar la razón del cambio de vestimenta se largó a improvisar sobre los motivos del Amor. Muy pronto se le juntaron dos o tres curiosos al escuchar su voz levantada. Entonces se encaramó sobre una gran piedra de la plaza, y subió de tono y de inspiración.

El Hermano sabía muy bien cuáles eran los puntos débiles de sus oyentes, y allá se dirigían sus palabras con gran libertad de espíritu. No era la primera vez que los habitantes de Asís oían improvisar a un laico en la plaza. Estaban habituados a escuchar a los valdenses y patarinos.

* * *

Eran palabras tan simples y penetrantes como el filo de una espada. Nunca remontaba el vuelo a las cumbres de la oratoria. Eso no iba con su personalidad. Muy al contrario, eran breves sus palabras, preferenternente palabras textuales de Jesús, con algún comentario adicional. Sus exhortaciones eran reiterativas y tenían carácter muy práctico. Nunca se perdía en palabrerías ni en lucubraciones teológicas. Conciso, breve, práctico.

Su persona y su vida eran la verdadera predicación. Había calor y convicción en su palabra porque sólo hablaba de lo que había experimentado. Cuando terminaba de hablar y se marchaba, los oyentes regresaban en silencio a sus casas. Todavía quedaba alguno que otro que no lo tomaba en serio, y tenían la sonrisa burlona a flor de labios, pero cuando veían su sinceridad, se les congelaba la sonrisa y quedaban desarmados. Era difícil sustraerse a aquella serenidad que cautivaba y contagiaba.

Conseguía despertar la sed de eternidad que duerme en las últimas habitaciones del alma. Con su palabra breve y simple daba respuesta a los interrogantes fundamentales de la vida. No se sabe por qué, al conjuro de su voz, las almas recuperaban la sombra de la paz para refrescar las llamas interiores. Todos se sentían felices.

Diariamente regresaba el Hermano a la ciudad. Allí donde había un grupo de ciudadanos congregados por ociosidad o por otro motivo, allí se hacía presente el embajador de la paz, y sin pedir autorización comenzaba a desgranar sus reclamos evangélicos. Lo hacía con tanta humildad y simplicidad, que nadie se sentía ofendido por haber sido interrumpido en su tertulia.

Uno de sus lugares favoritos para anunciar la Palabra era el pórtico del templo de Minerva, junto a las grandes columnas corintias.

La ciudad acabó por desear la visita del evangelista porque todos sentían que aquellas palabras les hacían mucho bien, y las gentes regresaban a sus casas con calma y paz en sus almas. Además, este mensajero no atacaba a nadie, ni al *Podestá* ni al clero ni a los magistrados. No se presentaba con aires de reformador, sino como el que ha descubierto un tesoro y quiere hacer partícipes del mismo a todos.

El primer compañero

Es una constante en la Historia de las religiones el hecho de que el profeta, una vez que ha asumido su misión, abandone su familia y se aleje de su país. Raras veces regresa, y nunca como profeta. Normalmente su palabra y prodigios resplandecen en latitudes muy distantes de su tierra natal.

En esto, como en tantas cosas, el Hermano fue una excepción. Al parecer, nunca sintió la tentación de ausentarse de su pueblo. En el nombre del Evangelio se transformó en un incansable itinerante para sembrar palabras de vida eterna en tierras de fieles e infieles, pero nunca levantó su tienda de campaña del valle donde nació, y la epopeya franciscana siempre tuvo su epicentro en Asís.

* * *

Bernardo, en cuanto a categoría social, estaba muchos codos por encima de Francisco. Era gentil hombre, y una crónica nos dice que «por su consejo se regía la ciudad de Asís». Mercader como Francisco, pero de mayor fortuna, Bernardo era de un natural ponderado y reflexivo. Difícilmente se entusiasmaba y todos sus impulsos los mantenía a raya. Reflexivo, cauto y un tanto reservado.

Tenía aquel sentido que permite distinguir lo esencial de lo accesorio. Muchas veces había meditado sobre la contingencia y transitoriedad de todo lo creado, y misteriosamente este pensamiento, en lugar de entristecerlo, le causaba paz.

Convencido de que nada vale la pena, porque todo fluye y refluye y nada permanece, su corazón fue desprendiéndose de los valores terrenos y comenzó a adherirse a las raíces eternas y a cultivar aquella sed de Dios que, además de Gracia, era una predisposición innata de su personalidad.

En esto comenzaron los primeros devaneos místicos de Francisco. Como hombre ponderado, Bernardo se puso a la expectativa. Pasaron meses y años, y Bernardo comenzó a pensar:

–Francisco ha acertado. Lo tenía todo y lo dejó todo. Se le ve más feliz que todos nosotros. Vive sin tener nada y poseyéndolo todo. Y su conversión no fue fiebre transitoria. Todo esto no sería posible si este Francisco no tuviera una ardiente amistad con Dios. Voy a observarlo de cerca para verificar el grado de su transformación.

Un día, Bernardo lo convidó a cenar. Acabada la cena, le dijo:

–Francisco, es muy tarde y la Porciúncula está lejos. Voy a ordenar que preparen otro lecho en mi habitación para que puedas descansar.

En la cabecera de la habitación tenía Bernardo una imagen del Señor, alumbrada por la luz de una tenue lámpara.

Francisco se acostó y fingió profundo sueño. Bernardo se acostó también y comenzó a roncar simulando estar dormido. En esto Francisco se levantó sigilosamente, se arrodilló ante la imagen, extendió los brazos en forma de cruz y comenzó a decir lentamente, suavemente:

–¡Señor, Señor!

Parecía que aquellas palabras venían desde las entrañas de la tierra y arrastraban la adoración del mundo. No decía nada más.

Nunca se vio una tan alta fusión entre la persona, la palabra y el Contenido de la palabra. Bernardo estaba profundamente conmovido y hasta contagiado. Lo miraba disimuladamente: en el resplandor tenue de la lámpara se recortaba la figura de Francisco, que parecía la adoración hecha estatua.

Francisco no se salió de esa frase. Pero había tal variedad de matices en la manera de pronunciarla, que siempre tenía diferente acento, como si cada vez fuera la primera. A veces elevaba la intensidad de la voz, pero no se trataba propiamente de una inflexión gutural, sino del alma. Otras veces se detenía y guardaba silencio. Con frecuencia el acento tenía tal profundidad que parecía suspiro o sollozo. En ese caso, a Bernardo se le hacía un nudo en la garganta y a duras penas podía contener las lágrimas. Así estuvo Francisco hasta la alborada. Fue una noche memorable.

* * *

A la mañana siguiente, Bernardo dijo a Francisco:

–Hermano Francisco, el Señor me dio riquezas. He visto que las riquezas me separan de mi Señor. Y yo quiero que el Señor sea mi riqueza. ¿Cómo hacerlo?

–Es verdad, señor Bernardo –respondió Francisco–. Es difícil que el Señor sea la riqueza del alma si las riquezas ocupan el alma. Se trata de una alternativa, señor Bernardo: o Dios o el dinero.

–Entonces, ¿qué tengo que hacer? –insistió Bernardo.

–Mañana temprano iremos a la iglesia, y el Señor mismo nos manifestará su voluntad –respondió el Hermano.

Al día siguiente, salieron de casa a primera hora. Pasaron por la casa episcopal para recoger a Pedro Catani, canónigo de San Rufino, y que también había manifestado deseos de hacer lo que Francisco. Atravesaron la plaza del municipio y llegaron a la iglesia de San Nicolás. Allá asistieron los tres a misa muy temprano y, viendo la importancia del momento, permanecieron en oración hasta las nueve.

Entonces se levantó Francisco con la compostura de quien va a hacer algo importante. Se aproximó al altar mayor con reverencia y tomó el misal en sus manos. Con sorprendente ingenuidad y con aquella fe que traslada montañas, Francisco sometió la delicada cuestión al juicio de Dios, suplicando ardientemente al Señor que le mostrara su voluntad, con sólo abrir el libro.

Abrió, pues, por primera vez el misal y sus ojos se detuvieron en estas palabras: «Si quieres ser perfecto, vende cuanto tienes y dáselo a los pobres; después, ven y sígueme». Abrió por segunda vez el misal, y leyó: «No lleves nada para el camino, ni bolsa, ni dinero, ni bastón, ni doble ropa». Abriendo el libro por tercera vez, se encontró con estas palabras: «Si alguien quiere seguirme, niéguese a sí mismo, cargue con su cruz y sígame». Eran textos con la fuerza, brevedad y claridad de un relámpago.

Francisco depositó de nuevo el misal en el altar con parsimonia. Se volvió luego a los dos neófitos, presintiendo la trascendencia del momento. Había en sus ojos un brillo de amanecer.

Se irguió sobre la grada más alta del altar y les dijo:

–Amigos, el Señor ha hablado. Sobran comentarios. Más aún, un comentario en este momento sería una audacia, quizá una profanación. El Señor mismo lo ha decidido. El Evangelio será nuestra única inspiración y legislación, no sólo para nosotros sino también para los que quieran incorporársenos. ¡En marcha, hermanos! Que el Evangelio recupere bajo vuestros pies toda su frescura y novedad. Gloria al Gran Dios y Altísimo Señor Jesucristo que, en su misericordia nunca desmentida, nos ha trazado el sendero y abierto las puertas del mundo.

* * *

El Hermano estaba emocionado.

–Señor Bernardo –le dijo Francisco–, ahí está la respuesta a tu pregunta.

Salieron los tres de la iglesia y, atravesando la plaza, fueron directamente a la mansión de Bernardo. Allí hicieron una especie de loteo: tales cosas y tanto dinero para la leprosería de San Salvatore. Tales otros paños y tanto dinero para otros hospitales pobres. Lo restante hoy mismo se repartirá entre los pobres en la plaza de San Jorge.

Fue un espectáculo capaz de conmover a las piedras. En nombre del Evangelio, el gentil hombre más acaudalado de la ciudad se desprendía de todos sus bienes para seguir a Cristo tras las pisadas del Pobre de Asís. Era el 16 de abril. Viudas, ancianos, mendigos, en fin, todos los pobres, se dieron cita en la pequeña plaza para recibir cada uno su porción.

Una honda conmoción sacudió a la ciudad. No todos, sin embargo, estaban de acuerdo con aquella prodigalidad.

–Si todos los comerciantes de Asís hacen lo mismo, en unos meses se arruina la ciudad –decía uno.

–Es un virus peligroso el que ha traído ese loco muchacho de los Bernardone –decía otro.

–¿Acaso se soluciona con ese despilfarro la situación de los pobres? –se preguntaba otro.

Sin techo, sin una moneda en el bolsillo, sin disponer de un palmo de tierra en este mundo, sin familia ni patria, los tres peregrinos cruzaron la puerta occidental de las murallas, descendieron a la ciudad y, llenos de alegría y libertad, se dirigieron a Santa María de los Ángeles. Eran, en verdad y al pie de la letra, extranjeros en este mundo.

El Hermano se sentía feliz. Nunca analizaba los sucesos ni se proyectaba hacia el futuro. No se le pasó por la mente el interrogante de si este grupito sería, habría de ser o pudiera ser la primera célula de un gran movimiento. Era el hombre del presente. Vivía la alegría de pensar que grandes caballeros ingresaban en una nueva caballería poniéndose a las órdenes del Gran Emperador, Jesucristo. Y este pensamiento lo henchía de alegría.

Al día siguiente, levantaron tres minúsculas chozas con troncos, ramas secas, maleza y un poco de barro. Cada choza tenía la altura de un hombre normal; su largura era la de un cuerpo yacente, y su anchura como de metro y medio. Posteriormente abrieron un surco formando un cuadrado de amplio espacio. Plantaron en el surco un seto vivo con matas y arbustos. En el centro del cuadrado levantaron una cabaña relativamente grande, semejante a las cabañas de los pastores que habitan en los Apeninos.

En suma, unos meses después nos encontramos en el bosque con la ermita restaurada por Francisco, la cabaña grande dentro del seto vivo, y varias chocitas individuales, cada vez más numerosas, esparcidas entre la arboleda.

Bernardo y Pedro hicieron un ropón semejante al de Francisco, del «color de las bestias de la región», entre pardo y gris, tejido según un modelo muy simple: de una sola pieza con capuchón, y ceñido todo con una cuerda. El indumento se parecía al de los pastores de los altos Apeninos.

Nuevo miembro

Los nuevos sucesos levantaron en Asís una polvareda de rumores. La despedida del clérigo más docto y del gentilhombre más influyente dejaron vivamente impresionado a un joven campesino llamado Egidio. Era un alma transparente como el azul y directa como la mirada de un niño. El 23 de abril, festividad del caballero de Cristo, san Jorge, Egidio asistió fervorosamente a misa, y después dirigió sus pasos hacia la llanura.

Llegó al bosque de la Porciúncula y no encontró a nadie. Cuando estaba pensando en el regreso, apareció el Hermano, que salía del bosque. Egidio se echó a sus pies, diciéndole:

–Hermano Francisco, gran amigo de Dios, también yo quiero ser amigo del Señor. Tómame de la mano y llévame hasta el corazón de Dios.

El Hermano quedó emocionado por aquella pureza y simplicidad. Se le humedecieron los ojos. Con mucho cariño lo tomó de los brazos y le dijo:

–Hermano mío queridísimo, ¿sabes lo que ha sucedido esta mañana en la ciudad? Ha llegado el Emperador a Asís y entre todos los ciudadanos ha escogido a un caballero para camarero secreto de la casa imperial. El tal caballero eres tú. Que la mano del Señor te cubra y cada mañana te envíe el ángel de la paz. ¿Cómo te llamas?

–Egidio –respondió el otro.

–¡Cómo me gustaría tener un bosque de Egidios! –añadió el Hermano.

–Espérame un momento, hermano Egidio –le dijo Francisco.

Y diciendo esto se internó en el bosque para convocar a Pedro y Bernardo, que estaban en oración.

–Venid, hermanos; venid pronto para ver el regalo que nos ha enviado el Altísimo.

La alegría de Francisco desbordaba como una cascada. Tomó a Egidio de la mano y lo presentó a los dos amigos. Les dijo:

–Hagamos una gran fiesta, más grande que cuando nace el hijo deseado en la familia feliz.

En ningún instante se ausentó la sonrisa de los labios de Francisco, Pedro y Bernardo durante el ágape.

El nuevo candidato se sintió desde el primer momento como quien cae en el seno de una cálida y acogedora familia. Comieron todo lo que había: unas aceitunas y pedazos de pan recogidos el día anterior. Bernardo se ausentó para traer agua de la vertiente con una vasija de barro. Mirándole con cariño a los ojos, el Hermano dijo a Egidio:

—Desde hoy no tienes padres ni hermanos. Nosotros seremos para ti, madre, padre y hermano.

* * *

Después del ágape, Francisco y Egidio se fueron a la ciudad para conseguir alguna tela a fin de confeccionar el hábito del neófito. El Hermano irradiaba tanta naturalidad y poseía tal encanto personal, que Egidio se sintió a gusto durante todo el viaje, como si fueran antiguos camaradas.

En esto se les aproximó una viejecita pidiendo limosna. El Hermano no tenía nada que darle y siguió adelante. La viejecita insistió. Francisco y Egidio proseguían en silencio. Ante la nueva insistencia de la viejecita, el Hermano, mirando con cariño al neófito, le dijo:

—Hermano Egidio, ¿sería posible entregar por amor de Dios a esta viejecita alguna prenda de vestir?

Al instante Egidio se despojó de su capa y se la entregó a Francisco, y éste a la viejecita. Más tarde, contaba Egidio que en ese momento sintió una extraña felicidad, como si un perfume embriagador impregnara todo su ser.

Vida y actividad

Los cuatro hermanos comenzaron a vivir. No se preocuparon de hacer un horario, menos todavía un estatuto. A pesar de la categoría intelectual de Pedro y organizativa de Bernardo, fue el Hermano el que imprimió su sello personal a aquel grupo, y la vida fue brotando espontáneamente en el decurso de los días y semanas.

Dedicaban largas horas al Señor, cada hermano en su pequeña cabaña. A veces se internaban en las entrañas del bosque. Frecuentemente el Hermano pasaba la noche entera en oración, como su Maestro. De día, algunos de ellos trabajaban con los campesinos. Como recompensa del trabajo recibían alimentos pero nunca dinero. Alguno de los hermanos siempre regresaba a la ermita con un saquito de nueces, aceitunas, manzanas o uvas, según la época.

Otro hermano iba a la leprosería para atender a los enfermos. Otro, subía a la ciudad para exhortar al pueblo a la paz y al amor; y de regreso pedía en las puertas algo de comer. Los hermanos se alternaban en estas actividades.

Era el Hermano el que cada mañana señalaba a cada uno su quehacer. Esta distribución era un momento inenarrable: aquello no era mandar, ni siquiera suplicar, sino que el Hermano, para motivar el trabajo del día, hablaba a cada uno sobre las actitudes de Jesús, y lo hacía con tanto amor, y a cada uno lo despedía con tan cálido abrazo y con una bendición tan efusiva, que aquellos hermanos se sentían capaces de ir hasta el fin del mundo. Ser mandado equivalía para ellos a ser amado.

* * *

Los hermanos se sentían ansiosos por regresar a la ermita. Allá estaba esperándolos el Hermano con los brazos abiertos y la sonrisa en los labios. Iban regresando, primero uno y luego otro. El Hermano tomaba a cada uno de la mano y lo conducía a los pies de Nuestra Señora. Dirigían a la Madre una salutación ardiente e imploraban su bendición.

Luego, se reunían en la cabaña central. Francisco preguntaba a cada uno sobre las andanzas del día. Los hermanos narraban las peripecias de la jornada. El Hermano los alentaba y bendecía al Señor. Constantemente les recordaba las actitudes de Jesús. Todos los días ponían el espejo de Jesús delante de sus ojos, y con él confrontaban su existencia diaria.

Aquellas reuniones familiares se prolongaban largas horas. Vivían de puertas abiertas unos para otros. Se sentían mutuamente acogidos. Era el mismo Hermano el que producía aquel cielo de confianza mutua. Los amaba tanto y tan sensiblemente, era el Hermano tan transparente para con ellos que, inevitablemente y por contagio, ellos le respondían y se respondían con la misma actitud de apertura y acogida.

Hablaban entre sí del Señor como de un amigo común que ocupara sus pensamientos: no podían dejar de hablar de Él.

Así, Francisco fue infundiendo un alma a aquel grupito.

Primera gran aventura

Una noche, después de la reunión familiar, el Hermano llevó a los tres amigos ante el altar de la ermita. Rezaron juntos durante varias horas. Francisco se levantó y, puesto de pie bajo el cuadro bizantino de la Virgen, les habló así:

–Con tijeras de amor hemos cortado los lazos más dulces que nos ataban a este mundo: la familia. Hemos enjaulado y entregado a la muerte a la fiera más terrible de las selvas humanas: el dinero. Hemos contraído esponsales indisolubles con la Reina Pobreza. Nuestro calzado se pudre bajo los arbustos y nuestras túnicas se descomponen sobre los matorrales. Hemos abierto de par en par las puertas al Amor. Hemos libertado el corazón. De esta manera hemos obedecido los mandatos del Altísimo Hijo de Dios. Pero nos falta la última estrofa: Salid por los caminos del viento y sembrad mi Evangelio por montes y llanuras. Hijos de mi alma y caballeros de mi Señor Jesucristo: Somos ya un trigal maduro.

Vámonos bajo los estandartes del Señor, de dos en dos, adonde nos lleve el espíritu. En el nombre del Evangelio impartid al mundo esas cuatro monedas de oro: el amor, la paz, la alegría y la libertad.

«Bernardo y Pedro –acabó diciéndoles– irán por donde la brújula señala el Norte. Ellos son fuertes. A su lado caminará el Señor. Yo iré en compañía de la plantita más tierna, Egidio. Mañana, al rayar el alba, cuando los mirlos lancen sus primeros silbos, nosotros estaremos ya en camino. Nuestro cariño mutuo se robustecerá con la ausencia».

Después se arrodilló ante la Virgen, fijó sus ojos en su rostro, y los encomendó a su cuidado con palabras tan conmovedoras que comenzaron a verter lágrimas tranquilas.

Aquella noche el Hermano no durmió. Fue una noche de súplica. Se trataba de la primera salida en regla de los caballeros de Cristo, y le parecía lo más normal pasar la noche en vigilia en nombre de ellos. Al despuntar la aurora, el

Hermano esperaba a sus amigos en la puerta de la ermita para el último abrazo. Después, Bernardo y Pedro dirigieron sus pasos hacia Perusa; Egidio y Francisco, hacia Espoleto.

No lo pudo evitar: se le humedecieron los ojos al Hermano y, para disimular, comenzó a entonar en francés antiguas canciones de caballería. Temía que Egidio se sensibilizara demasiado. Nunca pensó que aquella despedida le iba a resultar tan dura. No sabía que los amaba tanto.

* * *

Después de pasar Foligno, se internaron en los valles enclavados en la ancha garganta del Apenino Oriental, que desde siglos atrás recibió el nombre de las Marcas de Ancona. En la primera noche durmieron en el pórtico de una iglesia, bajo los arcos románicos.

Al anochecer, llegaron también allá un par de mendigos con intención de pernoctar. Francisco se alegró mucho de esta compañía y trabó amplia conversación con ellos.

–Egidio –le dijo el Hermano al oído–, has de saber que cada mendigo transporta debajo de sus harapos a Jesús en persona.

El hermano Egidio se hundió en los brazos del sueño. Francisco durmió poco. Pasó muchas horas mirando a las estrellas, mientras repetía con admiración y gratitud:

–¡Señor, mi Dios!

Al rayar el alba, el Hermano despertó a Egidio tocándole en el hombro con suavidad, diciéndole con buen humor:

–¡Valiente caballero de Cristo, en pie, a las armas!

Caminaron. Era una mañana de diamante. El cielo se inundó de golondrinas graciosas y negros vencejos, haciendo increíbles piruetas en el aire.

–Hermano Egidio –le dijo Francisco–, hasta llegar a la aldea próxima caminaremos separados; yo iré delante y tú detrás como unos quince pasos. Necesitamos llenar el alma del espíritu del Señor y su santa fortaleza.

Por cada golondrina, repetía:

–Loado, mi Dios. Tienen envidiables alas –pensaba–, pero les falta alma. Yo seré su alma.

A cuantos se le cruzaban en el camino, el hermano Egidio se abría en una ancha sonrisa, levantaba la voz y decía:

–El Señor te dé la paz.

Cuando veía campesinos cortando pasto o escardando maíz, desde la vereda o aproximándose a ellos, les gritaba jubilosamente:

–El Señor les dé su paz.

Los aldeanos se quedaban sin saber qué responder. Por primera vez oían semejante salutación. Varias veces repitió Egidio la misma escena.

–¡Éste está chiflado! –dijeron por fin unos segadores, y, sintiéndose burlados, comenzaron a replicarle con palabras gruesas.

Egidio se asustó al principio. Después le dio vergüenza. Más tarde sintió desfallecer momentáneamente su entusiasmo por este género de vida.

Se aproximó, atemorizado, al Hermano y le dijo:

–Hermano Francisco, no entienden este saludo. Creen que estoy burlándome de ellos. ¿Por qué no me permites saludar como todo el mundo?

En un abrir y cerrar de ojos, en el tiempo en que un rayo hiende de parte a parte el cielo oscuro, mil pensamientos cruzaron la mente del Hermano.

–Tirar por la ventana la bolsa de oro –pensaba Francisco– es cosa fácil. Recibir sin pestañear treinta y nueve azotes es bastante fácil. Caminar hasta la otra parte del mundo a pie y descalzo, azotado por los vientos y pisando la nieve, es cosa relativamente sencilla. Y, con la ayuda del Señor, hasta es factible entregar el cuerpo a las llamas o a la espada, ofrecer la cerviz a la cimitarra, ser torturado en el potro o arrastrado por los caballos o devorado por las fieras, e incluso besar en la boca a un leproso… Pero mantenerse en calma cuando aparece el monigote del ridículo, no perturbarse cuando le arrastran a uno por el suelo la túnica del prestigio, no ruborizarse cuando se es vilipendiado, no tiritar cuando a uno lo desnudan del nombre social y de la fama…, todo eso es humanamente imposible, o es un milagro patente de la misericordia de Dios.

* * *

El Hermano había tomado gran cariño al joven y transparente neófito. Pero sentía miedo por él. Temía que, a la larga, no fuera capaz de afrontar en pie la gran prueba del deshonor, la burla y el ridículo.

–El hombre –pensaba el Hermano– se identifica fácilmente con su imagen como si fuera su sombra. Casi inevitablemente la persona y la figura se confunden en una simbiosis indisoluble. Herido el hombre en su figura –se decía a sí mismo–, se siente también herido en su esfera personal. Si llegan más neófitos entre nosotros –siguió pensando–, éste va a ser el escollo más difícil de salvar: la humildad.

Egidio le había pedido autorización para saludar de otra manera. El Hermano no supo qué responderle en el primer momento, y guardó silencio.

–Es el miedo al ridículo –pensó–; el eterno problema de la imagen social.

En un momento, se le ocurrió hablarle de la serenidad de Jesús cuando fue calumniado y burlado.

–No está preparado para entender eso –se respondió a sí mismo–, y menos todavía para practicarlo.

Así que decidió responderle en la misma línea del hombre que está apegado a la imagen:

–No tengas miedo, corderito recental –le respondió el Hermano–. Hasta el fin del mundo se va a hacer famosa esa salutación. ¡Tranquilo, hijo mío! Llegará el día en que los príncipes más encumbrados de la tierra doblarán sus rodillas ante ti por esta salutación.

No fue una respuesta evangélica sino más bien «mundana». Pero Egidio no estaba todavía maduro para asumir una valiente actitud evangélica. Era principiante en las cosas del espíritu, y el Hermano, con gran comprensión, trataba a cada cual según las fuerzas de que disponía en cada etapa de crecimiento.

Siguieron su camino. El Hermano observó que el neófito no se sentía tan seguro como antes, porque no saludaba con tanto júbilo. Pero hizo como que no se daba cuenta, y sobre eso no le habló más. Durante muchas leguas fue hablándole de Jesús.

Aquel día sólo comieron ciruelas secas y pan de cebada, y bebieron agua en los numerosos manantiales que brotan en aquella zona montañosa. Durmieron a la entrada de un horno público donde las aldeanas cocían diariamente su pan.

Antes de dormir, se sumieron largo rato en profunda adoración. El Hermano observó que el novicio estaba mucho más sereno, pero todavía le restaba aquella pequeña tensión de quien ha afrontado su primera batalla. Con profundo cariño y devoción, el Hermano impuso las manos sobre el novicio y le impartió una prolongada bendición. Egidio se durmió enseguida. El Hermano quedó pensando tantas cosas... Antes de dormirse, suplicó con vehemencia al Señor que les concediese, a él y sus seguidores, el supremo don de la humildad.

* * *

Los siguientes fueron días llenos de peripecias. Entraban en las aldeas, subían las pendientes en cuyas cumbres se erguían los castillos almenados, penetraban hasta el corazón de las ciudades. Detenían su marcha allá donde había un grupo de personas. El Hermano les hablaba de amor, paz y libertad. Sobre todo les hablaba de Jesús mismo, y, en ocasiones, la emoción desbordaba sus palabras. Con audacia evangélica penetraban en las tabernas, y les hablaba con ingenuidad de amor y paz.

Sus lugares favoritos eran las plazas. Siempre sucedía lo mismo: el Hermano comenzaba una conversación cálida con una o dos personas. Se les iba agregando más gente. En la medida en que el auditorio aumentaba, el Hermano subía de tono y de inspiración.

Mientras Francisco hablaba, Egidio recorría una y otra vez la plaza y las calles, invitando a las gentes:

–Id también vosotros a escuchar a Francisco de Asís, porque es un hombre de Dios.

Cuando el Hermano daba término a sus palabras, Egidio se plantaba ante la concurrencia para decirles:

«Hermanos míos, lo que han oído es la pura verdad y no se podría decir mejor. Creedle, porque os aseguro que es un santo varón».

–Han perdido la cabeza –decían unos.

–Es el espíritu del vino el que los domina –replicaban otros.

–Deben de ser patarinos –agregaban unos.

–Ni una cosa ni otra; son simplemente unos pobres hombres, casi unos niños, que ni saben lo que dicen –decían unos cuantos.

Descalzos, con aquella vestimenta que no era ni clerical ni monacal, con aquel estilo que recordaba a los valdenses, con la osadía del espíritu, con la libertad de hijos de Dios y la alegría de quien lo tiene todo, el paso de los dos hermanos por las aldeas y villas de Las Marcas levantó una polvareda de encendidas polémicas.

Los más sensatos decían:

–Calmaos; no juzguéis precipitadamente. Éstas no son palabras de idiotas, menos aún de patarinos. Éstos no hablan contra el clero ni contra la nobleza, ni contra nada. Sólo hablan de Dios y la paz. Además, cualquier observador puede percibir en sus almas una irradiante alegría y una extraña libertad. Nuestras burlas no los perturban. Todo eso, sin duda, es fruto de Dios.

Algunos los veneraban. La mayoría se alejaba de ellos, sospechando que fuesen cualquier cosa. Las muchachas, sobre todo, los tomaban por brujos, y, cuando los divisaban a lo lejos, daban un grito agudo y se escondían en sus casas.

De regreso hacia Espoleto no pudieron entrar en algunas villas donde ya habían estado y eran conocidos. Les echaban encima perros bravos y los apedreaban con guijarros. Pasaron hambre de día y frío de noche. Durmieron en el pajar de los establos. Pero, a veces, ni eso les era permitido. En este caso salían a pleno campo, recogían varias brazadas de pasto seco y sobre él se acostaban debajo de los árboles, bajo las estrellas.

Gozo, precaución, productividad

En todo este tiempo, el Hermano vivió en el centro de dos fuerzas poderosas y contradictorias: por un lado, la inmensa alegría de vivir la experiencia de Jesús perseguido y calumniado; y por el otro lado, una gran preocupación por su querido neófito. Al parecer, poco le importaba la reacción de las gentes. En cambio, vivía permanentemente atento al estado de ánimo de su Egidio.

Tenía miedo de que el joven no fuera capaz de asimilar tan fuerte alimento, que sucumbiera al desaliento o que quedara incurablemente herido. Era el cuidado de una madre por su hijo en peligro. Para él, un hermano valía como un pueblo o como la orden. Por ejemplo, Egidio valía tanto como el condado de Camerino o de Ancona.

Por la noche, al apagarse los fuegos del mundo y las voces humanas, el Hermano aprovechaba la intimidad, bajo las estrellas, para infundir ánimo al joven novicio.

–Hijo de mi alma –le decía–. Bienaventurados los caballeros de Cristo cubiertos de heridas rojas y cicatrices azules. Ellas brillarán como esmeraldas por eternidades sin fin. Felices nosotros que hemos sido considerados dignos de correr la misma suerte de nuestro bendito capitán, Cristo. ¿Qué dirías tú, hijo mío, si el emperador se presentara en una gran plaza y, señalándote con el dedo, te dijera: «Te convido a caminar, a caminar a mi lado, pero toma nota: tendremos que correr la misma suerte, nos meteremos en la primera fila del combate, pero yo iré el primero: ¿estás dispuesto?»

–Hijo mío, Egidio –prosiguió–: voy a abrirte el corazón y comunicarte cosas íntimas. Cuando pienso en la humildad de mi Señor Redentor, que cuando era calumniado callaba, cuando era golpeado no amenazaba, cuando era insultado no protestaba...; cuando pienso en la paciencia infinita de mi Señor Jesucristo, siento ganas de llorar y unas ganas locas de que me echen encima barro, polvo, piedras, perros y blasfemias. Sería el hombre más feliz del mundo. Y cuando pienso que todo eso lo hizo por nuestro amor, ¡oh!, siento volverme loco y me nacen alas para volar sobre el mundo gritando: El Amor no es amado, el Amor no es amado.

En una noche de luna llena, Egidio habría podido distinguir cómo los ojos de Francisco estaban llenos de lágrimas. Con tales confidencias, el novicio quedaba profundamente conmovido, dormía feliz y a la mañana siguiente amanecía animoso. Francisco era como un águila que toma del cuello al polluelo y lo suelta sobre el abismo, diciéndole: ¡Vuela! En dos semanas, Egidio había crecido mucho en madurez.

* * *

En términos de productividad, aquella primera salida apostólica fue un completo fracaso. Ninguna conversión, ningún prosélito, y, al parecer, ninguna conmoción popular. Francisco había meditado demasiado en su Cristo pobre y crucificado como para preocuparse de los resultados palpables y brillantes. Jamás pensó –ni ahora ni nunca– en términos de eficacia. Pero Egidio, además de novato, era campesino acostumbrado a analizar las cosas desde el punto de vista de resultados palpables, y estaba visiblemente deprimido por aquella aparente esterilidad.

Un día en que las palabras del Hermano eran recibidas con burlas y sonrisas, Egidio comenzó a dar a la gente explicaciones y datos históricos sobre la identidad de Francisco para que su palabra produjera mayor efecto. No le gustó al Hermano este procedimiento, pero no le dijo nada.

Aquella noche durmieron entre las ruinas de un viejo castillo. Era una noche profunda y brillante como pocas. No apetecía dormir. El Hermano estaba feliz y tenía el alma llena de inspiración. Quería decir en aquella noche al novicio las cosas más profundas, pero no sabía cómo decírselas. Se le aproximó, y con gran cariño y frases entrecortadas comenzó a decirle:

—¿Cómo te lo diré, hijo mío, cómo te lo diré? Era un árbol quemado y partido por un rayo que no sirve para nada, ni para madera ni para llama. Así era mi Señor. Era una guirnalda de claveles arrojada al basurero y cubierta de moscas. Así era mi Señor. Era un bosque incendiado y dormido para siempre en la arena y la ceniza. Así era mi Señor. Sin voz ni brillo, clavado e impotente, derrotado e inmóvil, con las lámparas apagadas y silenciadas las arpas, mientras la humanidad, como interminable procesión, pasaba ante su sombra desmayada repitiendo a coro: No vale para nada, todo es inútil, aquí se acaban los sueños...

En este momento, Francisco se irguió sobre la oscuridad de la noche, adquirió una estatura estelar y, elevando la voz, continuó:

–Desde ese basural, desde esa muda impotencia, desde esa inútil sumisión del Hijo, Dios Padre sacó para siempre la Victoria y la Utilidad y la Redención; en suma, todas las energías que transformarán el mundo hasta el fin de los tiempos. Hijo mío, Egidio; los viejos estandartes del orgullo ondean en nuestras galerías subterráneas. Levantamos en alto la bandera de la Gloria de Dios y, en la más sucia simbiosis, identificamos nuestra gloria con la Gloria de Dios, nuestros intereses con los intereses de Dios. Se ha convertido el condado de Fabriano, decimos, y nos alegramos vivamente. ¿Nos alegramos por el triunfo de la Gracia o por nuestro éxito? Esta aldea ha rechazado la Gracia, decimos, y nos ponemos tristes; pero, ¿por qué? ¿Porque han resistido a Dios o porque nos han rechazado a nosotros?

* * *

El Hermano estaba lanzado. Meditando sobre la pobreza y humildad del Crucificado, había descubierto, por vía de contraste, los motivos últimos de la conducta humana. Pero a nadie había comunicado sus conclusiones, y al hacerlo ahora, se sentía aliviado como si se liberara de un peso.

–Somos capaces de elaborar –continuó diciendo– un tratado de teología para fundamentar la República Cristiana, para poder decir al final: se trata de superiores intereses divinos. Cuando los ejércitos pontificios consiguen un triunfo, decimos enseguida: es la victoria de Dios. Nuestra boca está llena de palabras sonoras: eficacia, productividad, organización, intereses de la Iglesia, resultados. Éstos son nuestros juicios de valor y criterios de acción. Y al vaivén de estos valores, suben y bajan nuestras satisfacciones. Es una horrenda y extraña hibridación –dijo el Hermano en voz muy baja, de manera que Egidio no escuchó–. Todos queremos triunfar, brillar, y lo hacemos en una mezcla sacralizada pero profana de nuestros deseos con los intereses de Dios. Cuando pienso estas cosas, me dan ganas de llorar.

—Hijo mío, nos olvidamos de la cruz. Cuánto cuesta despojarse. Qué difícil hacerse pobre. Nadie quiere ser pequeñito. Creemos que podemos y debemos hacer algo: redimir, organizar, transformar, salvar. Sólo Dios salva, mi querido Egidio. A la hora de la verdad, nuestras organizaciones de salvación, nuestras estrategias apostólicas van rodando por la pendiente de la frustración. De esto tenemos recientes lecciones pero nunca escarmentamos. Créeme, hijo mío, es infinitamente más fácil montar una poderosa maquinaria de conquista apostólica que hacerse pequeñito y humilde. Nos parecemos a los apóstoles cuando, en la ascensión a Jerusalén, les habló el Señor del Calvario y la Cruz. «Ellos no entendieron nada», no quisieron saber nada y volvieron a otra parte la cara.

Nuestros movimientos primarios, hijo mío, sienten una viva repugnancia por la Cruz.

—Por eso –concluyó el Hermano–, instintivamente cerramos los ojos a la Cruz y justificamos con mil racionalizaciones nuestras ansias de conquista y victoria. Hacerse pequeñitos, he ahí la salvación. Comencemos por reconocer que sólo Dios salva, sólo Él es omnipotente y no necesita de nadie. De necesitar algo, sería de siervos insignificantes, pobres y humildes, que imiten a su Hijo sumiso y obediente, capaces de amar y perdonar. Sólo eso, de nuestra parte. Lo demás lo hará Dios.

Poco a poco fueron apagándose las palabras del Hermano. Los dos estaban sumamente conmovidos, y quedaron largo rato en silencio. Egidio no sentía necesidad de pedir ninguna aclaración. Todo estaba claro.

Pasaron gran parte de la noche mirando a las estrellas, en silencio, y pensando en su Cristo pobre y crucificado. Se sentían inmensamente felices.

Reencuentro y fiesta

Francisco y Egidio regresaron a la Porciúncula. Allá les esperaban Bernardo y Pedro. Era el primer reencuentro.

Es difícil de narrar la escena: humedecidos los ojos, fundidos en un largo abrazo, sin acertar a hablar...

Pasados los primeros momentos de emoción, fuéronse a la ermita. Se arrodillaron ante el cuadro de Santa María, oraron en silencio. Luego, el Hermano, elevando su voz, dirigió a la Madre encendidas palabras de gratitud. Después pasaron a la cabaña.

Fue una reunión familiar llena de frescura y espontaneidad. Cada uno contaba las aventuras de la excursión apostólica. Los cuatro estaban radiantes. Celebraban las peripecias. Glorificaban al Señor. El Hermano los interrumpía de cuando en cuando con palabras de estímulo. Era una fiesta de familia, y no hay fiesta sin banquete. Pedro y Bernardo habían tenido los días anteriores buen cuidado de preparar alimentos para momento tan entrañable: abundantes aceitunas, algunas nueces, pan de cebada y agua fresca. Eran felices.

* * *

A los pocos días, se les agregaron otros tres ciudadanos de Asís. Como primera medida, el Hermano les propuso las palabras evangélicas de la renuncia total, y, a ejemplo de Bernardo, se despojaron de sus bienes y se incorporaron a la fraternidad de la Porciúncula.

La familia aumentaba. No por eso se inquietaba el Hermano. Al contrario, cada ciudadano que golpeaba sus puertas era un regalo de Dios. El Hermano, ni llamaba ni escogía a nadie. Simplemente, recibía hermanos de las manos del Señor.

Nunca se inquietó por el futuro de aquel incipiente movimiento, que se desarrollaba a acelerada velocidad. Sólo se preocupaba momento a momento de estimular, frenar o limar a cada hermano, uno por uno, según sus necesidades, estados de ánimo o rasgos de personalidad. El mañana lo dejaba en las manos de Dios.

* * *

Pero si el Hermano no se preocupaba por el futuro de aquel grupito, sí comenzaron a inquietarse los habitantes de Asís. El hecho de que ciudadanos eminentes renunciaran a las comodidades burguesas conmovió en un principio a la opinión pública. Pero el paso del tiempo, como siempre sucede, cubrió con el polvo aquellas emociones, y la voluble opinión popular dio un vuelco completo.

Era una epidemia de locura, opinaban, provocada por un loco fracasado. A este paso acabarán por agotarse las fuentes de la economía y la ciudad se irá a la ruina, con peores efectos que la peste. Hasta cierto punto se podía tolerar que algunos entregaran sus bienes a los pobres, pero era una monstruosidad que ahora la ciudad tuviera que alimentar a estos nuevos mendigos. Ya había demasiados. En suma, con la nueva locura quedaban subvertidos el orden establecido y el sentido común. Había que atajar aquello.

Un día, Francisco subió a la ciudad y, en lugar de pan, le dieron piedras. Cualquier otro habría sucumbido al desaliento. Lo peor era que, al parecer, la ciudadanía irritada tenía razón. A primera vista, Francisco arrancaba a los ciudadanos de sus familias, y después de obligarlos a dilapidar sus bienes, los arrojaba al mundo sin dinero y sin hogar.

Para el sentido común este idealismo era, además de una locura, una perniciosa y peligrosa subversión. Hasta los más ardientes partidarios de Francisco flaquearon en su entusiasmo y pensaban que algo tenía que hacerse para detener el contagio.

Entre la sumisión y la resistencia

Los ciudadanos de Asís depositaron sus inquietudes en las manos del obispo Guido. A fin de cuentas, él era el responsable último de aquella novedad, y en sus manos estaba la espada para cortar, si quería, aquella cadena. Un día, convocó a Francisco para una revisión de planes.

–Hijo mío –le dijo–, no es necesario que yo te diga nada. Basta que salgas a la calle y hables con la primera persona que te encuentres, y al instante te darás cuenta de que un sordo descontento se ha adueñado de la ciudadanía. El descontento es contra ti. Inclusive en algunos ojos percibirás las brasas de la ira. Lo grave en todo esto es que este malestar lo enfocan en contra mía. Pero no es eso lo que me duele; a fin de cuentas soy un pobre mortal. Lo grave es, quería decir, que esta indignación popular aparta a la gente de la Iglesia y de Dios mismo.

–No estoy de acuerdo –continuó– con algunas quejas. Mal pueden quejarse, por ejemplo, de que muchos caballeros te sigan a ti. No es a ti, es a Cristo a quien siguen. Tampoco tienen razón en decir que dilapidan sus riquezas, porque, en realidad, renuncian a sus bienes para seguir el consejo de la pobreza evangélica. Sin embargo, encuentro razón a algunas quejas. Se quejan de que vuestra mendicidad les resulta un gravamen demasiado pesado. Muchos de ellos son pobres; escasamente tienen para vivir. Permíteme, pues, sugerirte algunos consejos, hijo mío. Tienes que revisar el estilo de vida de tu grupo. Considero de elemental prudencia asegurar los medios de subsistencia. Es dura esa vida, demasiado dura. Francisco, hijo mío, un individuo como tú, y unos pocos más, son capaces de sostener sin quebrarse una vida heroica. Pero la masa está lejos de las altas cumbres. Una agrupación humana se mueve siempre por debajo del paralelo normal. Ante todo, sensatez, hijo mío; los pies en el suelo.

–Yo mismo –acabó diciendo el obispo– te puedo ayudar a conseguir unas pequeñas propiedades, un olivar, una viña, una modesta huerta. Trabajad en esas propiedades como Dios manda y vivid honrada y pobremente del sudor de vuestra frente. Sustentarse del trabajo de cada día es el ideal de vida cristiana y también monacal.

* * *

El obispo calló. El Hermano permaneció en silencio.

Una vez más se hallaba en el remolino central de un drama, el drama de todo profeta. No había nacido para conflictos ni para combates. Era un hombre de paz por naturaleza y por gracia. Hubiese vivido feliz como perpetuo anacoreta en las gargantas agrestes del Subasio. La mano del Señor, sin embargo, lo fue llevando de combate en combate, y ahora acababa de colocarlo en el cruce mismo de dos corrientes encontradas: entre la sumisión y la resistencia.

¿A quién obedecer? ¿No era el Señor mismo quien le había revelado esta forma de vida mediante la palabra evangélica? Pero, ¿no era la Iglesia la depositaria de la voluntad de Dios? ¿A quién obedecer? ¿Podrían contradecirse la palabra evangélica y la voz de la Iglesia? He aquí la tentación enseñando la nariz: Evangelio frente a (contra) la Iglesia. Un intelectual se hubiera visto perdido, atrapado entre mil interrogantes y disquisiciones. ¿Un obispo es la Iglesia? ¿El Papa o el Concilio son la Iglesia?

El Hermano no se enredó en sutiles lucubraciones ni cayó en la tentación de contraponer el Evangelio a la Iglesia. Con humildad y reverencia, en voz baja, mirando con confianza y naturalidad al rostro de Guido, habló de esta manera:

–Mi señor y padre. Cuando tengamos un olivar, necesitaremos y construiremos un lagar. Cuando tengamos el lagar, necesitaremos carretas y bueyes para llevar el aceite a venderlo. Cuando vendamos el aceite, tendremos una pequeña ganancia. Con la ganancia compraremos nuevas hectáreas de tierra. Con más hectáreas alquilaremos jornaleros, aumentando asi nuestras propiedades. Las muchas propiedades necesitarán, con el tiempo, murallas defensivas.

Las murallas exigirán más tarde, soldados para vigilarlas y protegerlas. Los soldados necesitarán armas. Y las armas nos llevarán inevitablemente, un día, a los conflictos y guerras. De las propiedades a las guerras, he ahí el resumen de una historia –terminó diciendo Francisco.

Era la cadena infernal. Guido escuchó con espíritu receptivo, y mientras escuchaba se le iban escurriendo de las manos los argumentos y las palabras. Era una respuesta implacable. Francisco, el hombre de la paz, tocaba aquí la herida viva y sangrante de la sociedad humana: toda propiedad es potencialmente violencia.

* * *

Nunca el Hermano fue un típico pensador, menos todavía un intelectual. Pero la sabiduría del Evangelio, unida a su intuición natural, hicieron que diera en el clavo en los problemas fundamentales de su vida. Donde hay propiedades se establece una correlación entre propiedad y propietario, digamos, una apropiación. Cuando la propiedad se siente amenazada, ella misma invoca y reclama al propietario. Éste se turba y se arma para la defensa de la propiedad amenazada.

De la defensiva se salta fácilmente a la ofensiva. Nacen las ambiciones, que son sueños de mayores conquistas, que exigen armas más eficaces. Sólo con las armas (sean emocionales, o verbales, o jurídicas, o de acero) se defienden las propiedades que se tienen y se conquistan las que no se tienen, y así, *propiedad y guerra* acaban por ser una misma sustancia.

Pero como todo esto tiene rostro grotesco, viene la necesidad de racionalizar, de encubrir fondos podridos con vistosos ropajes; y así se tejen estandartes sagrados de combate como son patria, ideologías, intereses superiores, e inclusive, los llamados intereses de la Iglesia. Así, las palabras pierden su sentido natural; se tergiversa y se miente con palabras policromadas hasta que la sociedad (desde la más pequeña hasta la más grande) llega a ser un conjunto monstruoso de intereses camuflados, segundas intenciones, palabras ambiguas, diplomacias hueras. Una enorme adulteración.

Sólo la pobreza total lleva a la paz, a la transparencia y a la fraternidad.

El obispo Guido no insistió más. Este silencio era una tácita autorización para continuar por el camino emprendido de la pobreza absoluta. En el trasfondo de estos hechos no se puede menos de reconocer y admirar la madera evangélica de este prelado. Sin duda, fue un hombre de fe y de intuición. En el caso presente, una vez más, no quiso interponerse a los designios divinos y, haciéndose a un lado, dejó que Dios condujera por caminos inéditos a este extraño profeta.

El Hermano regresó al grupo familiar de la Porciúncula. Al parecer, el descontento popular pronto se desvaneció. Es bien probable que, en vista de lo sucedido, los hermanos tomaran providencias para no gravar tanto a la población, y que hicieran en sus reuniones fraternas un amplio reajuste pensando de qué manera podían enhebrar la pobreza evangélica con el sustento de cada día.

Los siguientes meses fueron fecundos en inventiva; y la vida franciscana incorporó a su estilo ricas experiencias y modalidades nuevas. Posiblemente estos dos años, a partir de ahora, fueron la época de oro en la historia franciscana, y desde el lecho de su muerte el Hermano evocará con nostalgia estos tiempos. No había caminos. Al caminar fueron abriéndose los caminos.

–Tiene razón el obispo –pensaba Francisco–. El trabajo tiene que ser el medio normal de sustento.

Pero Guido pensaba en el trabajo de los monjes que faenaban en sus haciendas.

–¡Eso no! –pensaba Francisco–. Ninguna propiedad.

¿Y entonces? La conclusión se imponía por sí misma: trabajo a salario en heredades ajenas. He aquí una de las grandes novedades, casi una revolución, introducida por Francisco en las costumbres de vida religiosa, en nombre de la pobreza evangélica. Casi sin pretenderlo, con esto conseguía dos altas finalidades: el sustento de cada día y la presencia profética de los hermanos en medio del pueblo de Dios, particularmente entre los trabajadores.

* * *

La vida del hermano Egidio es el ejemplar típico de la manera de trabajar de los primeros franciscanos. Unos años más tarde encontramos a Egidio en Fabriano, ocupado en confeccionar muebles y en tejer cestas y otros utensilios de mimbre. Luego llevaba sus mercancías a la ciudad y las vendía, recibiendo como precio de venta, no dinero, sino comida y vestido para sí y su compañero. Con este trabajo consiguió vestir a muchos hermanos.

Cuando vivía en Roma, todas las mañanas, después de misa, se iba a un bosque y de allí volvía con un fardo de leña a hombros y lo vendía en el mercado. En tiempo de vendimia recogía uvas, las llevaba al lagar y las exprimía con sus pies descalzos. Se iba todas las mañanas a las plazas donde se contrataban jornaleros.

Un hacendero quería contratar trabajadores para recoger nueces. Pero nadie quería ir porque los nogales eran muy altos y la hacienda estaba distante de la ciudad.

–Yo te ayudaré –le dijo Egidio–, si me das nueces como precio de trabajo.

Llegó Egidio al lugar, hizo la señal de la cruz y subió a los corpulentos nogales, trabajando durante todo el día. Era tal la cantidad de nueces que le dieron como salario, que no cabían en la bolsa. Entonces se quitó el hábito, ató las mangas y el capucho armando un gran bolsón, echó allí las nueces y se las llevó a casa, repartiéndolas también entre los pobres.

En tiempo de cosecha de cereales, iba al campo y se dedicaba a recoger las espigas que habían quedado perdidas. Si un campesino deseaba regalarle una gavilla, Egidio la rehusaba diciendo:

–No tengo graneros para guardar trigo.

Al llegar a una aldea o ciudad, se preocupaba en primer lagar de buscar trabajo y de contratarse como jornalero.

Siempre se reservaba sus buenas horas para la oración. En el trabajo se manifestó en todo tiempo alegre y competente.

* * *

Los demás hermanos seguían el mismo o semejante tenor de vida en los primeros años. Los encontramos dedicados al cuidado de los leprosos. Esta era una de las ocupaciones más frecuentes, si no la más frecuente. El Hermano les permitía tener los instrumentos propios de cada oficio.

En los primeros años hallamos a los hermanos empleados en la más variada diversidad de actividades según las épocas y lugares: traían agua potable desde las vertientes hasta las aldeas; en los bosques cortaban troncos para madera o para leña; se dedicaban a enterrar muertos, sobre todo en tiempo de epidemias; remendaban zapatos, tejían cestas, pulían muebles; según las épocas, ayudaban a los campesinos en la recolección de cereales, de fruta, oliva, nueces, uvas, recibiendo como salario especies del mismo género que ayudaban a recolectar; más tarde, y en otras latitudes, los encontramos mezclados entre los pescadores y marineros, manejando pesados remos o redes de pesca; los hallamos, inclusive, hasta en las cocinas de los señores feudales.

El Hermano respetaba profundamente las condiciones y habilidades personales. Les daba completa libertad en cuanto a las horas y modalidades de trabajo, pero siempre les acotaba una condición: «Con tal que el trabajo no extinga el espíritu de oración y devoción».

Como dijimos, jamás recibían dinero, salvo para las necesidades de los enfermos. Además de servir a los leprosos, pedían limosna para ellos, de tal manera que hubo leproserías sostenidas económicamente por el trabajo de los hermanos.

Al entrar en la Fraternidad, no se aislaban de su contexto original; al contrario, consideraban su antigua profesión como el campo normal donde debían ejercer su apostolado. El ideal primitivo del hermano menor, según Francisco, era que el *llamado*, una vez transformado por la oración y la fraternidad, pudiera regresar a su lugar de origen como testigo de Dios. El Hermano, sin embargo, no exigía a todos estas pruebas. Al contrario, estudiaba las posibilidades del individuo, medía sus fuerzas, y lo lanzaba a los diferentes riesgos según la capacidad de cada cual.

* * *

Al salir al mundo para anunciar el Evangelio, no descuidaban el trabajo manual como sustento de vida y como apostolado de presencia. Era normal que los hermanos ayudaran en las labranzas de los campesinos durante el día y al atardecer anunciaran la Palabra en la plazoleta de la aldea a los mismos compañeros de trabajo y a otros. Iban de dos en dos por aldeas y ciudades con los pies desnudos, sin cabalgadura, sin dinero, sin provisiones, sin protección ni morada fija.

Al llegar la noche se retiraban a alguna ermita, leprosería u otro domicilio provisional para dedicar al Señor largas horas y descansar. En algunas ocasiones pedían hospitalidad en los monasterios. Pero, normalmente, se refugiaban en los pórticos de las iglesias o de las casas, en las cabañas abandonadas, en las grutas, en los hornos públicos... y allí se acostaban en el suelo sobre un poco de paja. A la mañana siguiente, muy temprano, se dirigían a la iglesia parroquial o a la capillita más próxima para después comenzar su jornada de trabajo y apostolado.

En estos primeros años todos los hermanos salían del horno personal y directo de Francisco. Él era para cada hermano pedagogo, padre y hermano. Mientras el Hermano pudo mantener la influencia inmediata sobre cada uno, la fraternidad era un espectáculo de belleza, sobre todo cuando salían al mundo. Casi todos eran jóvenes, pobres y felices, fuertes y pacientes, austeros y dulces.

Entre sí eran corteses y cariñosos. No maldecían contra la nobleza ni contra el clero ni contra nadie. Sus bocas siempre pronunciaban palabras de paz, pobreza y amor. Se mezclaban preferentemente entre la multitud de enfermos, pobres y marginados. Su palabra tenía autoridad moral porque su ejemplo había precedido a la palabra.

Maestro de espíritus

Sin embargo, no brotó todo esto como por arte de magia, ni todo era oro puro. Regresemos a los siete hermanos de la Porciúncula.

Francisco conocía muy bien la madera humana. Sin salirse de sus fronteras sabía, por propia experiencia, de la fragilidad humana. Recordaba sus oscilaciones y altibajos en sus primeros años en responder a la Gracia, a pesar de haber recibido poderosas «visitaciones» del Señor. Si Dios usó de tanta misericordia con él, y él, sin embargo, se mostró tan renuente en los años de su conversión, ¿qué esperar de los demás?

–En la formación del hermano hay que tener un gran respeto, mucha paciencia y, sobre todo, una invencible esperanza –pensaba el Hermano–. Mientras el hombre respire –decía–, puede haber prodigios.

Bien sabía él que también puede haber catástrofes, pero prefería no pensar en eso.

Trataba a cada uno como *madonna* Pica lo había tratado a él. Con ilimitada paciencia y sumo cariño. Nunca se sentía lastimado por sus correcciones. Más que correcciones, eran orientaciones.

–¡El amor! –pensaba mil veces–. He ahí la clave, ¡el amor! Formar es amar. El amor torna lo imposible en posible.

El Hermano nació sensible al amor. Recibió de su madre ternura interminable y de Dios Padre excepcionales cargas afectivas. Todo eso lo hizo feliz y libre. La vida le enseñó que las únicas armas invencibles en la tierra son las del amor. En sus últimos años daba siempre este consejo para los casos imposibles: «Ámalo tal como es».

–¿Qué gracia tiene amar a la persona cautivadora? –se preguntaba.

Muy pronto comenzaron a llegar a la Porciúncula toscas piedras de cantera con un gran deseo de consagrarse a Dios y de ser pulidas por la mano maternal de Francisco.

Como en toda agrupación humana, entre jóvenes transparentes, llegaban también a la *Casa Madre* de la Porciúncula otros jóvenes encerrados entre sus muros, aquellos que entreabren la puerta más para observar que para ser observados, aquellos que guardan explosivos en sus atrios, y aquellos otros que, sin saber, esconden odios en sus galerías.

El Hermano estudiaba uno por uno cada caso. Nunca fue hombre de síntesis o generalizaciones ni amigo de deducciones. Se trataba de este hermano concreto, aquí, hoy, ahora. Ayer estaba feliz, hoy abatido. Anteayer estaba tentado, hoy liberado. No existe el hombre, pensaba el Hermano, ni tampoco la persona. Este hermano amaneció radiante esta mañana; ahora, al anochecer, se le ve sombrío. No parece la misma persona.

* * *

–Y ahí comenzaba su faena pulidora con manos delicadas e infinita paciencia de madre.

–Delicadeza, he ahí la palabra –pensaba muchas veces.

Era indispensable dar golpes sobre las piedras toscas, pero él mismo sufría más que las piedras heridas.

Tenía el raro arte de invertir papeles y distancias: Conseguía que el discípulo se sintiera "maestro". Al fin de sus días, decía que el ministro debe tratar de tal manera a los hermanos, sobre todo cuando son amonestados, que éstos se sientan como «señores». Ese sería el supremo carisma de un formador o de un coordinador. El Hermano, ciertamente, conseguía esos efectos.

–No hay que asustarse de nada –pensaba.

Tenía esa rara sabiduría de no precipitar la marcha evolutiva, de no pretender quemar etapas:

–La paciencia y la sabiduría son una misma cosa –pensaba.

Los defectos fraternos que no conseguía mejorar, los depositaba en las manos de Dios:

–Para Él todo es posible –pensaba.

Con suma cautela pulía las «prudencias» de Bernardo, las dudas de Pedro, las inseguridades de Egidio, las rarezas de Juan Capella.

Probaba las fuerzas de los hermanos enviándolos a predicar o a trabajar. Cuando retornaban, conversaba con ellos, les preguntaba sobre las alternativas y dificultades del viaje. Los estimulaba con ejemplos evangélicos. Los alentaba hablándoles del Señor. Sabía impresionar con comparaciones plásticas. Fácilmente entraba en intimidad. A veces, frecuentemente, dramatizaba. Tenía el arte difícil de abrir las puertas, abriendo las suyas.

¿Por qué lloras?

Pasaron varios meses. El otoño y el invierno se fueron. Se les agregó un nuevo compañero llamado Felipe Lungo. La tradición afirma que el ángel del Señor había purificado los labios del hermano Felipe con un tizón encendido. Por eso siempre que Felipe hablaba de Dios, lo hacía con palabras altísimas y sumamente inspiradas.

Frecuentemente el Hermano pasaba noches enteras en oración. El recuerdo del Crucificado le quemaba como fuego produciéndole una extraña mezcla de gozo y dolor, de pena y alegría. Sobre el ápice de su espíritu sentía florecer una roja herida. Siempre que pensaba en el Crucificado, la herida se le renovaba y manaba sangre, y rompía a llorar, y no le importaba que lo vieran llorar.

Un día viernes, dijo a los hermanos:

—Hijos, id a vuestras tareas. Yo me quedaré en casa.

Ese día no comió ni bebió nada, ni siquiera un sorbo de agua. Acurrucado en el suelo junto a un inmenso abeto, pasó toda la mañana pensando y sintiendo la Pasión del Señor. Y hacia las tres de la tarde, no pudo contenerse y rompió a llorar. Lloraba a lágrima viva, con sollozos y gemidos desconsolados. Se levantó y se fue por el bosque gimiendo y llorando. De pronto, se topó con un campesino y, en lugar de callar, siguió llorando. No sentía ninguna vergüenza.

El campesino le preguntó:

–¿Qué te pasa, hermano, por qué lloras?

El Hermano respondió:

–Hermano mío, mi Señor está en la cruz, ¿y tú me preguntas por qué lloro? Quisiera ser en este momento el océano más dilatado de la tierra, para tener tantas lágrimas como gotas. Quisiera que se abrieran en este mismo instante las compuertas del mundo, y se desataran las cataratas y los diluvios para que me prestaran lágrimas. Pero aunque juntemos todos los ríos y mares, no habrá lágrimas suficientes para llorar el dolor y el amor de mi Señor crucificado. Quisiera tener las alas invencibles de un águila para cruzar las cordilleras y gritar sobre las ciudades: ¡El Amor no es amado! ¡El Amor no es amado! ¿Cómo se van a amar los hombres, si no aman al Amor?

El campesino no pudo contenerse. También rompió a llorar. Y la crónica acaba diciendo estas palabras: «Conocimos a ese hombre. Y él nos contó el suceso a nosotros, compañeros del bienaventurado Francisco, para gran consolación de nuestras almas».

Preparación intensiva

Eran ya ocho hermanos. Llegó la primavera. Los meses de invierno habían transcurrido en retiro completo, en el servicio de los leprosos y ayuda a los campesinos. Eran ya suficientemente adultos en la fe. Cumpliendo las órdenes de Cristo tenían que salir otra vez, anunciando al mundo los motivos de su felicidad y los caminos de la liberación. Las golondrinas habían llegado trayendo la primavera. Ellos, golondrinas del Señor, tenían que salir llevando la primavera del espíritu.

Pero el Hermano estaba preocupado. No se le habían borrado de la mente las hostilidades que sufrieron en su primera salida a las Marcas de Ancona y, sobre todo, no olvidaba los sobresaltos de Egidio. Esos recuerdos le llenaban de temor el corazón. Volvió a rememorar los antiguos pensamientos.

–Estos hermanos, a estas alturas, son capaces de sufrir el hambre y el frío, estoy seguro –pensaba el Hermano–. Pero, ¿el desprecio?, ¿el absurdo?, ¿la inutilidad? Como un vestido a la carne, así se nos pega el nombre y el sobrenombre –pensaba–. El héroe tiene miedo al ridículo y lo que más teme el santo es la humillación. ¡Otra vez ante el terrible misterio de la Cruz! –dijo el Hermano.

¿Qué hacer? El Señor Dios había depositado en sus manos a estos pequeños para que los cuidara, los hiciera crecer hasta convertirlos en árboles adultos, lo mismo que el Señor había hecho con él. Pero tenía miedo. Era el águila que toma sus polluelos y los suelta sobre el abismo diciéndoles: ¡Volad! ¿Y si no aciertan a volar? ¿Si sus alas están todavía implumes? ¿Y si se estrellan contra las rocas al embate de los vientos? Tenía miedo. Miedo de estar quemando etapas, miedo de que sucumbieran al peso de la cruz, miedo de que cayeran en los brazos del desaliento.

Y decidió hacer una preparación intensiva antes de lanzarlos al mundo. Los cronistas nos han conservado amplios esquemas sobre las enseñanzas que por aquellos días les impartía el Hermano. La melodía que recorría y sostenía todas sus palabras era la humildad en las persecuciones.

* * *

Un día, regresaron los hermanos al atardecer. Unos venían de escardar en las viñas, otros de la leprosería y otros de la mendicación con las alforjas al hombro. Se les veía un tanto fatigados pero sumamente alegres. Cenaron. Durante el ágape fraterno reinó un clima de amplia confianza y apertura. Luego, el Hermano los convocó a la ermita. Se arrodillaron y oraron durante largo tiempo. Después, el Hermano pidió a la Señora de los Ángeles autorización para hablar. Los hermanos se sentaron en el suelo. El Hermano, como de costumbre, se plantó debajo del cuadro bizantino y comenzó a hablarles:

–Hijos míos, ¿visteis alguna vez al viento encajonado en un barranco o en una gruta? Si no hay espacios libres, el viento deja de ser viento. Asimismo el espíritu de Dios, si no se irradia, deja de ser fuerza y vida. Hemos saboreado el pan de la paz y gustado el vino de la felicidad. Seríamos egoístas si ahora durmiéramos la siesta de la satisfacción. Nos esperan los hambrientos y sedientos.

Fue una introducción floja y un tanto artificial. Ellos quedaron con los ojos muy abiertos sin entender exactamente la intención de las palabras. El Pobre de Asís no se sentía inspirado; mejor, su inspiración estaba bloqueada. Todos habían sufrido tanto en la primera salida, que sentía temor de anunciarles abiertamente la segunda salida. Era como una madre que sufre ella misma con el pensamiento de lo que van a sufrir los hijos.

Dando a su voz la máxima modulación de ternura, continuó:

–El Evangelio es nuestra Regla, hermanos, y nuestro comandante es el bendito Señor Jesucristo, ¡alabado sea Su Nombre para siempre! El Señor nos manda en el Evangelio salir al mundo para anunciar palabras resucitadoras. No hemos sido llamados para salvarnos sólo a nosotros mismos. La gente tiene hambre y frío. Llevémosle pan y calor. Esta tarde he conversado en intimidad especial con mi Señor, y hemos dispuesto que nuestra familia salga por segunda vez en dirección de los cuatro puntos cardinales, de dos en dos. Lo haremos la próxima semana. Es necesario, mientras tanto, fortalecernos en el espíritu mirando cara a cara el Rostro bendito del Señor. Los que quieran, pueden interrumpir su trabajo habitual, subir por el barranco del Subasio, llegar hasta las *cárceles*, y estar allá varios días con el Señor en profunda familiaridad.

El Hermano calló. Tenía cosas más importantes –y más temibles– que decirles, pero no se atrevió. Como aperitivo, era suficiente. De los hermanos, algunos quedaron inquietos, la mayoría tranquilos. Les impartió la bendición y se retiraron a descansar. El Hermano permaneció en vigilia casi toda la noche, pidiendo el aceite de la fortaleza para los hermanos.

* * *

Todos los días les hablaba por la noche de la *disposición* de Jesús:

–Él nunca hizo alarde de su condición divina. Siendo omnipotente, no soñó omnipotencias. Se despojó de su rango y se vistió vestimenta de esclavo. Renunció a las ventajas de ser Dios y se sometió a las desventajas de ser hombre. Inclinó humildemente su cabeza ante el golpe de la muerte y subió en silencio a la cruz. Cuando era calumniado, no abrió la boca. Cuando era golpeado, no amenazaba. Fue como un corderito indefenso e inofensivo. En medio de una tempestad de insultos, azotes e injusticias, no manifestó ningún rictus de amargura, ninguna violencia, ninguna respuesta brusca, ninguna palabra agresiva. Atravesó el escenario de la Pasión vestido de silencio, dignidad y paz.

Los hermanos quedaban profundamente conmovidos, y el Hermano mucho más. A veces, se le quebraba la voz. Después de hablarles de la humildad de Jesús, los dejaba en silencio durante un largo tiempo para que la imagen de Jesús manso y humilde se imprimiera en sus almas. Después de este silencio, y antes de retirarse a descansar, les decía, para terminar:

–No lo olvidéis; con los pies descalzos, el bendito Señor saldrá al frente de todos nosotros.

* * *

Intuitivo y clarividente, el Hermano sabía lo que les esperaba en el mundo a estos huerfanitos. Con un vestido estrafalario que no era hábito clerical ni monacal, más bien parecían rústicos montañeses bajados de los altos Apeninos. No pertenecían a ninguna institución religiosa ni llevaban ninguna credencial de la Santa Sede o de algún obispo, para que siquiera los acreditaran como católicos. Su vestimenta y estilo de vida hacía recordar a muchos a los valdenses y otros herejes.

Era la víspera de la salida. Ellos lo sabían. Había emoción en sus rostros, con una mezcla de temor y alegría. A Francisco se le veía animoso. Cuidaba mucho de disimular sus temores. Se reunieron en la ermita. Era el envío. Al Hermano le gustaba revestir de solemnidad esta ceremonia de despedida. Algo le hacía recordar a las ceremonias caballerescas cuando los caballeros andantes salían a sus aventuras.

Era la hora de lanzarlos al agua y quitarles los sustos, asustándolos. Les dijo:

–Hijos míos, mañana saltamos al mundo detrás de nuestro capitán, Cristo, que va también descalzo. Ahí fuera no nos esperan rosas ni aplausos. Nosotros somos ignorantes y pequeñitos. Nuestras espadas de combate no son la ciencia ni la preparación intelectual sino la humildad, el buen ejemplo y la firmeza de la fe. No tengáis miedo. El Señor mismo colocará en vuestras bocas las palabras adecuadas para cada momento. Y porque sois pequeñitos, vuestros nombres están escritos en el Libro de la Vida con letras de oro. Alegraos.

* * *

El Hermano observaba las reacciones reflejadas en sus ojos y vio que hasta ahora todo iba bien. Y, entonces, se lanzó a fondo:

–Encontraréis hombres de buena voluntad que acogerán vuestras palabras con admiración y gratitud. Pero éstos serán los menos. La mayoría despreciará vuestras palabras como palabras ridículas, y os mirarán como gente ignorante, cabezas vacías, personas imbéciles y entrometidas. Es posible que también os consideren así algunos clérigos. Pero habrá cosas peores. Habrá quienes os resistan a la cara y os ataquen con sarcasmos. Y no faltarán quienes os echen perros y piedras encima, os mojen con agua fría, y hagan ronda en torno a vosotros como a gente que ha perdido la cabeza.

Todo esto lo soltó de un golpe, casi sin mirarlos. Al acabar la última frase, levantó la vista y vio el rostro de espanto reflejado en sus ojos. Había sido demasiado. No fueron capaces de absorberlo. No estaban preparados. Asustados, comenzaron unos a preguntar, otros a tiritar, y el pánico se apoderó del grupo. ¡Otra vez enfrentados el mundo y la cruz dentro del hombre!

El Hermano retrocedió. Descendió de la cruz y dio una satisfacción *al mundo* que habitaba dentro de ellos. Les dijo:

–Veo que estáis asustados. Casi sentís vergüenza de pertenecer a nuestras filas. Es verdad que somos pocos y pequeñitos. Pero habéis de saber que muy pronto seremos muchos, y que numerosos nobles y sabios acudirán a nuestras filas, y predicarán a príncipes, reyes y emperadores, y por nuestra palabra se convertirán muchos al Señor.

Era una perorata «mundana», una verdadera transacción en el misterio de la cruz. Pero así debía proceder el Hermano en vista de la fragilidad humana y midiendo siempre cuidadosamente el calado de la fortaleza evangélica de los hermanos.

No dejó de sentir el Hermano una pequeña frustración, pero reaccionó al instante y la suprimió. Si él se desalentaba, ¿dónde encontrar el aliento? Continuó diciéndoles:

–Si os preguntan por nuestra identidad, responded simplemente que somos «penitentes de la ciudad de Asís».

* * *

Aquella noche no durmió el Hermano. De rodillas y con los brazos en cruz pidió ardientemente al Crucificado humildad y fortaleza para los hermanos, para que ninguno de ellos desfalleciera en las pruebas.

A la mañana siguiente, el Pobre de Asís esperaba a los expedicionarios evangélicos, sonriente, a la puerta de la ermita. Todos ellos parecían estar animosos y contentos, ¡loado sea el Señor!

Les dio las últimas instrucciones. Luego, se aproximó a un arbusto, cortó una rama y, con ella en la mano, se plantó frente a la ermita y dijo:

–¡En el nombre del Señor!

Y diciendo esto, trazó con aquella rama una gran cruz gamada en el suelo, apuntando con cada trazo a cada uno de los cuatro puntos cardinales. Y en cada dirección colocó a dos hermanos, enviándolos a los ocho hacia todos los horizontes.

Uno tras otro, todos se arrodillaron a los pies del Hermano. Éste les impartía una conmovedora bendición. Luego, los levantaba y, en cuanto se abrazaban largamente, les decía:

«Arroja tus inquietudes en el Señor. Él será tu fortaleza».

Andanzas y aventuras

Francisco con otro hermano, cuyo nombre ignoramos, se dirigió hacia el valle de Rieti. Si nos atenemos a las descripciones de los Tres Compañeros, el Hermano estuvo corto en sus temores, y las aventuras fueron mucho más numerosas y desventuradas de lo que Francisco imaginó.

Dondequiera que entraban, fuera ciudad o castillo, aldea, villa o caserío, los hermanos saludaban con un «El Señor os dé la paz». Y, sin pedir autorización, desplegaban la bandera de la paz que concede el Señor a los que se le confían. Todos quedaban extrañados de aquella inusitada vestimenta, preguntándose por esta extraña raza de hombres que había aparecido por sorpresa.

Algunos los escuchaban de buena gana, otros les soltaban pullas y comentarios jocosos. La mayoría los acosaba a preguntas:

–¿Quiénes sois? ¿De dónde venís? ¿A qué os dedicáis?

Según les había aleccionado Francisco, ellos respondían humildemente: «Somos los varones penitentes de la ciudad de Asís».

Había toda clase de pareceres:

–Son unos impostores que engañan –decían unos.

–Son unos pobres chiflados –decían otros.

La mayoría los consideraba como hombres peligrosos y nadie quería recibirlos en sus casas por miedo a que resultaran ser ladrones. En muchas partes ni siquiera les prestaban un pajar para dormir, y ellos tenían que guarecerse en los atrios de las iglesias, en los castillos abandonados y en los hornos públicos.

* * *

Los hermanos Bernardo y Egidio dirigieron sus pasos a Santiago de Compostela. Al pasar por Florencia tuvieron divertidas aventuras. Ignórase a dónde fueron los demás. Según les había enseñado Francisco cuando divisaban a lo lejos una cúpula o campanario que denotara presencia eucarística, se arrodillaban en el mismo lugar y, con las manos juntas y mirando a aquella iglesia, decían:

«Adorámoste, Santísimo Señor Jesucristo, aquí y en todas las iglesias que hay en el mundo entero, y Te bendecimos porque por tu Santa Cruz redimiste al mundo».

Las crónicas siguen contándonos que muchas gentes, importantes e insignificantes, les disparaban insultos o piedras. Hubo una vez en que unos atrevidos los zarandearon y les arrancaron las rudas ropas. Cumpliendo el consejo evangélico, los hermanos no llevaban más que una túnica. De manera que, sustraída ésta, quedaron semidesnudos. Aun así, los hermanos no protestaron por ese despojo. Si los forajidos se la devolvían, ellos se lo agradecían como si se les hiciera un gran favor.

Algunos les arrojaban barro, otros les ponían en las manos dados para juegos de azar y los invitaban a jugar con ellos. Los mozalbetes se les colgaban de la capucha y se arrastrában colgados a sus espaldas. Los hermanos se habituaron a todo y, al final, ni se inmutaban por estas cosas, adquiriendo un gran dominio sobre sí mismos. Pasaron hambre, frío, desnudez y toda clase de atropellos y vejámenes.

En tales vicisitudes, los hermanos se acordaban de los ejemplos y palabras de Francisco, y este recuerdo les daba estímulo para sufrir con paz. Estaban formados en la escuela evangélica de Francisco. Estos incidentes se repitieron en las sucesivas expediciones misioneras a tierras cristianas y más tarde a tierras de infieles, en los diez primeros años.

Utilidad e inutilidad

En términos de eficacia apostólica –repetimos–, mejor, en cuanto a resultados estadísticos, aquellas primeras expediciones apostólicas no aportaron nada; más todavía, fueron un completo fracaso. Pero el Pobre de Asís, en el nombre del Evangelio, se colocó siempre por encima de las estadísticas y de los conceptos de utilidad y eficacia. Para él, el gran servicio apostólico era vivir simple y totalmente el Evangelio. Vivir el Evangelio significaba cumplir las palabras del Maestro y repetir sus ejemplos.

* * *

–El Reino de Dios –pensaba el Pobre de Asís– *es* Jesús mismo. Y el Reino crece en la medida en que los hermanos van reproduciendo en sus vidas los impulsos y reacciones de Jesús, los reflejos y actitudes, el estilo de vida y el comportamiento general de Cristo Jesús. Crece el Reino en la medida en que los hermanos encarnen y reflejen los impulsos profundos, las preferencias y criterios, y el objetivo general de vida del Señor Jesucristo.

El Hermano repitió y enseñó a repetir, casi con mimetismo, todo lo que el Señor hizo y mandó, con la simplicidad de un niño y con la fidelidad de un caballero andante.

Naturalmente, muchas cosas hizo y mandó hacer Jesús. Pero hubo aspectos del misterio de Jesús que impresionaron vivísimamente el alma sensible del Hermano de Asís, que se resumen en estas dos palabras juntas: pobreza-humildad; aspecto que, a su vez, se condensa en todo cuanto significan Belén, Calvario y el Sermón de la Montaña.

Para el Hermano, por ejemplo, el martirio era el supremo apostolado. Excelsos apostolados, en su apreciación, eran perdonar las ofensas, alegrarse en las tribulaciones, rezar por los perseguidores, tener paciencia en los vejámenes, devolver bien por mal, no perturbarse por las calumnias, no maldecir a los que maldicen; en suma, vivir lo que el Señor vivió en la Pasión y enseñó en la Montaña.

El omnipotente salvador del mundo es Dios mismo y no necesita (para salvar) de nadie, excepto de siervos que, como Jesús, se entreguen en la fe pura y fortaleza invencible en las manos de los ejecutores; siervos obedientes hasta la muerte y muerte de cruz, abandonados y sumisos en las manos del Padre en medio de las emergencias dolorosas que no dependen de nosotros; siervos capaces de alegrarse de ser dignos de sufrir por el nombre de Jesús.

En realidad, el Hermano y los primeros hermanos hicieron fundamentalmente este apostolado: el de la vida evangélica. Predicaron también, pero esto era secundario: lo hacían breve y sencillamente, supeditado siempre todo al buen ejemplo.

Esta clase de apostolado es mucho más difícil que el apostolado organizado y ministerial, porque aquí no se palpan los resultados tangibles y hay que proceder en la pura fe. Se trata de vida apostólica más que de actividad apostólica. No se necesita preparación intelectual, sino una profunda y permanente conversión de corazón. Tampoco se necesita ser sacerdote. Por eso, en la primitiva fraternidad encontramos muy pocos sacerdotes, y, de todas maneras, para este *esquema o forma* de vida, la ordenación sacerdotal era algo accesorio. Lo esencial era ser *hermano menor.*

* * *

Y volviendo a los expedicionarios que andaban por el mundo, siguen diciéndonos los narradores que se alegraban en sus tribulaciones, que se dedicaban asiduamente a la oración y al trabajo manual, sin recibir nunca dinero, y que entre ellos reinaba una profunda cordialidad. Cuando las gentes comprobaban eso, se convencían de que esos *penitentes de Asís* no eran herejes ni bribones y, arrepentidos, regresaban a ellos y les pedían disculpas. Los hermanos les decían:

–Todo está perdonado.

Y les daban consejos.

La razón principal por la que las gentes se convencían de que eran varones evangélicos era que se servían mutuamente con gran cariño, y se atendían unos a otros en todas sus necesidades, «como una madre lo hace con su único hijo queridísimo». Esto fue, posiblemente, lo más original de la revolución franciscana, y aquí estuvo la genialidad de aquel hombre simple y sabio: en lanzar a los hermanos desde la pobreza total a los brazos de la fraternidad. De esto se hablará ampliamente más adelante.

Los cronistas de esta expedición nos ofrecen rasgos cautivadores en este sentido. Un día, dos hermanos que iban de camino se encontraron con un demente que empezó a tirarles guijarros. Uno de ellos, el que estaba en el lado opuesto, al ver que su compañero recibía las pedradas, se pasó al otro lado, interponiéndose para que las piedras dieran en él y no en su compañero. «Tan dispuestos estaban a dar la vida el uno por el otro».

Hacia Rieti

El Hermano y su compañero, como hemos dicho, dirigieron sus pasos hacia el valle de Rieti. Pasaron por Espoleto sin entrar en la ciudad. Fueron penetrando paulatinamente en las ásperas gargantas de los montes Sabinos.

Francisco hablaba de Dios durante todo! l viaje, y cantaba.

–Hermano –le recordaba frecuentemente al compañero– delante de nosotros camina descalzo nuestro bendito compañero, Cristo, y si tuviéramos un poco más de fe veríamos cómo, cada cierto tiempo, se vuelve para mirarnos y sonreírnos. ¿Qué sería de nuestra vida sin Él? Así como con Él somos los hombres más libres, más alegres y más plenos del mundo, sin Él seríamos los huérfanos más desdichados de la tierra. ¡Sea loado para siempre!

Cuando divisaba a lo lejos, en lo alto de las colinas, la torre de una iglesia, detenía al compañero tomándolo del brazo. Frecuentemente se le humedecían los ojos pensando en Cristo presente en el Sacramento. Se arrodillaban. Rezaban varias veces y lentamente el «Adorámoste». Y, al levantarse y reemprender el camino, siempre tenía pensamientos vivos que comunicar.

–¿Quieres creerme, hermano? –decía una vez–. Cuando pienso en ese Cristo bendito se me quitan las ganas de comer y de beber. Puedo estar tiritando, como esta noche bajo el portal de aquel castillo; basta pensar en mi Seño Jesucristo, y un sol cálido entra por mis venas.

* * *

Un día, al abrirse un pequeño valle, a lo lejos apareció Terni, con un monasterio en las altas lomas. Como de costumbre, el Hermano se arrodilló para rezar el «Adorámoste». Estuvo clavado de rodillas largo rato. Después, tomando de la mano al compañero, sin dejar de mirar al monasterio y bajando la voz como para decir una cosa terrible y misteriosa, le dijo:

–¡Y pensar que en ese bendito Sacramento Cristo se nos ha dado todo, todo! ¿Qué menos podemos hacer nosotros sino darnos enteramente? Discúlpame, compañero. Permíteme caminar solo.

Se adelantó como unos veinte pasos, y caminó solo durante largas horas, absorto y concentrado en Dios. Hacia el mediodía, pidió algo de comer en una casa. Se lo dieron. Él, a su vez, se lo dio al compañero. Francisco, en ese día, no comió nada. Parecía que su alma estaba en la otra orilla.

Pasaron los días. Se alternaban los valles y las montañas. El mundo era primavera, vida y esplendor. Pasaron Stroncone, Le Marmore y Piediluco. En todas partes entraba el Hermano, les hablaba del Amor. Sucedían lances y aventuras igual que en las historias caballerescas. Un día, en una casa donde pidió algo de comer, le dieron una rata muerta. Él lo tomó con buen humor.

Dormían donde les pillaba la noche. A veces pasaban frío. Hubo noches en que el Hermano se quitaba la túnica y se la daba al compañero para calentarse, y él se iba a rezar, y rezando entraba en calor.

Constantemente, sobre todo antes de dormir, el Hermano le hablaba a su compañero de los otros seis hermanos. Los recordaba y rezaba por cada uno.

–¿Qué será de nuestro Egidio?

Y así iba nombrando a cada uno de ellos. A veces, se le humedecían los ojos pensando en las persecuciones que eventualmente estarían sufriendo.

Al compañero lo trataba como una madre queridísima. Antes de dormir le impartía una cálida bendición. No había mejor escuela de formación que el convivir unos días con el Hermano.

* * *

Al salir los dos hermanos de unas gargantas salvajes, se abrió delante de sus ojos, como una bóveda de ensueño, el valle de Rieti. Era una altiplanicie, hecha de esplendor y serenidad, flanqueada por todas partes por los montes Sabinos, como invictos centinelas. Esta planicie llegaría a ser con el tiempo el valle sagrado de San Francisco, con cuatro eremitorios clavados en cada costado, como fortalezas de espíritu. Aquí habrían de tener lugar sucesos trascendentales para la historia franciscana.

–Hermano –dijo Francisco al compañero–, ¡cuánta paz, qué silencio! No es un valle. Es el paraíso. Seguramente debe estar habitado por los ángeles.

Contrastaba el verdor del valle con las cabezas nevadas de los montes Sabinos. Agua limpia y fresca corría por las arterias, y daba rumor al valle y vida al campo. El Hermano se sintió enteramente embriagado.

Recostada sobre un flanco de la montaña, apareció a sus ojos la aldea serrana de Greccio. El Hermano se arrodilló para rezar el «Adorámoste». Levantándose, dijo al compañero:

–Hermano, si el Altísimo lo permitiera, ¡cuánto me gustaría transformar este valle en templo de adoración!

Miró hacia el otro lado y, de súbito, sus ojos quedaron clavados en un punto. ¿Qué había visto? En una montaña rocosa y pelada lucía un pueblecito en plena serranía. Preguntó a unos campesinos por el nombre de aquella aldea, y le dijeron:

–Poggio Bustone.

–Vámonos allá, hermano –dijo.

Y al punto dirigieron allá sus pasos.

Tardaron muchas horas en escalar aquella pendiente abrupta. Cada cien pasos aproximadamente, el Hermano se detenía y miraba atrás. El valle iba adquiriendo una fisonomía cautivadora. Al lado derecho corría el barranco como brutal hendidura. Causaba miedo y emoción. A lo lejos se veían las montañas peladas y nevadas.

Llegaron a la aldea. Francisco no se sintió con deseos de comunicar, según su costumbre, la paz a las gentes. Por lo visto, él mismo no estaba en paz. Desde días atrás parecía arrastrar un abatimiento como si nubes pesadas cubrieran sus cielos.

–Nadie puede pronunciar la palabra paz si ella está ausente del alma –pensaba.

Pasaron, pues, de largo por el pueblecito y siguieron subiendo.

Perdido entre los últimos picachos, de casi imposible acceso, mucho más alto y muy lejos de Poggio Bustone, a más de mil metros sobre el nivel del mar, encontraron un *specco*, es decir, un saliente o gruta. Alrededor todo era desolación implacable y aspereza bravía: lugar ideal para un gran combate, pensaba el Hermano. Sólo con levantar los ojos hacia lo lejos, aparecía un horizonte simplemente inenarrable. El alma quedaba anonadada por tanta grandeza.

–Hermano –diijo Francisco al compañero–, la ansiedad se ha pegado a mi alma como un vestido mojado. ¿Cómo podré ser luz para el mundo si yo vivo en tinieblas? ¿Cómo podré enarbolar el estandarte de la paz si la angustia me asfixia? No podré consolar a los hermanos porque no hay consuelo en mi alma. Necesito librar un gran combate con Dios. Hermano, déjame solo. Por unos días no te preocupes de mí. Vete a la aldea. Pide pan y entrega paz. Cuando la paz haya retornado a mi alma, iré en tu busca a Poggio Bustone.

Desolación y Consolación

Aquí hubo, sin duda, una crisis espiritual en la vida del Hermano. En mi apreciación, la presente emergencia es un embrión de aquella gran crisis que habría de sufrir en los últimos años de su vida. En los dos casos, la emergencia y el desenlace en cuanto a sus resortes profundos tenían las mismas características. En nuestro propósito de desvelar, siquiera unos fragmentos, el misterio del Hermano de Asís, interesa sumamente averiguar y descubrir la naturaleza de esa crisis.

Para ello necesitamos tener presente el contexto de su vida y, sobre todo, estudiar cuidadosamente el Capítulo XI de la primera biografía de Celano. En ese capítulo se agitan indistinta y alternativamente los motivos personales y los referentes a la fraternidad.

Es un hecho significativo el que Francisco sintiera tanta presura por regresar a la Porciúncula una vez superada la crisis. El contenido del discurso que, nada más regresar, les dirigió, fue sin duda el fondo motivador de sus dudas, inseguridades y desconfianzas.

Incluso mirando el amplio contexto de su vida y de este capítulo, para mí es claro que en el *specco* de Poggio Bustone Francisco de Asís tomó la resolución de fundar una Orden. Por otra parte, hay que subrayar que los momentos cruciales del Hermano –igual que en el caso de los grandes profetas– son dilucidados, ahora y siempre, en la soledad completa con Dios.

* * *

En la presente crisis se hilvanaron, en sus últimas articulaciones, la impresión de su insegutidad personal y la impresión de su incapacidad para conducir un pueblo. Mirémoslas por separado.

Es la terrible incógnita del hombre, «ese desconocido». Tiene miles de estratos el ser humano y la mayoría de ellos permanece allá abajo en las oscuras galerías, sin salir nunca a la luz. ¿Cómo decir? No se puede comparar ni con las entrañas de la tierra, ni con los abismos del mar, ni con el mundo sideral. Es mucho más complejo. Todo ser humano lleva regiones inexploradas y casi inexpugnables. Elementos antagónicos, en la más contradictoria fusión, se hacen mutuamente la guerra en el interior del hombre.

El Hermano conocía el misterio de la eterna misericordia de Dios. Las consolaciones y gratuidades habían caído como diluvio sobre su alma. Sabía de sobra, «conocía» de memoria, el misterio del Amor eterno y gratuito, la piedad nunca desmentida del Altísimo.

Sin embargo, a pesar de tantas constataciones, aquí y ahora, el Hermano duda. Pensaba (sentía) que el cúmulo de sus pecados era mayor que la misericordia de Dios. ¿Qué sucedía? ¿Cómo explicar esto? Restaban en Francisco regiones enteras que no habían sido «visitadas», donde no había llegado la Gracia y la Misericordia. Quedaban sedimentos no tocados, zonas no redimidas. Esto, teológicamente, es absurdo. Pero es el pan nuestro de cada día en la historia de las almas.

A pesar de «saber» tanto sobre la infinita misericordia de Dios, en el alma del Hermano sucedía lo siguiente. Desde regiones ignotas, le subían al primer plano de la conciencia franjas «no visitadas» del subconsciente. Tomaban posesión de los primeros planos conscientes, dominando la esfera general de la personalidad; y el Hermano sentía que «no creía» en el perdón divino; esto es, lo que «sabía» no lo sentía. ¿Debido a qué?

Podría ser debido a ciertos rasgos negativos de su constítución personal o a una formación religiosa amasada de temor y de temblor... El hecho es que una crisis de profunda desconfianza se apoderó de él. Desconfianza, ¿de qué? De no ser suficientemente perdonado, de no ser acepto a Dios. Por eso, repetía continuamente:

«Ten piedad de mí, Señor, que soy un gran pecador.»

Y a pesar de saber experimentalmente la dimensión infinita de la piedad de Dios, estas sombras lo dominaban y no las podía ahuyentar.

Más al fondo todavía, le faltaba la esperanza. Toda desesperanza proviene de apoyarse en sí mismo, de «fijarse» en sí mismo, de confiar y desconfiar de sí. En suma, le faltaba al Hermano saltar, salir de sí mismo.

Todo acto de esperanza envuelve un no apoyarse en sí y un apoyarse en el Otro. El Hermano no debía haber puesto su atención en su vida disipada, en sus pecados antiguos. Debía haber enfocado su atención en la interminable piedad de Dios. No mirarse. Mirar al Otro. Faltaba el éxodo, la pascua.

Bien sabemos que, a lo largo de su vida, fue un hombre eminentemente pascual, salido de sí mismo y proyectado en el Otro. Pero ahora se hallaba en una crisis, que quiere decir en una situación de excepción y transitoria.

Sobre las altísimas rocas de los Montes Sabinos lo que hubo, en el día de la solución de la crisis, fue un salto, una salida.

* * *

Todo esto tenía también una dimensión lateral. La desconfianza en sí mismo, la agudísima conciencia de su indignidad se le desplazó a su condición de conductor de hermanos.

La obra que le había encomendado el Señor podía frustrarse por su indignidad, o quizá por su incapacidad, o por ambas cosas a la vez.

Si él no era acepto a Dios, ¿cómo lo serían los hermanos depositados en sus manos?, ¿cómo podría un pecador conducir un pueblo de elegidos?

El Pobre de Asís, que siempre vivió mirando a Dios, en esta emergencia comenzó a mirarse a sí mismo, y se apoderó de él una viva impresión de no valer nada, de no tener preparación ni cualidades para conducir un pueblo de hermanos y, para mal de males y peor que todo, ser infiel y pecador. El pobre Hermano debió de vivir una situación desesperante.

El contexto vital era éste. Por seguir fielmente a Dios, había provocado una verdadera revolución en su familia y en la ciudad, mejor, un escándalo. El Señor mismo le mostró la vía evangélica y él comenzó a caminar alegremente por esa vía. Ciertamente esta forma de vida era absolutamente diferente a todas las instituciones religiosas existentes. No tenía otras pretensiones ni proyectos sino vivir literalmente el Evangelio.

Al poco tiempo, sin embargo, el Señor le fue enviando hermanos, uno por uno. Los metió en el mismo camino evangélico. Ya eran ocho. Ahora, ¿qué hacer? ¿Qué era esta agrupación familiar? ¿Qué quería Dios de ellos? El género de vida que estaban haciendo, no entraba en los demás esquemas de vida religiosa. ¿Y si el Señor seguía enviándole hermanos? Él era el único responsable.

Pero, ¿quién era él? Y aquí comenzó a enfocar la mirada exclusivamente sobre sí mismo. Él era un pobre hombre, una *poca cosa*, sin preparación alguna, iletrado e ignorante, absolutamente carente de dotes de conductor.

Estos hermanos habían confiado en él, pero, ¿qué tenía él para ofrecerles? Su indignidad y su condición de pecador. ¿Qué sería de este grupo de hermanos después de tres o cuatro años? ¿Ir al Papa a fin de pedir autorización para vivir otro esquema de vida religiosa? ¿Pero esto no era presunción? ¿Quién era él para atreverse a tanto? Y además, ¿pedir al Papa qué? ¿Se podía lanzar a una agrupación humana por caminos heroicos? ¿Y si fracasaba? A fin de cuentas, ¿no era él un embaucador, un atrevido y, por encima de todo, un pecador?

No tenía salida. Encerrado en sí mismo, el pobre Francisco fue rodando por la pendiente de la inseguridad, de la duda y desconfianza. La angustia se le metió como una crecida de río e inundó todo su ser.

* * *

Sólo quedaba una solución: salir.

Y el Señor le dio, una vez más, la suprema gracia de salir. En el fondo, salir significa olvidarse de sí mismo y acordarse del Otro. Todo el misterio está en que el Otro ocupe por completo mi atención, hasta tal punto como si yo no existiera.

Y eso sucedió en las soledades bravías del monte Rosatto, después de tantos días de ayunos y lágrimas.

El Hermano de Asís comenzó a tener una evidencia meridiana y vivísima del solo Dios. Era mucho más que convicción, otra cosa que idea. Era como si el mismo Señor se lo dijera: Pobre Francisco, ¿por qué preocuparse? ¿Por qué sufrir tanto? Yo soy. Soy la aurora sin ocaso, soy el presente sin pasado. Yo soy la eternidad. Yo soy la inmensidad. Yo soy sin contornos ni fronteras. Yo *soy*.

¿Por qué tener miedo, Francisco, hijo de Asís? Yo soy el único Salvador. Todo lo puedo. De las piedras frías saco hijos palpitantes. En un instante coloco en pie generaciones sepultadas. Desde siempre y para siempre yo soy el único Pastor. Yo soy el único conductor de los pueblos. Soy también el único Pastor de los ocho huerfanitos –y de todos los que vendrán– de la Porciúncula.

Francisco, hijo de Asís. Cree en mí. Espera en mí. Salta, Francisco. Ven a mis brazos. Estoy aquí en la sima profunda. Salta, ven. A ti sólo te hace falta colocarte en mis manos. Lo demás lo haré yo. Yo soy el fundador y conductor de la nueva Orden. Yo seré tu descanso y fortaleza, tu seguridad, tu alegría, tu ternura, tu padre, tu madre…

* * *

Siempre sucede lo mismo. Cuanto más profunda es la desolación, más alta es la consolación. Las crónicas intentan, pero difícilmente aciertan a describir lo que sucedió: una repentina y explosiva, intensa como nunca (¿cómo llamar?) ¿felicidad?, ¿éxtasis?

El Hermano salió de la gruta profunda del *specco*. Era como si los Montes Sabinos hubieran desaparecido, y los senos del mundo se hubieran dilatado hasta el infinito, y esfumado las distancias siderales… y no hubiera tierras, montañas o estrellas, sino que sólo existiera el gozo, mejor, sólo existiera Dios... Era como si el Hermano se dilatara, creciera, subiera, escalara las pendientes del Ser hasta casi, casi ocupar las fronteras de Dios. Y, ¡oh prodigio!, justo en ese momento el Señor era el Altísimo y él era el *Povorello*, insignificante hormiguita, omnipotente no obstante, en las manos del Omnipotente. Tú eres, mi todo, yo soy tu nada. ¿Quién eres tú, quién soy yo?

Era difícil imaginar estatura humana más alta. ¿Qué fue? ¿Otra *experiencia infusa* y potentísima? Yo pienso que sí. La conciencia del «yo» (del Hermano) fue completamente atraída por el Otro, como sacada de su quicio por la fuerza del Otro

El Hermano quedó extrapolado. Y, como efecto de eso, la atención de Francisco fue ocupada enteramente por el Otro. El Hermano dejó de agarrarse a sí mismo. Se abandonó. Al abandonarse, se libró de las adherencias a sí mismo. Volaron por los aires las inseguridades. Volaron también las desconfianzas, y fueron sustituidas por la seguridad, la alegría y la paz.

Celano, después de narrar ampliamente este episodio, acaba diciéndonos: «Cuando, por fin, desapareció aquella suavidad y aquella luz, renovado espiritualmente, parecía transformado ya en otro hombre».

Te armaré caballero de Cristo

¿Quién podría describir la alegría del reencuentro de Francisco con su compañero? Sentía prisa, casi ansia, por regresar a la Porciúncula. Es posible (era casi inevitable) que también los otros compañeros se preguntaran: ¿Qué será de nuestro futuro? Sin duda, esta pregunta habría aparecido más de una vez en las conversaciones fraternas. El único que podría responder era Francisco, y éste no tenía respuesta.

Pero ahora que el Señor le había descorrido el velo, tenía la respuesta concreta, y sentía urgencia de comunicarla. Irían a Roma y pedirían autorización al Santo Padre para vivir según la forma del santo Evangelio.

Tan seguro se sentía, que por primera vez comenzó a invitar. Hasta ahora venían los hermanos sin llamar. También el Señor Jesús había llamado. A su ejemplo, comenzó a convocar a los jóvenes a la nueva forma. Descendieron de la montaña al valle y se dirigieron alegremente a Rieti. Cruzaron las calles, saludando como de costumbre a los transeúntes con un «El Señor os dé la paz».

Llegaron a la plaza principal. El Hermano traía el alma inundada de paz. Un grupito de personas estaba en animada charla bajo los arcos de un portal. Se les aproximó y abrió la boca. Un río de paz salía de sus labios. Estaba inspiradísimo. Les hablaba del Amor, de la riqueza, de la pobreza, de la libertad de los que todo lo abandonan por el Amor.

Después de terminar, cuando se disponían a salir de la ciudad, un joven que lo había escuchado en la plaza los detuvo. Les preguntó quiénes eran y qué género de vida llevaban.

Como el Hermano se hallaba en aquella santa euforia, le habló largarmente de los ideales de su vida. El joven quedó impresionado. Se llamaba Ángel Tancredi. Tenía talante de caballero y procedía de estirpe feudal. El Hermano quedó encantado con el muchacho. En realidad, le cautivaba todo lo que evocara caballerosidad y cortesía.

Vio el Hermano que el muchacho tenía excelente madera para caballero de Cristo. Después de darle otra serie de consideraciones, le dijo directamente:

–Muchacho, ya has servido bastante al conde de Rieti y al emperador. Ven conmigo. Te armaré caballero de Cristo. Sobre el polvo de los caminos encontrarás la libertad. Tu lengua será espada y trompeta de salvacion. Caminarás bajo el estandarte de la paz, y Cristo será tu único capitán. ¡En marcha, combatiente de Cristo!

Grandes noticias

El muchacho se despidió de su familia y Francisco lo llevó a la Porciúncula. Durante el viaje de regreso, el Hermano deseaba ardientemente encontrarse, a su llegada, con todos los hermanos.

–Haz, Señor –suplicaba a Dios–, que todos hayan regresado.

Y, efectivamente, todos estaban allí. Como caldera de alta presión estalló el fervor fraterno: abrazos, lágrimas, besos... Era una emoción imposible de controlar. Pasados los primeros momentos, Francisco convocó a los hermanos en la ermita.

Después de saludar a la Señora de los Ángeles y de presentar al nuevo candidato, el Hermano, con brillo en los ojos y júbilo en las palabras, les soltó lo que tenía retenido desde días atrás:

–Caballeros de mi Señor Jesucristo; sea la alegría vuestra respiración y el regocijo vuestro vestido. Os traigo grandes noticias. Alegraos. Loado sea el Señor.

«Lo primero que tengo que deciros es que no tengáis miedo. Que nunca os domine la tristeza o el sonrojo de ser tan pocos. No deis lugar al bochorno al ver que yo y vosotros somos tan poca cosa. Porque el Señor me ha revelado que Él mismo, personalmente, irá aumentando prodigiosamente nuestra familia, hasta transformarla en un pueblo innumerable que cubrirá los horizontes del mundo».

–Eso me ha dicho expresamente el Señor –prosiguió el Hermano–. Pero me ha revelado mucho más. Gustosamente guardaría el secreto sin comunicarlo a nadie, pero pienso que la noticia puede haceros mucho bien. Escuchad, pues.

«He visto; he visto una multitud incalculable de hombres, procedentes de oriente y occidente, de toda lengua y nación. Vienen avanzando de todas partes hacia los pies de Santa María de los Ángeles para vestir nuestro atuendo y vivir nuestra forma de vida. Todavía escucho sus pasos. Vienen los franceses. Se apresuran los españoles. Se acercan los alemanes. Corren los ingleses. Cuando veáis esto, vuestros corazones palpitarán de emoción. Vienen por los mares y cordilleras, senderos y calzadas, por los caminos y por los aires, por todas partes vienen los elegidos del Señor».

Al oír los hermanos estas palabras, se les ensancharon las arterias y se les dilataron las pupilas. El Hermano consiguió infundirles tanta seguridad, que sólo faltó decir esto:

–Y ahora, ¡en marcha hacia los pies del Santo Padre!

Y si no lo dijo, la decisión la llevaba firmemente en su corazón.

A las pocas semanas se les agregaron tres nuevos neófitos. Eran, pues, ya doce los varones penitentes de Asís.

En pocas y sencillas palabras

–Necesitamos el respaldo del Santo Padre –pensaba el Hermano–. Él es la sombra de Cristo en la tierra. Nunca nadie me insinuó ni aconsejó lo que debía hacer. El mismo Señor me reveló esta forma evangélica de vida. Pero, aun así, es bueno que la ratifique su representante en la tierra. Sí –pensaba Francisco–. Es conveniente redactar un pequeño documento, escrito en pocas y sencillas palabras, que sintetice y refleje el género de vida que hemos vivido hasta ahora. Será –pensaba– un recordatorio para las generaciones venideras y servirá, además, de documento base para la aprobación pontificia.

* * *

Mientras los hermanos desgranaban su vida normal, Francisco y Pedro Catani, el jurista, permanecían en la Porciúncula para la redacción del documento.

Por aquel tiempo, los hermanos hallaron un establo abandonado, no muy lejos de la Porciúncula, en una zona que, por un estero que atravesaba zigzagueando el campo, se le llamaba *Rivotorto*. Como eran doce los hermanos y no cabían todos en las chocitas de la Porciúncula, algunos hermanos se alojaban en el tugurio de Rivotorto. Algunas veces, Francisco y Pedro iban también allá, por razón de tranquilidad, para la redacción del documento.

Comenzaban la jornada con una prolongada oración. Después, una vez en la tarea, Francisco dictaba y Pedro redactaba. Hacían sus cambios de impresiones. Francisco colocaba el espíritu y la letra, y Pedro la forma jurídica. No se trataba de inventar nada sino de reflejar en un escrito simple el estilo de vida de los hermanos.

Al cabo del día, una vez que habían regresado los hermanos, después de intensa oración, se reunían todos en la cabaña grande. Francisco les comunicaba el resultado redaccional de la jornada. Los hermanos hacían preguntas y presentaban dudas. El Hermano aclaraba. Y así, en pocos días, estuvo listo el documento.

* * *

Se le ha llamado Regla primitiva o *protorregula* (embrión de las Reglas posteriores).

El documento se perdió y no ha sido posible reconstruirlo. Pero se sabe que no fue otra cosa sino un acopio de textos evangélicos que hacían referencia a las normas que Jesús dio a los *enviados*, y a otras insistencias del Maestro sobre la renuncia y la pobreza. A esta colección de citas evangélicas, más o menos ordenadas, le añadió unos pocos elementos para uniformar la vida de los hermanos. En total, el documento constaba de unos cuatro o cinco pequeños capítulos.

La intención del Hermano, por encima y más allá del documento, era que el Evangelio mismo fuera declarado como única inspiración y legislación de la nueva forma de vida. Sólo y todo el Evangelio, entendido al pie de la letra.

Y en su íntima convicción no era necesario que el Santo Padre aprobara la Regla. No era necesario aprobar, sino confirmar, porque se trataba de cumplir toda la palabra de Jesús. En el fuero íntimo del Hermano, era algo así como una deferencia, una cortesía el hecho de presentarse ante la Santa Sede para que el representante refrendara la Palabra del Representado.

He aquí la síntesis.

Francisco y sus sucesores prometen reverencia y obediencia al Papa. Los hermanos deben plasmar su vida en el molde de todo el Evangelio y particularmente en los textos coleccionados en el presente documento. Los candidatos renunciarán a sus bienes y los distribuirán entre los pobres. Los hermanos vestirán pobremente y no despreciarán a los que visten ricamente. El responsable de la fraternidad será el último y servidor de los demás. Entre sí mismos observarán una exquisita caridad: no criticar, no airarse, respetarse y acogerse. Acogerán benignamente a los salteadores de caminos, a los enfermos les darán las mismas atenciones que una madre a su niño. Trabajarán, a ser posible, en el mismo oficio que tenían antes de entrar en la fraternidad. Como recompensa de trabajo pueden recibir alimento y vestido, pero nunca dinero; en caso de necesidad, pedirán limosna. Cuando vayan por el mundo no llevarán nada, y sentirán la alegría de convivir con los leprosos y mendigos.

Capítulo Cuarto

A LOS PIES DE LA SANTA IGLESIA

–Estos huerfanitos –pensaba Francisco– se sienten como un pequeño cañaveral abierto a los vientos y sin protección. Siempre el mismo peligro –dijo–: el pequeño se empequeñece ante los grandes, y el inseguro se va al suelo ante cualquier autoridad. No pueden menos de imaginar al Papa sino como otro emperador, cuando sólo es la sombra bendita de Cristo. No se han arrojado completamente todavía en los brazos de Dios –dijo en alta voz–. Cuando esto suceda, serán omnipotentes como Dios mismo. ¡Bendito sea el Señor!

Desde semanas atrás se rumoreaba entre los hermanos sobre el viaje a los pies de la Madre Iglesia. Al Hermano le gustaba rodear de solemnidad los acontecimientos importantes.

Un día, al caer de la tarde, convocó a todos los hermanos en la capilla de la Porciúncula. Eran los primeros días del verano y el bosque rezumaba frescura. Era importante el momento, y Francisco revistió sus palabras de la máxima calidez.

–Hijos carísimos –les dijo–. Ha llegado la hora. Nuestras alas han crecido y se han cubierto de plumas. Ya podemos volar. Nuestra familia va aumentando día a día y necesitamos la bendición y el sello del Santo Padre. Emprendamos la marcha a los pies de nuestra querida y amante Madre, la Santa Iglesia Romana. Contaremos todo al Santo Padre: nuestras andanzas y alegrías, nuestras lágrimas y también nuestras aventuras por la fidelidad a la Dama Pobreza, y pediremos su beneplácito para continuar en el camino emprendido. No tengáis miedo al Papa; bajo su vestidura solemne respira el corazón de un padre amante.

–Me gustaría ser en este momento –continuó– una gallina, y vosotros unos polluelos indefensos para arrojaros al mar que es Dios. Sólo entonces comenzaréis a ser omnipotentes, y, mirando desde ese mar, los grandes y sus grandezas de este mundo os parecerán humo inconsistente. Sois aristócratas del Reino del Padre y, por ser pequeños, sois sus predilectos y, por ser pobres, sois los herederos y reyes del Reino de los Cielos.

Con estas palabras, los hermanos quedaron sumamente animados y deseosos de emprender la marcha. Francisco añadió:

–Es conveniente que entre nosotros haya un guía. Será la voz de Cristo. Iremos por el camino que Él nos marque, y dormiremos en el lugar que nos señale para descansar. Será nuestro pastor y vicario de Cristo.

Hicieron el sorteo y recayó el cargo sobre Bernardo.

* * *

A la mañana siguiente, muy temprano, salieron los varones penitentes desde la Porciúncula. No necesitaron hacer preparativos de maletas. Según las consignas del santo Evangelio, no llevaban nada para el camino, literalmente nada: ni bolsa, ni provisiones, ni muda de ropa blanca...

¡Extraño ejército éste, sin espadas ni bandera! Sus tierras de conquista eran primeramente las terribles fronteras de sí mismos, y después los reinos invisibles del espíritu. Desde los días del Evangelio en que el Maestro envió a los apóstoles sin nada, salvo la Palabra, no se había visto espectáculo semejante sobre la faz de la tierra. Nunca se vio tanto contraste: la alegría de no tener nada, la libertad de la pobreza y la potencia –omnipotencia– emanada de Dios.

Caminaban alegres. Su conversación versaba sobre los ejemplos y palabras de Cristo. Cada día se encargaban, por turno, los hermanos para preocuparse de conseguir algo de comer «en la mesa del Señor».

Comían también espigas recogidas en las rastrojeras, fresas silvestres; bebían agua fresca en las vertientes. Había en sus rostros un gozo inextinguible y una satisfacción general difícil de explicar.

Para dormir, a veces tenían que formar pequeños grupos: unos iban a un pajar; otros, a las eras donde trillaban las mieses; otros, a las ruinas de viejos castillos... Cada noche constituía una aventura regocijada, y a la mañana siguiente tenían materia para contarse, unos a otros, sus divertidas peripecias. Se reían. Francisco les decía que eran aventuras caballerescas por la Dama de sus pensamientos, la Pobreza.

Al verlos tan felices, Francisco estaba tranquilo. En las paradas, sin embargo, siempre les dirigía palabras de esperanza y consolación. Hasta ahora no le dieron motivo alguno de preocupación, pero presentía que en Roma les esperaban fuertes pruebas.

Para animarlos, les dijo:

–Soñé esta noche que caminaba yo por la *Via Flaminia* y, al lado de la calzada, se alzaba un árbol de gran altura y espaciosa copa. Parecía el rey del paisaje. Tomé cierta distancia para apreciar las proporciones del árbol. Y en esto, ¡oh prodigio!, mi pequeña estatura comenzó a crecer hasta llegar a la altura de su copa. Tomé con mis manos la melena del árbol y lo incliné sin esfuerzo hasta del suelo.

–Sin duda, Dios le ha enviado este sueño –decían los hermanos.

Y durante el día, mientras caminaban, todos iban comentando el sueño, y cada cual daba su propia interpretación. Pero, en general, todos eran del parecer que el sueño era un buen presagio.

Cuando a lo lejos divisaban el campanario de alguna iglesia, se arrodillaban y devotamente rezaban el «Adorámoste» . Era un espectáculo. Frecuentemente, cuando Bernardo así lo decidía, paraban en los bosques solitarios y se entregaban a la oración durante unas horas o todo el día. De cuando en cuando, el Hermano se desprendía del grupo, ingresaba en las aldeas, convocaba a las gentes en las plazas, y les hablaba del Amor, de la Paz, de la Pobreza.

Caminando por la Vía Flaminia atravesaron la alta meseta de Rieti. Fueron bajando, después, a las tierras bajas de la Campiña Romana. Y así, un buen día llegaron a Roma.

En busca del Pontífice

La mayoría de ellos no había estado nunca en la Ciudad Eterna. Al atravesar las murallas y pisar las primeras calles, los hermanos se sintieron entre sorprendidos y oprimidos por el rumor de la poderosa ciudad. Iglesias innumerables, unas más espléndidas que otras; palacios y torreones; señores feudales con sus séquitos de caballeros; elegantes damas en corceles blancos o negros; cortes de reyes..., y, en medio de este esplendor, aquel puñado de huerfanitos, con la mirada en el suelo, las manos metidas en las mangas y cruzados los brazos, bien arrimados unos a otros, constituyó un espectáculo difícil de olvidar.

Atravesaron la ciudad en medio de la oscuridad de las gentes que los miraban y preguntaban por su identidad. Ellos casi ni se daban cuenta de nada, absorbidos por la idea de que estaban pisando suelo sagrado.

Pasaron por uno de los puentes sobre el Tíber y rápidamente fueron a arrodillarse ante el sepulcro de los santos apóstoles en la gran basílica constantiniana, en la colina Vaticana. Mientras los peregrinos entraban y salían, allí estuvieron nuestros hermanitos clavados en el suelo, profundamente inclinados y con los ojos cerrados, formando como siempre un pequeño pelotón. ¡Qué espectáculo!

La emoción se apoderó del grupito. Mil pensamientos cruzaron la mente de Francisco. Somos pequeñitos y no valemos nada, pensaba el Pobre de Asís. ¿Qué podemos hacer para afirmar las columnas de la Iglesia? No podemos luchar en contra de los sarracenos, no tenemos armas. Por lo demás, ¿qué se consigue con combatir? No podemos luchar contra los herejes porque nos faltan argumentos dialécticos y preparación intelectual. Nosotros sólo podemos ofrecer las armas de los pequeñitos, a saber: el amor, la pobreza y la paz. ¿Qué podemos poner al servicio de la Iglesia? Sólo esto: vivir al pie de la letra el Evangelio del Señor.

* * *

Al salir de la Basílica, el Pobre de Asís se aproximó a un clérigo y le preguntó dónde residía el Santo Padre.

–En los palacios lateranenses –respondió el otro.

–¿Es fácil conversar con el Pontífice? –insistió el Hermano.

–Reyes, príncipes y cardenales aguardan en la antesala semanas enteras esperando turno para una audiencia –respondió el clérigo.

–Vámonos a la casa del Vicario de Cristo –dijo Francisco a los hermanos–. Sin duda nos recibirá con los brazos abiertos, porque él es la sombra bendita de Cristo en la tierra. Si era tan fácil –continuó– conversar con el Señor en las colinas de Galilea, ¿por qué va a ser difícil entrevistarse con su Vicario en las colinas romanas? Vámonos en el nombre del Señor –les dijo.

Y, diciendo esto, dirigieron sus pasos hacia los palacios lateranenses.

Y, formando siempre aquel grupito apiñado, atravesaron de nuevo la ciudad por entre palacios y trompetas, vendedores ambulantes y buhoneros, cortesanos de reyes lejanos, damas elegantísimas y perfumadas, ciudadanos llegados de toda tribu y nación.

Los hermanitos, entre asustados y deslumbrados, ni levantaban los ojos, y en ningún momento les vino la curiosidad de ver los palacios, ni siquiera visitar iglesias. Habían venido en busca del Santo Padre y lo demás no les interesaba.

Primera entrevista

Llegados a la gran explanada del palacio pontifical, Francisco les dijo:

–Quedaos ahí, hermanos. Suplicad al Señor se digne inclinar el corazón y la mente del Santo Padre para que ponga su sello a nuestra pequeña Regla.

Y, desprendiéndose de ellos, avanzó con tranquilidad hacia la puerta principal del enorme edificio. La gente salía y entraba. Después de rebasar la puerta principal, siguió avanzando con sus pies descalzos y aquel extraño indumento.

Recorrió un corredor y después otro. Preguntó por las estancias del Santo Padre y le dieron una orientación aproximativa. Miraba a todas partes y a todos. Pero lo hacía con ojos tan limpios y una mirada tan confiante, que los vigilantes en ningún momento desconfiaron de él.

Y así, avanzó hasta el corazón del edificio, llegando a las proximidades de la antecámara papal. Y, en el corredor que unía y separaba la antecámara de la cámara, el Hermano de Asís se encontró de improviso con la figura imponente de

Inocencio III. Al instante, el Pobre de Asís se echó a sus pies y apresuradamente comenzó a hablar:

–Buenos días, Santísimo Padre. Me llamo Francisco y soy de Asís. Vengo a sus pies para pedirle un privilegio: el privilegio de vivir al pie de la letra el Evangelio. Deseo tener el Evangelio como única inspiración y legislación de nuestra vida, no tener rentas ni propiedades, vivir con el trabajo de nuestras manos...

Todo esto se lo dijo mirándole de abajo arriba, él de rodillas y tan pequeñito, el Pontífice de pie y tan imponente. Éste no le cortó al instante la palabra porque encontró en los ojos del Pobre una extraña transparencia, y percibió en su talante una infinita reverencia, completamente exenta de servilismo.

Pero después de las primeras frases, el Pontífice dijo:

–¡Bueno, bueno! –como queriendo decir ¡basta!

Al instante calló el Hermano. El Pontífice quedó sorprendido de esta instantánea obediencia. Todo esto ocurrió en cuestión de segundos.

Durante el instante que tardó el Pontífice en reponerse de su sorpresa, se hizo un brevísimo silencio que el Hermano (interpretándolo como una tácita autorización para continuar) aprovechó para decir:

–El Señor mismo me reveló que debía vivir según la forma del santo Evangelio. Hace dos años que comencé yo a vivir esta forma de vida. Después el Señor me dio hermanos. Ahora somos doce. Ellos han quedado ahí fuera. En pocas y sencillas palabras hemos escrito una Reglita...

Y cuando comenzaba a sacar la Regla desde debajo del brazo, el Pontífice hizo un leve movimiento, casi un gesto, que quería decir: hasta aquí no más.

–Urgentes y gravísimos problemas cuelgan de mis hombros, Francisco, hijo de Asís –dijo el Papa–. Soy viejo. No puedo atender personalmente todo. Si quieres que te escuche, pide recomendación, consigue audiencia y espera el turno.

Y, dando media vuelta, se fue.

Se levantó el Hermano, y siguió mirándolo hasta que se le perdió de vista al entrar el Pontífice en su cámara. Con paso lento comenzó el camino de regreso. Al doblar el corredor, miró atrás por si divisaba por última vez al Pontífice.

Al trasponer los interminables corredores que conducían al atrio, el Hermano iba pensando:

–Tiene razón. El Santo Padre carga con el mundo a cuestas. Sus problemas son graves. Los nuestros son poca cosa. No quería robarle tiempo. Sólo quería que dijera un «está bien» a nuestra petición. Pedir recomendación, ¿a quién? No conozco a nadie.

Nosotros somos insignificantes. Esta noche consultaré con el Señor.

Recomendación

Al reencontrarse con los hermanos, ante su mirada interrogadora, lo primero que les dijo Francisco fue:

–Tenemos que rezar más y hacer penitencia. Salgamos de la ciudad y busquemos un bosque donde orar. El Señor mismo, y sólo Él, obviará las dificultades.

Cuando cruzaban las calles, ya cerca de las murallas, se encontraron de buenas a primeras con Guido, obispo de Asís. Gran sorpresa y gran alegría para todos. Don Guido no sabía de las andanzas e intenciones de los hermanos. Él suponía que los hermanos, como de costumbre, andaban por el mundo en sus correrías apostólicas.

–Este Francisco no sirve para desenvolverse entre los bastidores de la diplomacia –pensaba don Guido–. La Iglesia administra los tesoros eternos, pero está instalada en el reino de la tierra. Su destino es transformar la tierra en cielo; por eso los intereses son celestiales, pero los usos y costumbres son terrenos. Francisco no pertenece a la política sino a la transparencia. Sería una gran lástima –continuó pensando– que por falta de una orientación diplomática Francisco se perdiera para la Iglesia, y la Iglesia perdiera este formidable fermento evangélico. Para triunfar en la Iglesia no es suficiente el espíritu; hay que poseer también tino, perspicacia y circunspección, es decir, una elemental diplomacia –acabó pensando don Guido.

Decidió, pues, el obispo dar a Francisco todo el apoyo y hacerle accesibles los vericuetos de la alta política eclesiástica, para que su voz llegara directamente a los oídos del Santo Padre.

–Quedaos aquí, hermanos, y yo os allanaré el camino.

* * *

Al instante, se acordó Guido de su gran amigo el cardenal Juan de San Pablo.

–Hoy por hoy –pensaba Guido–, ningún cardenal hay en el Colegio Cardenalicio tan influyente y, sobre todo, tan estimado por el Santo Padre como Juan de San Pablo.

Guido se fue derecho a la casa del cardenal. Le entregó los antecedentes históricos de Francisco y del movimiento, hablándole con entusiasmo de la conmoción de Asís y de tantos sucesos hermosos y dramáticos.

–Son sumisos y reverentes con los sacerdotes –le dijo–. El testimonio de su vida, sin embargo, confunde y desafía unas veces, y casi siempre obliga a los clérigos a revisar su vida. Pero eso es bueno –añadió–. En fin –acabó diciéndole–, será mejor que Su Eminencia los conozca personalmente conviviendo con ellos unos días.

Efectivamente, Francisco y algunos de sus compañeros fueron huéspedes del cardenal De San Pablo por unos días.

Intentando disuadir

Había estudiado y ejercido la medicina. Más tarde ingresó en el monasterio cisterciense de San Pablo Extramuros. Después de hacer allí vida penitente muchos años, fue sacado para ser nombrado cardenal en 1193. Su corazón estaba recreado a imagen y semejanza de Cristo Jesús. Era difícil encontrar en el Colegio Cardenalicio otro varón tan austero y de tanta fe.

En los días en que Francisco y sus compañeros estuvieron en casa del cardenal, practicaron como de costumbre, al pie de la letra, su forma de vida. El cardenal fue observándolos en sus actitudes y palabras. Sensible como era a las cosas del espíritu, no tardó mucho en descubrir y calibrar la envergadura de aquellos pobrecitos.

En días sucesivos, el cardenal sometió a Francisco a amplios interrogatorios. Muy pronto el prelado quedó cautivado de la simplicidad de alma y potencia espiritual del Pobre de Dios.

–Uno tiene la impresión –pensaba el cardenal– de que el Evangelio era un libro enmohecido, encuadernado, eso sí, con cantos de oro, pero todo recubierto de polvo y abandonado en un rincón de la biblioteca. Pero ahora diríase que, al toque mágico de este enanito de Dios, el libro recuperara todo su antiguo esplendor. ¡Bendito sea Dios! Hoy, que la Iglesia es una poderosa república sagrada –continuó pensando– y el Papa un emperador, es bueno que venga un impotente pobrecito para recordarnos que sólo Dios es omnipotente.

* * *

Pero, aun así, una fundación le parecía una empresa desproporcionada. Pocas fundaciones había habido en la historia de la Iglesia, aunque sí muchas reformas. Con intención de disuadirle de esa idea, el cardenal convocó a Francisco a su sala de andiencias.

–Francisco, hijo de Asís. Una nueva fundación –comenzó diciéndole lentamente–, una fundación es, a nivel simplemente humano, una empresa tremenda, y en este caso, temeraria.

Esto último lo dijo bajando la voz para no herir al Hermano.

–Demasiado temeraria –interrumpió Francisco.

El cardenal quedó sorprendido de esta salida y no supo entender exactamente la intención o sentido de la intervención. Si no conociera la profunda simplicidad del interlocutor, hubiera pensado que se trataba de una ironía. Los interlocutores estaban en dos órbitas diferentes y eso lo explicaba todo.

Decía, pues –prosiguió el cardenal–, que una fundación, hoy por hoy, es una empresa arriesgada.

El cardenal estaba pensando en ese momento en este grupito de iletrados alistados en la Legión de la Santa Ignorancia. Conocía desde dentro los criterios y móviles de la maquinaria eclesiástica. Bien sabía él del poder de las influencias y de las influencias del poder.

Conocía de memoria los resortes secretos de los palacios lateranenses en que, igual que en todos los palacios del mundo, prevalecen los criterios políticos; en que juegan su gran *match* el dinero, las victorias militares y las balanzas del poder. Una nueva fundación está sometida de alguna manera, le parecía a él, a estos resortes.

–Una nueva fundación –continuó el cardenal– requiere una preparación intelectual de parte de los iniciadores. Francisco de Asís –le dijo, mirándolo cariñosamente–, una nueva fundación es casi una batalla, y los iniciadores necesitan manejar con destreza la dialéctica tanto por lo menos como los soldados la espada. En estas curias –continuó–, igual que en los palacios del mundo, la aprobación de una fundación exige una recomendación poderosa. Una recomendación poderosa presupone recomendadores poderosos. Los poderosos sólo se dejan influir por el poder, sea espiritual, apostólico o militar. Vosotros estáis alistados –le dijo–, y juráis ser fieles, en la orden de la Santa Impotencia. Vuestra intención la veo casi destinada al fracaso; discúlpame, querido hijo.

* * *

El Hermano escuchaba tranquilo y con actitud receptiva.

–Todo esto –acotó el cardenal– ya nos lo previene el Señor al decirnos que seamos perspicaces como serpientes.

El cardenal, en su fuero íntimo, estaba de acuerdo cien por cien con los ideales de Francisco. Pero, conociendo los entretelones de las curias romanas, tenía miedo de que la solicitud de Francisco fuera denegada, y quería prepararle anímicamente para evitarle una profunda frustración.

–Sería terrible –pensaba– que este nuevo profeta emprendiera también la vía de la contestación.

–Además –continuó el cardenal–, ya sabes lo que pasa, y eso es historia humana a todos los niveles (y no sólo en los palacios y curias). Para emprender una empresa grande y original (o para aprobarla, en el caso presente) siempre hay más razones para dejar de hacer que para hacer. Tenemos miedo a lo incierto y desconocido; y preferimos la seguridad de lo conocido a la incertidumbre de lo desconocido. A toda costa queremos evitar el fracaso. Después de todo eso, y por todo eso, te propongo una solución: ¿Por qué no incorporarte a una austera orden religiosa que tenga las características de la vida que queréis vivir? ¿Qué te parece, hijo mío?

El poder de la debilidad

Hubo un silencio prolongado, pero no angustioso. El Pobre de Dios miraba al suelo. No era la primera vez que le hacían esta proposición ni sería la última. Al cabo de un momento volvió a repetir con voz apagada y gran naturalidad: Demasiado temerario.

–No tenemos nada –comenzó hablando con calma–. No tenemos estudios ni preparación intelectual. No tenemos casas ni propiedades. Nos faltan influencias políticas. Nos falta base para ser recomendados. No podemos impresionar porque no ofrecemos palpables utilidades apostólicas ni eficacias sonoras. Parecemos una extraña orden de la Santa Ignorancia y de la Santa Impotencia…

La intensidad de su voz fue en un crescendo acelerado.

–No podemos –continuó– ofrecer a la Iglesia universidades para formar combatientes para defensa de la verdad. No disponemos de un escuadrón bien compacto de dialécticos para confundir a los albigenses. No tenemos amplios recintos monásticos para cobijar a los hombres que quieran consagrarse a Dios. No tenemos nada, no podemos nada, no valemos nada…

Y en esto, llegado al clímax más agudo, el Pobre de Dios se puso de pie, levantó los brazos y la voz, y añadió:

–Justamente por eso, porque somos impotentes y débiles como el Crucificado, porque hemos llegado al paralelo total de la inutilidad y de la inservibilidad como Cristo en la cruz, por eso el Omnipotente revestirá de omnipotencia nuestra impotencia. Desde nuestra inutilidad el Todopoderoso sacará las energías inmortales de redención; y por medio de nosotros, indignos, inútiles, ignorantes y pecadores, quedará patentizado ante la faz del mundo entero que no salvan la ciencia, el poder o la organización, sino sólo nuestro Dios y Salvador. Será la victoria de nuestro Dios y no de la diplomacia.

El cardenal se levantó sin decir nada y se retiró para que Francisco no lo viera con lágrimas en los ojos. Desde regiones olvidadas le habían renacido antiguos ideales dormidos hace tiempo. Volvió a entrar en el despacho y le dijo:

–Francisco de Asís, ve a la capilla y reza.

Él, por su parte, tomó la carroza cardenalicia y velozmente se fue a los palacios lateranenses.

Pidió audiencia papal con carácter urgente.

–Santo Padre –le dijo el cardenal–. Dios es testigo de cuán sinceramente hemos luchado en estos años por la santidad de la Iglesia. Hemos esperado un *enviado* del Señor para restaurar ruinas y resucitar muertos. Ha llegado el *esperado,* Santo Padre. Bendito sea Dios. He observado su vida y he escrutado su alma. Es un varón forjado en la montaña de las bienaventuranzas, y sus cuerdas vibran al unísono con las de Cristo.

El Pontífice se alegró visiblemente con esa noticia, y ordenó que se suspendieran las audiencias del día siguiente, que compareciera el tal varón evangélico con sus compañeros, y que asistieran también los cardenales a la reunión.

Sesión borrascosa

Al día siguiente estaban de nuevo frente a frente el Pobre de Asís y el Papa Inocencio. Al sentarse éste en su solio, se le acercó el Pobre, se echó a sus pies y con infinita reverencia y pausadamente besó sus pies, y le dijo:

–Déme su bendición, Santísimo Padre.

Francisco tenía la impresión de estar «con reverencia y sumisión» a los pies de toda la Iglesia. Fue uno de los momentos más altos de su vida. Inocencio III lo reconoció enseguida, y no dejó de esbozar una leve sonrisa que significaba complacencia y simpatía.

Cuando el Hermano de Asís recibió autorización para hablar, comenzó de esta manera:

–Santísimo Padre, vengo a sus pies para pedirle el privilegio de vivir al pie de la letra el santo Evangelio de nuestro Señor Jesucristo. No deseamos tener rentas ni propiedades. Queremos subsistir con el trabajo de nuestras manos. Iremos por el mundo sin provisiones, sin bolsa ni dinero, anunciando la palabra del Señor…

No había en su voz el menor signo de nerviosismo. Miraba limpiamente, ora al Papa, ora a los cardenales con una mirada tan confiante que era como para desarmar a un enemigo. Los ojos y oídos del Papa y los cardenales estaban fijos en su boca. Diríase que ellos estaban más ansiosos que el Hermano de Asís.

–Delante de Su Santidad –prosiguió el Pobre–, queremos celebrar hoy el divorcio con el dinero y el desposorio con la Dama Pobreza. Queremos vestir pobremente y no despreciar a los que visten ricamente. Queremos vivir amándonos y cuidándonos unos a otros delante de los ojos del mundo, como una madre ama y cuida al hijo de sus entrañas. No opondremos resistencia a los que nos resisten. Pondremos la otra mejilla a los que nos hieran y responderemos a las ofensas con perdón. Acogeremos benignamente a los salteadores de caminos y nuestros príncipes serán los leprosos y mendigos.

* * *

–Es un sueño –dijo en voz alta uno de los cardenales–. El Pobre de Asís miró al lugar de donde salió la voz.

–Hijo mío –prosiguió el cardenal–, nuestras espaldas están encorvadas por el peso de tanta desilusión. Cada año hacen su aparición en esta sala sueños de oro. El tiempo constata que esos sueños se van, uno por uno, a la fosa de la frustración. Hemos llegado a no creer en las palabras. Acostumbramos esperar, y con bastante escepticismo, los resultados.

Mirándole a la cara, Francisco respondió:

–Todo lo que acabo de exponer, señor príncipe de la Iglesia, hemos podido practicarlo con la misericordia de Dios.

–Ahora sois pocos –replicó el carderal–. Pocos e idealistas. Estáis al comienzo. Todos los principios son halagüeños. Muchos de nosotros, en la juventud, soñamos en esos ideales. Sólo los jóvenes sueñan porque no han vivido suficientemente. La vida nos hace colocar los pies en el suelo. No somos derrotistas sino realistas. No tenemos alas sino pies de barro. El hombre es arcilla, impotencia y limitación. Francisco, hijo de Asís, ¿puedes decirme cómo alimentarías, por ejemplo, a dos mil hermanos?

El Pobre de Asís escuchó con suma atención y quedó conmovido. Había nacido clarividente y su idealismo no le impedía ver la terrible fragilidad humana, comenzando por su propia historia.

–Es verdad, señor cardenal –dijo el Hermano–. Llevamos corazón de águila y alas de gorrión. Somos frágiles como una ánfora de barro, lo sé por propia experiencia. Nadie en esta sala –dijo, girando sus ojos por el hemiciclo– es tan pecador como yo; pocos han sido tratados tan privilegiadamente por la Gracia como yo –dijo con voz casi inaudible–. Y si no fuera por la nunca desmentida piedad de Dios, ¿qué sería de nosotros?

Pero se le había hecho una pregunta concreta que no podía soslayar. Y, con increíble seguridad, dijo:

–En cuanto a su pregunta, señor cardenal, tengo que decir: Si hasta ahora la mano del Señor ha alimentado a doce huerfanitos, ¿por qué no a doscientos? ¿Por qué no a dos mil? ¿Cuántos millones de pájaros no vuelan en el mundo? ¿No es el Señor el que todos los días los alimenta? ¿Acaso hay límites en el Altísimo? ¿Cuántos millones de flores no brillan sobre la tierra? ¿No es el Señor Dios quien las viste todas las mañanas? ¿Cuántos millones de estrellas lucen en el firmamento? ¿No es el Altísimo el que las enciende todas las noches? Si no cae un gorrión en el suelo de hambre, ¿cómo podría permitir morirse de hambre a un hijo inmortal? Santo Padre y señores cardenales: ustedes son sabios y yo ignorante; discúlpenme decir aquí estas cosas.

Y, levantando la voz, añadió:

–Si la misericordia del Altísimo es más profunda que los abismos y más alta que las cordilleras, su omnipotencia y riqueza exceden todas las fronteras imaginables. Sólo nos hace falta una cosa: saltar.

* * *

El Papa Inocencio había tenido mil combates y conseguido mil victorias. Sólo una batalla le había fallado: la reforma de la Iglesia. Desde joven, el idealismo y la piedad habían sido sus distintivos. A los 39 años era elegido Papa y, con energía pasmosa, había levantado la *República Cristiana* hasta su cumbre más alta; en este momento era prácticamente el emperador de la tierra. Jamás teocracia alguna había abarcado tan vastos espacios. Su brillantísimo pontificado había transcurrido entre manejos diplomáticos y batallas campales, buscando siempre los intereses superiores.

En este momento, al escuchar al Pobre de Asís, era como si el fragor de sus años pontificales se desvaneciera, y como si sus viejos amores tomaran carne y se pusieran de nuevo en pie. El Pontífice se encontraba extrañamente encantado; ni él mismo sabía exactamente por qué.

Le nació una profunda simpatía por el Hermano. Hubiese querido decirle ahí mismo: Tienes mi bendición, comienza. Pero era bueno que los cardenales sometieran a prueba al profeta y cribaran su programa. Seguía con mucho interés el debate.

* * *

Efectivamente, había un grupo de cardenales que no se dejó arrastrar por la magia de este divino encantador, y analizaban fríamente el programa.

–Es imposible –decían–. Un rebaño siempre es mediocre. Pero éste es un programa para gigantes. Podrán vivirlo al pie de la letra Francisco de Asís y algún otro más. Pero aquí se trata de aprobar o desestimar una Regla para muchos. Es imposible.

En esto se puso de pie la venerable figura del cardenal De San Pablo, y dijo:

–Hermanos del Sacro Colegio Cardenalicio. Me complace veros juzgar fríamente. Considero que es deber vuestro atajar fantasías artificiales. Lo único que... –aquí hizo una breve pausa– tenemos que ser consecuentes y no cortar nunca el lazo de la coherencia. Si Sus Eminencias opinan que no se debe aprobar esta forma de vida por ser imposible de practicar, yo les pregunto: ¿qué otra cosa propone este Pobrecito de Dios sino cumplir al pie de la letra e íntegramente el Evangelio del Señor Jesús? Si este programa es impracticable –continuó–, entonces, ¡seamos consecuentes!, el Evangelio mismo es también utopía y su autor un fantaseador. Ahora, si el Evangelio es imposible, ¿qué sentido tiene la Iglesia? ¿Qué significa y para qué vale el Colegio Cardenalicio y el Papa mismo? ¿Y qué hacemos nosotros aquí? Concluyamos: Todos nosotros somos unos impostores.

Un rayo caído en medio no hubiese causado tanto efecto. Los cardenales quedaron en silencio y mirando al suelo. Era obvio; en adelante, el que levantara la voz para impugnar aquella Regla, era un embaucador. Ni el dialéctico más audaz podría tomar en sus manos aquella brasa ardiente. El debate mismo quedaba abortado. Lo único que cabía era levantar la sesión.

* * *

Inocencio III, pese a estar habituado a lides borroscosas, esta vez no se sintió seguro. Tenía miedo. Temía que esta primavera del espíritu abortara a las puertas mismas de la Iglesia. Conocía la sensatez y terquedad de los cardenales canonistas y sabía que eran capaces de interrumpir fríamente, en el nombre del sentido común, la marcha del espíritu.

–Lo que sería una lástima –pensaba–, quizá una tragedia.

Además, la sesión había alcanzado temperaturas demasiado elevadas. Por lo demás, habituado a maniobrar con habilidad, pensó el Pontífice que un buen trabajo de trastienda podría dar a Francisco una posición ventajosa, mucho mejor que una polémica a frente abierto. Decidió, pues, suspender la reunión.

Levantándose, se aproximó a Francisco. Lo tomó cariñosamente del hombro y le dijo:

–Ánimo, hijo mío; buscamos limpiamente la voluntad de Dios. Ruega para que el Señor mismo nos la muestre.

Consolación

Se retiraron. Los hermanos se sentían entre temerosos y lastimados. De verdad, aquella sesión había tenido un fondo de aspereza, y había acabado con bastante tensión y mucha incertidumbre.

Francisco pidió a los hermanos que lo dejaran solo. En realidad, ellos lo necesitaban ahora más que nunca. Pero Francisco no tenía en este momento para impartirles aquello que los hermanos necesitaban: consolación, certidumbre, paz. Él mismo tenía que recuperar esos dones.

También él estaba lastimado. Era como un soldado que recibe heridas en el campo de batalla, pero que, en el primer momento, con el cuerpo caliente todavía, casi ni las siente. En la medida en que fueron pasando las horas, el Hermano comenzó a acusar los golpes.

* * *

Al encontrarse solo, las alas negras del desaliento comenzaron a asomarse sobre su alma.

–No entiendo nada –pensaba–. La palabra del Señor es concreta como una piedra: ¿por qué esas vacilaciones?

Una cosa tan simple, ¿por qué tanta complicación? Una cosa tan fácil, ¿por qué tanta tardanza?

Acostumbrado a recibir una inspiración y ponerla al instante en práctica, se le hacía incomprensible aquella lentitud.

–¿Por qué el Santo Padre, personalmente, no zanja tanta discusión estéril y me da de una vez una simple autorización?

Al sorprenderse a sí mismo quejándose en contra del Papa, interrumpió drásticamente sus reflexiones solitarias.

–¡Eso no! –dijo en voz alta, y no quiso seguir pensando.

Tomó su habitual posición para orar; poniéndose de rodillas, apoyó su frente en el suelo, pero le costó mucho entregarse en las manos de Dios. Tardó muchísimo tiempo en relajarse y en recuperar la paz, y mucho más en lanzarse *verdaderamente* al seno de Dios.

Igual que en las rocas del monte Rossatto, en esta noche tuvo que saltar de nuevo. Una y otra vez se desprendió de sí mismo y depositó su alma en el Señor. Una y otra vez escuchó las palabras de antaño:

–Ven, salta a mis brazos, hijo mío. En mis manos están las llaves. Yo abro y cierro las puertas del Papa y de los cardenales. Colócate en mis manos, abandónate, confía. Yo haré lo restante.

Y la paz fue como una penumbra de atardecer cuando las montañas van cubriendo con sus sombras los bajos valles. Poco a poco, muy lentamente, la consolación fue inundando su alma hasta habitarla por completo. Ahora sí, podía consolar a los hermanos.

El juglar de Dios

Hubo una tercera sesión. La facilidad con que en esta sesión se le dio el pase a Francisco hace presuponer que, entre la segunda y la tercera entrevista, hubo consultas y manejos entre el Papa y los cardenales. Y, en vista de la potencia carismática del hombre de Asís, decidieron otorgarle la autorización verbal.

–Posiblemente –pensaba el Pobre de Asís–, yo no sirvo para hacer una exposición ordenada de ideas. Es posible que por eso la presentación del programa que hice delante de los cardenales no les convenciera. No tengo alma de profesor. Por lo demás, mi Señor Jesús –siguió pensando– tampoco hablaba como profesor sino como un rapsoda popular con parábolas y comparaciones. Siempre soñé en instituir una orden de juglares de Dios. Es buena esta oportunidad para estrenar la nueva profesión de juglar delante del Santo Padre. Después de todo, me cae bien este traje, porque soy caballero de Cristo y embajador de la Reina Pobreza.

* * *

Llegados a la cámara papal, cuando el Hermano recibió el permiso para hablar, lo hizo de esta manera:

–Una vez vivía en el desierto una mujer. No tenía casa ni huertos. Era muy pobre. Las esmeraldas de la tierra y las estrellas del cielo celebraron una reunión y dijeron: "Prestemos nuestro brillo a la mujer del desierto". Y así lo hicieron. Era tanta su belleza, que ningún poeta osaba dedicarle poemas, y los rapsodas enmudecían en su presencia.

«Un día, el rey atravesaba el desierto en su carroza. Al ver a aquella mujer, quedó cegado por su belleza y un dardo atravesó su corazón. El rey y la mujer se amaron y tuvieron muchos hijos. Crecieron éstos junto a la madre y se hicieron adultos. Un día, la madre convocó a todos ellos y les dijo: "Sois pobres, pero no sintáis vergüenza por eso. Alzad vuestra frente porque os voy a dar una gran noticia: Sois hijos de un gran rey. Id a su corte y pedid cuanto necesitéis". Al oír esto, ellos se pusieron radiantes.

«Fueron, pues, a la corte y se presentaron ante el rey. Al verlos, el corazón del rey comenzó a palpitar y no sabía por qué. "¿Quiénes son éstos, que parecen el espejo de mi alma?", dijo. Y luego, mirándolos, les preguntó: "¿Quiénes sois y dónde vive vuestra madre?" "Nuestra madre es una mujer pobre que vive en el desierto", respondieron.

«Al darse cuenta de que eran sus hijos, el rey quedó sin poder hablar por la fuerza de la emoción. Al recuperar el dominio de sí, les dijo: "Vosotros sois príncipes y herederos de mis reinos. Si a mi mesa se sientan los extraños, para vosotros han sido reservados los primeros puestos a mi derecha y a mi izquierda. Alegraos"».

* * *

¡Un trovador en la cámara papal! Nunca se había visto cosa igual. Sólo faltó el laúd y la danza final. Muchas cosas había visto el Papa Inocencio en su largo pontificado, pero nunca un penitente con alma de juglar. Después de la narración de esta rapsodia, no hacía falta ninguna explicitación posterior.

Sin embargo, el Pobre de Asís, con un cierto aire de inocente satisfacción, acotó:

–Esa mujer pobre soy yo, Santidad.

Lo demás estaba claro. La condición para pertenecer al Reino es ser pobre. Sólo los pobres heredarán a Dios. Los pobres son la heredad de Dios y Dios la herencia de los pobres. Los que han abrazado la pobreza absoluta son aristócratas del Reino.

Los seguidores de Francisco, con él a la cabeza, son aquellos que, no teniendo casa, campo o dinero, van caminando por el mundo llevando en sus manos el pergamino (la pobreza) que les acredita como príncipes herederos del Reino de los Cielos.

Bendición y despedida

Se levantó el Papa Inocencio. Se aproximó a Francisco. Invitó a los demás a que se acercaran, formando aquel consabido pelotón. Sin dejar de apoyar su mano cariñosamente en el hombro de Francisco y dirigiéndole la palabra, dijo:

–Ya soy viejo, hijo mío. Cuántas cosas no han sucedido en los últimos quince años. Los reyes se nos han sometido. Los cruzados han llegado al Santo Sepulcro. El mundo se mueve al mando de nuestra voz. Pero no todo ha sido triunfo. Llevo heridas, aquí dentro, que no dejan de sangrar. Quise ser santo. He sido mediocre. Luché para que los hombres de Iglesia fueran santos. En lugar de eso, he visto la avaricia y la ambición levantar baluartes por todas partes. En lugar de reforma de la Iglesia, he visto que la herejía, la contestación y la rebeldía levantaban cabeza por doquier. Organicé cruzadas para extirpar a los rebeldes. Eran destruidos en los campos de batalla, pero como por encanto germinaban en otras partes. Con el tiempo me he convencido de que es mejor encender una pequeña luz que enfrentarse con las tinieblas. He pasado muchas noches de insomnio, y ha habido noches –dijo, bajando la voz– que he llorado. Es terrible ser Papa. No hay nadie más solitario en la tierra. Todo el mundo acude a uno, y uno mismo, ¿a quién acudir? ¡Desdichado del Papa que no se apoye en Dios!

* * *

Se había ido muy lejos. Acostumbrado al protocolo artificial y a la diplomacia formalista, en medio de aquel grupito se sentía como en un cálido hogar. Los hermanos lo miraban limpiamente. Él se sentía acogido y amado por ellos. Y se dejó arrastrar por la corriente de la intimidad.

–En la soledad de las noches –continuó– he suplicado ardiente y repetidamente a mi Dios para que envíe pronto al *ungido* por su dedo. Desde la alta atalaya de Roma he sido el centinela atisbando siempre y mirando a todas partes a ver cuándo y dónde aparece el *elegido* que restaure la Iglesia desde sus ruinas. Mis súplicas, al parecer, han sido oídas; bendito sea el Señor. En estos días he pensado mucho en ti, Francisco, hijo de Asís, y en vosotros. Pregunté a Dios: Mi Señor, ¿no será este Pobre de Asís el señalado por tu dedo? Y anoche –hizo una larga pausa–, anoche llegó la respuesta de Dios.

Al decir estas palabras se le quebró por completo la voz. Hizo una larga pausa. Algunos hermanos se asustaron, y todos abrieron desmesuradamente los ojos.

–Anoche vi en sueños, lo vi con la claridad del mediodía... Estas poderosas torres almenadas de San Juan de Letrán comenzaron a cimbrearse como palmeras. Todo el edificio comenzó a crujir, y cuando parecía que los muros de la iglesia daban en el suelo, un hombrecito desharrapado arrimó sus hombros, la sostuvo e impidió que la iglesia se viniera al suelo. Y aquel desharrapado, lo estoy viendo todavía, eras tú; eras tú, Francisco, hijo de Asís y juglar de Dios.

De los hermanos, unos rompieron a llorar; otros, a gritar. Francisco permaneció sin pestañear, mirando fijamente a los ojos del Pontífice.

–Soy viejo –acabó diciéndoles el Papa–. Pero ya puedo morir en paz. Hijos míos, salid al mundo con las antorchas en las manos. Colgad lámparas en los muros de las noches. Donde haya hogueras, poned manantiales. Donde se forjen espadas, plantad rosales. Transformad en jardines los campos de batalla. Abrid surcos y sembrad amor. Plantad banderas de libertad en la patria de la Pobreza. Y anunciad que llega pronto la era del Amor, de la Alegría y de la Paz. Después de un tiempo, antes de que yo muera, venid a contarme las buenas noticias para consolación de mi alma.

Les impartió la bendición. Abrazó a todos uno por uno. Y los hermanos se fueron. Salieron de la ciudad y retornaron a Asís.

La Edad de oro

Llegaron a Asís y se instalaron en Rivotorto. Las dudas, los temores y desconfianzas se los había llevado el viento.

Estaban radiantes. No parecían hombres de carne y hueso. El espíritu se había apoderado de la materia reduciéndola a ceniza. Parecía que sólo quedaba el espíritu.

–Somos una extraña estirpe –pensaba el Hermano–. Somos casados sin mujer, estamos ebrios sin vino, hartos con el hambre y ricos con la pobreza. Somos los hombres más libres del mundo porque somos los más pobres –decía en alta voz–. No nos falta nada. ¡Es el paraíso!

La morada era paupérrima. En tiempos pasados había sido albergue para los rebaños trashumantes. Ocasionalmente servía para guardar pasto seco. Era el paradero obligado de los mendigos. Hacía mucho tiempo que la cabaña estaba descuidada, sin ninguna reparación. Por eso tenía brechas abiertas en los muros por donde se colaba el viento y orificios en el techo por donde se filtraba la lluvia. A su alrededor, las ortigas tenían la altura de un hombre y plantas trepadoras abrazaban las agrietadas paredes. Lo único que tenía de sólido aquel tugurio eran unas vigas de madera que sostenían firmemente el esqueleto.

* * *

En este extraño palacio transcurrió la edad de oro del franciscanismo. Difícilmente cabían los doce hermanos en la choza. Para evitar la confusión y no estorbarse mutuamente a la hora de la oración y del descanso, Francisco tomó un trozo de pizarra y marcó el nombre de cada hermano en las vigas. Así, cada hermano tenía su propio lugar. En una de las paredes laterales colgó una cruz de madera. La cabaña hacía las veces de dormitorio, oratorio y refectorio. Es difícil imaginar trono más adecuado para la Reina Pobreza.

Rivotorto ofrecía otras ventajas a los hermanos. A poca distancia tenían una leprosería. Muy cerca pasaba un camino real por donde transitaban sus amigos los mendigos.

A pocas millas se afrontaba la escalada de los primeros contrafuertes del Subasio. Subiendo por las ásperas hoces, que parecen cicatrices de un relámpago, se llegaba a unas grutas naturales que la primitiva generación denominó *cárceles,* lugar ideal para fomentar la vida contemplativa. Para colmo, Rivotorto formaba la punta de un triángulo, con San Damián y la Porciúncula en los otros dos ángulos. Aquí pasaron los meses de otoño, invierno y primavera.

Desposorio con la Dama Pobreza

Es una alegoría que se pierde en la oscuridad en cuanto al autor y fecha de composición. Aquí hacemos una breve transcripción, siguiendo la línea del poema, pero con palabras propias.

Francisco se fue por calles y plazas preguntando a los transeúntes:

–¿Habéis visto por los montes o por los valles a la Dama de mis pensamientos?

–No sabemos de qué hablas –le respondieron.

Entonces acudió Francisco a los doctores y magnates de la ciudad, preguntándoles:

–¿Sabéis del paradero de mi Reina la Pobreza?

–Nosotros sólo sabemos esto –le respondieron–: La vida es corta; comamos y bebamos, que mañana moriremos.

Francisco pensó:

–Ciertamente mi Reina no habita en la ciudad.

Así, pues, salió al campo. Pronto dio con dos ancianos que, sentados sobre una piedra, se calentaban al sol mientras conversaban sobre la fugacidad de la vida.

El Hermano Francisco se aproximó a ellos y les preguntó:

–Díganme, por favor, venerables ancianos, ¿dónde habita, dónde pastorea, dónde sestea mi Reina la Pobreza?

–La conocemos –respondieron ellos–. Muchas veces la vimos pasar por aquí. Al ir, iba acompañada; al volver, venía sola y sin adornos. Con frecuencia la vimos llorar, mientras decía: «Todos me han abandonado». Nosotros la consolábamos diciéndole: «No te aflijas, gran dama; son muchos los que te aman». Nosotros sabemos –continuaron– que ella tiene instalada su morada en la alta y solitaria montaña. Pero sobre el lugar exacto es inútil que preguntes a nadie; ni las mismas águilas lo saben. Sin embargo, sabemos que existe un secreto para dar con su habitáculo: primero hay que despojarse de todo, absolutamente de todo. Al quedar ligeros de peso, y sólo así, es posible llegar hasta aquella altura. Como ella ama a los que la aman y se deja hallar por los que la buscan, pronto se hará presente ella misma ante vuestros ojos. Y en ese momento os sentiréis libres de toda inquietud. No cabe imaginar mayor riqueza.

* * *

El Hermano Francisco tomó varios compañeros de primera hora y pronto estuvieron al pie de la temible montaña. Pero, al ver su áspera verticalidad, algunos, espantados, dijeron:

–Es imposible, no somos capaces.

–Somos capaces –replicó Francisco–. Eso sí, tenéis que aligeraros del peso, echando al suelo el lastre de la propia voluntad y la carga de los pecados. No debéis mirar nunca atrás, sino mirar siempre a Cristo que camina descalzo delante de nosotros. Es una hermosa aventura. Es la marcha de la libertad.

Animados con estas palabras, los hermanos acometieron la subida.

Cuando subían, la Dama Pobreza desde la alta cima extendió su mirada por el terrible terraplén. Y al verlos intrépidos escalar con tanto brío, exclamó:

–¿Quiénes son éstos que suben como una nube?

Y escuchó una voz de lo alto que decía así:

—Son la estirpe real de los elegidos.

Y les dirigió esta pregunta:

–¿Qué buscáis, hermanos, en esta montaña de luz? ¿Acaso venís por mí? ¿No veis que tan sólo soy una cabaña abandonada, azotada por la tempestad?

–Señora y Reina –le dijo Francisco–, por ti venimos. Nos habían hablado de tu realeza y hermosura. Antes lo sabíamos de oídas; ahora lo han comprobado nuestros propios ojos. Nos arrodillamos ante ti, Señora de nuestros pensamientos, y te decimos: Camina ante nosotros. Condúcenos de la mano hasta introducirnos en las murallas del Reino. Sálvanos del miedo. Libéranos de la agonía del alma. Entierra la angustia bajo siete metros. Esparce al viento la tristeza como ceniza fúnebre. Levanta la bandera de la libertad, abre la marcha y guíanos hasta los umbrales de la Salvación. Míranos benignamente y márcanos con la señal de tu predilección. Ven, quédate para siempre con nosotros.

* * *

Una gran conmoción se apoderó de la Dama Pobreza al oír estas palabras. Les dio un efusivo abrazo a cada uno de ellos, y les dijo:

–Con vosotros me quedo para siempre. Hoy sellamos una alianza eterna.

El Hermano Francisco, radiante de alegría, entonó un himno de gratitud. Todos juntos bajaron la montaña y se fueron directamente a la cabaña donde los hermanos habitaban. Era mediodía.

–Es hora de comer –le dijeron–; dígnate sentarte a nuestra mesa, oh Gran Dama.

Ella respondió:

–Antes que todo, desearía echar un vistazo a vuestra sala capitular, oratorio y claustros.

–No tenemos monasterio, tan sólo tenemos una choza –le respondieron.

–Sí –dijo la Dama–; veo que no tenéis nada y, sin embargo, os veo tan radiantes y llenos de consolación, ¡oh paradoja!

–Señora y reina –le dijeron–: Después de tan larga caminata, seguramente estarás extenuada. Necesitas reconfortarte. Si te place, nos sentaremos a la mesa.

–Me place –respondió ella–. Pero, antes, traedme agua para lavarme las manos y toalla para secarlas.

En un pedazo de vasija –no había ninguna entera– le trajeron agua. Mientras la vertían sobre sus manos, todos andaban de un lado para otro buscando toalla. No la había, naturalmente. Uno de los hermanos le ofreció la punta de la túnica para secarse las manos. La Dama agradeció el gesto.

A continuación, la condujeron al lugar donde estaba preparada la mesa, o lo que llamaban mesa. En realidad, no había ninguna mesa, sino pasto verde en tierra firme. Sentados todos en el suelo, la Dama observó detenidamente y no vio más que tres o cuatro mendrugos de pan sobre la hierba. Admirada, exclamó:

–Por generaciones de generaciones no se vio semejante espectáculo. ¡Bendito seas Tú, Señor! Amigos –les dijo la reina–, me apetecería comer viandas cocidas.

Enseguida le trajeron una escudilla llena de agua fresca para que en ella untaran todos el pan.

–Me gustaría comer algunas verduras condimentadas –dijo la reina.

–Señora –le respondieron–, no tenemos huerta ni hortelano.

Pero no por eso los hermanos quedaron parados. Se fueron con presteza al bosque, recogieron un manojo de hierbas silvestres y se las presentaron a la Dama. Ella insistió:

–Pasadme un poco de sal para sazonar estas hierbas que tienen cara amarga.

–Ten un poco de paciencia, Señora nuestra, mientras volamos a la ciudad para buscar un poco de sal.

–Entretanto –insistió la Dama–, prestadme un cuchillo para cortar este pan que parece piedra.

–¡Mil perdones!, Señora y reina –le dijeron–, no tenemos herrero ni objetos cortantes; tendrá que usar los dientes. Disculpe otra vez, Señora.

–Está bien –dijo ella–. Pero ¿no tendréis un poco de vino?

–Gran Señora, para nosotros lo esencial es pan y agua. Además, el vino desdice de la esposa de Cristo; ¡mil perdones!, Señora.

Todos quedaron saciados y se sintieron felices. La reina estaba cansada. Se acostó en la tierra para descansar. Pidió una almohada. Le trajeron una piedra.

Después de descansar un rato, les preguntó:

–Amigos, ¿dónde están vuestros claustros y haciendas?

Con gran cortesía, Francisco tomó de la mano a la reina, la condujo a lo alto del Subasio, y señalándole con un amplio ademán las crestas de los Apeninos, coronadas de nieve, le respondió:

–Señora nuestra, éstos son nuestros claustros y propiedades.

Tentación de la nostalgia

La pobreza era exigente en Rivotorto. Eran los meses de otoño e invierno. A duras penas se defendían contra las heladas y los aguaceros. Encendían fogatas para calentarse y secarse. A veces no tenían nada que comer. Se iban por los campos alimentándose de remolacha y nabos. No sentían escrúpulo en lesionar la propiedad privada.

No era tiempo de recolección. No había trabajo estable en el campo. Algunos días, cuando el tiempo lo permitía, trabajaban en la sementera con los campesinos. Otros hermanos, los más, ayudaban en las leproserías. Algunos arreglaban el calzado o confeccionaban muebles. Todos, por turno, subían a las cárceles para profundizar en la relación personal con Dios.

–Éste es el noviciado de la nueva orden de caballeros de Cristo –pensaba el Hermano–. Con la comprensión del Señor, séanos permitido abandonar por unos meses las salidas apostólicas –les dijo a los hermanos–. Necesitamos crecer en la oración, en la obediencia y, sobre todo, en la fraternidad. ¡Oh, el corazón del hombre! –pensaba el Hermano–. Se puede entregar el cuerpo a las llamas, pero de pronto la añoranza puede inclinarlo como una caña de bambú.

Francisco tenía miedo; miedo de que el tentador se revistiera con vestiduras de nostalgia.

–Es la peor tentación –pensaba–, por ser la más sutil.

Había días en que caía la lluvia sin parar. Muchas veces quedaron bloqueados por la nieve. No podían salir del tugurio. Cruzados de brazos pasaban muchas horas en forzosa ociosidad, calados de humedad, filtrándose el viento y la lluvia por todas partes, con la mirada sobre las aguas turbias de la torrentera, sin alimentos…

En esos momentos, Francisco sentía que la tentación rondaba peligrosamente a los moradores de la cabaña, diciéndoles:

–Vida absurda, sin sentido. Mucho mejor vivir allá arriba en la ciudad, en las casas confortables junto al rojo fogón, junto a la esposa tierna e hijos cariñosos, alimentándose de la cosecha almacenada con el trabajo del año...

Conociendo los lados flacos del ser humano, el Hermano los reunía todos los días y les repetía estas palabras:

–Hermanos carísimos; Dios es nuestra esposa. Dios es nuestro fogón. Dios es nuestro banquete. Dios es nuestra fiesta. Teniendo a Dios en el alma, la nieve da calor, y los inviernos se transforman en primaveras. Desventurados de nosotros si no nos asistiera el Señor. Nos arrastrarían las corrientes de la tentación como esas aguas del torrente y sucumbiríamos.

Como un hábil maestro, Francisco les enseñaba a zambullirse en los abismos de Dios. Al regresar de esas latitudes, los hermanos eran capaces de afrontar la escarcha y la nieve y la nostalgia.

De la pobreza a la fraternidad

Había en Rivotorto dos árboles interdependientes que habían crecido muy altos: la pobreza y la fraternidad. Pero había una flor que brillaba con colores propios: la alegría. ¡La penitencia vestida de alegría!

–Somos los hombres más alegres del mundo –pensaba Francisco–, porque nada tenemos.

Ya en aquellos meses les repetía Francisco lo que más tarde habría de estampar en la legislación:

«Mostraos contentos con el Señor, alegres y amables como conviene».

Como de la semilla de la rosa nace el rosal, como la Resurrección brota de la muerte de Jesús, la alegría franciscana surge de la pobreza franciscana.

–Hermano –dijo un día Francisco a uno de sus compañeros–: Hace buen día; vete a la «mesa del Señor» a pedir limosna.

Después de varias horas regresó el hermano, no con mucha limosna, pero sí cantando de alegría. Al escuchar a lo lejos su canto, Francisco, lleno de felicidad, salió corriendo a su encuentro y, descargándole las alforjas, lo abrazó efusivamente, le besó en los dos hombros y lo tomó de las manos exclamando:

–Bendito sea nuestro hermano que ha ido a mendigar sin hacerse rogar, y ahora vuelve a casa de tan buen humor.

* * *

Una vez, estando todos dormidos, un hermano comenzó a dar ayes lastimeros.

–¿Qué pasa? –preguntó Francisco.

–Me muero –respondió el otro.

De un salto se levantó el Hermano. Encendió la lámpara y comenzó a moverse entre los hermanos dormidos mientras preguntaba:

–¿Quién es? ¿Dónde estás?

–Aquí estoy, soy yo, hermano Francisco –dijo el otro. Arrimándole la lámpara, le preguntó:- —¿Qué pasa?

–Hambre, hermano Francisco, me muero de hambre. Francisco sintió que se le apretaba el corazón y le crujían las entrañas de madre.

Quiso disfrazar el dolor de su alma con aires de alegría y buen humor.

–Hermanos queridos, levantaos todos. Hagamos fiesta. Traed todo lo que haya de comer.

¿Qué habría? ¿Algunas nueces y aceitunas? Acabaron con todo. Comieron todos. Cantaron todos. ¡Espectáculo único de familia pobre y feliz! Francisco estuvo en la fiesta nocturna extremadamente efusivo. En el fondo, sin embargo su alegría era una piadosa máscara. Como una serpiente se le enroscó el temor en el corazón: ¿No estaría cargándoles pesos insoportables? ¿No era él un desconsiderado al imponerles semejante pobreza? Sufría. Temía.

Para esos momentos no había ninguna prioridad, ni siquiera la de la pobreza. Lo único importante era el hermano mismo. No importaba que fuese día de ayuno riguroso. Nada importaba el silencio y otras formalidades.

El hermano estaba por encima de todo. Aquello era una familia. Cada hermano valía tanto como la familia, la orden o la ciudad. No había ningún valor por encima del hermano mismo. Cuando sufría uno, sufrían todos.

De nuevo se acostaron todos en medio de bromas. Todos, menos Francisco. Pensó largamente en cada uno de ellos. Los depositó a todos, y uno por uno, en las manos del Padre Dios.

* * *

Y aquí comenzaba el gran salto: de la pobreza a la fraternidad. Allí donde los miembros de una comunidad se bastan para todo y no tienen necesidades, ahí es difícil la fraternidad, casi imposible. Más que los principios, es la misma vida la que va abriendo cauces fraternos. Donde se da una necesidad, viene la ayuda del otro. La pobreza crea necesidades y las necesidades abren a los hermanos unos a otros.

Este género de vida primeramente se vivió; y en sus últimos años el Hermano lo codificó.

Francisco comienza diciendo que los «hermanos no se apropien absolutamente nada para sí, ni casa, ni lugar, ni cosa alguna». Las propiedades dan al hombre sensación de seguridad. Al no tener nada, el hermano queda como ave desplumada. Viene a ser como un juguete al vaivén de los vientos, con sensación de orfandad y debilidad completa.

El ser humano, para no sucumbir al peso de la desolación, necesita una mínima seguridad. ¿Dónde encontrarla? En los brazos de la fraternidad.

A estos hermanos, sin monasterio, ni convento, ni hogar, indefensos y huérfanos de todo apoyo, caminando a campo abierto del mundo, Francisco les dice que «dondequiera que estén o se encuentren unos con otros, manifiéstense mutuamente domésticos entre sí».

He aquí la idea y la palabra genial: domésticos; esto es, la fraternidad hará las veces de casa. Manifestándose acogedores o familiares entre sí, el calor fraterno sustituirá, hará las veces de hogar. La seguridad y cobijo que a otros les da una casa confortable, en nuestro caso se los dará el calor fraterno.

¿Qué más? Hasta ahora poco hemos solucionado. Quedan mil necesidades y emergencias en cuanto al vestir, comer, enfermedades. Francisco lo sabía: ¿cómo solucionarlas? El dinero abre todas las puertas. Estos hermanos no disponen, ni pueden disponer de dinero. ¿Qué hacer entonces?

Otra vez el Hermano responderá con admirable sabiduría: «Manifestaos confiadamente uno a otro vuestras necesidades». He aquí la pobreza y la fraternidad enlazadas en un maridaje ideal. ¡Rota la verticalidad y abiertos los horizontes! Es decir, los hermanos abiertos unos a otros, unos para dar y otros para recibir, unos para exponer necesidades y otros para solucionarlas. Con qué simplicidad provoca Francisco el éxodo pascual, la gran salida fraterna, origen de toda liberación y madurez.

Y si son tantas las necesidades, o si realmente los hermanos no pueden solucionarlas, ¿qué hacer? Y aquí el Hermano levanta de nuevo la bandera de la madre, la que transforma el imposible en posible: «Haced lo que una madre hace con el hijo de sus entrañas».

* * *

Así, sin grandes teologías y psicologías, Francisco lanza a los hermanos a la gran aventura fraterna en el campo abierto de la pobreza. Yo no dudo en calificar de genial el capítulo VI de la Regla definitiva en cuanto esquema organizativo de vida.

Cuatro hermanos van por el mundo, supongamos. A uno de ellos se le lastima el pie. Los otros tres se «vuelven» para ayudarlo. Uno va en busca de agua tibia; el otro pide una tira de lienzo; el tercero, mientras tanto, lo cura y lo cuida. Los tres están vueltos al hermano herido.

Otro día se apodera fiebre alta de otro de los hermanos. Detienen la peregrinación y viven tres días y tres noches en función del hermano con fiebre. Uno sale al campo en busca de hierbas medicinales. El otro recorre la aldea procurando una habitación o al menos un pajar para acostar al enfermo. El tercero no se mueve de su lado. Se alternan en los cuidados. Como una madre para el hijo, los tres viven *para* el enfermo. De noche le prestan el manto para cubrirse bien. Se sienten felices al ver que la fiebre cede. Reemprenden la peregrinación. Van observando y midiendo las fuerzas del convaleciente para, según esas fuerzas, ir más de prisa o más despacio. En suma, todos están *salidos* y *vueltos* hacia el otro.

Otro hermano cae en una crisis de depresión y se abre a los demás. Estos sufren con él, rezan por él. Lo consuelan, lo fortalecen. No hay «mío» y «tuyo». Todo es común: salud, enfermedad, tristeza, alegría. Todo es transparencia y comunicación.

Francisco imagina el caso peor: uno de los hermanos cae gravemente enfermo mientras van por el mundo. ¿En qué hospital, en qué enfermería internarlo? No tienen casa, hospital ni enfermería. ¿Qué hacer? Francisco viene a decir: La fraternidad será (hará las veces de) la enfermería: «Los otros hermanos deben servirlo como quisieran ellos mismos ser servidos». El cuidado fraterno «es» el hospital.

Por ser pobres, se necesitan. Al necesitarse, se ayudan y se aman. Al amarse, son felices y testifican ante el mundo que Jesús es el Enviado.

Madre queridísima

Éste es el título que fray Pacífico, «rey de los versos» y provincial de Francia, daba a Francisco: «mater carissima», madre queridísima.

Hacía varios días que un hermanito tenía cara de enfermo. Los demás no lo notaron. El Hermano, sí, y lo fue observando durante varios días con creciente preacupación.

–¿Qué hago? –se preguntaba Francisco.

Un día se respondió:

–Si este hermanito comiera en ayunas unas uvas bien maduras, pronto recuperaría la salud.

Ni corto ni perezoso, a la mañana siguiente, muy temprano, despertó con gran delicadeza a aquel enfermo mientras los demás dormían. Lo tomó de la mano, fuéronse a la primera viña (no les importaba de quién fuese la propiedad), se sentaron en el suelo y se hartaron de comer. Francisco le buscaba los racimos más grandes y maduros. Así lo hicieron varios días. Al cabo de una semana aquel hermano lucía sonrosado y sano.

El concepto de propiedad privada no había sido anulado sino trascendido. E1 valor supremo era el hermano mismo. Frente a este absoluto, todos los demás valores quedaban relativizados.

Por lo demás, ésta era una de las muchas virtualidades emanadas de la pobreza: *el señorío.* Francisco y sus compañeros no solamente proceden con un aire caballeresco y aristocrático, sino que dejan la impresión de sentirse señores y dueños del mundo.

Los grandes misterios se conectan en sus raíces: el señorío de Jesús emana de su condición de *siervo*, según la catequesis primitiva. Consumado el hecho de la reverente sumisión a la muerte y muerte de cruz por obediencia al Padre, *ipso facto* se consuma también el señorío universal de Jesús tanto arriba como abajo. En suma, el Señor nace del Siervo.

Por esta línea, el Pobre de Asís, al renunciar a todo, se convierte en Señor de todo. Porque nada tiene, se siente con derecho sobre todas las cosas, cuando surge una necesidad humana. Señalando los horizontes del mundo, Francisco dirá a la Dama Pobreza: «Estos son nuestros claustros y propiedades». En suma, por ser pobre, es señor.

* * *

En una ocasión, Francisco y León hicieron una larga caminata. Los dos estaban extenuados, y fray León, además, muerto de hambre.

–Siéntate aquí, hijo mío –dijo Francisco a León–; descansa.

El Hermano se salió del camino, se internó en el campo, se acercó a una viña, cortó los mejores racimos y se los trajo a fray León.

–Come –le dijo–; y mientras comes voy a traerte unos racimos más para el viaje.

Y cuando Francisco estaba escogiendo a placer las mejores uvas, salió el dueño de la propiedad con un grueso palo en la mano y descargó buenos golpes en las espaldas de Francisco.

Mientras regresaban a casa, los dos se reían de buena gana de la tragicómica peripecia. Francisco compuso un estribillo que se lo repetía de cuando en cuando a fray León, y decía así:

> El hermano León bien se ha regalado;
> el hermano Francisco bien lo ha pagado;
> para León fue rica la comida;
> para Francisco fue dura la paliza.

Y así regresaron a casa todo felices. Enterados los hermanos de lo sucedido, lo celebraron mucho.

* * *

Francisco conocía las tentaciones y dudas de los hermanos y sufría más que ellos mismos. De noche, permanecía horas enteras pensando en las vicisitudes de cada uno. Se preocupaba si los veía preocupados. Quedaba feliz si los veía felices. Guárdalos en tu seno, repetía constantemente al Señor, no los sueltes de tus manos.

–Ésta es la profunda y suprema pobreza –pensaba el Hermano–: Vivir como una madre, desprendido de sí y vuelto al otro.

Francisco disponía de gran riqueza sensitiva por constitución congénita, es verdad. Pero si esa riqueza la hubiera retenido amarrada a su interior, Francisco hubiera sido un hombre susceptible, hipersensible y egocéntrico en alto grado. La pobreza liberó esas riquezas. Para acordarse del otro, hay que olvidarse de sí mismo.

No hay peor cosa que la instalación, pensaba el Hermano. En el campo abierto, en la arena del combate es donde el hombre se fortalece. Por eso Francisco no retenía por mucho tiempo a los hermanos. Muy pronto los soltaba a los caminos abiertos del mundo porque sabía que sin batalla no hay fortaleza y que la madurez es fruto de muchas heridas.

Pero, cada partida y cada llegada era un espectáculo de belleza fraterna. De mil formas repiten los cronistas que en cada despedida se le desgarraba el alma más que a una madre, y no lo podía disimular. Los abrazaba con ternura y efusión y los entregaba en las manos de Dios. A veces, para despedirlos iba acompañándolos durante varias leguas, con frecuencia con lágrimas en los ojos.

En el tiempo en que los hermanos estaban ausentes no hacía más que recordarlos nominalmente. ¿Cómo estará la salud de Fulano? ¿Qué será del estado de ánimo de tal otro? ¿Cuándo volverán? Difícilmente se encontrará en el mundo una madre que suspire tanto por el retorno de un hijo como Francisco por los suyos.

Cuando el grupito hacía su aparición en el horizonte lejano, los cronistas nos dicen que no hay forma de describir aquel reencuentro: Salía de la choza, caminaba velozmente a su encuentro, humedecidos los ojos, los abrazaba, los bendecía, los trataba de valientes caballeros, tomándolos de la mano los conducía hasta la choza, interrumpían el silencio, el trabajo y todas las observancias regulares, y hacían una gran fiesta. Es difícil imaginar una familia tan feliz.

Se puede amar así a un hijo, a un amante, a un amigo excepcional, pero para hacerlo con cada persona de una agrupación es necesario estar en pleno estado de pascua. La pobreza es esa fuerza pascual.

* * *

Igual que en una familia, los más débiles se llevaban las preferencias del Hermano. Cuando los bienhechores traían algún manjar especial, el Hermano lo reservaba exclusivamente para sus enfermos, no importando que fuese día de ayuno. En este caso, para que los enfermos no sintiesen escrúpulo de conciencia, él mismo, Francisco, comía primero con gran tranquilidad delante de ellos.

No sentía ningún reparo en ir por las calles en tiempo de cuaresma a pedir carne para sus enfermos, con extrañeza de las gentes. La fraternidad estaba por encima de todos los considerandos.

* * *

Fray Rizzerio tenía, diríamos hoy, alguna dosis de manía persecutoria. Era esa clase de personas que fácilmente tejen suposiciones gratuitas: éste no me quiere; aquél me mira mal; aquel otro me retiró la mirada; éstos conspiran algo en contra mía...

Pues bien, a nuestro fray Rizzerio se le metió en la cabeza la obsesión de que Francisco no lo quería, y eso, a su vez, era para él el signo fatal de que Dios le había retirado su amor. Y, como ocurre con esta clase de personas, vivía sombrío día y noche, cada vez más hundido en tinieblas, al borde del precipicio.

Enterado del caso, Francisco pidió inmediatamente un papel y le escribió esta *cartita de amor*:

«Hijo mío: Te suplico, por favor, que retires de tu mente esos pensamientos que te afligen. La verdad es ésta: Yo te amo muchísimo. Te diré más: te amo más que a los demás. Si es verdad que a todos quiero mucho, entre todos eres tú quien merece mi mayor predilección. Ven a mi presencia siempre que quieras, y cuando veas mis ojos, tú mismo te convencerás de la veracidad de mi amor por ti».

Esta cartita fue el talismán mágico que hasta el fin de sus días liberó al hermano de sombras y suspicacias, hasta transformarlo en lo que sería después: el beato Rizzerio.

–En el fondo de toda tristeza se agita una carencia afectiva –pensaba el Hermano.

Por aquellos días, en que recibió las llagas en el monte Alvernia, vivía Franasco perdido en la otra orilla, y descuidó el trato con fray León. Éste, sensible como era, se dejó llevar por la tentación de tristeza pensando que Francisco ya no lo quería. Muy pronto se percató el Hermano de lo que sucedía.

–Hermano León, querida ovejita de Dios –le dijo–; no te he olvidado, no; al contrario, ahora te quiero más que nunca. Tráeme papel y pluma, y te voy a dar la prueba de mi predilección.

Y le escribió la famosa bendición que fray León conservó hasta el fin de sus días

* * *

–Hasta un pedacito de uña puede dar consolación a una persona cuando hay cariño de por medio –pensaba Francisco.

Una vez, abatido un hermano por una serie de crisis personales, se decía a sí mismo:

–Oh, si yo tuviera un pedacito de uña del pie de Francisco, estas tentaciones se dispersarían como nubes. ¿Dónde está Francisco? –preguntó.

–Está en Rieti, muy enfermo –le respondieron.

Ni corto ni perezoso, el tal frailecito se desplazó hasta Rieti, y manifestó el deseo de tener un pedacito de la uña del pie de Francisco. Los que cuidaban a Francisco hallaron ridículo aquel deseo y le cerraron el paso.

Enterado Francisco, mandó inmediatamente que lo dejaran entrar. Con gran cariño le extendió el pie para que le cortara la uña, y mientras cortaba, le fue diciendo palabras de infinita consolación. Después le impuso las manos y le dio una cálida bendición. No había en el mundo hombre más feliz que aquel frailecito con su pedacito de uña y el cariño de Francisco.

–¡Es tan fácil hacer feliz a una persona! –pensaba Francisco–. Basta un poco de cariño.

* * *

Por aquellos meses todo le había salido mal a aquel hermano.

–Es una cadena –decía Francisco–; no hay una prueba sin otra.

–Es la desgracia humana –pensaba el Hermano–; si el Señor, en su infinita piedad, no nos enviara pruebas dolorosas, pero liberadoras, el ser humano acabaría por atornillarse por completo sobre sí mismo. ¡Es la peor esclavitud! –dijo en alta voz.

Un día llamó Francisco a aquel fraile atribulado y salieron los dos a pasear por el bosque. Mientras caminaban, le repetía varias veces:

«Recuerda, hijo mío: cuanto mayores tribulaciones te lluevan, tanto más te amaré».

¡Siempre la magia del amor! Durante el paseo, le hacía estas reflexiones:

«No habrá verdadero siervo de Dios mientras no se haya atravesado el río de la tribulación. Una prueba asumida con paz es el anillo de alianza con el Señor. Sólo a los fuertes somete a prueba el Señor».

* * *

Francisco, en poco tiempo había vivido mucho. Desde que el Señor le dio hermanos, no había salido de ese campo de batalla que llaman el trato humano. Y en ese campo había aprendido muchas cosas.

–Siempre vivimos sobre la cuerda floja tendida entre la fragilidad humana y el orden –pensaba el Hermano–. El orden exige el sometimiento de los díscolos. En ninguna sociedad el desorden puede campear a sus anchas. Se fundiría la sociedad misma. No obstante –seguía pensando–, la cuerda de la fragilidad, cuando se tensa demasiado, se rompe. ¿Qué hacer?

–Hay que salvaguardar el orden –decía–. Es necesaria la corrección fraterna, la amonestación, alguna vez la velada amenaza, con tal de que todo eso se haga con paciencia y dulzura. Pero, ¿qué es más importante, el orden o el hermano? ¿Y si por asegurar el orden aplastamos al hermano? ¿Y si por respetar al hermano se desmorona el orden? No hay sociedad sin orden, pero, ¿no es la sociedad para el hermano?

Nunca, sin embargo, se perdió Francisco en esas lucubraciones. Siempre creyó en el amor, como la suprema fuerza del mundo.

Y Francisco se fue lejos, mucho más lejos del orden, la sociedad, la disciplina, la corrección, la observancia regular, mucho más lejos; se fue al problema de la *redención*.

–El hermano díscolo –decía Francisco– se someterá, sin duda, ante la amenaza de un ultimátum. Pero, ¿se redimirá? Sin duda que no. Al contrario, permanecerá resentido, sombrío, pertinaz.

La vida le había enseñado que la corrección asegura el orden, pero que sólo el amor redime. No se puede descuidar la corrección, pero es insustituible el amor.

Habiendo buceado durante muchos años en las raíces humanas, había llegado a la conclusión de que en la base de toda rebeldía subyace un problema afectivo. Los difíciles son difíciles porque se sienten rechazados. Sabía, por otra parte, lo difícil que es amar a los no amables, y que no se les ama precisamente porque no son amables, y cuanto menos se les ama, menos amables son, y que si hay algo en el mundo que pueda sanar y elevar al díscolo, es el amor.

–¡Sólo el amor salva! –concluía siempre.

En sus últimos años, cuando la Fraternidad era numerosa y se presupone que ya había hermanos difíciles, Francisco lanzó la gran ofensiva del amor. A un ministro provincial que se le quejaba de la contumacia de algunos súbditos, le escribió esta carta de oro, verdadera carta magna de misericordia:

«... Ama a los que te hacen esto. Amalos precisamente en esto...

«Y en esto quiero conocer que amas al Señor y a mí, siervo suyo y tuyo, si procedes así: que no haya en el mundo hermano que, por mucho que hubiere pecado, se aleje jamás de ti, después de haber contemplado tus ojos, sin haber obtenido tu misericordia, si es que la busca. Y, si no la busca, pregúntale tú si la quiere.

«Y si mil veces volviere a pecar ante tus propios ojos, ámale más que a mí, para atraerlo al Señor. Y compadécete siempre de los tales».

La Casa Madre

Un día, todos los hermanos estaban en oración en el tugurio de Rivatorto. Era al caer de la tarde. Llegó hasta la cabaña un rudo campesino llevando del cabestro un jumento, con intención de pernoctar allí. Cuando vio que el tugurio estaba ocupado, se sintió vivamente contrariado.

Tratándose de una morada para transeúntes y pensando que los nuevos moradores pretendían instalarse ahí definitivamente, el burdo patán quiso hacer un acto afirmativo de su derecho entrando atropelladamente en la choza con aire insolente.

Comenzó a dar gritos groseros a su asno con intención de que los moradores se aplicasen a sí mismos aquellas palabras. Empujando al jumento, vociferaba:

«Entra, entra; vas a ver qué bien se está ahí dentro».

Francisco aguantaba sereno cualquier insulto. Pero las groserías le dolían demasiado. ¡Fue siempre tan sensible a la cortesía y a la descortesía! ¿Qué hacer? ¿Resistir?

–Somos los pobres de Dios –pensó–, y no tenemos derechos. La voluntad de Dios que se manifiesta en la errante peregrinación de los astros, ¿no se manifestará también en los modales groseros de un bronco arriero?

Y en esto el Hermano se calmó por completo, pensando que también esta brusca escena escondía la voluntad de Dios.

Y dirigiendo la palabra a los hermanos, les dijo:

–Carísimos, ¿qué quiere el Señor de todo esto? Sin duda quiere liberarnos de la tentación de la instalación. ¿No decimos todos los días que somos peregrinos y extranjeros en este mundo? Recordad: donde hay instalación hay seguridad, y donde hay seguridad, no hay pobreza. Vámonos alegremente, hermanos. No tenemos nada en este mundo, salvo las manos misericordiosas del Altísimo que nunca nos fallarán.

Y, sin más, abandonaron aquella morada, cuna de oro del franciscanismo. De todas maneras, más valía la libertad de la pobreza que la cuna de oro. Y al caer de la tarde, el grupo fraterno se encontró de nuevo errante y a la deriva, sin saber dónde dormirían aquella noche. Decidieron pernoctar en la Porciúncula. Allá, sin embargo, no cabían todos y algunos tuvieron que dormir en los hornos públicos, lo que no era novedad para ellos.

* * *

A la mañana siguiente, se fue Francisco a los benedictinos del monte Subasio, de quienes era propiedad la Porciúncula, y les pidió autorización para ocupar la ermita y el bosque aledaño. En vista del empuje que estaba tomando el movimiento iniciado por Francisco, los benedictinos accedieron gustosos a esta petición. Manifestaron, además, el deseo de cederlo en propiedad perpetua con tal de que el lugar fuese considerado como la cuna del gran movimiento que se veía venir.

A esto último, el Hermano respondió:

–No queremos tener propiedades, ahora ni nunca. Queremos vivir como el Señor Jesús, sin morada fija, en chocitas de barro y paja, para recordarnos a nosotros mismos que somos extranjeros en este mundo y ciudadanos de otra patria.

Pero no se contentó con esto el Hermano. Sabía muy bien con qué facilidad el hombre echa raíces allá donde habita y se apropia de su morada, primero emocional y después jurídicamente. Y para que nunca sucediera eso con la Casa Madre del franciscanismo, prescribió Francisco que todos los años la Fraternidad de la Porciúncula llevara como pago de alquiler a los benedictinos del Subasio una canasta de peces, pescados en el río.

Y en los primeros días del verano, todos los años, ahí tenemos a los hermanitos de la Porciúncula enfrascados en las aguas del río Chiaggio hasta llenar de peces pequeños el canastito.

Después, cubrían el recipiente de aromadas hojas del bosque y lo llevaban, con un cierto aire litúrgico, hasta el monasterio del Subasio. ¡Qué espectáculo! Había simplicidad y drama, como en todas las cosas del Hermano. Era una protesta: no eran propietarios. Era una afirmación: eran pasajeros.

A tal acto de cortesía, el abad correspondía enviando en concepto de recibo, un cántaro de aceite a la Fraternidad de la Porciúncula. Este intercambio perduró siglos, hasta que fue destruida la abadía.

Sermón a las aves

Por aquel tiempo llamó el Hermano a fray Maseo, y le dijo:

–Hermano Maseo, hace días que estoy metido en un pozo y no puedo salir. ¿Qué tengo que hacer? ¿Plegar las alas, acurrucarme a los pies de Dios y vivir siempre así, o extenderlas y volar sobre el mundo anunciando la Palabra? A veces tengo miedo de que, al caminar sobre el mundo, se me pegue el polvo del camino. Pero cuando pienso en nuestro bendito Cristo, que renunció a la dulzura del paraíso para salvar nuestras almas, me vienen ganas de saltar sobre el mundo y no parar nunca. ¿Qué hago?

–Hermano Francisco –respondió fray Maseo–. Siempre he oído decir que Dios manifiesta su voluntad a las almas de alta oración. ¿Por qué no consultar con algunas de estas almas?

–Fray Maseo, mañana por la mañana irás a San Damián para encontrarte con la hermana Clara. Ella vive en la cámara más secreta del Señor: todos los misterios divinos le son familiares. Le dirás que Francisco quiere saber si debe dedicarse sólo a la contemplación o también a la evangelización. Pero dile que, antes de darme la respuesta, elija a la hermanita más simple, inocente e ignorante del monasterio y consulte con ella sobre este grave problema. Después, querido Maseo, subirás por la garganta profunda del Subasio hasta las *cárceles,* donde nuestro hermano Rufino vive escondido en Dios, y le harás la misma consulta.

Al día siguiente, antes de las primeras luces, salió fray Maseo cumpliendo el deseo del Hermano en todos sus pormenores.

Francisco, a su vez, pasó gran parte de la mañana suplicando al Señor que manifestara inequívocamente su voluntad. Pasaban las horas y Maseo no regresaba. En realidad, necesitaba recorrer un largo trayecto. Francisco estaba impaciente por saber la respuesta de los dos grandes adoradores.

* * *

Al filo del mediodía, retornó fray Maseo. Al verlo, Francisco se alegró sobremanera. No le preguntó, sin embargo por el resultado de la embajada. Primeramente le dio un gran abrazo. Después lo tomó de la mano y lo llevó a una de las chocitas donde le tenía preparada agua tibia. Le lavó los pies con reverencia y cariño. Después de secárselos, se los besó pausadamente. Luego le llevó a la choza grande, lo sentó a la mesa y le dio de comer aceitunas, higos secos, pan y agua fresca.

Después lo tomó otra vez de la mano y lo llevó al bosque. Se internaron en la espesura profunda. Francisco se arrodilló delante de él como en una escena caballeresca. Se quitó la capucha con reverencia. Extendió los brazos en forma de cruz y, en voz alta, le preguntó:

–¿Qué manda mi Señor Jesucristo?

–Tanto a la hermana Clara como a fray Rufino –respondió Maseo– se les ha revelado que debes ir por el mundo pregonando el amor de Dios.

Oída esta respuesta, una honda exultación se apoderó del Pobre de Asís. Se levantó y, elevando los brazos, dijo:

–¡En el nombre de Dios, en marcha!

Y, sin regresar a la ermita, se lanzó a campo traviesa en compañía de Ángel y Maseo en dirección a Espoleto. Arrastrados por el impulso del Espíritu, ebrios de felicidad, pronto llegaron a un pueblecito llamado Cannara.

Allá se encontró con un grupito de personas y comenzó a hablarles del Amor Eterno, de la Paz y de la Pobreza. Pero una compacta e innumerable bandada de golondrinas y vencejos, con su chirriar y acrobacias, molestaban y no permitían escuchar con tranquilidad a Francisco. Impostando la voz con inefable modulación, Francisco suplicó a las golondrinas que por el amor del Amor estuviesen quietas y en silencio por un tiempo.

Así hicieron ellas. En vista de lo cual la gente quedó arrebatada, y querían abandonar todas las cosas y seguir al Hermano de Asís. Éste les dijo:

–Calmaos y no os precipitéis; ya llegará la hora para vosotros, no os olvidaré.

Aquella gente quedó sumamente consolada con estas palabras y el milagro de las golondrinas. Los hermanos se ausentaron de la aldea en dirección de otra aldea llamada Bevagna. Francisco iba vestido de fervor y alegría. Se sentía el hombre más dichoso de la tierra.

* * *

A lo lejos, a la derecha del camino, se veían varios árboles de copa muy alta y de amplio diámetro. Francisco los fue contemplando con gran atención. Pero, al aproximarse a ellos, comenzó a oírse una vocinglería abigarrada y polifónica. El Hermano abrió desmesuradamente los ojos y casi no podía creer lo que estaba viendo: una muchedumbre casi infinita de pájaros de todo plumaje y tamaño ocupaba la espesura del bosque.

–Hermanos –dijo Francisco a sus compañeros–, quedaos ahí. Es el Señor quien me ha preparado este original auditorio. También las aves entrarán en el paraíso. ¿Quién sabe si su corazón es un terreno bien preparado para producir el ciento por uno?

Y pausadamente, casi sin tocar el suelo para no espantar a las aves, se internó Francisco en el campo y, tomando cierta distancia, comenzó a predicar a los pájaros que estaban picoteando en el suelo. No se puede creer lo que sucedió. Los pájaros que estaban inquietos picoteando semillas invisibles, al escuchar la voz de Francisco, se aquietaron, y colocándose en semicírculo, permanecieron mirando a Francisco y escuchándolo.

Éste seguía hablándoles. Y, ¡oh prodigio!, saliendo desde la profusa enramada, bajaron al suelo millares de otras aves. Se colocaron delante de Francisco ordenadamente: delante las más pequeñas, en medio las de tamaño mediano y detrás las más grandes. Mientras duró el sermón ninguna pió, ninguna picoteó en el suelo. Estuvieron quietas hasta que Francisco terminó el sermón. Pero ni siquiera entonces se marcharon. Esperaron pacientemente hasta que Francisco les diera la bendición. Al predicarles, el Hermano se movía entre ellas. Y aunque las rozaba con el borde de su hábito, ni aun así se asustaban ni se movían.

Todo esto no se podía creer si no lo hubiera contado el mismo fray Maseo al hermano Santiago de la Massa.

* * *

Estas fueron las palabras que el Hermano dirigió a las aves:

–Queridas aves, hermanas mías: Hacéis lo más hermoso de la creación: volar. Los hijos de Dios por nada debemos sentir envidia, pero yo os confieso este pecado: yo os envidio porque podéis volar. Cómo me gustaría volar ahora mismo hasta el vértice de este árbol, hasta aquel risco inaccesible. Para vosotras nada hay inaccesible. ¡Qué hermoso panorama debe verse desde esas alturas!

«Vuestros cantos de oro, vuestros silbos sonoros, todo será poco para aclamar el amor y la sabiduría de vuestro Creador. Desde que aparece la luz hasta que desaparece, deben rasgar los aires anunciando que no existe otro Todopoderoso sino vuestro Creador. Aunque nadie os escuche, llenad el mundo de las alabanzas del Señor.

«En su infinita inventiva, el Creador os ha investido de doble y triple plumaje, para preservaros del frío, para que no os quemen los rayos del sol y para que os encontréis bonitas. El Señor os ha dado plumas que no se mojan para que la lluvia os resbale, y tenéis el poder de volar aun en medio del aguacero más torrencial. Vuestras plumas son del más variado colorido. Tenéis tonalidades que no se ven en nuestro arco iris: verde-negro, negro-azul, rojo-blanco, verde-amarillo... Sois muy vistosas, hermanas mías, aves. Todo es Gracia de Dios.

«Vuestro Padre tuvo gran cuidado de conservaros en el arca de Noé para que no desapareciera vuestra estirpe. Y cuando bajaron las aguas, fue una de vuestra raza la primera en salir del arca y averiguar si la tierra estaba habitable. Porque vosotras sois las únicas capaces de volar por encima de las aguas. Además, el Señor os ha dado ese cielo azul y ese espacio dilatado para agitar alegremente vuestras alas y cantar. Yo nunca os he visto tristes. Al contrario, siempre os veo felices. Sois las criaturas más privilegiadas de la creación. Todo es Gracia de Dios.

«Además, vuestro Padre ha sembrado la tierra de manantiales y ríos en consideración a vosotras para que podáis apagar la sed y bañaros en los días de gran calor. Ha edificado, además, montañas altas y valles espaciosos para que podáis habitar sin que nadie os moleste. Y el mayor invento de Dios, y el mayor regalo para vosotras, son los árboles. No os quiero hablar de sus cualidades porque vosotras las conocéis mejor que yo. Solamente os quiero advertir que si los árboles son tan altos, es para que podáis colocar vuestros nidos en las primaveras sin ningún peligro. De esta manera, los niños –a quienes tanto les gustan los nidos– no los pueden alcanzar y destruir. Todo es Gracia de Dios.

«Finalmente, todos los días encontráis la comida preparada. El hombre tiene que salir al campo para sembrar en el invierno, en la primavera para escardar y en el verano para segar y cosechar; y para vestirse, necesita construir innumerables fábricas y talleres de tejidos. Vosotras, nada de esto. Saltáis del nido, y el Padre os viste para toda la vida. Por lo demás, nunca se ha visto a un pájaro morirse de hambre. Todo es Gracia de Dios.

«Realmente, sois las criaturas predilectas del Altísimo Padre. Vuestro único pecado es el de la ingratitud. Guardaos de ese pecado, hermanas mías. Y alabad, bendecid y agradeced eternamente el amor del Señor».

* * *

Mientras Francisco les iba hablando así, todos aquellos pájaros comenzaron a abrir sus picos, a estirar sus cuellos y a extender sus alas, inclinando respetuosamente sus cabezas hasta el suelo, y a manifestar con sus actitudes y con sus cantos el grandísimo contento que les causaban las palabras de Francisco.

El Hermano de Asís se regocijaba y recreaba juntamente con ellos, sin dejar de maravillarse de tan gran muchedumbre de pájaros en tan hermosa variedad, y de la atención y familiaridad que le mostraban. Por todo lo cual alababa devotamente al Creador.

Finalmente, terminado el sermón, Francisco trazó sobre ellos la señal de la cruz y les dio licencia para marcharse. Entonces, todos los pájaros se elevaron en bandada entre cantos armoniosos. Luego se dividieron en cuatro grupos siguiendo la cruz que Francisco había trazado. Un grupo voló hacia el oriente. Otro, hacia el occidente. El tercero, hacia el mediodía. Y el cuarto, hacia el septentrión. Y cada bandada se alejaba cantando maravillosamente.

Los hermanos menores, igual que las avecillas no han de poseer ninguna propiedad en este mundo, dejan su cuidado en las manos de Dios.

Los asaltantes de Montecasale

A pocos kilómetros de Borgo San Sepolcro, subiendo una pendiente empinada, se llega a un lugar llamado Montecasale. En el barranco había una roca saliente (*specco*) de dimensiones extraordinarias. Parecía el techo del mundo.

Francisco buscaba siempre estos lugares para cultivar la amistad con Dios, porque los hermanos podían guarecerse contra el sol, la lluvia o la nieve, y además tenían muy cerca agua corriente. A un lado y encima del barranco, construyó el Hermano una choza con hierba seca, ramas y barro. Se llamaba *eremitorio de Montecasale*.

Al frente de los ermitaños estaba el hermano Ángel Tarlati, que, igual que su homónimo Ángel Tancredi, había sido caballero y hombre de armas en el mundo. Merodeaban por esos parajes solitarios tres famosos bandoleros que se dedicaban a asaltar a los transeúntes. Al no tener a nadie que asaltar, y muertos de hambre, se presentaron, con no muy buenas intenciones en la choza de los hermanos.

Al verlos, el antiguo soldado se encendió en ira, increpándoles:

–Asesinos y holgazanes; no contentos con robar a la gente honrada, ¿ahora queréis engullir las pocas aceitunas que nos quedan? Tenéis edad para trabajar. ¿Por qué no os contratáis como jornaleros?

Ante estas palabras los bandoleros parecían no inmutarse. Al contrario, su frialdad denotaba que persistían en sus aviesas intenciones.

–Es bueno que sepáis –les dijo fray Ángel amenazadoramente– que soy un viejo soldado y que más de una vez he partido de un tajo a canallas como vosotros. Y si ahora no tengo espada detrás de la puerta, sí tengo un garrote para partiros las espaldas.

Y agarrándolo, comenzó a golpearlos mientras los forajidos se escapaban precipitadamente. Era una victoria más del antiguo soldado. Se divirtieron los hermanos y se rieron de buena gana con el presente lance.

* * *

Al caer la tarde, regresó Francisco de pedir limosna, y los hermanos le contaron regocijadamente y entre risas lo ocurrido.

Mientras se lo contaban, el Hermano no esbozó ni la más leve sonrisa. Ellos percibieron que el chascarrillo no le hacía ninguna gracia. Entonces también ellos dejaron de reírse. Acabada la narración, el Hermano no dijo ni una palabra. Se retiró en silencio y salió al bosque. Estaba agitado y necesitaba calmarse.

–¡Un soldado! –comenzó pensando–. Todos llevamos dentro un soldado; y el soldado es siempre para poner en fuga, herir o matar. ¡Victoria militar! ¿Cuándo una victoria militar ha edificado un hogar o un poblado? La espada nunca sembró un metro cuadrado de trigo o de esperanza.

Francisco estaba profundamente turbado. Evitaba, sin embargo, que la turbación derivara mentalmente en contra de Ángel Tarlati, porque eso sería, le parecía a él, igual o peor que descargar golpes sobre los bandidos

–Sácame, Dios mío, la espada de la ira y calma mi tempestad –dijo el Hermano en voz alta.

Cuando estuvo completamente calmado y decidió conversar con los hermanos, se dijo a sí mismo:

–Francisco, hijo de Asís, recuerda: si ahora tú reprendes a los hermanos con ira y turbación, eso es peor que dar garrotazos a los asaltantes.

* * *

Convocó a los hermanos y comenzó a hablarles con gran calma. Ellos, al principio, estaban asustados. Pero, al verlo tan sereno, se les pasó el susto.

–Siempre pienso –comenzó diciendo– que si el ladrón del Calvario hubiese tenido un pedazo de pan cuando sintió hambre por primera vez, una túnica de lana cuando sintió frío, o un amigo cordial cuando por primera vez sintió la tentación, nunca hubiese hecho aquello por lo que lo crucificaron.

Francisco hablaba bajo, sin acusar a nadie, con la mirada en el suelo, como si hablara a sí mismo.

–A todos los ajusticiados –continuó– les faltó en su vida una madre. ¿Quién sabe del revés de cada cosa? ¡Cuántas veces está la aurora detrás de la montaña! Nadie es malo. A lo sumo es frágil. Lo correcto sería decir, *enfermo*. Hemos prometido guardar el santo Evangelio. Y el Evangelio nos dice que hemos sido enviados para los enfermos, no para los sanos. ¿Enfermos de qué? De amor. He ahí el secreto: el bandolero es un enfermo de amor. Repartid un poco de pan y un poco de cariño por el mundo, y ya podéis clausurar todas las cárceles. ¡Oh, el amor, fuego invencible, chispa divina, hijo inmortal del Dios Inmortal! ¿Quién hay que resista al amor? ¿Cuáles son las vallas que no pueda saltar el amor y los males que no los pueda remediar?

Aquí, Francisco entonó un himno encendido al Amor, Hijo de Dios.

–Y ahora –añadió despacio y bajando mucho la voz–, yo mismo iré por estos contrafuertes cordilleranos en busca de los bandoleros para pedirles perdón y llevarles pan y cariño.

Al oír estas palabras, se sobresaltó fray Ángel:

–Hermano Francisco, yo soy el culpable; yo soy quien debe ir.

–Todos somos culpables, querido Ángel –respondió el Hermano–. Pecamos en común, nos santificamos en común, nos salvamos en común.

Fray Ángel se puso de rodillas, diciendo:

–Por el amor del Amor permíteme, hermano Francisco, esta penitencia. Al oír estas palabras, Francisco se conmovió, y le dijo:

–Está bien, querido hermano; pero harás tal como te voy a indicar. Subirás y bajarás por las cumbres y hondonadas hasta encontrar a los bandoleros. No deben andar lejos. Cuando los divises, les dirás: "Venid, hermanos bandoleros, venid a comer la comida que el hermano Francisco os preparó con tanto cariño". Si ellos distinguen paz en tus ojos, enseguida se te aproximarán. Tú, entonces, les suplicarás que se sienten en el suelo. Ellos te obedecerán, sin duda. Entonces, extenderás un mantel blanco sobre la tierra. Colocarás en el suelo este pan y este vino, estos huevos y este queso. Les servirás con sumo cariño y alta cortesía. Cuando ya estén hartos, les suplicarás de rodillas que no asalten a nadie. Y lo restante lo hará la infinita misericordia de Dios.

Y así sucedió. Diariamente subían los ex bandoleros al eremitorio cargando leña a hombros. Francisco les lavaba frecuentemente los pies y conversaba largamente con ellos. Una lenta y completa transformación se operó en ellos.

¿Por qué a ti?

Por aquel tiempo, el Hermano iba acompañado de fray Maseo en sus salidas apostólicas. Era fray Maseo uno de los hermanos más queridos de la primitiva Fraternidad: hombre de oración, figura gallarda y modales de alta cortesía.

Los hermanos sabían que cuando fray Maseo salía para pedir limosna, aquel día había una buena cosecha. Su trato agradable cautivaba y muy pronto se hacía querer.

Por este tiempo, el Hermano de Asís era ya conocido y admirado en toda la Umbría y parte de la Toscana. No era raro que su paso por las aldeas fuera acompañado por el volteo de las campanas. Rápidamente se despoblaban los pueblos y acudían a verlo y escucharlo, y, si era posible, tocarlo.

Hacía muchos días que fray Maseo estaba intrigado y no podía entender el motivo del arrastre popular de su compañero. Y un día que iban caminando en silencio, le soltó por primera vez la explosiva pregunta: —¿Por qué a ti?

Francisco no entendió el alcance de la pregunta y continuó en silencio. Al cabo de un rato, con voz más elevada, le preguntó de nuevo:

–¿Por qué a ti, antes que a cualquier otro?

–¿Qué quieres decir con eso, hermano Maseo? –preguntó Francisco.

–Francisco de Asís, no entiendo nada.

–¿Qué es lo que no entiendes, hermano Maseo?

–Mira –respondió–; dentro de los cánones del mundo, tú, Francisco de Asís, no tienes motivo alguno para cautivar la atención popular. No eres hermoso: ¿por qué todos quieren verte? No eres elocuente: ¿por qué todos quieren oírte? No eres sabio: ¿por qué todos quieren consultarte? ¿Por qué, en suma, el mundo entero acude a ti cuando no tienes nada para cautivar? ¿Cuál es el secreto de tu fascinación?

Al oír esto, Francisco se emocionó visiblemente.

–Sobre la faz de la tierra jamás se pronunciaron palabras tan sabias –Dijo el Hermano–. Dime, fray Maseo, ¿de dónde sacaste tanta sabiduría? ¿Quién te inspiró ideas tan certeras?

Arrodillándose en el suelo, quiso besar los pies de fray Maseo, pero éste no se lo permitió. Levantando los ojos al cielo, el Hermano dijo:

–Gracias, Señor Altísimo, por haber revelado las grandes verdades a las almas transparentes

Y luego, dirigiendo la palabra a fray Maseo, le respondió:

–¿Quieres saber por qué vienen todos a mí? Te lo diré: para *confundir*. ¡Oh fray Maseo! Aquel altísimo Señor, cuya sustancia es Amor y Misericordia, tiene mil ojos con los cuales penetra las concavidades del alma humana. Él ve lo que hay al otro lado de las cosas. No hay oscuridad que no sea claridad para Él. Pues bien, esos altísimos ojos han mirado a la redondez de la tierra y no han encontrado criatura más incapaz, inútil, ignorante y ridícula que yo. Justamente por eso me escogió a mí, para que se patentizara ante la faz del mundo que el único Magnífico es el Señor. Si Francisco de Asís tuviera una espléndida figura, una elocuencia arrebatadora, prolongada preparación en las aulas de Bolonia, y hasta sabiduría como los ángeles, la gente diría: «Es su belleza, es su sabiduría, es su elocuencia». Pero al no tener nada de eso, las gentes forzosamente tienen que concluir: «Es el Señor».

–Fray Maseo –continuó el Hermano–, ¿recuerdas la bendita Madre de Dios, la Virgen María? Ella dijo: «Tengo maravillas, pero no son mías. Por ser yo *poca cosa* –dijo aquella sublime mujer–, me escogió a mí para evidenciar que el Maravilloso es el Señor». ¿Que por qué me escogió a mí? ¿Cómo te lo diré, hermano Maseo? Te repito, para confundir, hermano, para confundir. Para que se sepa, para que quede evidente y estridente a la vista del mundo entero que no *salvan* la sabiduría, la preparación y los carismas personales, y que el único que salva, redime y resucita es Dios mismo, para que se sepa que no hay otro Todopoderoso; no hay otro Dios sino el Señor. En suma, me escogió a mí para confundir la nobleza y la grandeza y la fortaleza y la hermosura y la sabiduría del mundo.

El que estaba realmente confundido era fray Maseo. Continuaron largo rato en silencio pensando estas cosas. Durante varios días, el Hermano le habló a fray Maseo sobre la humildad de corazón.

–¡Oh fray Maseo! –le dijo un día–. ¡Cómo quisiera ser una sombra en la presencia de la Luz! No tenemos nada. Mejor, si algo tenemos no es nuestro, es préstamo. Dios nos libre de la tentación de hurto. Sí; el hombre que se apropia los dones de Dios es un ladrón, fray Maseo. El hermano que se envanece de sus cualidades (que no son suyas) es un vulgar ladrón. ¡Oh fray Maseo!, soy el pecador más grande de la tierra. Y esto no es mentira ni exageración. Si cualquiera otro hubiera recibido tantas consolaciones como yo, sería fidelísimo siervo de Dios.

Clara de nombre

Pocos secretos han sido tan celosamente custodiados entre mujeres como el de aquel día. Era el domingo de Ramos de 1212. Clara, la noble patricia, hija de Scifi, tuvo aquel día un capricho incomprensible para su madre y sus dos hermanas. Sin que nadie adivinara la causa, quiso engalanarse con el traje más vistoso de su ajuar. Su madre, Ortolana, y sus dos hermanas, Inés y Beatriz, juzgaban aquel afán como una veleidad gratuita y desproporcionada.

Haciendo oídos sordos a estos reclamos, Clara fue cubriéndose de encajes de seda, brazaletes y de las joyas más lucientes. Parecía una novia de estirpe real en el día de su boda. Y así, las cuatro damas se dirigieron hacia la catedral de San Rufino en medio del alegre repiqueteo de campanas, abatiendo las miradas de los transeúntes.

Era la despedida solemne, el último adiós. Nadie lo sabía, salvo su prima Buona, y quizá don Guido. El templo rezumaba fragancia de laurel, de palmeras y ramos de olivo.

Comenzó la ceremonia. Y en el momento en que la muchedumbre avanzó hacia el presbiterio para recibir los ramos bendecidos, Clara quedó paralizada en su asiento en el fondo del templo. No se daba cuenta de dónde estaba ni de lo que sucedía a su alrededor. Se hallaba en el ápice de la lucha, trenzada consigo misma en el asalto final: entregarse o retroceder. Hoy o nunca.

Con su vida demostró ser una mujer resuelta. Y si algún distintivo sobresaliente hay en su personalidad, es su fortaleza en la fidelidad. Es difícil encontrar un ejemplar tan alto de la *mujer fuerte* de la Biblia.

El paso a dar era un salto mortal en el vacío. Dieciocho años había vivido en la cálida intimidad de una familia opulenta, junto a excelentes padres y entre cinco cariñosos hermanos. Era una muchacha resplandeciente, llena de encantos y atractivos, admirada, casi adorada por todo Asís.

En un abrir y cerrar de ojos se le venía al suelo este castillo de ensueño. No se le escapaba que su inminente plan atraería la repulsa de la ciudad y que, en el mejor de los casos, nadie lo comprendería o, al menos, nadie lo aceptaría. Lo más admirable y terrible era la soledad completa en que había incubado la decisión y habría de consumar la ejecución. Casi, casi tenía aires de conspiración.

Personalidad poderosa y resuelta, Clara jugaba en esos minutos al *todo o nada*. No es, pues, de extrañar su estado de piedra en el fondo de la iglesia de San Rufino.

Hubo en ese momento un episodio extraordinario. El obispo Guido salió del presbiterio, avanzó por la nave central, llegó a la altura donde Clara lloraba y, con gran simpatía, le entregó un ramo de olivo en medio de la sorpresa general. Sin duda, Dios aceptaba la ofrenda de Clara. La predilección del obispo era la señal.

Clara ya no sufrió más. Salió del templo rodeada de familiares. Allá dentro quedaban para siempre las vacilaciones, esfumadas como incienso de oro ante el Señor. Todo estaba decidido, la suerte echada. Clara estaba tranquila. Dejó correr el día como si nada hubiera sucedido o hubiera de suceder. Participó de la fiesta familiar. Atendió con cortesía y cariño a los numerosos huéspedes.

Fue cayendo la tarde. Una por una se apagaron las voces y las luces. Clara, antes de retirarse a su habitación, se despidió como de costumbre de sus hermanas y de su madre. Para ellas, era un rito normal cotidiano. Para Clara era el último adiós. El silencio envolvió el mundo. Como única reina quedaba la noche. Era la hora propicia para la conspiración.

La literatura exaltó mil veces a las mujeres que arriesgaron su vida por el elegido de su corazón o se eliminaron de la vida por un amor imposible. La historia está llena de amantes que hicieron proezas audaces. Es difícil, sin embargo, imaginar a una mujer organizar y ejecutar lo que Clara hizo por su Elegido.

Detallistas, como buenas mujeres, Clara y su prima tuvieron que tener presentes mil obstáculos y solucionarlos de antemano. Era difícil salir de la casa-castillo sin producir ruidos sospechosos. Era más difícil salir de noche del recinto amurallado. Los portones se mantenían cerrados durante toda la noche; para salir al valle tenían que burlar la vigilancia de los centinelas. Sin duda, los días anteriores habrían recorrido las dos mujeres el perímetro de las murallas para buscar un boquete de salida. Es también difícil imaginar a una mujer esperar a otra a medianoche en la esquina de una calle oscura. Pero está escrito. Cuando una mujer está enamorada de Jesucristo, no hay fuerzas que le cierren el paso, ni fronteras que la detengan, ni sombras que la asusten. La fuga tenía todas las características de una conspiración en regla, una santa conspiración. Y las dos mujeres la llevaron a la práctica con sangre fría, corazón ardiente y perfecta sincronización.

* * *

Aquella noche, Clara no se acostó. Permaneció en vela con su traje de gala. A medianoche salió de su alcoba y, evitando con suma cautela cualquier ruido, casi sin tocar el suelo, descendió las escaleras de piedra y se dirigió hacia una salida secreta que tenía el palacio a la que había echado el ojo días antes.

Pero la salida estaba obstruida por un montón de maderas, ramas y piedras. Cualquier otra persona se habría desalentado al instante. Ella, en cambio, con tenacidad y paciencia comenzó a remover los obstáculos, uno por uno, en la oscuridad de la noche. Solamente con pensar en Jesús le nacían energías indomables. Con fría tenacidad acabó por remover la última madera, apareciendo por fin la vieja puerta. Corrió el cerrojo con gran cuidado, para evitar los crujidos, y por fin se encontró en la calle. Pronto se unió con su prima Buona Guelfuci, que la esperaba en una esquina. Todo estaba saliendo según el plan premeditado. ¡Bendito sea el Señor!

Como dos sombras veloces se deslizaron por las calles silenciosas, y pronto alcanzaron aquel boquete abierto en las murallas que habían descubierto días atrás. Bajaron por las escarpadas pendientes evitando que rodaran piedras a fin de no despertar sospechas, en dirección del valle. ¿Dos fugitivas? ¿Dos conspiradoras? ¿Dos desterradas? No. Dos caminantes en busca de una patria mejor, en busca de la libertad total.

Clara emprendía la vía solitaria y áspera de los grandes elegidos de la historia, camino de riesgos, soledad e incertidumbre. Pero lo hacía sin miedo, con la alegre audacia de los enamorados. Era una noche fría y estrellada, en los últimos días del invierno del año 1212. El cielo de Clara estaba también lleno de estrellas.

Alianza eterna

Los hermanos habían rezado durante toda la noche para que Clara no tuviera contratiempos y todo resultara según los deseos de su corazón.

–Clara es un mimbre –les decía Francisco a los hermanos–, dulce, flexible, pero irrompible. Lleva suficiente fuego en el corazón como para quemar todos los obstáculos.

–Hermano Francisco –le dijeron los hermanos–, Clara es una mujer, las mujeres se asustan ante las sombras y temen las tinieblas.

–Pero del corazón de Clara –respondió Francisco– sale una luz para alumbrar la oscuridad del camino: es la luz velada del Rostro de su Amado. Pero, de todas formas –continuó–, es conveniente que salgamos a su encuentro para que se sienta más tranquila.

Clara y su prima avanzaron por un sendero conocido, de cinco kilómetros de longitud. Pronto divisaron a lo lejos unas luces. Eran Francisco y los hermanos. Éstos habían tomado unos leños secos del bosque, les prendieron fuego y con ellos en alto, a modo de antorchas, salieron al encuentro de Clara.

* * *

Desde la profundidad oscura de la noche fue lentamente emergiendo a la luz de las antorchas, ante los ojos deslumbrados de los hermanos, la figura blanca, esbelta y radiante de Clara. Francisco se adelantó sonriente, entre los hermanos sonrientes, a su encuentro, para decirle:

–Bienvenida, valiente prometida del Rey Inmortal.

Clara sonrió. Se sentía feliz. El miedo había pasado. Los deseos se habían colmado.

En medio de dos filas de antorchas sobre el fondo oscuro de medianoche, la clara figura avanzó entre cánticos de alegría en dirección de la ermita. Posiblemente, nunca en la historia del espíritu se vio semejante cortejo nupcial. Estaba escrito que en la vida de Francisco todo tendría aire de romance y fantasía.

Clara avanzó hasta el altar de la ermita. Se arrodilló ante el cuadro bizantino de la Virgen. Los hermanos quedaron de pie con las antorchas en alto.

Francisco, puesto en pie, frente al público, habló así:

–Es una noche de bodas, hermana Clara; noche clara como tu nombre. Se han plegado las alas del mundo y abierto las alas de tu espíritu para abrazar al Prometido. Los ángeles de Santa María han llegado volando, y rondan por los aires esperando el momento para ser observadores y testigos de este desposorio de cadenas eternas. Todo está preparado –continuó Francisco–; el Esposo será Cristo; el celebrante, Santa María; y los ángeles, los testigos. Pero te advierto, hermana Clara, que vas a desposarte con un viudo. Su primera esposa se llamó Pobreza; ella es hoy una reina destronada y desterrada. La nueva esposa tiene que tener la misma cara que la primera. Aquí tienes el traje de novia.

Todo se había preparado con prolijidad. Según las medidas anatómicas de la noble patricia, como en el mejor taller de alta costura, su prima habíale confeccionado un hábito con burdo paño de color terroso. La conspiración navegaba a velamen desplegado. En este momento de la ceremonia, Clara salió de la ermita acompañada de su prima. Y, con su ayuda, fue desprendiéndose, uno por uno, de sus vestidos de encajes, y se colocó encima el terroso sayal.

De nuevo regresó Clara a la ermita. No se podía creer. Al resplandor de las antorchas, Clara aparecía tan hermosa o más que con el vestido de gala. Sus pies pequeños y blancos calzaban sandalias de madera. De la antigua Clara Scifi sólo restaba la opulenta cabellera de oro que se extendía sobre los hombros. ¡Qué espectáculo!

* * *

Clara se arrodilló ante el altar y pronunció palabras con peso de eternidad:

–Mi Señor, abre el cofre de oro, que quiero depositar ahí mi corazón. Sobre el pebetero del mundo enciendo esta noche la llama eterna. Quiero que cuando las estrellas se apaguen, la llama siga agitándose al viento.

«Mi Señor, te declaro por único dueño de mis territorios. Extiende tus alas de mando sobre los horizontes de mis mundos. Caminaré descalza contigo descalzo, hasta que se apaguen todas las antorchas sobre las murallas de la historia. No habrá para mí otra voz ni otro rostro. Entre Tú y yo no se interponga otra criatura sino la espada de la fidelidad.

«Soy joven. Sé pocas cosas de la vida. Me han hablado de otoños. Yo sé que en tus hemisferios no hay otoños. Me han dicho que el amor está amenazado de muerte por el virus del tedio y la rutina. Hasta me han hablado de deserción y desamor, cosas que yo nunca imaginaba. Yo bien sé que en tus campanarios nunca se arría la bandera de la fidelidad, y que guardarás cuidadosamente el tesoro de mi vida en tu cofre de oro hasta la caída de la tarde».

Y extendiendo los brazos, añadió:

–Mi Señor Jesucristo, pon tu sello sobre mis palabras y acepta con agrado mi consagración.

Francisco no pudo contenerse. Vertía lágrimas tranquilas. Los hermanos sollozaban. Clara se mantuvo extraordinariamente serena. Lloraba también Buona Guelfuci.

* * *

Sin mediar palabra, según el ritual convenido, Francisco tomó unas toscas tijeras y se aproximó a la desposada. Tomaba un manojo de cabello y le daba un corte. Después, otro manojo y otro corte. El Hermano lo hacía con delicadeza, casi con reverencia. Parecía sentir pena de destrozar aquella criatura de oro que era la cabellera de Clara. Cada manojo cortado lo depositaba sobre el altar.

Después colocó un velo blanco sobre su cabeza con visible reverencia. Encima superpuso otro velo negro. Y así nacía Clara de Asís para la historia del Espíritu. Francisco le dirigió unas palabras finales, y la ceremonia había concluido, pero no la noche.

Como en un complot perfecto, los protagonistas no habían descuidado ningún detalle. Preveían que habría de desencadenarse un despliegue de fuerzas de parte de los familiares para rescatar a la noble patricia. Y así, le buscaron un refugio.

En esa misma noche, Francisco, con Buona y algunos hermanos, condujeron a Clara hasta el monasterio de las benedictinas de san Pablo, distante como unos cinco kilómetros de la Porciúncula. Casi al alba de aquel día, Clara de Asís, cansada y feliz, pudo, por fin, acostarse en una celdita del monasterio.

Habían sido veinticuatro horas vertiginosas. La memoria de la joven bullía de recuerdos recientes. En su imaginación, los acontecimientos se precipitaban, se superponían, se confundían entre las olas de las emociones. Las vacilaciones, los temores y los sustos, todo se había acabado. Los riesgos se habían superado felizmente. La santa conspiración había tenido pleno éxito; ¡loado sea Dios! Ahora ya podía dormir un poco.

Intento de rescate

A la mañana, la mamá Ortolana despertó a la realidad: su hija mayor se había fugado. En pocos minutos puso en movimiento a toda la parentela, y pronto averiguaron el paradero de la muchacha de oro. En rápidos conciliábulos, proyectaron la estrategia del rescate: primero la compasión, después la promesa, más tarde la amenaza y, si era necesario, la acción directa. Sólo Ortolana no se hacía muchas ilusiones de este rescate, conociendo la personalidad tenaz de su hija.

Llegó, pues, el ejército de rescate compuesto de familiares y vecinos a la portería del monasterio. Clara ya esperaba este asalto, y estaba anímicamente preparada. Los recibió con naturalidad no exenta de dulzura. Ellos comenzaron a contarle el estupor que causó la noticia en todo Asís, el disgusto de todos los parientes, las lágrimas de Ortolana. Era una indignidad: la muchacha más brillante de la ciudad se había cubierto de harapos y emprendía una existencia vagabunda, absolutamente carente de rumbo.

En este primer *round*, la noble patricia recibió impávida los golpes. Ni siquiera se inmutó. En vista de este fracaso, los familiares pasaron al segundo asalto. Aparentando calma, le dijeron que si deseaba llevar una vida completamente dedicada a Dios, le ofrecían toda clase de facilidades: no le insistirían más sobre el matrimonio, le dejarían el tiempo libre que necesitara para la atención de los leprosos. Clara aceptó agradecida estas ofertas, añadiendo que su suerte estaba sellada.

Había tanta serenidad en su voz, que los familiares, exasperados, pasaron a la fase de la amenaza.

Levantando la voz, le dijeron que sus planes eran caprichos ridículos, que ella era un baldón para la familia más aristocrática de la ciudad, que eso no lo podían tolerar y lo iban a cortar por las buenas o por las malas. En la medida en que sus amenazas crecían en fuerza, en la misma medida crecía Clara en serenidad.

No pudieron más; y aquí apareció la ira retenida. Se levantaron de los asientos amenazadoramente, dispuestos a entrar en acción. Clara también se levantó y, mirándolos con altivez, les soltó la frase de san Pablo:

–¿Quién será capaz en este mundo de separarme de los brazos de mi Señor Jesucristo?

Y cuando los familiares se abalanzaron sobre ella, Clara se les escurrió de las manos y se escapó velozmente a la iglesia.

Todo estaba premeditado: ella sabía muy bien que el altar era un asilo inviolable hasta para los criminales, y el cabello cortado o tonsura significaba que ya no pertenecía al siglo sino al fuero eclesiástico, y sólo la Iglesia podría juzgarla.

En un espectáculo poco común, se dieron a una grotesca persecución, Clara delante y sus familiares detrás. Con reflejos instantáneos, Clara se agarró con una mano al mantel del altar y con la otra se desprendió del velo que cubría su cabeza. Aparecio su cabeza tonsurada. Los familiares entendieron todo y se detuvieron allí mismo. Si daban un paso más, quedaban excomulgados y entraban en pleito con la Iglesia. Clara de Asís ganaba una victoria más.

* * *

El Hermano de Asís planeaba como águila para defender a la virgen de Asís en sus primeros intentos de vuelo. Enterado de lo sucedido, temiendo que los familiares intentaran otro asalto más audaz sobre la indefensa muchacha, el Hermano buscó y encontró otro refugio más seguro. Era el monasterio de las benedictinas de Sant'Angelo di Panzo, situado en la vertiente meridional del monte Subasio. El monasterio estaba rodeado de gruesas murallas y de sólidas puertas de madera con dispositivo de doble enrejado.

Hacía diez años que el Hermano había emprendido solitariamente una vía que nadie antes había recorrido. En la más completa incertidumbre, en una sucesiva cadena de acontecimientos, el Señor le había abierto el camino desde la revelación de la vida evangélica hasta la aprobación pontificia de la nueva forma de vida. Fue una década llena de novedades.

Y he aquí, de nuevo, al Hermano de Asís al comienzo de una ruta incierta, no para sí sino para Clara. ¿Qué quería el Señor en esta nueva situación? Es el destino del profeta: recorrer caminos desconocidos y ensanchar los horizontes de la historia.

Cualquier otro hubiera tomado a Clara y la hubiera metido en uno de los numerosos monasterios femeninos del valle umbro. Era la solución más normal y fácil. Pero, con la simplicidad de su fe e intuición, el Pobre de Asis veía que el Señor quería otra cosa para Clara. Pero, ¿qué cosa?

Esta terrible audacia, este lanzarse a lo desconocido, este arriesgarse día a día, sólo lo pueden hacer aquellos seres dotados de una fe simple y total. Y comenzaron a caminar.

Intención y significado de Clara

Al parecer, el primer intento de Clara fue compartir el estilo de vida iniciado por Francisco, viviendo en casas pobres, sirviendo a los leprosos, y probablemente haciendo vida itinerante al estilo apostólico.

En octubre de 1216, Jacobo de Vitry, en una carta escrita a los canónigos de Lyon, se expresa en tales términos que parece establecer similitud y paralelismo entre la vida de los hermanos y las «clarisas». Dice así:

«Tuve el consuelo de ver a numerosos hombres y mujeres que dejan sus bienes y salen al mundo por el amor de Cristo: les llaman "hermanos menores" y "hermanas menores"...

«Durante el día, los hermanos van a las ciudades y pueblos, dedicándose a actividades apostólicas. De noche vuelven a sus ermitas o se retiran a la soledad para dedicarse a la contemplación. En cuanto a las mujeres, residen en varios hospicios y asilos cercanos a las ciudades, viviendo comúnmente del trabajo manual sin aceptar ningún rédito».

Este documento extrafranciscano encierra importancia extraordinaria y da pie para pensar que el primigenio ideal de Clara era vivir la vida evangélica al estilo de Francisco y sus hermanos.

Más tarde, las «damianitas» se monacalizaron a requerimiento, al parecer, de la Santa Sede. En aquellos tiempos, no se concebía otra forma de vida religiosa femenina sino la monacal. No estaban los tiempos maduros para la existencia de hermanas de vida activa.

Sin embargo, esta monacalización tiene, me parece, un significado más trascendente que una simple disposición de la Santa Sede.

* * *

Clara desplegó plenamente una de las vetas más entrañables y no suficientemente realizadas de Francisco: la vida contemplativa. Bien conocemos la atracción irresistible que el Hermano de Asís sintió, desde sus primeros días de conversión, por la vida eremítica. Aún hoy, los lugares sagrados del franciscanismo se levantan en las altas montañas del centro de Italia como mudos testigos de los frecuentes y prolongados repliegues de Francisco a la soledad completa. No ha faltado quien ha llamado a Francisco «el hombre de las cavernas».

La vida del Hermano transcurrió en un movimiento de repliegue y despliegue, de las montañas a los caminos y de las multitudes a la soledad. Sus tres últimos años, revestido ya de las llagas, fueron una peregrinación de eremitorio en eremitorio. Hubo en su vida varios momentos de vacilación sobre si debía realizar vida mixta o exclusivamente contemplativa.

Tenemos la impresión de que Francisco fue un eterno insatisfecho en su inextinguible sed de Dios y de que un lado importante de su alma quedó incompleto y como frustrado. Por su parte, hubiese sido un feliz y perpetuo anacoreta en cualquier risco de los Apeninos. Fue el Evangelio el que lo sacó de la soledad.

Ese lado incompleto lo completó Clara. Me atrevo a decir que Clara, con su encierro contemplativo, llevó a plenitud los sueños más profundos, el inconsciente más añorado, el rincón más florido y favorito del alma de Francisco: el ansia nunca saciada de contemplar el Rostro del Señor y de dedicarse exclusivamente a cultivar el deseo de Dios. Sin Clara, el franciscanismo sería como una planta sin flor, una partitura sin melodía.

* * *

¡Adorar!, ése fue el único sueño de Francisco. Lo demás era accesorio. Mil veces les dijo a los hermanos:

–Limpiad a los leprosos, trabajad con los campesinos o pescadores, meteos entre los remeros o enterradores, actuad donde queráis o como queráis «con tal de que el trabajo no mate el espíritu de oración y devoción».

¡Adorar! He ahí la tarea primordial: proclamar la primacía de Dios.

La suprema adoración es el holocausto. En los viejos tiempos había sacrificios y holocaustos. En el sacrificio, la res era inmolada y ofrecida a Dios. Pero su carne era aprovechada por los levitas y servidores del templo.

En los holocaustos, en cambio, después de ser inmolados los terneros, eran luego *quemados por completo* o incinerados. De esta manera aquella sabrosa carne no era aprovechada por nadie. Esta «inutilidad» era la expresión más alta de adoración porque patentizaba la supremacía de Dios, esto es, que Dios, por sí mismo, merece que se le dedique cualquier bien sin otra utilidad.

Éste es el significado de Clara en San Damián. No hace catequesis, no sirve a los leprosos, no predica la Palabra ni enseña en los centros docentes. Es una vida «inútil», inservible. Precisamente por eso, su vida contemplativa es la más alta adoración porque demuestra que Dios es tan grande que vale la pena que se le entregue la vida; que la existencia se queme completamente, sin otro provecho, en su honor.

Clara fue, entre las paredes de San Damián, como un cirio que se consumió sin utilidad práctica alguna. Su vida transcurrió sin «hacer» nada, salvo adorar. Su existencia fue tan «inútil» como el incienso que se quema o el adorno que realza la belleza de alguien. En suma, Clara realizó el sueño dorado del alma de Francisco: adorar.

Inés

En el monasterio de Sant'Angelo di Panzo vivió Clara de Asís durante algunas semanas. Casi todos los días recibía la visita de su hermana Inés. Ésta era una encantadora muchacha de quince años. Así como Clara, también Inés traía en su natural una notable sensibilidad divina. Después de la fuga de su hermana, los familiares depositaron en Inés los sueños para una descendencia, y muy pronto la prometieron en matrimonio.

–Querida Inés –le decía su hermana–. No me he equivocado. No hay vino que embriague tanto como mi Señor. Es preferible vivir un día en los atrios del Señor que un milenio ahí fuera. La juventud es viento que pasa; la belleza se disipa como el humo; el amor envejece como el vestido; la vida se acaba como un suspiro. Aquí no queda nada. ¡Oh hermana mía! ¡Si probaras un poco la altura y la anchura del amor del Señor! Te aseguro que no hay mares que contengan tanta consolación. Inés, hermana mía, necesitamos un esposo al que no alcancen la vejez ni la muerte.

Clara vivía la luna de miel. Necesitaba una confidente para depositar sus ardientes vivencias místicas. Los fuegos de su corazón prendieron rápidamente en el corazón de la sensible Inés.

Después de siete entrevistas, también Inés se fugó del palacio de los Scifi y pidió a Clara que la protegiera, escondiéndola en un lugar seguro, porque sin duda habría de producirse una nueva persecución.

No se equivocaron. De nuevo se formó un pelotón de rescate en toda regla. La familia Scifi encargó a su pariente Monaldo, militar de profesión, que armara un comando de rescate para recuperar a cualquier precio a la hija menor. Monaldo era un tipo de armas tomar y atropellador. Llegado con un piquete de soldados a las puertas del monasterio, llamó a la portería. Mandó que abrieran la puerta. Pero viendo que las benedictinas se resistían a hacerlo, violentó a empujones con sus soldados la puerta de entrada. Derribada ésta, irrumpieron con las espadas en alto en el interior del monasterio.

Al encontrarse frente a los aceros afilados, las benedictinas, asustadas, prometieron entregar a la prófuga. E, invadiendo el recinto monástico, los soldados llegaron hasta el aposento donde estaba la muchacha y la conminaron a regresar a casa. Con la misma altivez que su hermana, Inés rechazó la conminación.

El comando traía la consigna de tratarla con aparente brutalidad, a fin de amedrentarla. Así, pues, se abalanzaron sobre ella en medio de una vociferación salvaje. La agarraron del cabello y, a empellones, la arrastraron hasta la puerta de salida, resistiéndose ella valientemente. Ni Clara ni las benedictinas podían hacer nada frente a aquellos bárbaros forajidos.

Los soldados de Monaldo la seguían arrastrando. Consiguieron sacarla del recinto monástico y la bajaban a viva fuerza por una pendiente pedregosa. Los cabellos de la adolescente habían sido arrancados a puñados y sus vestidos desgarrados al ser arrastrada por el suelo.

De repente quedó la muchacha más pesada que el plomo, sin que los doce soldados pudieran moverla. Éstos se asustaron y abandonaron el intento. Monaldo, enloquecido de furia, pretendió darle un golpe y, al alzar el brazo, éste quedó paralizado en el aire con un dolor agudísiino.

En este momento, apareció Clara saliendo del claustro, dispuesta a jugarse hasta la muerte a favor de su hermana.

Enfrentándose con ellos y mirándolos a la cara, les dijo: «¡Miserables y cobardes! ¿No tenéis miedo al veredicto de Dios? ¿No veis el milagro patente? Ni vosotros ni un batallón entero sería capaz de remover a esta criatura». Ellos se fueron cabizbajos a la ciudad.

Clara tomó cariñosamente el cuerpo herido de su hermanita y la introdujo en el monasterio. Las dos estaban vivamente emocionadas al ver la intervención prodigiosa de Dios.

Durante varios días la curó con sal y vinagre, y con hierbas medicinales.

Al informarse Francisco de lo sucedido, vino hasta el monasterio. Felicitó a Inés por su valentía, y le impuso el velo y el santo hábito.

Después de unos años, estando ya las dos hermanas instaladas en San Damián, se les agregó la tercera hermana, Beatriz, sin oposición familiar. Mucho más tarde, la mamá Ortolana, una vez viuda, ingresó también como «clarisa» en San Damián junto a sus tres hijas. De esta manera, aquella madre, que había infundido tan viva fe en sus hijas, acabó por realizar el sueño de su juventud, interrumpido por el matrimonio, de dedicarse por completo a Dios.

Forma de vida

Las dos hermanas asiladas en el monasterio benedictino no podían permanecer indefinidamente allí. Pero, ¿qué quería de ellas el Señor? La voluntad de Dios se manifiesta a través de los acontecimientos. No había otro camino que echarse a andar saltando de lo imprevisible a lo imprevisible.

Francisco consiguió para ellas una morada estable. Los benedictinos del monte Subasio ofrecieron la ermita de San Damián, restaurada por las propias manos de Francisco. Allá se instalaron las dos hermanas.

Más tarde, llegaron otras damas para compartir su género de vida. Al principio se las llamó «damianitas», por el lugar en que residían. Más tarde, Clara las llamaba Hermanas Pobres, como una réplica dd nombre de los Hermanos Menores. Francisco, sin embargo, por ese aire de caballerosidad con que le gustaba revestir todo, las llamaba Damas Pobres. Mucho más tarde, cuando se fundaron monasterios en todos los países, se las llamó Clarisas, por el nombre de su fundadora.

Cuando las hermanas fueron muchas, Clara pidió a Francisco que la ayudara a organizar la vida con una *forma de vida* que fuera el trasvasamiento de los ideales franciscanos a la situación claustral.

Fue la pobreza la originalidad de las clarisas entre los institutos monásticos. Las damas que ingresaban tenían que desprenderse de sus bienes y dárselos a los pobres. Esta cláusula tan simple era una tremenda novedad en las costumbres de aquellos tiempos en que muchas veces las princesas, una vez religiosas, conservaban sus grandes haciendas. El monasterio no acepta ningún bien de las candidatas. Gran revolución en los esquemas de vida monástica. La comunidad monástica vivía del trabajo de sus manos. Si esto no alcanzaba para el sustento, podían acudir a la limosna.

La innovación más importante, sin embargo –casi una revolución–, habría de venir en la Regla que escribió Clara un año antes de su muerte, y se refería a la fraternidad. En ella acabó Clara con la verticalidad de la autoridad poniendo en las bases el origen y el uso del «poder». El valor primario que emerge del seno de esta legislación es el de la fraternidad con todos sus alcances y resonancias.

Y así comenzó para Clara una existencia poco espectacular pero extraordinariamente rica en vivencias espirituales y fraternas en el pequeño reducto de San Damián. Fueron treinta y ocho años de existencia radiante y oculta.

Consolación para Francisco

Traía desde la cuna profundas apetencias divinas, una sed insaciable de Dios, que es la madera de toda mujer contemplativa. En su vida no hizo más que cavar sucesivas profundidades en sus galerías, cada vez más interiores. De esta historia decisiva las crónicas no nos hablan ni nos pueden hablar. Sólo sabemos que al pronunciar el nombre de Jesús le fallaban las fuerzas, y era transportada a otra región.

Mantuvo a lo largo de su vida un empaque aristocrático sin que ello amenguara su cordialidad. A lo largo de sus treinta y ocho años de clausura demostró tener entrañas de madre, ternura de mujer y corazón franciscano. Todas las noches pasaba varias veces por los dormitorios cubriendo como una mamá a las hermanas que estaban semidestapadas. Si a la hora de maitines alguna hermana no había despertado, dicen las crónicas que era un espectáculo de delicadeza el modo de despertarlas con cariño y finura.

* * *

Traía en su constitución personal algo que le faltaba a Francisco: no se sabría cómo decir, era algo así como una extraña ecuanimidad, una serenidad casi invulnerable. Francisco, en cambio, por ser impresionable, fácilmente se dejaba abatir, y en esos momentos aquella fortaleza femenina de Clara constituía para él un precioso refugio. En sus últimos años, «herido» muchas veces en aquel combate por el ideal, Francisco de Asís buscó y encontró en Clara la consolación y la seguridad.

Fue aquél un hermoso espectáculo. Francisco fue la inspiración para Clara. Francisco lanzó a Clara a la gran aventura franciscana. Ella fue una discípula fidelísima, la más bella plantita del jardín. Sin embargo, era Clara la que frecuentemente tenía que confirmar a Francisco en su ideal. Como madre invencible, le infundió una y otra vez coraje y estímulo para aquellos difíciles años.

En su conjunto, Clara se nos aparece como una personalidad definida y encantadora, casi cautivadora.

Alta fidelidad

Sin embargo, lo que más impresiona en su vida es su alta fidelidad. Es una historia sublime y doliente, y se llama *Privilegio de la altísima pobreza*. En aquellos tiempos, no se concebía un monasterio sin rentas y propiedades. Clara prometió a Francisco vivir sin bienes estables. Esta promesa fue ratificada por la Santa Sede, y consistía en que el monasterio viviera del trabajo de sus manos, sin tener dotes ni rentas.

Veintisiete años sobrevivió Clara a Francisco. En estas tres décadas, los Papas y cardenales se esforzaron por disuadir a Clara para que renunciara a aquel ideal que consideraban irrealizable. Además, de los veinticuatro monasterios de clarisas que se fundaron en sus días, solamente en el de Monticelli estaba vigente el *Privilegio de la altísima pobreza.*

Por otra parte, en los veintisiete años que sobrevivió a Francisco, el ideal primitivo de la pobreza franciscana fue desmoronándose precipitadamente ante sus ojos impotentes, hasta transformarse en un esquema conventual.

Pues bien, es increíble que en medio de semejantes circunstancias, Clara se mantuviera conmovedoramente fiel al ideal prometido. Pero no bastaba: era necesario que, antes de morir, el Santo Padre ratificara este «privilegio» para las generaciones venideras. La ofensiva final fue digno colofón de esta invencible luchadora.

* * *

Fue en su último año de vida. Clara había escrito una Regla incluyendo en ella el *Privilegio de la altísima pobreza,* pero no se la querían aprobar.

La salud de Clara se deterioraba día a día. Varias veces se había aproximado a la agonía. En septiembre de 1252, el cardenal protector Reinaldo llegó a su cabecera. Clara consideró providencial la visita del cardenal. En su lecho de enferma utilizó todos los argumentos de persuasión, a los que no pudo resistir el cardenal protector, que aprobó finalmente la Regla como representante papal. Clara, sin embargo, deseaba y urgía para que el Papa mismo la aprobara. Pero Inocencio IV, entonces reinante, la hallaba excesivamente rigurosa y no la quería aprobar.

Clara ya estaba a las puertas de la muerte. La corte papal, por este tiempo, estaba en Perusa a veinte kilómetros de Asís. Enterado Inocencio IV de que Clara estaba moribunda, se hizo presente en San Damián. Clara creía que el Santo Padre traía consigo la bula de la aprobación de la Regla. Preguntó al Pontífice si había o no aprobación pontificia. El Papa le dio una respuesta evasiva. Para Clara era una respuesta negativa.

Y como fiera herida sobre el lecho de la agonía, unas horas antes de expirar, la virgen fiel libró la batalla más conmovedora que uno pueda imaginar.

Yo no sé de dónde sacó palabras. Tampoco sé qué argumentos utilizó. Pero el hecho es que, en esos minutos, debió desplegar Clara tal poder de persuasión y tanta carga emotiva, que Inocencio IV fue precipitadamente al Sacro Convento, distante una legua, y de su puño y letra escribió la bula de la aprobación. Con la tinta aún fresca, la hizo enviar rápidamente a San Damián. Clara la besó; se la leyeron una y otra vez; escuchaba conmovida y con lágrimas en los ojos y... aquella misma noche falleció.

Se apaga la Dama de Luz

Desde otra perspectiva, su final tuvo el color sereno de un atardecer. Clara era un trigal dorado, un manzano cuajado de frutas de oro. Estaba en sazón, y en cualquier momento podía ser cortado.

Hacía tres semanas que no tomaba alimento. Guardaba perfecta lucidez y su habitual entereza. Había llegado su hermana Inés desde Monticelli y lloraba al pie de la cama. Clara, colocándole la mano sobre la cabeza, le dijo:

–Hermana querida, no sufras. Nuestra separación durará lo que el brillo de una estrella errante. Muy pronto nos encontraremos.

Efectivamente, a los tres meses moría también Inés.

Los viejos y fieles amigos León, Ángel y Junípero la rodeaban en todo momento. Les pidió que por última vez le leyeran el Evangelio de la Pasión. Junípero le leyó el Evangelio e hizo comentarios infinitamente consoladores sobre el amor de Dios. Mientras tanto, León permanecía arrodillado al pie del lecho mortuorio, en silencio y besando, con lágrimas en los ojos, el saco de paja que servía de colchón a la moribunda, mientras que Ángel trataba de consolar a las damas pobres que sollozaban. ¡Qué espectáculo!

Clara, como un meteoro de luz, fue perdiéndose lenta y dulcemente, cada vez más lejos en el fondo sideral, en las profundidades de la eternidad.

Abrió la boca con intención de decir algo. Todos aplicaron el oído para escuchar sus últimas palabras. Con voz casi inaudible dijo: «¡Mil gracias, Dios mío, por haberme creado!».

Y, reteniendo fuertemente entre sus dedos rígidos la bula papal, entregó su alma a Dios.

Así se nos fue la Dama de la Luz, «Clara de nombre, más clara por su vida», según la expresión de Tomás de Celano.

Capítulo Quinto

LA GRAN DESOLACIÓN

A vuelo de pájaro

Existe una zona oscura en la vida de Francisco, oscura por la carencia de noticias y por la cronología incierta. Esta zona se extiende aproximadamente desde 1211 a 1218.

Fue la época de sus viajes apostólicos en territorio cristiano y sus incursiones a tierras de infieles. A finales de 1212 emprendió viaje a Siria. Vientos adversos arrojaron la embarcación a las costas de Dalmacia y tuvo que regresar por Ancona.

Algo más tarde se dirigió a Marruecos con intención de convertir al sultán Miramamolín pasando por España, en compañía de Bernardo. Fracasó también este viaje debido, al parecer, a alguna enfermedad. Parece haber llegado en esta oportunidad a Santiago de Compostela.

Hizo por este tiempo una salida apostólica por la Toscana con una buena cosecha de discípulos que se incorporaron a la Fraternidad. Pasó la cuaresma del año siguiente en la isla mayor del lago Trasimeno sin probar bocado. Fue a celebrar la pascua al eremitorio de Le Celle. En esta oportunidad parece habérsele agregado dos hombres del signo contrario: el beato Guido y fray Elías. El Hermano quedó prendado de la cortesía de Guido, comentando a su compañero:

«Hermano mío, la cortesía es uno de los más hermosos atributos de Dios. Es hermana de la caridad, apaga el odio y enciende el amor fraterno».

* * *

La Fraternidad se extendía velozmente por la geografía de la cristiandad. Antes de 1216 se había extendido por el centro y norte de Italia, por Francia y España.

Dirigiéndose a la Romaña, se detuvo en la fortaleza de Montefeltro. Habló a los caballeros sobre la Pobreza, la Paz y el Amor. El conde Orlando fue tocado por sus palabras. Quiso obsequiarle una montaña solitaria del Casentino. ¡Extraño regalo! Francisco aceptó el obsequio con la intención de instalar allí un eremitorio para ejercitar la penitencia y la contemplación. Era el monte Alvernia.

Por estos años fueron fundándose diversos eremitorios, como nidos de espíritu, en lo alto de las montañas: Sarteano, Cetona, Montecasale, San Urbano de Narni, la Foresta, Greccio, Fonte Colombo, Poggio Bustone...

En noviembre de 1215 asistió, según la opinión más probable, al cuarto Concilio de Letrán. Allí escuchó Francisco que sólo se salvarían los señalados con el signo *Tau*, según la visión del profeta Ezequiel. Desde entonces este signo habría de ser su contraseña. Durante este mismo Concilio ocurrió probablemente el encuentro de Francisco de Asís con Domingo de Guzmán.

Por estos años consiguió Francisco la indulgencia de la Porciúncula para recabar la misericordia de Dios y lograr la salvación de muchas almas.

El Capítulo de 1217 tomó la resolución de enviar grupos de misioneros a tierras cristianas. Se dividió la orden en provincias. En el Capítulo de 1219 se decidió enviar expediciones misioneras a tierras de infieles, particularmente a tierras de sarracenos.

Antes de completar sus diez primeros años de existencia, la Fraternidad contaba con varios millares de hermanos.

Las raíces del conflicto

La Fraternidad había nacido y crecido como aliento puro. Era semejante a una llama al viento desprendida del leño. Los hermanos habían tomado sólo y todo el Evangelio para legislación de su vida; el Evangelio entendido al pie de la letra, sin interpretaciones benignas ni racionalizantes.

¡Formidable programa espiritual, pero endeble legislación para un grupo humano!

Hasta este momento en que nos hallamos, Francisco no solamente era padre y modelo para todos los hermanos, sino que era también su *propia ley*. Era, en suma, el *libro de vida* para ellos. Salvo pequeñas excepciones, Francisco era para todos fuente de inspiración y faro seguro.

Los hermanos veían el mundo y la vida por los ojos de Francisco en lo referente a prioridades, objetivos de vida, criterios orientadores y mentalidad general. Los hermanos que vivían en Lombardía o en la Toscana respiraban el perfume de la Porciúncula.

* * *

La Fraternidad tuvo un crecimiento explosivo. Los acontecimientos se superpusieron en una marcha acelerada y precipitada.

Al principio eran pocos y heroicos. Casi todos ellos eran procedentes de la ciudad de Asís o, al menos, de la comarca umbra. Eran amigos o, por lo menos, conocidos. Los unificaba el mismo idioma, la misma idiosincrasia, y, sobre todo, eran modelados en el mismo troquel: el alma de Francisco de Asís.

Muy pocos años después había alemanes, húngaros, ingleses, españoles..., burgueses acaudalados junto a humildes artesanos, clérigos renombrados junto a seglares humildes, doctores formados en las universidades junto a campesinos ignorantes, sin haber una escuela de formación que unificara, al menos en algún grado, esta terrible heterogeneidad.

Las normas de la vida primitiva no servían para solucionar esta complejidad. ¿Qué hacer para no traicionar o debilitar el ideal primitivo, pero, al mismo tiempo, poner un cierto orden en esta inmensa masa de hermanos a la deriva?

* * *

Aquellos primeros hermanos de Rivotorto y de la Porciúncula, forjados en la fragua de Francisco, se hallaban disueltos en el gran pueblo de los hermanos. Los *varones penitentes* de la ciudad de Asís que Francisco había recibido, cuidado y formado no ejercían influencia especial en la opinión pública. De los miles de hermanos actuales, la mayoría no había recibido la formación directa de Francisco; muchos ni lo conocían de vista.

Los rectores de la Fraternidad procedían en su mayoría del clero distinguido e influyente. Éstos fueron los que se trabaron en batalla con el Hermano. En general, ellos tenían excelente voluntad, recta intención y vocación verdadera. Todos amaban y admiraban a su fundador.

Pensaban que Francisco de Asís fue el enviado de Dios para suscitar en la Iglesia un gran movimiento de reforma. Pero, generado el movimiento, Francisco era incapaz, así pensaban ellos, de organizar, canalizar y conducir ese gran pueblo. Era ignorante y «partidario» de la ignorancia.

No tenía dotes de organizador. Y, peor, era de esa clase de carismáticos –pensaban ellos– que no dan importancia o no ven la necesidad de la organización.

En suma, a estas alturas, Francisco era un peligro para el franciscanismo. Si no se ponía disciplina y orden, aquel movimiento suscitado por el Hermano de Asís habría de convertirse en un río salido de cauce, sin rumbo y a la deriva, anegando y arrasando todo, hasta acabar por desaparecer en la más completa frustración.

* * *

Como hemos visto, el Hermano respetaba los dones e inclinaciones de cada cual; y los hermanos disponían de una increíble libertad, viviendo unos como ermitaños, otros como jornaleros o peregrinos, algunos como enfermeros, o también como predicadores ambulantes.

Al principio todos obedecían a Francisco; era el nexo natural de unión. El concepto y uso de autoridad era limitado y relativo. Los animadores eran nombrados provisionalmente para cada expedición misionera, mejor, eran elegidos democráticamente o también por sorteo; y más que ordenadores de la sociedad, eran servidores domésticos que se preocupaban de las necesidades primarias de los hermanos. Ahora era un lego iletrado, más tarde un docto clérigo.

Sin duda, era la forma ideal de gobierno para un grupo heroico de penitentes. Bajo la acción de la Gracia y la libertad de espíritu, estos penitentes escalaron las cumbres más altas de la madurez espiritual. Pero otra cosa era una orden con miles de hermanos, no todos con verdadera vocación, sin una sólida iniciación...

En suma, la Fraternidad no estaba preparada para afrontar este aluvión de hermanos. Le faltaba planes de formación, estructuras de gobierno, cauces de canalización y una armazón vertebrada de sustentamiento. Sólo disponía de una personalidad carismática con gran poder de atracción.

Apuesta

La necesidad de reordenamiento estaba a la vista y nadie la discutía. Pero al reordenar las estructuras, había peligro de herir las raíces, de lastimar el ideal. Y éste fue el doloroso campo de combate entre los intelectuales de la orden y el Hermano de Asís.

Como se verá en las siguientes páginas, si los ministros e intelectuales enfocaban su lucha desde el punto de vista de la necesidad de reorganización, para Francisco, en cambio, se trataba de una *apuesta*. El Hermano había apostado su vida por el Evangelio. Eran dos enfoques opuestos.

En el fondo de esta *agonía* a la que vamos a asistir, lo que estaba cuestionado era el Evangelio mismo. Ésta era la óptica de Francisco. Todavía resonaba en sus oídos aquella borrascosa escena entre los cardenales ante Inocencio III: si no es posible el programa evangélico de Francisco, el Evangelio mismo es utopía, y su autor, un fantaseador.

Si en el terrible combate que se avecina vencen los ministros, Francisco habría perdido la apuesta; es decir, la vida desmentía al Evangelio; la vida misma, con su realismo, estaba pregonando que el Evangelio es un programa quimérico. En suma, de parte de Francisco, fue una lucha defensiva por el ideal evangélico.

* * *

El autor que escribe algo sobre san Francisco, de alguna manera se siente identificado con el alma del Pobre de Asís. De otro modo, no escribiría. En el combate doloroso que se avecina, en el que el escritor necesariamente tiene que sumergirse, corre (el autor) el peligro de agitar estandartes agresivos en contra de aquel grupo que tanto hizo sufrir al Hermano de Asís.

Pero ello sería injusto. Desde el primer momento, el autor quiere hacer constar que aquellos opugnadores, en general, fueron guiados en su lucha por una intención sana.

La noche oscura del espíritu

El historiador percibe el fenómeno, pero el misterio profundo palpita siempre en las latitudes inaccesibles. Los cronistas, para describir ciertos momentos del desolado Francisco, utilizan palabras de desusado patetismo. Fray León, amigo inseparable y confidente excepcional, califica aquella crisis de «gravísima tentación espiritual». Usando la terminología de san Juan de la Cruz, para mí es claro que el Señor sometió a Francisco a esa terrible prueba purificadora que se llama *noche oscura del espíritu*. Fue mucho más que un conflicto de organización.

Fue una agonía. El Hermano atravesó una noche sin estrellas. Durante unos cuatro años, o algo más, Francisco dejó de ser aquel Hermano de Asís que conocemos. Sucumbió a la peor de las tentaciones: la tristeza. Permitió crecer en su huerto la hierba más peligrosa: la violencia. Hubo un fondo del problema: ¿Dónde está la voluntad de Dios?

Hubo un fondo más hondo: ¿Dónde está Dios?

Hubo un fondo final: Dios *¿es* o no *es*?

Nos proponemos acompañar a nuestro querido Hermano de Asís en esta misteriosa, dolorosa y transfigurante peregrinación con simpatía y cariño. Es, sin duda, una de las etapas más difíciles para desvelar el misterio general de Francisco de Asís.

* * *

Toda crisis es siempre una contradicción. El desenvolvimiento fatal de los hechos históricos (llevados por la mano del Padre) colocan al *elegido* en un cruce: una fuerza quiere arrastrarlo por un lado y otra por el otro. ¿Resultado? Una desintegración.

«El Señor me reveló expresamente que debía vivir el Evangelio en pobreza y humildad». Ésto era, para Francisco, diáfano como un día azul: jamás la nube de la duda apareció en ese cielo: era una revelación personal. En cambio, ahora, el lugarteniente del Papa y los sabios opinan que debemos organizarnos bajo el signo del orden, la disciplina y la eficacia. ¿A quién obedecer?

Para Francisco no había mayor satisfacción que asumir la voluntad de Dios. Pero, ¿dónde estaba verdaderamente esa voluntad? ¿En la voz de la Porciúncula que le ordenó pasar por el mundo como peregrino y extranjero, trabajando con sus manos, sin llevar documentos pontificios, depositando las preocupaciones cotidianas en las manos de Dios? ¿O en la voz del representante papal que desea dar a la Fraternidad rumbos de eficacia y de productividad para las necesidades de la Iglesia? ¿Puede existir contradicción entre las dos? Y si la hubiera, ¿quién se equivoca? ¿Dónde está la voluntad de Dios?

¿No dice siempre Francisco que los hermanos son y quieren ser «sumisos y obedientes a todos»? Si quieren ser sumisos a todos, ¡cuánto más a las autoridades de la Iglesia! ¿No promete siempre Francisco de Asís «reverencia y obediencia» al Santo Padre? ¿No pidió un cardenal protector para su orden asegurando que le obedecería igual que al mismo Papa? Además, ¿no es Hugolino su mejor amigo, defensor del movimiento franciscano frente a los cardenales hostiles?

Magnífico el programa franciscano de humildad: ¿por qué no ser consecuente renunciando a su punto de vista y adhiriéndose a la opinión de personas autorizadas? El Hermano de Asís creía obedecer a Dios defendiendo su propia inspiración. ¿No habla la Iglesia en nombre de Dios? ¿No es la Iglesia la depositaria de la voluntad de Dios? De equivocarse la Iglesia o Francisco, ¿no es obvio pensar que se equivoca Francisco? ¿No sabe la Iglesia, con su experiencia y universalidad, sobre los signos y necesidades del mundo mucho más que Francisco de Asís? ¿No dijo Cristo, «quien obedece a vosotros, a mí me obedece»? Francisco quiere ser un hombre apostólico: ¿por qué no comenzar por obedecer al sucesor de Pedro?

* * *

Todos estos interrogantes proyectaron una sombra profunda en el alma de Francisco. En este terrible momento en que tanto necesitaba oír la voz de Dios, Dios callaba. Si Dios calla, ¿no son los representantes de Dios su voz autorizada? De nuevo volvía y se agolpaba el compacto escuadrón de preguntas.

El lugarteniente del Papa, y los ministros también, quieren la pobreza y humildad; pero con una suficiente estructura para controlar esa masa errante de hermanos y ponerla al servicio de la Iglesia. Esa estructura estaba experimentada durante siglos por la Iglesia. ¿Se equivocaron todos? Frente a y contra esa estructura, Francisco dice que a él se le reveló una nueva forma de vida de itinerantes, penitentes, pobres y humildes. ¿Un mismo Dios puede dar orientaciones tan divergentes? ¿Dónde está realmente Dios?

Fue una agonía. Francisco no era organizador, ni dialéctico, ni luchador. ¡Otrora era tan feliz con su Dios y sus leprosos! Después el Señor lo metió en medio de un pueblo innumerable de hermanos. En este momento la vida era un remolino en cuyo epicentro braceaba Francisco como un pobre náufrago. Golpeaba el cielo, y el cielo no respondía. Perdió la calma. Se puso malhumorado, amenazante, tenso. Comenzó a excomulgar. Se le veía sombrío. No era el Hermano de Asís. Era otra personalidad transitoria.

Pero era mucho más que eso. El *elegido* había ofrecido incondicionalmente su campo a la acción de Dios. Todo el afán del Señor Eterno es liberar al hombre y divinizarlo. Y para ello hunde al *elegido* en los abismos más inexplicables, infinitamente más allá de las fronteras psicológicas. Propiamente aquí comienza la *noche oscura del espíritu*. Trataré de decir algo.

* * *

El barco hace agua por todas partes y estamos en alta mar, y una mar amenazante. No se ve nada. ¿No se ve nada o no hay nada?

El Señor me reveló que debía vivir según la forma del santo Evangelio. ¿Y si no fue el Señor? ¿Y si fue mi propia voz? Por ser yo un fracasado en los campos de batalla y en la sociedad, ¿no me habré agarrado a una quimera para proyectarme a mí mismo por la ley de las compensaciones?

Verse adorado por las multitudes y contemplarse a sí mismo como una máscara vacía. Los hermanos de primera hora se agarran a Francisco, y Francisco, ¿a quién se agarra? Luchar como un campeón por un ideal, y al final descubrir que el ideal es un delirio de grandeza.

Descubrir al final que uno estaba engañado es mucho, pero no es lo peor. Lo peor es haber arrastrado a las multitudes al mismo delirio, descubrir uno mismo que es delirio, y los demás seguir todavía creyéndolo. ¿Y para qué despertarlos?

La *noche oscura del espíritu* es un turbión que agarra y arrastra todo hasta el abismo final.

¿Cómo decir? Es como si uno descubriera de pronto que uno mismo es una mentira, que ha jugado a mentir consigo mismo, como en un juego de niños de quién engaña a quién, sabiendo que todos engañan a todos.

¿Cómo decir? Es como un desdoblamiento de la personalidad, como si de pronto uno descubriera que ha estado engañando al otro (ese otro soy yo mismo) y el otro le ha estado engañando a uno, y los dos saben que engañan y son engañados.

El paralelo pasa por debajo del absurdo y de la tragedia. Palabras como fracaso, desilusión, etc., son palabras blancas e inocentes que no significan nada en comparación con esto.

«Tempestuosa y horrenda noche», dice fray Juan de la Cruz.

Para mal de males, debajo de tanto absurdo y oscuridad –parece un sarcasmo– se mantiene la certeza de la fe, fría como una espada invencible. Hay, pues, un nuevo y trágico desdoblamiento de la personalidad entre el *saber* y el *sentir* de la fe: el *sentir* pretende convencer y engañar al *saber*, y el *saber*, sabiendo que se le quiere engañar, pretende a su vez convencer y engañar al *sentir* en un circuito caleidoscópico y alucinante. El sentir dice: Todo es mentira. El saber dice: Todo es verdad.

Es la tiniebla total. ¡Morir! Es el único alivio y la única salida.

El «siento una tristeza mortal» de Jesús en Getsemaní, se puede traducir por *siento ganas de morir*. También Jesús vivió momentáneamente la *noche oscura del espíritu*. Es, en suma, la crisis del absurdo y de la contradicción. Es agonía. Por esa noche pasó Francisco.

Sin embargo, misteriosamente, las almas sometidas a esta terrible catarsis jamás sucumben. No conozco a nadie, no he sabido de nadie que, colocado en este fuego, se haya quemado. Es una prueba extremadamente purificadora, y Dios nuestro Padre solamente somete a ella a almas que sabe no serán quebradas bajo el peso de su mano.

Al contrario. Salen de la noche transformados en astros incandescentes. Totalmente desnudos y libres. El Francisco de Asís que contemplaremos en sus tres últimos años es una figura casi divinizada, preludio del hombre del paraíso.

Encuentro con Hugolino

Como dijismos, la Fraternidad había crecido con una rapidez increíble. El Hermano estaba perdiendo el contacto directo con sus hermanos debido a su elevado número. Decidió, pues, celebrar todos los años una asamblea general de toda la Fraternidad. Le emocionaba al pensar que eso mismo hacía el rey Arturo con sus caballeros de la Tabla Redonda.

Llegados de todas partes, se reunían los hermanos en la Porciúncula. Allá llegaban los compañeros de primera hora así como los neófitos recién admitidos. Se hacía una revisión general de la forma de vida.

No había propiamente una regla. Sin embargo, la rápida difusión de la Fraternidad exigía una cierta organización. Cada año se se agregaban nuevas normas para ser experimentadas a lo largo del año. La Regla que se redactaría posteriormente no sería más que una codificación de la *vida* hecha hasta entonces. Por eso mismo habría de recibir el título de *Vida y Regla de los Hermanos Menores*. Las asambleas o capítulos se celebraban por Pentecostés.

* * *

En el Capítulo de 1217, Francisco les dijo:

–Carísimos, nuestra familia ha crecido inesperadamente, gracias a la protección del Señor. Somos como una nidada impaciente por saltar del nido. Vamos, pues, a trasponer las montañas, y sembrar y plantar en países lejanos. No os olvidéis de los valientes caballeros del rey Arturo que vadeaban ríos procelosos, atravesaban cumbres nevadas y penetraban en los bosques infestados de enemigos. Nuestro bendito capitán, Cristo, va delante, descalzo, con el estandarte de la Pobreza, la Paz y el Amor.

En cada envío, Francisco sufría interiormente, aunque no lo decía a nadie y lo disimulaba como mejor podía. Sabía lo que les esperaba. Si él mismo pudiera asumir todas las persecuciones en vez de ellos, se sentiría feliz. Pero no era posible.

–No os puedo encubrir los peligros –continuó–. Sois los valientes caballeros del valiente capitán Cristo, y sé que os asustaréis de lo que voy a deciros. Nadie os ha llamado. Nadie os espera. Desconocéis el idioma y costumbres de esos países. No podéis predicar como Cristo, pero podéis sufrir en silencio como Cristo, y éste será nuestro aporte a la Redención. Marcharéis sin dinero y sin bolsa de provisión. En muchas partes pensarán que sois herejes y os perseguirán. Queda terminantemente prohibido pedir cartas de recomendación o documentos eclesiásticos que os acrediten ser católicos. Cristo bendito no pidió cartas de recomendación para protegerse de la persecución. Bienaventurados si os persiguen por seguir el ejemplo de Cristo. Alegraos, seréis redentores juntamente con Él.

–¿Cuántos de los aquí presentes desean alistarse en esta expedición apostólica? –preguntó el Hermano.

Salieron varios cientos de hermanos.

–No sería caballeresco –continuó– enviaros al centro del combate y quedarme yo aquí gustando las dulzuras de la paz. También yo iré con vosotros.

Los voluntarios se animaron sobremanera con esa noticia.

Al día siguiente, Francisco tomó aparte a todos los voluntarios y les dijo:

–Iréis de dos en dos, caminando con toda humildad y modestia, orando siempre, evitando palabras vanas. Durante el día portaos como si estuvierais en los eremitorios, llevando con vosotros vuestra celda, porque vuestra celda es el cuerpo que a todas partes os acompaña. Y el ermitaño que habita es vuestra alma, que debe vivir constantemente unida a Dios.

Les impartió la bendición. Los abrazó uno por uno. Difícilmente podía contener las lágrimas. Decía a cada uno:

–Arroja, hijo mío, el fardo de tus preocupaciones en el seno del Padre, y camina.

Y, llevando como compañero de viaje a fray Maseo, tomó la ruta que conduce a Francia. Le gustaba mucho este país porque allá se daba culto especial al Santísimo Sacramento.

* * *

Al llegar a Florencia se encontró con el cardenal Hugolino, que a la sazón predicaba la cruzada en la Toscana.

En su amistad con Francisco había varias motivaciones. El cardenal Hugolino era, entre otras cosas, un hombre de Dios. En sus raíces había profundas vetas místicas, fuerzas congénitas que lo inclinaban fuertemente hacia Dios. En este sentido, su alma concordaba plenamente con el alma de Francisco.

Además, como verdadero hombre de Iglesia, Hugolino se afanaba incansablemente por la reforma eclesiástica. La fuerza secreta que se agitaba en sus juegos políticos y balanzas de poder era la Gloria de Dios. En este sentido, Hugolino miraba a Francisco como un hombre providencial para la animación de la Iglesia. Por este lado, su amistad era interesada.

Finalmente, le encantaba la personalidad de Francisco y admiraba su potencia carismática, sin dejar de tener fuertes reservas sobre algunos aspectos de su ideal.

Entre Francisco y Hugolino había, en primer lugar, ciertos armónicos espirituales que los emparentaban connaturalmente. Debido, en segundo lugar, a su actividad general frente a toda autoridad eclesiástica, Francisco lo miraba «con reverencia y veneración».

Posiblemente había también algunos fragmentos de interés al considerarlo como una estimable protección en la Curia Romana. Francisco tenía también divergencias profundas con el cardenal en cuanto a la interpretación del ideal evangélico.

* * *

Hugolino tenía un día libre en su agenda. Convocó a Francisco para un amplio intercambio de ideas. La conversación transcurrió, primero sentados en el despacho del palacio y luego paseando por los jardines. Después de cruzarse unas cuantas frases normales, el cardenal se fue derecho al asunto.

–Francisco, hijo mío. Hay todavía en la Curia Romana un grupo poderoso de cardenales que no miran con buenos ojos ni a ti ni a la Fraternidad. Aún no se les ha borrado la impresión que dejaste delante de Inocencio III. Te llaman soñador. Esto no es ninguna novedad para ti. Pero hay algo peor: ahora te llaman peligroso soñador.

El Hermano bajó los ojos. Acusó el golpe.

–El mejor regalo entre amigos es la franqueza, hijo mío –dijo el cardenal–. Siento decirte esas cosas; pero todos buscamos los intereses superiores. De toda Italia han llegado noticias sobre tus hermanos a la Curia Romana. Y no todas las noticias son buenas. Ya sabes lo que pasa: recibimos treinta noticias positivas y tres negativas y, no sé por qué misterio, nos impactan las negativas. Y para el tipo negativo toda la realidad acaba por reducirse a esas tres noticias desfavorables.

«Yo y unos pocos cardenales más, te defendemos como mejor podemos. Pero ayúdanos a defenderte. No conviene que atravieses los Alpes. No te vayas. Tu rebaño corre peligro. ¿No has oído hablar a Cristo cómo el buen pastor ronda, vigila y cuida a su rebaño? Si partes para países lejanos, los más benignos de la Curia te tildarán de irresponsable. Y no dejarían de tener su parte de razón».

Una tenue sombra veló los ojos de Francisco. Fue un preludio de tristeza. En todo caso la sombra duró un instante. Rápidamente «despertó» el Hermano y se sobrepuso.

–Señor cardenal –dijo Francisco–. Mis hermanos se fueron como corderos entre lobos. Por propia experiencia sé lo que les espera: sarcasmos, perros, piedras y blasfemias. No sería caballeresco empujar a los demás al centro de la tormenta, y quedarme yo tranquilo junto al fogón.

–Entre la audacia de los caballeros –respondió el cardenal– y la prudencia de los pusilánimes se abre un espacio intermedio: la temeridad. Permíteme que te diga: has sido temerario, hijo mío, demasiado temerario en enviar indefensos a los hermanos a regiones remotas, expuestos a toda clase de contradicción. ¡Circunspección!, hijo mío, ¡sabiduría!, que quiere decir, medir las fuerzas y conocer la madera humana.

* * *

Al instante le vino a Francisco a la mente el Evangelio y el ejemplo de Cristo. Gozosamente, levantando la voz y con brillo en los ojos, comenzó a hablar:

–Disculpe que hable, señor cardenal, pues soy ignorante. Mi Señor Jesucristo no pidió doce legiones para defenderse contra las tropas de asalto. No echó mano de su omnipotencia en los momentos de impotencia. Renunció a las ventajes de ser Dios y se sometió a las desventajas de ser hombre. Ofreció la otra mejilla, no presentó pergaminos de identidad ni cartas de recomendación…

–¡Está bien! –dijo el cardenal, cortándolo con tono un tanto molesto.

Se detuvo un instante para pesar bien las palabras y, bajando la voz como si se hablara a sí mismo, dijo:

–¿Quién es el hombre para medirse con Dios? ¿Dónde está el hombre que pretenda emular a Cristo? Estaríamos mucho más allá de la temeridad; eso sería atrevimiento; y, más al fondo, necedad.

Esto último lo dijo con voz muy apagada. Mirándole con cariño a los ojos, añadió:

–Francisco, somos hijos del barro. De esto no tenemos por qué avergonzarnos pero sí reconocerlo.

Una profunda sombra cubrió todo el rostro de Francisco. Era la tristeza. El Hermano bajó la mirada y quedó en silencio. Hacía muchos años que no le sucedía esto; probablemente nunca.

En ese momento de silencio, mil pensamientos cruzaron precipitadamente su mente.

–El cardenal tiene razón –pensaba Francisco. Era algo tan evidente y, sin embargo, nunca se le había ocurrido–. Es atrevimiento medirse con Cristo. Toda mi vida, sin embargo, no hice otra cosa sino emular a Cristo, pisar sus pisadas, repetir sus actitudes, en suma, querer estar a su altura. Y eso es atrevimiento, ciertamente, y más al fondo, necedad o falta de apreciación proporcional de la realidad.

Por primera vez el Hermano de Asís comenzó a perder seguridad. Y, peor, a perder terreno en la alegría del vivir.

* * *

El cardenal Hugolino era una figura apuesta. A lo largo de su vida actuó con energía y habilidad poco comunes. Era pariente de Inocencio III y compartía plenamente sus ideales. Habría de ser cardenal protector de la orden Franciscana y, más tarde, Papa, con el nombre de Gregorio IX, durante catorce años, y habría de canonizar a Francisco.

Se distinguió por su vida austera. Su «pasatiempo» favorito era convivir con los monjes y varones de Dios. Siempre buscó los intereses de la Iglesia antes que sus propios intereses.

Vivió cerca de cien años. Y en el momento en que estamos, era ya una venerable figura de unos setenta años. Era un verdadero maestro en el arte de gobernar, y tenía el sentido realista que le hacía dar en el clavo en los problemas fundamentales.

* * *

Hugolino percibió que la tristeza se había adueñado por completo del alma de Francisco. Eso le causaba honda pena al cardenal. Pero era la única manera, le parecía, de derribar aquella santa terquedad. .

Los ministros e intelectuales de la orden no se atrevían a enfrentarse directamente con el Hermano, y suplicaron al cardenal que utilizara su autoridad para asestarle golpes a fin de debilitar siquiera un poco su fortaleza para que cediera en su posición. Nadie podría imaginar qué dolor le causaba esto al venerable prelado, pero, al fin, se trataba del bien de la Iglesia, le parecía.

–Francisco, hijo mío –le dijo mientras paseaban por el jardín–. La Iglesia es maestra de vida porque tiene muchos años de existencia. En nuestros archivos de Roma hay constancia de numerosos movimientos de reforma que acabaron primero en protesta y después en ceniza. Bueno es el espíritu y la libertad, pero si no son canalizados en sus debidos cauces, se descontrolan primero, luego arrasan todo lo que encuentran, y al fin desaparecen en la más completa esterilidad. Temo que algo de eso suceda a tu Fraternidad.

* * *

Se hizo un largo silencio. Era lo peor: Francisco había perdido las ganas de luchar. La vida, por instinto, se defiende. Cuando no se defiende, es señal de que comienza a dejar de ser vida. En vista de que nada decía el Hermano, el cardenal continuó:

–¿Has visto alguna vez un molino de viento, hijo mío? Cuando la fuerza del viento es canalizada y aplicada a un determinado objetivo, ¡cuánta eficacia! Por el contrario, si el viento es una fuerza derramada, viene a ser una energía inútil y eventualmente nociva. La orden es el viento. ¿Entiendes lo que quiero decir, Francisco? Tres mil hombres vagando por el mundo sin casa ni convento, ¡no puede ser! ¿Por qué no crear unas pequeñas estructuras? ¿Unos conventos sólidos, pero humildes? ¿Una preparación intelectual, apta para el servicio en la Iglesia? ¿Una cierta estabilidad monacal...?

En este momento el Hermano sintió deseos de empuñar la espada. Pero no tenía fuerzas. Mejor, se sintió completamente incapaz. No había forma de combatir. Francisco sintió que los dos se movían en órbitas tan distantes y opuestas, que la lucha misma no tenía sentido. ¿Para qué hablar?

Viendo que el Hermano seguía en silencio, el cardenal le dijo:

–Dime algo, querido Francisco.

El Hermano comenzó a hablar con desgana, aparentemente sin convicción. Pero pronto entró en calor y subió de inspiración:

–Todas las cosas tienen una piel y una entraña, un anverso y un reverso, señor cardenal. Conozco el lenguaje de los intelectuales de la orden: un ejército compacto, dicen, bien preparado y bien disciplinado, al servicio de la Iglesia; la vida tiene un ritmo, dicen, y se llama evolución; el programa de Rivotorto no sirve para la presente realidad; hablan de organización poderosa, disciplina férrea... Señor cardenal –le dijo, bajando la voz–, es el lenguaje de los cuarteles: ¡Poder! ¡Conquista! Yo tengo otras palabras: ¡Cuna! ¡Pesebre! ¡Calvario!

Francisco calló, esperando que el interlocutor replicara. Esta vez fue el cardenal el que quedó mudo, sin saber qué decir. El Hermano continuó:

–Los ministros tienen una fraseología cautivadora. Es la piel, señor cardenal; si me permite decir, la careta. La realidad es esta otra: nadie quiere ser pequeñito; nadie quiere aparecer como débil ni en los tronos ni en la Iglesia. Todos somos enemigos instintivos de la Cruz y del Pesebre, comenzando por los hombres de Iglesia. Podemos derramar lágrimas ante el Pesebre de Navidad y sentirnos orgullosos levantando la cruz hasta en los campos de batalla como lo hacen los cruzados, pero nos avergonzamos de la Cruz. A nadie llamaré farsante en este mundo, pero eso es una farsa, casi una blasfemia. ¡Perdóname, Dios mío!

* * *

Asustado, el cardenal replicó:

–Has ido demasiado lejos, hijo mío.

–Discúlpeme, mi señor –respondió rápidamente Francisco–. En la redondez de la tierra no hay pecador como yo; no estoy juzgando a nadie sino analizando los hechos. El equívoco opera por debajo de la conciencia. Nadie es malo, pero nos engañamos. Las cosas feas necesitan apariencias bonitas. El mundo que va dentro de nosotros necesita un ropaje vistoso. El viejo hombre, el soldado que va dentro de nosotros quiere dominar, emerger, enseñorear. Ese instinto feo se viste de ornamentos sagrados, y decimos: Hay que confundir a los albigenses, hay que aniquilar a los sarracenos, hay que conquistar el Santo Sepulcro... En el fondo, es el instinto salvaje de dominar y prevalecer.

–Decimos: Hay que levantar grandes conventos para poner en orden y disciplina a una dispersa multitud. Lo que sucede, en el fondo –continuó Francisco–, es que nadie quiere vivir en las chozas. Dicen: Hay que cultivar la ciencia para un servicio eficaz. Lo que sucede es que se avergüenzan de aparecer ignorantes. La Iglesia necesita herramientas de poder, dicen. En el fondo, es que nadie quiere aparecer como impotente. Decimos que Dios tiene que estar encima, predominar. Somos nosotros los que queremos estar encima y predominar, y para eso nos erguimos sobre el trampolín del nombre de Dios. Dios nunca está encima, siempre está a los pies de sus hijos para lavárselos y servirlos, o está clavado en la cruz, mudo e impotente. Somos nosotros los que agitamos nuestros viejos sueños de omnipotencia, proyectándolos y mixtificándolos con los derechos de Dios.

–Dicen: Hay que prepararse intelectualmente para arrastrar las almas hacia Dios. ¿Qué Dios? –prosiguió–. Si nos presentamos en el púlpito balando como una oveja, es posible que Dios sea más glorificado. Exclamamos: ¡El hombre de la orden, los intereses de la Iglesia, la Gloria de Dios! E identificamos nuestro nombre con el nombre de la orden, nuestros intereses con los intereses de la Iglesia, nuestra gloria con la Gloria de Dios. Pero la verdad de fondo es ésta: nadie quiere aparecer pequeñito y débil. A pesar de las fraseologías, nos avergonzamos de la Cuna del pesebre y de la Cruz del Calvario.

«Señor cardenal, en la Iglesia hay demasiados predicadores que hablan maravillosamente sobre la teología de la Cruz. El Señor no nos llamó a nosotros para predicar brillantemente el misterio de la Cruz, sino para vivirlo humildemente. Roldán, Oliverio y otros grandes paladines no se dedicaron a cantar las hazañas de los demás, sino a realizarlas».

Hugolino callaba. Estaba vencido, pero no convencido. Le parecía que todo eso era verdad. Pero si se comenzaba por aceptarlo todo indiscriminadamente, ¡tantas cosas tendrían que cambiar en la Iglesia desde las raíces! Era demasiado. Le parecía magnífico que en la Iglesia hubiera estos carismas, pero tenía que haber de todo.

Vuelan las tejas

Francisco regresó a Asís. Fray Pacífico condujo la expedición y, de esta manera, le cupo al «rey de los versos» el honor de ser el fundador de la orden en Francia.

En todos los países, los hermanos fueron considerados herejes o locos, y tratados como tales. Este nuevo fracaso fue una formidable arma en manos de la oposición. Golpe a golpe, la vida iba dándoles la razón a los opositores: Francisco no servía para gobernar, su programa era desmentido punto por punto por la vida misma. La Fraternidad no podía continuar así. Los hermanos necesitaban prepararse, aprender idiomas extranjeros, protegerse con documentos papales. El sentimiento de fracaso de las expediciones misioneras entristeció a la mayoría de los hermanos, y muchos comenzaron a avergonzarse de la simplicidad e ineptitud del fundador.

* * *

En Pentecostés de 1219 se celebró en la Porciúncula una nueva asamblea general. La oposición se había fortalecido y, habiendo perdido el respeto a Francisco, actuaba ya abiertamente.

Al llegar el Hermano a la Porciúncula se encontró con un estridente desafío. En pocos días, como quien dice de la noche a la mañana, la oposición había erigido un sólido edificio de piedra junto a la ermita de Santa María, con el fin de alojar a los capitulares.

Era como si en el templo de la paz alguien gritara: ¡Guerra! Era como si en la cuna de la pobreza se erigiera una estatua a Mammón. ¡Un sacrilegio, una profanación! Por otra parte, era la señal de que la oposición pasaba a la ofensiva y de que la guerrilla se transformaba en guerra con artillería pesada.

Francisco de Asís no dijo palabra. En un primer momento, dio entrada libre a la tristeza y se le vio abatido. Pero muy pronto la tristeza se trocó en santa furia. Buscó a los compañeros de primera hora y les dijo:

–Subamos al tejado.

Había caducado el tiempo de las palabras y había llegado la hora de la acción.

Subidos al tejado, Francisco y sus compañeros comenzaron a derribar el edificio. Las tejas volaban una a una. Los hermanos de la oposición pensaron que se trataba tan sólo de un gesto dramático. Pero cuando vieron que la cosa iba en serio y que su intención era demoler todo el edificio, llamaron urgentemente a unos ciudadanos de Asís con los cuales se habían entendido de antemano.

–Hermano –le gritaron los ciudadanos–, debes saber que el propietario de este edificio es la municipalidad y los hermanos nada tienen que ver con esta casa.

Francisco quedó perplejo. Era demasiado simple. Se sentía perdido en ese juego complicado de sutilezas jurídicas. Se daba cuenta de que lo engañaban pero no tenía armas para contraatacar en ese terreno.

En este ambiente se abrió el Capítulo. En las primeras asambleas generales, Francisco, con su inspiración y espontaneidad, era el alma de la reunión. Reinaba la alegría, se respiraba confianza y un encanto indecible presidía la asamblea.

Ahora ya no era así. Había un programa matizado e intenciones bien concretas; y un juego por alto de sutil política dominaba las sesiones plenarias y los contactos entre bastidores. En este ambiente el Hermano se sentía asfixiado. Pero ¿qué hacer? Dios lo había constituido padre de ese pueblo.

Nuevo loco en este mundo

En el segundo día del Capítulo, los intelectuales lanzaron su primera ofensiva bien premeditada. Era voz común entre los hermanos que Francisco intentaba escribir una Regla en regla. Fuéronse, pues, los intelectuales al cardenal Hugolino, que compartía en parte su mentalidad, y le dijeron:

–Señor cardenal, no estamos dispuestos a aceptar las normas absolutamente impracticables que Francisco quiere imponer en la nueva Regla. Para un bebé hay un lenguaje determinado, un vestido adecuado y un trato apropiado. La simplicidad, la ignorancia y la ingenuidad estaban bien para la Fraternidad de Rivotorto. Pero en poco tiempo hemos crecido mucho. Hoy somos un pueblo numeroso. Pero también un pueblo a la deriva. Sí, señor cardenal –continuaron–. Hoy por hoy somos huerfanitos sin hogar ni patria. Sólo cabe una solución: armar una sólida estructura de sustentamiento aprovechando las experiencias bien comprobadas de los benedictinos, cistercienses y agustinos; y cobijar bajo ese alero a todos los hermanos. No estamos dispuestos a aceptar la Regla de Francisco si en su redacción no han estado presentes algunos de nuestros peritos a título de asesores.

* * *

Citó, pues, Hugolino al Hermano para una entrevista, y se internaron los dos en la espesura del bosque.

–Querido Francisco –le dijo el cardenal–, un grupo de calificados hermanos desean asesorarte en la redacción de la nueva Regla. Opinan que debes tomar las vigas maestras de la institución monacal para reorganizar la Fraternidad.

Mientras Francisco callaba, el cardenal le fue explicando las ventajas que reportarían las Reglas de san Agustín y san Benito.

–En esos cauces se solucionarían gran parte de los problemas –acabó diciéndole.

«Hermanos míos, hermanos míos. El camino en que no abrió la boca. Sin decir palabra, tomó de la mano al prelado y lo condujo –así, tomado de la mano– a la asamblea. Francisco se irguió sobre un pedazo de tronco y se dispuso a hablar. Estaba visiblemente conmovido, dominado por una extraña mezcla de furor, alegría, seguridad y temor. Salvaje, como pantera a quien quieren robarle los cachorros, levantando los brazos comenzó a gritar textualmente:

«–Hermanos míos, hermanos míos. El camino en que me metí es el de la humildad y sencillez.

«Si os parece nuevo mi programa, sabed que el mismo Dios es quien me lo mostró, y que yo de ninguna manera seguiré otro.

«No vengáis a hablarme de otras Reglas ni de san Benito ni de san Agustín ni de san Bernardo, ni de cualquiera otra forma de vida, fuera de aquella que el Señor misericordiosamente me mostró y me dio.

«Y me dijo el Señor que quería que yo fuera un nuevo loco en este mundo; y no quiso conducirnos por otro camino que el de esta "ciencia".

«En cuanto a vosotros, que Dios os confunda con vuestra sabiduría y vuestra ciencia. Y yo espero que el Señor, por medio de sus verdugos, os dará el merecido castigo para que os fuercen a regresar a la senda de vuestra vocación si algún día os atrevéis a desviaros de ella».

Jamás se le había oído hablar así. No era Francisco de Asís. Una nueva personalidad, con fuegos del Sinaí, se había apoderado del Hermano.

Era la madre que saca energías indomables desde ancestros desconocidos para defender a los hijos cuando se los quieren arrebatar.

El cardenal quedó con los hombros inclinados, la mirada en el suelo, paralizado, aplastado. Hubiese querido encontrarse en ese momento en la cumbre más alta de los Apeninos. Los sabios y ministros no sabían a dónde mirar. Los hermanos de primera hora resucitaron, pensando:

–¡Por fin el Hermano ha tomado firmemente las riendas!

La ofensiva de los intelectuales quedó abortada ahí mismo. Hugolino y los ministros creyeron oportuno no insistir más por el momento. El Capítulo trató otros asuntos y tomó decisiones importantes.

La mayor innovación de esta asamblea capitular fue la de enviar misioneros a tierras de infieles, y la mayor sorpresa, la decisión de Francisco de ir personalmente a tierras musulmanas.

Designó a dos vicarios de su confianza para reemplazarlo en su ausencia, Mateo de Narni y Gregorio de Nápoles. El primero para residir en la Porciúncula y admitir a los novicios; y el segundo «para que, visitando las Fraternidades, pueda consolar a los hermanos».

Y en una mañana de junio, rodeado Francisco de muchos hermanos, emprendió el viaje hacia Ancona para embarcarse desde allí hacia oriente. Llegados a Ancona, todos los acompañantes querían embarcar con Francisco. El Hermano les dijo:

«Los marinos dicen que no hay lugar para todos. Yo no puedo escoger porque os amo a todos por igual. Hagamos, pues, que Dios manifieste su voluntad».

Llamaron a un niño que jugaba por allí cerca, y Francisco le rogó que señalara al azar con el dedo a doce hermanos. Y con ellos se embarcó.

Por qué se ausentó

Aquí surgen varios interrogantes. La Fraternidad era un volcán. Nunca como en este momento era necesaria la presencia de Francisco al frente de la orden. ¿Por qué se ausentó? ¿Evasión? ¿Falta de sentido práctico? ¿Irresponsabilidad?

Otra pregunta. Hace dos años Hugolino, en Florencia, persuadió a Francisco para que no se ausentara del país porque la Fraternidad estaba amenazada. En cambio, en las circunstancias actuales, en que la crisis había llegado a su clímax más agudo, ¿por qué le permitió ausentarse nada menos que a países lejanos de infieles con peligro, inclusive, de su vida? No faltan maliciosos que presuponen que lo hizo para tener él, Hugolino, las manos libres a fin de poner las cosas en orden. De todas formas, es difícil dar una respuesta satisfactoria, ni interesa mucho. En cambio, podemos responder satisfactoriamente a la primera pregunta.

* * *

Para mí, el hecho de ausentarse Francisco en momentos tan delicados, lo engrandece hasta alturas sobrehumanas. No sólo no fue evasión, sino que fue la actitud más coherente con el contexto de su vida y convicciones.

Francisco no nació dialéctico. En ese terreno se sentía desarmado. Era una nulidad en el manejo de sutilezas mentales. Había visto la terrible iniquidad de la racionalización.

Francisco percibió que el intelectual con suma destreza manipula palabras y teorías (y también «teologías»). Y generalmente lo hace sin rubor, y a veces con frivolidad, colocando las palabras al servicio de sus intereses. Es lo que se llama «prostitución» de la palabra o sofisma.

El Hermano, en cambio, era simple y directo, y se sentía muy mal en la discusión. Nunca fue «fuerte» en las palabras sino en los hechos. Me impresiona notablemente el hecho de que en sus últimos años ni siquiera exhortara, sino que decía: «Yo quiero vivir pobre y humilde»; «yo quiero obedecer al guardián que quieran darme»; «ahora me retiro para dar buen ejemplo y orar». A esto se llama *protesta*: expresar públicamente una intención. Mil veces y de mil maneras expuso Francisco este pensamiento: que el Señor no nos ha llamado principalmente a predicar sino a vivir.

En este contexto hay que englobar e interpretar el hecho de ausentarse Francisco en un momento delicado de la orden. ¿Qué conseguía con quedarse en la Porciúncula discutiendo interminablemente con los intelectuales y ministros?

–Es tiempo perdido –pensaba.

Además, en la discusión pronto perdía la calma; le hacía daño la controversia.

Iba a defender el ideal no hablando sino viviéndolo. En lugar de trenzarse en batallas dialécticas, iba lejos a sufrir por Cristo, y, eventualmente, a morir por Cristo, viviendo pobre y humilde, sufriendo con paz la persecución. Su fidelidad al ideal daría solidez y contundencia al mismo ideal. Esto daría respetabilidad y credibilidad al programa de Francisco más que los argumentos brillantes. Por eso se fue al Oriente.

La revolución de los Vicarios

Dieciocho meses estuvo Francisco en el Oriente. Asistió al sitio de Damieta. Quiso llevar la batalla del Amor hasta la presencia de Melek-el-Kamel. Ni siquiera le interesaba la batalla de la verdad.

—La verdad no necesita combate –pensaba el Hermano–. ¿Acaso la luz necesita agredir a las tinieblas para vencerlas? Basta que la luz descubra su rostro, y las tinieblas escapan espantadas.

En cuanto la embarcación donde iba Francisco levó anclas en Ancona, irrumpieron los ministros con empuje y osadía. Estimularon los estudios. Reforzaron las medidas disciplinarias. Multiplicaron los ayunos y abstinencias. En varios lugares levantaron amplios edificios. Fundaron en Bolonia un *Studium*. Para un apostolado más eficaz consiguieron bulas de la Santa Sede. En suma, la fisonomía de la primitiva Fraternidad fue profundamente alterada en el breve espacio de año y medio. Francisco quedó corto en sus temores.

Contra tan drásticas innovaciones, protestaron los primeros compañeros. ¡En mala hora! Los contestatarios fueron abrumados de castigos. Unos fueron expulsados de la Fraternidad como si fueran indeseables. Otros, metidos en presidios conventuales y azotados. Otros vagaron por diferentes geografías como tristes sombras, llorando la ausencia de su guía y pastor.

* * *

Corrió el rumor de que Francisco había fallecido. Siempre sucede lo mismo. Basta que un cobarde eche a correr un infundio, y la mentira, por sí misma, comienza a correr sin que nadie sea capaz de detenerla. A los pocos meses, los primeros compañeros estaban por el suelo con el supuesto fallecimiento del Hermano; y la Fraternidad quedó desorientada, convulsionada, en estado de caos y anarquía.

No todos, sin embargo, creyeron en el infundio de la muerte, o al menos pensaron que había que cerciorarse sobre su veracidad.

Los primeros hermanos encargaron a un tal fray Esteban para que viajara hacia el Oriente hasta encontrar a Francisco para informarle, si es que vivía, sobre la situación de la Fraternidad. Y, sin pedir autorización a los Vicarios, se lanzó fray Esteban por los mares y, después de muchos meses, encontró a Francisco en San Juan de Acre.

Le informó detalladamente del estado dramático de la Fraternidad, y le entregó un ejemplar de las nuevas constituciones. Por razón del reencuentro fraterno hicieron una pequeña fiesta, y había carne en la mesa. Tales constituciones prohibían terminantemente comer carne. Volviéndose Francisco a Pedro Catani, le preguntó:

—Señor Pedro, ¿qué hacemos?

—Tú eres la autoridad, hermano Francisco –le respondió Pedro.

Y Francisco dijo:

—Ya que el Evangelio nos da la libertad de comer lo que pongan en la mesa, entonces ¡a comer carne!

Tomando a cuatro hermanos, Francisco regresó urgentemente a Italia, llegando a fines de julio a Venecia.

La propiedad de la ciencia

Regresando de Venecia, al pasar por Bolonia, pudo ver con sus propios ojos el calado de la revolución que se había operado en la Fraternidad durante su ausencia. El provincial de Lombardía, Juan Staccia, había erigido una casa de estudios, algo así como un *Collegium* medieval en el corazón de la ciudad. No se sabe de las reales proporciones arquitectónicas de este *Studium*, pero en comparación con las cabañas de los hermanos debió impresionar por su poderío y grandeza.

Con su penetrante intuición, Francisco adivinó lo que había sucedido. Fundamentalmente, se trataba del orgullo de la vida, enemigo número uno de la simplicidad evangélica. El provincial de Lombardía había levantado el

Collegium por rivalidad y emulación con los Hermanos Predicadores.

Era Bolonia en aquellos tiempos el centro intelectual de Italia y aun de la cristiandad. Los dominicos, desde el primer momento, habían adquirido una posición de poder en esta ciudad intelectual. Aquí habría de morir al año siguiente su santo fundador, Domingo de Guzmán. Desde el primer momento, la orden de los Predicadores había instalado en Bolonia sus cuarteles generales, y los Hermanos Predicadores eran sumamente apreciados. Según la finalidad para la que fueron fundados, los Hermanos Predicadores habían erigido y organizado en 1219 un espléndido *Studium* de teología para contrarrestar las artes liberales de la universidad, que menospreciaban, o al menos subestimaban, a las ciencias sagradas.

Frente al prestigio de los dominicos, los Hermanos Menores quedaban eclipsados y aparecían como «poca cosa». Mil veces había dicho Francisco: Nuestra vocación en la Iglesia es vivir como pobres y pequeños. Mil veces había percibido la repugnancia que los hermanos sentían a ser pobres y a aparecer como insignificantes.

–¡Qué difícil es nuestra vocación! –pensaba el Hermano–. Nosotros estamos en la Iglesia para imitar a Cristo Pobre y Humilde. En buena hora que haya en la Iglesia otros institutos que imiten a Cristo Doctor y Maestro. A nosotros, el Señor no nos llamó para organizar huestes intelectuales o para defender el prestigio de la Iglesia. Para defender a la Iglesia es preciso argumentar brillantemente y eso, a su vez, exige una sólida preparación intelectual. Pero a nosotros no se nos llamó a defender el Evangelio, sino a vivirlo. Muchos de nuestros hermanos miran con envidia a los Institutos de finalidad más brillante. No entendieron la esencia de nuestra vocación. Hablan de mayor eficacia. En el fondo, se avergüenzan de nuestra pequeñez e ignorancia.

* * *

Francisco estaba indignado y dolorido. No quiso entrar en tal *Studium* de los Hermanos Menores y pidió hospedaje en el convento de los Hermanos Predicadores. Allá se calmó y pensó con serenidad cuál debía ser su actitud.

–No puedo mostrarme frágil –pensaba–. Son capaces de confundir la misericordia con la complacencia. Es necesario dar un golpe y escarmentar. Nuestros hermanos ya están instalados en Oxford, en París, en Copenhague, en fin, en las ciudades más importantes de la cristiandad. Si no me ven enérgico en este momento, en un año más habrá degenerado el espíritu de la Porciúncula.

Mandó, pues, llamar al provincial de Lombardía.

«Hermano –le dijo–, ¿cómo te atreves a destruir la forma de vida que el Señor mismo me reveló, olvidando que mi voluntad es que los hermanos no se den tanto al estudio como a la oración?».

Después, obligó bajo santa obediencia a que todos los hermanos abandonaran aquel establecimiento intelectual, inclusive los enfermos; y para remate, invocó la maldición del cielo sobre el protagonista principal, Juan de Staccia. El diapasón de Francisco nunca dio un tono tan agudo y estridente. Nadie sufría como él con todo eso, y se le quemaban los labios al pedir el castigo del cielo. Pero había visto que algunos interpretan la bondad como debilidad y sólo se detienen ante actitudes de fuerza. Y, violentando sus fibras más íntimas, acudió a estos dramáticos gestos de fuerza.

Hubo más. Tiempo después, cuando los amigos del provincial de Lombardía pidieron a Francisco que revocara aquella maldición, respondió el Hermano que ya era tarde, porque había sido confirmada por el mismo Cristo.

Es la reacción de la vida cuando presiente la muerte. Se llama espasmo. La vida está organizada así. Cuando cualquier clase de vida «huele» a agentes mortíferos, saca todas sus defensas agresivamente.

* * *

Con certera intuición, Francisco vio que sólo un *Studium* podía echar por tierra su ideal, porque un eslabón arrastra a otro eslabón. Francisco pensaba:

–A nosotros nos corresponde vivir en chozas transitorias. Como los ministros bascan resultados eficientes, necesitan vivir en sólidas mansiones. Luego necesitarán bibliotecas bien surtidas. Más tarde harán sutiles acrobacias intelectuales para demostrar que lo que hacen está bien hecho. Perderán el espíritu de simplicidad y adquirirán el espíritu de complicación. Cuando el guardián les corrija algún defecto, sacarán cien argumentos para tapar la boca a cualquiera, demostrando que están en la posición correcta. Justificarán brillantemente lo injustificable, llevando siempre el agua a su propio molino. Serán capaces de levantar teorías sobre una pata del trípode. Al ser sabios, recibirán honores. Al recibir honores, entrarán en conflicto con otros que reciben mayores honores. Por ser sabios, se sentirán poderosos y utilizarán modales de poder y dominación sobre sus hermanos. Se les olvidará servir a la mesa y lavar los pies.

–El binomio ideal –pensaba Francisco– sería santidad-ciencia. Pero, ¡qué difícil! Era algo paralelo a aquello otro: ¿Los ricos pueden «entrar» en el Reino? Sí, pueden; pero ¡qué difícil!

El Hermano no era enemigo de los estudios. Dijo que «debemos venerar a los teólogos que nos transmiten espíritu y vida». Entre sus primeros compañeros, algunos se habían titulado en Bolonia y, al mismo tiempo, eran excelentes Hermanos Menores.

Había visto, en cambio, demasiados hermanos, enemigos declarados de los estudios, no por espíritu correcto, sino por holgazanería. Gustosamente estos tales darían culto diario a la diosa «Dolce Far Niente». Había visto a demasiados hermanos arrastrar una existencia mediocre y vulgar en cuanto lanzaban diatribas en contra de los estudios.

–Mala cosa es un sabio engreído –pensaba–. Pero peor es un ignorante sin espíritu.

Sin entrar en la Porciúncula

La noticia de que Francisco vivía y de que había regresado a Italia llenó de júbilo a sus partidarios. Los antiguos hermanos, perseguidos por los Vicarios, salieron de los escondrijos de las montañas, y una inmensa conmoción se adueñó de las Fraternidades de toda Italia. Los fieles partidarios imaginaban que el Hermano destituiría al instante a los Vicarios, empuñaría firmemente el timón de la Fraternidad y regresarían las cosas a sus cauces primitivos.

Francisco, en cambio, no pensaba así. Nunca le engañó su instinto intuitivo. La revolución consumada en su ausencia denotaba que los opositores no sólo eran fuertes, sino que habían actuado con el respaldo de poderosos personajes curiales. La Fraternidad, numerosa, dispersa y sobre todo dividida, necesitaba urgentemente de una alta autoridad eclesiástica que tendiera puentes sobre territorios enemistados.

Él, Francisco de Asís, no tenía condiciones de conductor. Había nacido para inspirar y amar, pero no para dirigir. El amor puede engendrar un pueblo, pero no conducirlo. Y el Hermano comenzó a ceder terreno, abdicando. Tampoco había nacido para luchar, y estaba cansado de luchar.

Por aquellos días había tenido un sueño. Vio una gallina pequeña y fea, del tamaño de una paloma. A su derredor merodeaban numerosos pollitos negros. La gallina no podía cobijar bajo sus alas a tan numerosa prole. Ese fue el sueño.

Al despertar, contó el sueño a los hermanos y comentó:

–La tal gallina soy yo mismo. Como veis, soy pequeño de estatura, nada hermoso y de cabello negro. No valgo nada: no tengo capacidad ni preparación. La paloma a la que se parece la gallinita es la simplicidad evangélica, base de nuestra fundación. Los pollitos son los hermanos que el Señor me dio. ¡Demasiado numerosos! Siendo como soy, tan poca cosa, no puedo cobijar a todos ni defenderlos. Ya sé lo que he de hacer: me levantaré e iré a los pies de la santa Iglesia para que ella proteja a los hermanos.

Y partieron hacia Roma. Al pasar por las diferentes Fraternidades, fue comprobando Francisco que el estrago que habían causado los Vicarios era bastante mayor de lo que él sospechaba. En todas partes un nuevo fervor surgía desde las cenizas ante el encanto divino que despertaba la persona del Hermano.

Al atravesar el valle de la Umbría, no quiso entrar en la Porciúncula, no obstante pasar a pocos kilómetros del amado lugar. No quería encontrarse con los Vicarios. Con su vida demostró no temer el enfrentamiento, pero tenía miedo de perder la paz.

En el camino le informaron que el Santo Padre Honorio III residía a la sazón en Orvieto, y allá se dirigió.

* * *

Conseguida la audiencia, el Hermano se arrodilló a los pies del Papa con suma reverencia y devoción, diciéndole:

–El Señor le dé su paz, Santísimo Padre.

–Dios te bendiga, querido hijo –le respondió Honorio III.

Repentinamente una extraña seguridad se apoderó del Hermano. Hacía un par de años que un gran peso oprimía su alma. Al encontrarse a los pies del Santo Padre, desapareció la opresión y volvió el alivio.

A pesar de tenerlos enfermos, sus ojos recuperaron la antigua transparencia y, mirando al Papa con infinita confianza, le dijo:

–Santo Padre, el Señor Dios os colocó en un trono muy alto, demasiado alto para nosotros, los pobrecitos. Sé de su vida, Santísimo Padre: gravísimos y urgentes problemas pasan diariamente por sus manos. ¿Qué importancia pueden tener nuestros insignificantes problemas? Sin embargo, a pesar de insignificantes, para nosotros son grandes. Cuando se nos cierran todas las puertas, ¿adónde podríamos recurrir sino al corazón del Padre común?

–Hijo mío –le respondió Honorio III–. Aquí, en nuestra Curia, tienes muchos cardenales que podrían atender, en mi lugar, vuestros problemas.

–Santo Padre –respondió Francisco–. Os ruego que vos mismo señaléis uno concreto. Él será nuestro «papa». Le ofrendaremos sumisión y reverencia como a vos mismo, Santo Padre. Le expondremos los problemas, le pediremos consejo, seguiremos sus orientaciones. Para nosotros será «protector, gobernador y corrector de la Fratenidad».

–¿Podías tú mismo indicarme su nombre, hijo mío?– insistió el Papa.

–Hay uno –respondió Francisco– que ha manifestado profunda simpatía por nosotros. Es más que amigo. Casi es padre de todos nosotros. Su cariño a la Fraternidad le ha hecho en varias ocasiones despojarse de su púrpura y vestir nuestro sayal. Nadie duda de su inteligencia y habilidad. Pero lo que a nosotros más nos cautiva es su piedad. Se trata de Hugolino, cardenal de Ostia.

Desde entonces, Hugolino fue para Francisco y la Fraternidad el apoderado de la Santa Sede. Francisco le llamaba «mi señor apostólico». Le asesoró en todo. Fue el árbitro supremo entre los grupos rivales. Con suma paciencia hizo lo imposible para cubrir aquel abismo que separaba la mente del fundador y la de los ministros. Muchas ideas de Francisco las colocó Hugolino en cauces posibles y prácticos. A sus instancias se debe también el que Francisco entregara a la Fraternidad un estatuto definitivo.

Renuncia del cargo

Francisco estaba más tranquilo. En el Oriente había contraído una misteriosa enfermedad de los ojos. No podía aguantar el brillo del sol. Necesitaba caminar tomado de la mano.

Había ido al Oriente en busca de martirio, y Dios le había dado otro martirio, martirio del alma a fuego lento. No hay peor martirio que el que no se busca. La sensación de fracaso lo atenazaba. La impresión de incapacidad lo crucificaba. A veces le volvía también la conciencia de pecador. ¿Con qué cara podría presentarse ante el mundo hablando de amor, si el amor no reinaba en su propia casa? ¿Cómo podría transmitir un mensaje de paz, si la paz no anidaba en su alma?

Sentía un deseo profundo de regresar a los eremitorios para vivir acurrucado a los pies de Dios y poder así recuperar por completo la paz. Pero el Señor le había dado un pueblo de hermanos. Él no los había escogido. Simplemente los había aceptado de las manos de Dios. Los había aceptado, eso sí, tal como eran, con sus defectos y bondades. No podía abandonar a ese pueblo porque eso sería como abandonar al Señor mismo.

Cada vez vislumbraba mejor el porqué de su agonía. Sin duda, vivía adherido a algo de sí. No sabía exactamente a qué. Su alma se hallaba devastada por el temor, y la paz había huido como ave asustada. Pero ella quería regresar. Percibía que el camino por donde volvería la paz sería el de la total desapropiación. Hacerse cada vez más pequeñito. Desnudarse al máximo de todo revestimiento. Como el pobre más pobre, refugiarse en el seno de Dios y depositar allí todas las incapacidades y fracasos, y hasta sus viejos pecados. Cuando nada fuera «suyo», regresaría la paz.

* * *

Volvieron a la Porciúncula. Francisco no podía mantenerse como ministro general. Unos pocos años atrás, una mirada de Francisco, una palabra cálida suya eran suficientes para que los hermanos entendieran por intuición el ideal y lo pusieran en práctica. Ahora, en cambio, se necesitaba un conductor, y él, Francisco, no tenía dotes para esa función.

Además, los acontecimientos de los últimos años le habían hecho perder la seguridad. Si a un hombre sensible como Francisco le están martilleando durante años: Tú no sirves, ese ideal no vale, hay que cambiar de programa, etc., ese hombre va perdiendo su fortaleza moral golpe a golpe. El profeta vacila. La inspiración ya no brota alegre y espontánea. La certidumbre se tambalea. *El elegido* entra en una zona de inseguridad más profunda: ¿No estaré buscándome a mí mismo? No seré verdadero hermano menor mientras no sufra todo con alegría. El hombre más humilde, dice Sabatier, tiene siempre el peligro de renunciar a sus convicciones con tal de evitar *afirmarse*.

* * *

Decidió, pues, abdicar. Sería un capítulo más en la progresiva desapropiación. Encontró, para sustituirlo, el hombre según su corazón: Pedro Catani, primer compañero juntamente con fray Bernardo. Pedro Catani era el hombre ideal para ministro general, sobre todo en este momento.

La transmisión del mando se efectuó en el Capítulo del 29 de septiembre de 1220. Francisco se hallaba en un período particularmente sensible, y una baja depresión se había apoderado de su ánimo. Ese día, aquel hombre tan luminoso todo lo veía negro. Nubes amenazantes cubrían sus horizontes. Las palabras que nos han conservado los cronistas indican una atmósfera cargada. Dijo:

«Hermanos, en adelante estoy muerto para vosotros. He aquí a Pedro Catani a quien todos, vosotros y yo, obedeceremos».

Muchos de los sucesos, a lo largo de su vida, los había revestido de aires dramáticos. Pero aquí se mezclaron también algunos resplandores trágicos.

Se arrodilló con gran humildad ante el nuevo ministro, y le prometió solemnemente obediencia y reverencia. Los hermanos no pudieron contener las lágrimas. Lloraban abiertamente y, al parecer, no sentían vergüenza de llorar. No sabría cómo explicarlo: una impresión de orfandad se apoderó de toda la concurrencia como si realmente hubiera fallecido el Hermano.

Sensible como era, Francisco captó al instante esa impresión flotante. Se levantó. Se colocó de nuevo frente a los hermanos, abrió los brazos, levantó los ojos al cielo, y dijo:

«Señor Dios, en tus manos deposito esta familia que me confiaste. Mi dulcísimo Jesús, ya sabes que, debido a mis enfermedades, carezco de condiciones para continuar cuidando de esta familia. Hoy la entrego, pues, en manos de los ministros. Ellos responderán ante Ti en el día del juicio si algún hermano llega a malograrse por su negligencia, mal ejemplo o áspera corrección».

* * *

Aquella noche el Hermano no se acostó. Estaba dominado por una emoción generalizada, imposible de matizar. Lo sucedido le parecía un despojo, como si a alguien le arrancaran su vestidura o su piel. Era como el alivio que se siente cuando a uno le retiran un peso. Era como cuando los hijos se alejan de la casa paterna porque ya son adultos. Era como cuando a uno le quitan el alma y quedan sólo los despojos. Era como cuando a uno le arrebatan de las manos el estandarte y no se sabe en qué manos caerá o cuál será su suerte. Todas esas multitudes llevarán su apellido: *franciscanos*. Él pertenece a ellos, pero ellos ya no le pertenecen.

Aquella noche, cuando el tumulto de las impresiones se calmó, Francisco de Asís comenzó a sentirse ligero, libre. Entró desnudo en el mar de Dios y pudo decir:

–Tú eres mi Bien. Tú eres mi Descanso. Tú eres mi Seguridad.

Hacía tiempo que no había sentido tanta paz. Pero la noche oscura no había terminado.

* * *

Durante el otoño e invierno de 1220, Francisco se dedicó a la redacción de la Regla. El 10 de marzo de 1221, recibía el Hermano un nuevo y duro golpe: había fallecido repentinamente el ministro general Pedro Catani. En términos humanos, fue una pérdida irreparable y de consecuencias imprevisibles, porque a un hombre tan *franciscano* le sucedió en el gobierno fray Elías Bombarone, un hombre tan poco franciscano.

Fue ministro durante trece años y en la época más delicada de la evolución. Todos los escritores, antiguos y modernos, arremeten violentamente contra fray Elías. No estoy seguro de que merezca tantos palos. Fue una personalidad controvertida y misteriosa. Ante su obra cumbre, el Sacro Convento, el espectador es presa de sentimientos encontrados: le parece, por un lado, que es una alta traición y, por el otro, se alegra de que el mundo haya levantado un digno homenaje para perpetuar la memoria del Hermano de Asís.

Tenemos la impresión de que, mientras vivió Francisco o en su presencia, tuvo Elías un digno comportamiento. Al parecer, fray Elías amaba y admiraba sinceramente a Francisco. Éste lo apreciaba y le entregó su confianza. ¿Cómo a un hombre tan perspicaz como Francisco se le escapó la verdadera naturaleza de la personalidad de Elías? El escritor siente la tentación de pensar que Elías fue un perfecto político y un maestro del disimulo, y que actuó siempre buscando su promoción. Pero eso sería entrar en el terreno de las intenciones, que a ningún mortal le es permitido.

Intelectual procedente de la Universidad de Bolonia, notario de profesión, tenía Elías un trato amable y liberal, y un gran don de gentes. Colmaba de honores a sus simpatizantes y abrumaba sin misericordia a sus adversarios. Después de la muerte de Francisco, fray Elías se lanzó a banderas desplegadas sobre los mares de la grandeza y eficacia. En sus días, la orden llegó a tener setenta y dos provincias esparcidas en el mundo entero. Por sus arbitrariedades fue destituido del cargo. Se enemistó con el Papa. Fue excomulgado. Hizo penitencia y murió reconciliado con la Iglesia.

Regla de 1221

Francisco había entregado su cargo de ministro general. Pero no por eso dejaba de ser padre y legislador de la Fraternidad. Más aún: tenemos la impresión de que, al dejar la jefatura, creció notablemente su estatura moral y de que los hermanos lo veneraban ahora más que nunca.

Acompañado de Cesáreo de Espira, conocedor profundo de la Escritura, se retiró Francisco a algún eremitorio para poner su ideal por escrito. Hasta ahora había sido el hombre de las obras y de las palabras. Bien sabía, no obstante, que las palabras se las lleva el viento y los escritos permanecen. Libre de las obligaciones de gobierno, ahora tenía tiempo para dedicarse a estampar sus ideas en letras.

Los intelectuales esperaban que la Regla fuese una transacción. Suponían que el Hermano habría aprendido las lecciones dadas por la vida y que los golpes recibidos durante estos años habrían debilitado su santa contumacia.

Se equivocaron. En la extensa Regla de 1221, el Hermano derramó enteramente su alma, sin ninguna inhibición. No es un documento legislativo. Es una apasionada invocación y provocación a responder al Amor.

El que escribe no es un legislador: es un padre que apela y toca las fibras más sensibles para un seguimiento caballeresco e incondicional de Cristo Jesús. Lanza aquí y allí cargas de profundidad para despertar y liberar energías adecuadas para una respuesta al Amor.

La Regla tiene veintitrés largos capítulos y más de cien textos bíblicos. Es como un turbión telúrico, lleno de fuerza primitiva y contradictoria, donde Francisco ha arrojado todos los ideales alimentados y retenidos desde la noche de Espoleto. Lo hace sin reticencias ni miramientos

Insiste. Persuade. Suplica. Solloza. Se exalta. Se pone de rodillas y besa los pies para implorar. Extiende los brazos para convencer. Largos momentos se sostiene el diapasón en el tono más agudo. Peca por la reiteración y la monotonía. Descuida y transgrede las reglas gramaticales y las formas estilísticas. Hace caso omiso de las reconvenciones de los ministros y en ningún momento tiene presentes las normas redaccionales de una legislación. Es el alma de san Francisco volcada completamente.

* * *

A finales de mayo de 1221, se reunió el Capítulo con el objeto principal de aprobar la Regla, antes de ser sometida ésta a la consideración de la Santa Sede. Se reunieron más de tres mil hermanos, contando los novicios.

Había expectación. Los sabios mantenían el mismo espíritu beligerante pero, capitaneados esta vez por fray Elías decidieron adoptar apariencias moderadas y, sobre todo, no proceder apasionadamente, sino con frío espíritu político.

Pero Francisco no era político. Los meses transcurridos en los oratorios de las altas montañas lo habían templado y en el mar de Dios había recuperado la paz. Bajó a la llanura dispuesto a dar el combate final en el frente abierto. Estaba animoso. Para el discurso de apertura tomó como texto estas beligerantes palabras: «Bendito sea el Señor que ha preparado mis manos para el combate».

* * *

Distribuyeron entre los capitulares, particularmente entre los ministros, varias copias de la Regla.

En la nueva redacción se mantenía intacta la Reglita primitiva. Estaba el documento dentro del espíritu de Rivotorto. Se prohibía meterse en negocios temporales. Se mantenía el precepto del trabajo manual. Si los hermanos trabajaban en casas ajenas, no podían ser secretarios o capataces, sino *minores* (obreros)... Se debía recibir con benevolencia aun a los bandidos. Nunca debían mostrarse tristes, sino alegres y simpáticos. No debían montar a caballo. No debían tener bestias de carga. Había normas para los misioneros en tierra de infieles. Podían comer de lo que les presentaran a la mesa. Y lo más grave: si un ministro ordena algo contrario a nuestro ideal, los súbditos no están obligados a obedecer. Más grave todavía: si los ministros andan fuera de nuestro espíritu, los hermanos deben corregirlos, y si no se enmiedan, sean denunciados en el Capítulo General.

* * *

Ciertamente el documento no era un «armisticio», menos todavía un tratado de paz. Al contrario, era un desafío lanzado a los que querían alterar el espíritu de la Fraternidad.

Particularmente los dos incisos finales eran una peligrosísima batería en manos del pueblo de los hermanos en contra de eventuales innovadores, si bien estas armas podían explosionar también en manos de los mismos hermanos. Había demasiada virtualidad explosiva en esos dos artículos y podían llegar a ser un germen de anarquía y caos. Aun vislumbrando eso, Francisco decidió correr todos los riesgos. Era, le parecía, la única manera de atajar las osadías de los ministros.

Los juristas y sabios procedieron con extrema sagacidad. Su táctica fue *dar largas*. Sabían los ministros que mientras no fuera sancionada oficialmente por la Santa Sede, aquella Regla no poseía ninguna obligatoriedad, ni Francisco tenía autoridad para imponerla.

No perdían de vista los intelectuales que la mayoría de los hermanos allí presentes habían sido recibidos en la Fraternidad por Francisco mismo. Nunca el Hermano había tenido tan alta estatura como ahora, y nunca la Fraternidad en general le había prodigado tanta simpatía y cariño como en este momento. Eso lo sabían los intelectuales.

Presentar o aceptar batalla en estas circunstancias era para ellos emprender la vía de la derrota segura. Era suficiente que Francisco abriera la boca y pronunciara unas pocas encendidas palabras para arrastrar a su causa a la mayor parte de los asistentes. También eso lo daban por descontado los sabios. ¿Qué hacer?

No precipitarse. No aceptar la batalla frontal. Mantener la sangre fría y no dejarse provocar por los idealistas. Dejar correr los días sin entrar a fondo en la materia. Distraer a la asamblea con otros asuntos candentes. Rodear en todo tiempo a Francisco con reverencia y cariño. Llevar la cuestión de la Regla a la trastienda, encargando al cardenal protector entrar en negociaciones privadas con Francisco.

Y así se hizo. Francisco de Asís, el hombre de la transparencia y no de la política, cayó en el ardid y se dejó llevar adonde los ministros querían.

* * *

El trabajo entre bastidores duró varios meses. Fue una actuación paciente y dilatada. Algunos ministros, con la colaboración del cardenal Hugolino, vinieron a decirle, en prolongadas conversaciones privadas, lo siguiente:

–Hermano, el espíritu de Rivotorto no está cuestionado. Justamente para preservar aquel ideal deseamos un armazón adecuado. En Roma, la Regla pasa por las manos de los juristas. De éstos depende la aprobación o reprobación del documento.

–Hermano Francisco –continuaron–, la Regla que acabas de redactar es un excelente programa espiritual, pero aquí se necesita un código práctico destinado no para héroes, sino para personas de capacidad normal. Le falta, además, lo que debe contener todo documento legislativo: concisión y precisión, sin lo cual los juristas de la Santa Sede nunca nos concederán la bula de aprobación.

La agonía de Fonte Colombo

Después de muchos meses de deliberación, Francisco tomó a fray León y al sabio jurista fray Bonicio y se dirigió al valle de Rieti.

–Me hacen bien las montañas, hermano León –dijo Francisco–. Allá se respira paz y Dios es tan concreto que casi se le puede dar la mano. A veces pienso que me equivoqué de ruta. Debía haber vivido toda la vida en un ventisquero de los Apeninos. Pero el Señor me tomó de la mano y me metió en medio de este pueblo numeroso. ¿Quién puede resistir a Dios? En el cielo y en la tierra no hay cosa tan sacrosanta como su voluntad. Para sentirme plenamente feliz me bastaban Dios y los leprosos. Pero la Voluntad decidió otra cosa. Está bien. Sea.

Francisco tenía altibajos. Por temporadas recuperaba su estado habitual. Entonces era como un paisaje por donde ha pasado un temporal de verano: la tierra queda fresca, relajada y bañada de paz. En esos días, el Hermano parecía un ángel recién salido de las manos de Dios.

Otras veces, sobre todo cuando le informaban de alguna maquinación de los intelectuales, se le abrían de un golpe todas las heridas, y la atmósfera se cargaba de fuerza eléctrica y fulguraban los rayos. Pero estas impetuosidades le hacían mucho daño y sufría indeciblemente por estas reacciones.

Se postraba de bruces sobre la tierra desnuda y pedía perdón a Dios, diciéndole:

–Acéptame tal como soy.

* * *

Llegaron al valle de Rieti. Una gran alegría se adueñó de Francisco. Tomaron la vereda abierta al lado derecho del valle y, bordeando las laderas de la montaña, cruzaron la llanura. En la cúspide del monte Reinerio, había una casa perteneciente a una piadosa dama llamada Columba, quien proporcionó a Francisco sustento y soledad. La montaña estaba poblada de fresnos, encinas, robles, abetos y hayas; y se llamaba Fonte Colombo.

Descendiendo unos cien metros por una pendiente pronunciada y peligrosa se llegaba a un abrupto roquedal que tenía una gruta natural. Al lado derecho desciende rumoroso un torrente. Al frente, a lo lejos, se yergue avasalladoramente el monte Terminillo, con sus crestas peladas, blancas de nieve durante muchos meses. Metido en esta salvaje oquedad y frente a ese paisaje espeluznante, escribió Francisco la Regla definitiva.

* * *

Comenzó su trabajo. Había recibido orientaciones precisas del cardenal protector y de algunos ministros de recto espíritu para eliminar algunas cláusulas, podar las efusiones líricas, escardar los textos bíblicos y asumir un estilo legislativo conciso y preciso.

Pocas personas habría en el mundo tan inútiles como el Hermano para redactar un texto legislativo. Poeta y profeta como era, necesitaba espacios vitales para expandirse, y ahora lo circunscribían a los estrechos bordes de un texto legislativo. Era como encajonar el viento.

Fue uno de los meses más dolorosos de su vida. Sentía que le estaban arrancando a tirones su ideal. Fue una desapropiación dolorosísima. No entendía de leyes, cánones, incisos. Sólo entendía de espíritu. La Palabra de Dios tenía para él más fuerza que cien cánones. La expresión «exhorto en Jesucristo» tenía para él infinitamente más vigor que un «mando por obediencia». Cada texto bíblico que suprimía era una herida que se le abría. Entraba casi en agonía cuando tenía que eliminar «órdenes» de Jesús que para él habían sido sangre y vida desde la Porciúncula, como, por ejemplo, «no lleven nada para el camino…».

Su calvario tocó el vértice más alto y su alma entró en los abismos más oscuros de la noche. Dios le había retirado toda consolación, y el pobre Francisco se debatía entre la vida y la muerte. Entre ayunos y penitencias el Hermano golpeaba las puertas de Dios, y Dios respondía con silencios.

En cualquier momento su entorno era un mundo embriagador. Cientos de petirrojos, ruiseñores y mirlos formaban una indescriptible sinfonía volando y saltando entre matorrales, retamas, castaños y enebros, bajo un cielo redondamente azul con ráfagas perfumadas de tomillo y romero. Pero el Hermano no reaccionaba. Era como un agonizante insensible a cualquier activante.

Había algo peor que agudizaba su agonía. Al pulir, cambiar o eliminar ciertas cláusulas tan queridas para él, se renovaban en su sensible imaginación las luchas dolorosas que, por esas mismas cláusulas, había mantenido en años anteriores con los intelectuales. Mientras escribía, revivía tanta historia triste…

El Señor abandonaba a su *elegido* en el fondo del barranco para debatirse solitariamente y en completa oscuridad con su propia sombra. Como el Ungido Jesús, Francisco tenía que sorber hasta los sedimentos del cáliz humano. Cuando se agotara el último sorbo, el *elegido* se encontraría, sin más, en la otra orilla, en la tierra de la resurrección.

Regla extraviada

En un par de meses estuvo concluido el trabajo. El Hermano regresó con sus compañeros a la Porciúncula y entregó el manuscrito a los ministros para que le dieran el visto bueno o lo revisaran.

Por delicadeza y sentido caballeresco se retiró al eremitorio de las *cárceles*, para no presionar con su presencia a los ministros en su tarea de revisar la nueva Regla.

Después de varios días, bajó Francisco del monte Subasio y se presentó en la Porciúncula. Los ministros evitaban encontrarse con él y nadie le decía nada sobre el manuscrito.

Ante este extraño silencio, tomó el Hermano la iniciativa e hizo una pregunta alusiva a la nueva Regla. De los ministros, algunos miraron a otra parte; alguien dio una respuesta evasiva y todos juntos emprendieron la vía de otros problemas que nada tenían que ver con la Regla.

Se levantó fray Elías, hizo al Hermano un ademán para que saliera de la asamblea, lo llevó al fondo del bosque, y le dijo:

«Hermano Francisco, lamento tener que decirte que el manuscrito se ha extraviado, no se sabe por culpa de quién».

El Hermano no dijo ni una palabra. Pidió a Elías que lo dejara solo. Éste regresó a la asamblea. La estratagema había sido terriblemente humillante para el Hermano. Eso se hace con un niño de siete años. Francisco era efectivamente un niño en el mejor sentido de la palabra, pero en cuanto a perspicacia y sagacidad, todos los intelectuales juntos no le llegaban ni al talón.

¿Qué hicieron con el manuscrito? Sin duda no era del agrado de los intelectuales, y alguno de ellos, seguramente fray Elías, lo echó al fuego. ¿Qué pretendían con esta «solución»? ¿Agotar la paciencia del Hermano? ¿Dar largas al asunto esperando que se acabaran los días de Francisco y así sus intenciones no quedaran escritas?

El Hermano permaneció largas horas en el bosque. Estaba desolado y vestido de tristeza. No era político, pero era extraordinariamente sagaz para captar de un golpe lo que había sucedido y qué significaba eso. Su alma estaba cubierta de tinieblas. Se tendió de bruces en el suelo con los brazos extendidos en forma de cruz.

Dijo:

–No puedo más, Dios mío. Retira tu mano, que pesa demasiado. Aves de rapiña vuelan por mis cielos. Estoy sentado en la cumbre del mundo y no veo a nadie. Dame la mano, porque estoy ciego. Si no hay un rayo de luz para mí, llévame. Sólo me resta una estrella: tu misericordia.

* * *

Su alma, otrora tan luminosa, entra en estado de confusión y frecuentemente cae en contradicción. Frente a aquella obediencia alegre y caballeresca de antes, ahora la viste de tonos fúnebres. A un grupo de hermanos leales les dijo:

«Tomad un cadáver y depositadlo donde queráis, y no hará ninguna resistencia. No murmurará por el lugar donde lo hayáis colocado. No protestará si lo cambiáis de lugar. Ponedlo sobre una silla, y no mirará hacia arriba ni hacia abajo. Envolvedlo en púrpura, y parecerá más pálido».

Pero pronto se contradice a sí mismo. Desde Alemania llegó un hermano para conocer a Francisco y hacerle algunas consultas. Al final, aquel germano le dijo:

«Hermano Francisco, te pido un favor: Si un día los hermanos se desvían de la Regla, te pido autorización para separarme de ellos a fin de poder observarla al pie de la letra».

Estas palabras inundaron de alegría a Francisco. Éste le respondió:

«Has de saber que Cristo te concede esta autorización, y, por lo tanto, yo también, y con mucho gusto».

E, imponiéndole las manos, añadió:

«Eres sacerdote para siempre según el orden de Melquisedec».

Frente a este criterio, se contradice de nuevo con esta orden: «Aunque el superior ordenare cosas contrarias al bien espiritual, jamás se separen de él los hermanos, y deben amarlo tanto más cuanto más los persiga».

Un día, cansado de escuchar tantas informaciones sobre nuevas audacias introducidas por algunos ministros, el Hermano levantó los ojos, los brazos y la voz, y dijo:

«Por Ti, Sacrosanto Señor Jesucristo, por toda la corte celestial, y por mí, insignificante hombrecito, sean malditos los que, con su mal ejemplo, cubren de vergüenza y destruyen lo que Tú edificaste y continúas edificando con los santos hermanos de la Orden».

En realidad, los hermanos disidentes eran pocos, pero muy influyentes. Si se hubiera hecho algo así como una elección democrática, casi la totalidad se hubiera plegado ardientemente a favor de Francisco. Pero entre Francisco y los hermanos se interponía el gobierno legalmente constituido, y los cargos principales estaban en manos de ministros disidentes, que eran intelectuales de alto sentido político, y algunos, de espíritu mundano.

No hay realidad humana que se escape a la percepción de una mujer. Clara había adivinado desde lejos la perturbación del Hermano, y con audacia femenina decidió salvar a Francisco de sí mismo.

Hacía muchos meses, posiblemente años, que Francisco no visitaba a las Damas Pobres.

–No tengo nada que darles –pensaba el Hermano–. Esas hijas de Dios, las mujeres, son capaces de ver más allá de los ojos. Y en mí, ¿qué van a descubrir? Sólo tristeza y desolación. Puedo disfrazar mi tristeza ante el hermano León, incluso ante el hermano Elías, pero nunca ante la hermana Clara. No tengo nada que darles –dijo en voz alta.

Un día llamó Clara al hermano León, y le dijo:

–Querido León, transmítele de mi parte a Francisco estas palabras: Hermano Francisco, encendiste nuestras llamas, ¿y ahora las dejas apagar? Abriste nuestras bocas, ¿y ahora nos dejas sin pan? Plantaste estas plantitas, ¿y ahora dejas de regarlas? Piensa si no estarás faltando a tu palabra de caballero. ¿Te olvidaste que somos tus Damas Pobres? Te necesitamos. ¿Quién sabe si tú también nos necesitas? Te esperamos con un ágape. Ven.

* * *

El hermano León transmitió a Francisco las palabras de Clara. El Hermano abrió sus ojos, esbozó una leve sonrisa de satisfacción, y todas las melodías inmortales de la caballería andante poblaron en un instante su alma. Parecía otro hombre.

–Oh, sí –dijo el Hermano–. Clara tiene razón. Encendí una llama. De mi llama prendió Clara. De la llama de Clara prendieron otras damas, y hemos entrado todos en la hoguera del Amor. Fui yo, sí, quien colocó el detonante de la Gran Aventura. Yo soy el responsable. Clara tiene razón –continuó–. No es correcto plantar rosales y luego no cultivarlos. No puedo permitir que esas antorchas se apaguen. Iré a San Damián, hermano León. Dile a Clara que me tenga preparada una guirnalda de violetas.

—Hermano Francisco, no es época de flores –dijo fray León.

–¿Quién sabe –respondió Francisco– si a nuestro paso no estará una primavera en la veredita de San Damián?

Llegado el Hermano a San Damián, Clara lo recibió diciéndole:

–Hace millares de años que te esperábamos, padre Francisco.

–San Damián es una ánfora perfumada, hermana Clara –respondió Francisco–. Todos los días levanto en mis manos esta ánfora ante el rostro del Señor. Como los hijos a una madre, así están presentes en mí. ¿Olvidarlas? No es posible. ¿No fui yo quien las dio a luz y las entregó en brazos del Inmortal?

–Vinieron y se fueron tantas lunas sin verte –insistió Clara.

–La presencia, ¿vale algo? –dijo el Hermano–. Lo que importa es el espíritu, hermana Clara. Además, para los primeros pasos se da la mano. Después, la gente camina sin apoyos. Por lo demás –continuó Francisco–, los ojos son ventanas peligrosas. A través de ellos se ven las habitaciones interiores, y a veces ahí no reinan sino sombras.

* * *

–Por fin llegó adonde yo quería –pensó Clara.

Entonces Clara tomó la iniciativa. Enormemente intuitiva, de los pocos informes que le traían los hermanos, Clara sacó certeramente todas las deducciones sobre la situación interior de Francisco. Mirándole con sumo cariño, y con una delicadísima modulación de voz, como si se hablara a sí misma, Clara fue desgranando las palabras como lluvia que cae sobre una tierra quemada.

–Padre Francisco –comenzó Clara–, soy tu plantita. Si algo tengo o sé, lo recibí de ti. Estás metido en el bosque, Padre Francisco. No puedes tener visión proporcional. Yo estoy distante, y por eso me hallo en mejor óptica que tú para medir las proporciones. Me temo que lo que te pasa sea un pequeño problema de apreciación.

«Días atrás leía que un antiguo monasterio se dividió por causa de un gatito. Una hermana se encariñó de su gatito. A las hermanas que miraban mal al gatito, la «propietaria» del gatito las miraba mal, hasta que el monasterio se dividió entre las que veían con buenos ojos y las que veían con malos ojos al gatito. El gatito se había transformado en el único «dios» del monasterio. Ignoro si esto es una historia o una alegoría.

«¡Un pequeño problema de apreciación!, Padre Francisco. La *cosa* que amamos, se nos pega. A veces dudo si la *cosa* se nos pega o somos nosotros los que nos apegamos a la *cosa*. Posiblemente no hay diferencia entre lo uno y lo otro.

«Cuando se cierne una amenaza sobre la *cosa* que amamos, quiero decir, cuando surge el peligro de que la *cosa* se nos escape, nos agarramos más fuertemente a ella. En la medida en que aumenta el peligro, más crece nuestra adhesión. En la medida en que más crece nuestra adhesión, mayor es la *cosa*. Y así, al final, en el monasterio no queda otra *cosa* que el gatito».

Las palabras de Clara eran como lluvia fresca sobre una tarde ardiente de estío. Así se sentía Francisco.

–Padre Francisco, el ideal, la orden, la Pobreza son *cosa* ciertamente importante. Pero levanta un poco la vista; mira a tu derredor y te encontrarás con una realidad inconmensurable, altísima: Dios. Si miras a Dios, aquello que tanto te preocupa te parecerá insignificante. ¡Pequeño problema de apreciación! ¿Qué valen nuestros pequeños ideales en comparación de la eternidad e inmensidad de Dios? Cuando se mira la altura del Altísimo, nuestros temores parecen sombras ridículas. En la altura de Dios, las cosas adquieren su real estatura, todo queda ajustado y llega la paz.

Clara se aproximó más a él, y le dijo despacito:

–Querido Francisco, ¡Dios!, ¡Dios!

Clara pronunció esto con una profundidad tan inefable, que a Francisco se le desplomaron de un golpe todos los andamios y repentinamente se sintió libre, infinitamente feliz, con una dicha absolutamente inexplicable. Al darse cuenta de esto, Clara avanzó más mientras Francisco se sentía abrumado por esta infinita realidad, Dios, y por la carga de una felicidad nunca experimentada.

* * *

–Padre Francisco –continuó Clara–, fuiste un implacable talador. Quemaste, barriste, demoliste casa, dinero, padres, posición social. Avanzaste hacia latitudes más profundas: venciste el ridículo, el miedo al desprestigio. Escalaste la cumbre más alta de la Perfecta Alegría. Te despojaste de todo para que Dios fuera tu Todo. Pero si en este momento reina alguna sombra en tus habitaciones, es señal de que estás apegado a algo y de que Dios todavía no es tu Todo; de ahí tu tristeza. En suma, es señal de que has catalogado como obra de Dios lo que en realidad es obra *tuya*.

«Para la Perfecta Alegría sólo te hace falta una cosa: desprenderte de la obra de Dios y quedarte con *Dios mismo*, completamente desnudo.

«Todavía no eres completamente pobre, Hermano Francisco; y por eso todavía no eres completamente libre ni feliz.

«Suéltate de ti mismo, y da el salto mortal: *Dios es y basta*. Suéltate de tu ideal, y asume gozoso y feliz esta Realidad que supera toda realidad: *Dios es y basta*. Entonces sabrás qué es la Perfecta Alegría, la Perfecta Libertad y la Perfecta Felicidad».

* * *

Clara calló. Sin darse cuenta, el Hermano vertía lágrimas tranquilas. Una embriaguez parecida al amanecer del mundo tomó completa posesión de Francisco. Se sentía inconmensurablemente dichoso.

–*Dios es y basta* –repetía sollozando el Hermano.

Se levantó despacito, sin alzar los oJos del suelo, abrumado de felicidad, y dijo por última vez:

–*Dios es y basta. Ésta es la Perfecta Alegría.*

Y diciendo esto se dio media vuelta y, sin despedirse de Clara, se fue llorando. Lo mismo hizo Clara.

Capítulo Sexto

LA ÚLTIMA CANCIÓN

Misión cumplida

Había desaparecido el manuscrito de la Regla de 1223. Era necesario redactarla otra vez. Tomó, pues, Francisco a fray León y fray Bonicio, y subieron de nuevo a las boscosas alturas de Fonte Colombo. Recluido en aquella oquedad salvaje y sublime, entre ayunos y oraciones, acabó Francisco por redactar la llamada Regla definitiva. En su redacción había tenido presentes todas las indicaciones del cardenal protector.

El nuevo Código estaba, en líneas generales, dentro del esquema hugoliniano. Era una legislación breve y concisa. Hay en ella un conjunto de preceptos y prohibiciones. Cuatro veces más corta que la de 1221, sólo quedan en ella unos seis textos bíblicos, mientras en la anterior había más de un centenar. Se presiente que por su redacción pasaron varias manos correctoras, pues su estilo es pulido y canónico. Han desaparecido las efusiones líricas y apelaciones dramáticas de las que está llena la Regla de 1221.

En cuanto al fondo mismo, Francisco no cedió terreno. La pobreza absoluta sigue en pie. Los hermanos deben ser pacíficos y humildes, y abstenerse de juzgar a los demás. El medio normal de sustento será el trabajo, y sólo en caso de necesidad acudirán a la limosna. No poseerán casa o cosa alguna. Por ser pobres serán hermanos, manifestándose mutuamente sus necesidades y cuidándose unos a otros como una madre lo hace con su pequeño.

* * *

En mayo de 1223, asistió Francisco a la asamblea general de la Porciúncula. Las fuentes no nos transmiten las discusiones, avenencias o desavenencias sobre la Regla. Ni sabemos si las hubo. Al parecer, los intelectuales evitaron toda confrontación pública y consiguieron sus propósitos mediante hábiles maniobras entre bastidores.

A los pocos meses el Hermano se dirigió a Roma y entregó el documento en manos de la Santa Sede. Después de un trámite relativamente breve, la Regla fue solemnemente aprobada por Honorio III el 29 de noviembre de 1223. Desde entonces, esta breve Regla constituye la legislación oficial de los Hermanos Menores.

* * *

El *elegido* había terminado su peregrinación doliente y transfigurante. Dios le levantó su mano. El Hermano escuchó y aceptó el *Yo soy*, según cuentan los viejos cronistas. Efectivamente, según los biógrafos, la paz retornó a Francisco al escuchar éste sensiblemente las palabras del Altísimo:

«¿Por qué te turbas, pobrecito? *Yo soy* quien te ha constituido pastor... *Yo soy* el sostén y viga maestra... *Yo soy* quien te ha confiado este rebaño... *Yo soy* quien te ha elegido... *Yo soy* quien te defenderá y te preservará...»

Con otras palabras: el Hermano se desprendió de sí mismo, dio el salto mortal y aceptó profunda y felizmente el *Dios es y basta* que vimos al final del capítulo anterior, y se libertó para siempre de la turbación y la tristeza.

La desolación desapareció. Desde ese momento, Francisco de Asís es casi un ciudadano del paraíso.

* * *

Las primeras rampas las había recorrido solitariamente. Luego, el Señor le había dado un pueblo. Puso en marcha ese pueblo. Le dio un ideal y le infundió un alma. Después le confirió un gobierno. Ahora, por fin, acababa de entregarle un código de vida. Su tarea con los hermanos había concluido, salvo la de darles buen ejemplo y orar por ellos.

–Pocos años de vida me restan –pensaba el Hermano–. Pisando las pisadas de Jesús atravesé el mundo sin llevar nada para el camino, cuidando a los descuidados, anunciando la

Pobreza, la Paz y el Amor. Ahora –seguía pensando– necesito bajar hasta las fuentes primitivas, contemplar allá los ojos de mi Señor, perderme para siempre en ellos y hacer míos todos los rasgos de su rostro bendito.

–Hermano León –le dijo luego–, ya estoy viendo las cumbres de las Montañas Eternas. ¡Qué felicidad! Pronto mi Dios será un río de miel que llenará las mil bocas de mi alma. Necesito paz, hermano León; necesito prepararme para el gran paso. Volvamos a las montañas.

Regreso a la soledad

En los primeros días de diciembre, Francisco, León y Ángel salieron de Roma y emprendieron el viaje hacia el valle de Rieti. Habían caído las primeras nevadas. Francisco avanzaba rápido y alegre a pesar de estar su cuerpo herido de muerte: tenía deshecho el estómago, el bazo y los intestinos, y la extraña enfermedad de los ojos, contraída en el Oriente, le causaba agudísimos dolores y, por momentos, le privaba por completo de la vista.

–¡Oh, el alma humana! –exclamaba Francisco–. Casi es omnipotente. Si piensas en Dios hasta llorar, hermano León, no hay fatiga, ni nieve, ni enfermedades. El alma es una centella de Dios. Por eso, también ella, en algún sentido, es omnipotente.

Efectivamente, al pasar por los ventisqueros, ni la cellisca ni el cierzo hacían mella alguna en aquel cuerpo destrozado. Caminaba delante de ellos con gallardía. Los hermanos casi no podían seguirlo y temían por su salud. Cuando se lo advertían, Francisco exclamaba:

–*Dios es y basta.*

Estas palabras le deban una energía inagotable, y al pronunciarlas apretaba más el paso. Tenía el alma llena de golondrinas, y desbordaba alegría y seguridad como en los primeros tiempos.

* * *

Descansaron durante un día en una aldea. El Hermano se subió al campanario de la torre y pasó el día entero acurrucado junto a la pared, sumergida su alma en el mar de Dios. Los hermanos fueron a pedir alimentos por las casas. Por mucho que insistieron, no consiguieron convencer a Francisco para que comiera, y no probó bocado durante aquel día. Varias veces subieron los hermanos al campanario. Ráfagas heladas de cierzo entraban violentamente y rebotaban precisamente en el rincón donde Francisco estaba acurrucado. Francisco no tiritaba y estaba sonrosado.

–Si no lo viéramos con nuestros propios ojos, no lo creeríamos –comentaba fray León, mientras descendían por las escaleras de caracol.

Los hermanos buscaron en la aldea un pajar para dormir aquella noche. Antes de acostarse, fray León dijo:

–Hermano Francisco, ten piedad de ti mismo. ¿No dices en la Regla que nos debemos cuidar unos a otros como una madre a su niño? ¿Por qué no te dejas cuidar?

–¡Oh hermano León! –respondió Francisco. Y, al hablar, un súbito y extraño resplandor iluminó aquellos ojos apagados–. Debido a la fragilidad humana puse esas frases en la Regla, hermano León. Si nos arrojáramos desnudos en el mar de Dios, no haría falta ninguna madre que nos cuidara. Dios es la madre, Dios es el calor, Dios es la esposa, el hijo, el alimento. ¿Cuántas veces tengo que decirte, querido León, que cuando el alma piensa en Dios desaparecen el frío, el hambre y el miedo? Oh, no se puede creer: en este día Dios me ha dado más calor que un fogón y más ternura que una madre.

León y Ángel estaban sumamente conmovidos. Los tres hicieron larga oración. Al final se arrodillaron León y Ángel ante el Hermano. Éste les impartió una prolongada bendición. Es difícil imaginar tres hombres más felices en este mundo.

* * *

Al llegar al valle de Rieti, el espectáculo hizo llorar de emoción a Francisco. Era un gigantesco anfiteatro rodeado por todas partes de montañas nevadas. Como viejas heridas de las furias telúricas, se divisaban por aquí y por allí agrestes gargantas y profundos barrancos. Aparecían también pequeños pueblecitos colgados, como nidos de cóndores, de las pendientes abruptas de las montañas. ¡Qué espectáculo! Al divisar a lo lejos, muy lejos, Poggio Bustone a un lado, y Greccio al otro, se arrodillaron los hermanos sobre la nieve para rezar el «Adorámoste». Aquella nieve les daba calor.

Pasaron, sin entrar, por un costado de la ciudad; enfilaron sus pasos hacia el monte Reinerio y emprendieron la escalada por un sendero primitivo y pedregoso. Después de ascender muchos metros, Francisco quiso descansar. Retiró la nieve de una piedra y se sentó sobre ella. En un golpe de vista se veía el valle, la ciudad, los pueblecitos de las montañas y las montañas.

–¡Qué paz!, hermano León –dijo Francisco–; ¡qué felicidad!

Durante un buen rato no abrieron la boca. Todos los hermanos del mundo acudieron a la memoria de Francisco.

–Ahora puedo alimentarlos con la paz –pensaba.

Sentía ternura por cada uno de ellos. Estando como estaba en la montaña de la agonía, de improviso golpearon a sus puertas los recuerdos ingratos de ciertos ministros. En el momento en que comenzaron a abrirse las heridas, el Hermano reprimió los recuerdos y se dijo a sí mismo:

–Si hay también para ellos un poco de cariño, también ellos entrarán en el huerto de la Pobreza.

Se levantaron y siguieron ascendiendo. Al mediodía llegaron a Fonte Colombo. La señora Columba se alegró muchísimo de la llegada inesperada de los hermanos. Conociendo los deseos del Hermano y siguiendo sus indicaciones, la «madre» había construido una choza con ramas y barro. Al ver la nueva morada de los hermanos, Francisco exclamó:

–Éste es el verdadero palacio de la Pobreza; bendita sea nuestra «madre» Columba.

En el seno de Dios

Francisco pasó aquí dos semanas en completa soledad. Se levantaba temprano, bajaba por la pendiente peligrosa cubierta de nieve, se internaba en aquella concavidad temible donde escribió la Regla, y allá pasaba todo el día. Manifestó el deseo de no querer recibir visitas, ni siquiera con el fin de proporcionarle alimentos. Los hermanos respetaron sus deseos.

Fueron días de paraíso. Delante de sus ojos un enorme castaño, completamente desnudo de hojas y cubierto de nieve, dominaba el espacio.

–Así está mi alma –pensaba el Hermano–: desnuda, libre, ya no tengo nada. *Dios es y basta* –decía en alta voz.

Frecuentemente se abatían sobre la montaña tempestades de nieve. De pronto, el viento arrastraba las nubes y se abría el firmamento produciéndose un contraste admirable entre el blanco de la nieve y el azul del cielo.

La blancura de la nieve, el azul del cielo, la potencia de las montañas y la bronca fuerza de la tempestad le evocaban a Dios. Pero su trabajo cotidiano era trascender la evocación y quedarse con el Evocado mismo, estableciendo la relación quieta, inefable e identificante yo-Tú.

* * *

Se sentaba contra la pared de la gruta, se encorvaba hasta apoyar la frente sobre sus rodillas, y así permanecía absolutamente quieto durante varias horas. Al principio, repetía vocalmente alguna expresión fuerte dirigida a Dios. La frase iba desvaneciéndose progresivamente hasta que su boca quedaba en completo silencio. Seguía, no obstante, comunicándose mentalmente hasta que también la mente callaba.

El Hermano entraba en la última estancia de su ser y ahí, en ese recinto cerrado, Francisco se abría a Dios y Dios se abría a Francisco. Francisco acogía al Dios que se le abría y Dios acogía al Francisco que se le entregaba. Francisco establecía una corriente atencional y afectiva con el Señor Dios vivo y verdadero en una total apertura mental, en la fe y en el amor.

Todas las energías mentales de Francisco salían de sí mismo, se proyectaban en Dios y quedaban en Él. Y todo Francisco quedaba compenetrado con el Señor, concentrado, quieto, paralizado en Él y con Él, en una quietud dinámica y en un movimiento quieto.

Así permanecía largas horas sumergido en las profundas aguas divinas. Francisco sentía que en sus raíces más primitivas hacían su aparición energías misteriosas de «adhesión», extrañas potencias de «conocimiento».

En un acto simple y total, todo Francisco se sentía en Dios, con Dios, dentro de Dios, y Dios dentro de Francisco. Era una vivencia inmediata de Dios, una vivencia densa, penetrante y posesiva; sin imágenes, sin pensamientos determinados, sin representación de Dios: no había necesidad de hacer presente al que ya estaba presente.

* * *

Francisco se levantaba para descansar. Estaba ebrio. Salía de la cueva frente a aquel paisaje de belleza inenarrable, y todo había desaparecido ante sus ojos. Las cumbres, los barrancos, las nieves, los árboles desnudos, la torrentera mugiente, todo había desaparecido. Arriba y abajo no quedaba otra Realidad, única y universal, sino Dios mismo. Francisco se sentía enloquecer de felicidad. ¿¡Quién eres Tú, quién soy yo!?

Francisco tenía la impresión de que había perdido su identidad personal y de que, en ese momento, él era la Orden entera, la Humanidad entera. Pero al final, también Francisco desaparecía. La Orden y la Humanidad también desaparecían. Sólo quedaba Dios. Era la Plenitud.

En la choza

Entraba de nuevo en la gruta. Recordaba a todos los hermanos y los depositaba en las manos del Padre. En este recuento de hermanos se esmeraba por sentir un cariño especial por sus adversarios intelectuales que tanto le hicieron sufrir. Si alguna vez le surgía de improviso alguna aversión contra un hermano opositor, al instante se reconciliaba besando por tres veces consecutivas la madre tierra.

Al repasar los cuatro últimos años en que había lanzado maldiciones y derramado ira, nunca se avergonzó de lo sucedido ni se ensañó contra sí mismo. Simplemente se echaba de bruces en el suelo con los brazos extendidos, y repetía muchas veces con gran humildad:

–¡Piedad, Señor!

Se levantaba, salía afuera mientras pensaba:

–Soy hijo de barro, pero no hay que asustarse. La misericordia de Dios es más alta que mi fragilidad.

Nunca se despreció a si mismo. Otras veces, cuando le venía el recuerdo de los pecados de su juventud, decía en alta voz:

–Pero el Señor es santo, y eso basta.

* * *

Al caer la tarde, abandonó Francisco el roquedal y subió despacio por la pendiente. La nieve derretida sobre la tierra empapada de agua hacía más peligrosa, por resbaladiza, la subida. Llegó a la choza. ¡Qué reencuentro, Dios mío! Parecía que hacía una eternidad que los hermanos no se habían visto. Era el abrazo de quienes se encuentran después de recorrer tierras lejanas. Francisco derramaba alegría por los ojos, la boca, la piel, las manos. ¡Qué felicidad la de estos hombres!

La «madre» Columba les había enviado comida.

–Come algo, hermano Francisco –le dijo fray León.

–Tengo otra comida –respondió con naturalidad Francisco.

Comenzaba a oscurecer. De pronto se desgarró el cielo por el lado de poniente, y unas flechas de oro salieron por entre las nubes desgarradas y, atravesando los espacios, embestían las lejanas cumbres nevadas. Francisco no pudo aguantarse:

–¡Qué maravilla! –repetía–, ¡qué maravilla, Dios mío!

Y se le humedecieron los ojos.

* * *

Cayó la noche. Rezaron juntos los salmos. Hicieron larga adoración en silencio. Después tuvieron un ágape inolvidable. El Hermano comió con apetito las viandas preparadas por la buena «madre». Francisco le envió desde lejos a Columba una cálida bendición de gratitud.

Los tres hermanos avanzaron en su fraternización hasta el corazón de la noche.

–Háblanos de Dios, Francisco –le decían los dos compañeros.

Francisco estaba inspiradísimo y les hablaba de Dios como del amigo más entrañable. León y Ángel devoraban cada palabra de Francisco con las puertas del alma abiertas de par en par.

Parecían tres hombres embriagados.

–Es el paraíso –repetía fray Ángel–, es el paraíso.

–En verdad –acotó Francisco–, donde está Dios, está el paraíso.

No sentían sueño.

Metieron en la conversación el recuerdo de las luchas por el ideal. Ese recuerdo, sin embargo, en nada alteró su paz y alegría. En ese momento no sentían ninguna animadversión, ni siquiera contra fray Elías.

–Hace un año, en este mismo lugar, me dictabas la santa Regla –dijo fray León al Hermano–. Vinieron, recuerdo, los opositores amenazándote con rebeldía. Tú no fuiste ningún corderito para con ellos, Hermano Francisco, sino un fiero lobo, ¿recuerdas?

Los tres se rieron de buena gana.

–Sí, hermano León –respondió Francisco–, siempre hay un lobo agazapado detrás de nuestras puertas. No importa. Dios es más fuerte que el lobo.

Llenos de felicidad se entregaron en brazos del sueño. También Francisco durmió dulcemente.

La paz en el Adviento

–Hermano León, si Dios tuviese alma, se llamaría Paz –dijo Francisco–. Dicen que la salud comienza a apreciarse cuando se ha perdido. Yo perdí la paz; al recuperarla, ahora sé qué preciosa es. Pero sería avaricia retenerla para saborearla sólo nosotros. Hemanos, salgamos al mundo a sembrar la paz.

Salieron y avanzaron por el flanco izquierdo de la montaña, por una primitiva vereda vecinal, hasta llegar a una aldea llamada Greccio. El villorrio estaba asentado sobre una elevada arista de roca, en plena montaña, una desnuda montaña escalonada.

Los aldeanos se alegraron de la presencia de los mensajeros. Francisco pidió un cencerro y, sacudiéndolo, recorrió el pueblo convocando a las gentes a la plaza mayor. A media tarde todos los vecinos se hallaban presentes en la plaza. El Hermano les habló de la paz de la Navidad.

–Hijos míos –comenzó Francisco–. Un niño es una criatura indefensa y por ende inofensiva. Vive en el mar profundo de la gratuidad. Lo recibe todo. No gana, no merece nada. Todo lo recibe gratuitamente. Se le ama gratuitamente. Así estamos nosotros en las manos de Dios. ¡Qué dicha! Dios es nuestra «Madre», hijos míos. Nos lleva en su seno, nos lleva en sus brazos.

En este momento, el Hermano no pudo contener las lágrimas. También la gente rompió a llorar. Cuando Francisco se repuso, comenzó a hablar del Niño de Belén con tanta emotividad, que el llanto se le apoderó por completo, lo desbordó y no pudo seguir hablando. La gente se dispersó, en silencio y sollozando, hacia sus casas. Los aldeanos no recordaban en su vida un acontecimiento tan conmovedor.

Un caballero se acercó a Francisco, todavía dominado por la emoción, le tomó de la mano y lo condujo sin decir nada a su casa, situada muy cerca. La casa tenía aire señorial y el caballero era de noble abolengo. Se llamaba Juan Velita. En la parte opuesta a la población, como quien dice en la otra montaña, por donde corría una profunda hondonada, poseía Juan Velita una heredad con características singulares. En la extremidad del barranco, se alzaba a centenares de pies una imponente roca cortada a pico. Sobre el roquedal había una serie de cuevas naturales. Desde la casa de Juan Velita, en Greccio, se veía frente a frente el macizo roqueño.

Juan Velita dijo a Francisco:

–Hermano Francisco, estoy informado de tus aficiones. Sé que te gustan los lugares solitarios para hablar con Dios. Gustosamente te entregaría a ti y tus hermanos aquel lugar que se ve allá al frente –le dijo señalando el lugar con el dedo.

El Hermano quedó impresionado del aspecto imponente que ofrecía aquel roquedal.

–Allá, sin duda, Dios tiene que lucir sólido como una roca –dijo Francisco, y añadió–: Acepto la oferta, y que Dios sea tu premio.

–Me gustaría, hermano Juan –continuó Francisco–, que cerca de la gran gruta construyeras un tosco eremitorio con ramas y barro.

–Para Navidad ya estará terminado –respondió Juan Velita.

–¡Oh, la Navidad! ¡Oh, la Navidad!

Al pronunciar esta palabra, el alma de Francisco se conmovió profundamente. «Ésta es la fiesta de las fiestas, día de alegría y regocijo grande, porque un muy santo y amado Niño se nos ha dado y nació por nosotros en el camino y fue recostado en un pesebre, pues no había lugar para Él en el mesón».

–Hermano Juan Velita, «si yo me encontrara con el emperador, me arrodillaría a sus pies y le suplicaría que diera un edicto imperial obligando a todos sus súbditos a sembrar de trigo todos los caminos del imperio en el día de Navidad, para que las aves, y particularmente las alondras, tuvieran un regio banquete». Hay más, hermano Juan; «hasta las paredes deberían comer carne en ese día. Pero ya que eso no es posible, al menos habría que embadurnarlas con grasa para que a su modo pudieran comer. En ese bendito día, además, a los asnos y bueyes se les debiera dar doble porción de cebeda, en recuerdo del asno y del buey que con su aliento mitigaron el frío de Jesús aquella sagrada noche».

–Hermano Juan –continuó–, este año en que la paz ha regresado a mi alma, ¡bendito sea Dios!, me gustaría celebrar el Nacimiento del Señor de una forma especialísima. Desearía evocar de una manera viva y realista los sufrimientos que tuvo que soportar el Señor por nuestro amor.

«Así, pues, en la gran gruta del roquedal de allá enfrente –dijo Francisco señalando el lugar–, prepárame un verdadero pesebre, de igual tamaño del pesebre en que comen las vacas y los caballos. Lleva también un buey y un asno para que tengamos la impresión exacta de cómo sucedieron los hechos en la gruta de Belén. Anuncia este acontecimiento a los habitantes de Greccio y convócalos solemnemente para aquella noche feliz».

* * *

Francisco regresó a Fonte Colombo e inició una preparación intensiva para la Navidad. Siempre había meditado vívidamente los misterios del Señor. Pero por este tiempo del misterio de Belén lo transportaba a un mundo de ensueño. Sólo la palabra Belén era para él como música que le llenaba el alma de inefables melodías.

Había recuperado la paz. Lo que sentía por estos días, sin embargo, era más que paz y otra cosa que alegría: era como si ríos de ternura irrigaran todo su ser.

–En aquel día –le gustaba repetir–, las montañas destilarán dulzura, leche y miel.

Faltando una semana para Navidad, el Hermano envió a fray Ángel a los eremitorios de la Foresta y de Poggio Bustone.

–Hermano Ángel, a los hermanos de los eremitorios les dirás así: El Hermano desea celebrar una Navidad Viva con vosotros. Venid, hermanos, subamos a la montaña de Dios para contemplar una Gran Luz. Los cerros serán abatidos, las curvas enderezadas y las asperezas se tornarán en suavidades. Venid, hermanos, a ver al Amor.

* * *

El Hermano quedó en compañía de fray León. Se recluía durante todo el día en la gruta del roquedal pensando en la pobreza de Belén, en el misterio de Navidad, en la reconciliación universal entre la materia y el espíritu, en el desposorio del cielo con la tierra. Sentía vivísimos deseos de contemplar con los ojos al Niño que enlazó el cielo con la tierra.

Al anochecer, el Hermano subió a la cabaña. Después de cenar, Francisco estaba transportado, pero no hablaba.

–Hermano Francisco, dime algo –le dijo fray León.

–¿Palabras? –preguntó Francisco–. Las palabras adecuadas aquí son las lágrimas. Oh hermano León, ¡el Señor ha sido demasiado bueno con nosotros! Cuando pienso en Belén, sólo me salen lágrimas. No sé hablar, hermano León. Sólo podría decirte palabras sueltas, pero mejor es el silencio con lágrimas.

–Dime esas palabras sueltas que te evoca el misterio de Navidad –insistió fray León.

Francisco estuvo largo rato en silencio con los ojos cerrados. Al fin abrió la boca como para decir algo, pero nada dijo. Hubo otro largo silencio. Parecía que el Hermano estaba controlando las emociones y reduciéndolas a palabras. Al fin, con voz suave y dulcísima, comenzó a desgranar muy despacio palabras sueltas: Belén. Humildad. Paz. Silencio. Intimidad. Gozo. Dulzura. Esperanza. Benignidad. Suavidad. Aurora. Bondad. Amor. Luz. Ternura. Amanecer…

Las últimas palabras casi no se oían. Después, el Hermano calló y no quiso hablar más. Después de un cierto tiempo, fray León se durmió. Al despertar a la mañana siguiente, Francisco ya estaba en pie. Fray León nunca supo si Francisco durmió o no aquella noche.

Dios vendrá esta noche

Llegó el gran día. El 24 de diciembre todos los hermanos de los eremitorios circunvecinos se hallaban ya en la gruta de Greccio. La alegría que reinaba entre ellos era inexplicable. Francisco no parecía ciudadano de este mundo.

A media tarde se reunieron todos en la cabaña. Francisco se dispuso a hablarles a fin de prepararlos para vivir plenamente el misterio de Nochebuena. Se sentaron todos en el suelo. El Hermano se arrodilló delante de ellos apoyándose sobre los talones. Comenzó a hablarles con cierto aire de misterio:

–Dios llega esta noche, hermanos. Dios llegará a medianoche y colmará todas las expectativas. Dios vendrá sentado sobre un humilde burrito, dentro del seno de una Madre Pura. Dios vendrá esta noche y traerá regalos. Traerá una cajita de oro repleta de Humildad y Misericordia. La ternura vendrá colgando de su brazo. Dios vendrá esta noche.

Todo esto lo dijo Francisco con los ojos cerrados. Los hermanos permanecían inmóviles con los ojos sumamente abiertos. Francisco continuó:

–Dios vendrá esta noche y mañana amanecerá el Gran Día. Dios vendrá esta noche y la casa se llenará de perfume de violetas y amapolas. Dios vendrá esta noche, y herirá con un rayo de luz las oscuridades ocultas y mostrará su Rostro a todas las gentes. Saldrá el Señor desde el oriente y, avanzando sobre las aguas liberadoras, llegará hasta nosotros esta misma noche, y no habrá más cadenas. Dios vendrá esta noche, arrancará las raíces del egoísmo y las sepultará en las profundidades del mar. Dios vendrá esta noche, y nos señalará sus caminos y avanzaremos sobre sus sendas. El Señor está a punto de llegar con resplandor y poder. Vendrá con la bandera de la Paz y nos infundirá Vida Eterna. ¡Ya llega!

* * *

Había caído la noche. A las pocas horas, los hermanos contemplaban desde la gruta un espectáculo nunca visto. La montaña estaba en llamas. Los vecinos de Greccio, hombres, mujeres y niños, abandonaron sus casas con las puertas bien cerradas y, empuñando antorchas de todo género y tamaño, descendían la montaña entre cánticos de alegría.

El pueblo llameante descendió hasta la hondonada, y desde allí comenzó a subir lentamente por los recodos de un sendero hasta llegar a la gruta. El roquedal iluminado por las antorchas producía una impresión imposible de describir.

Habían preparado a la entrada de la gruta un enorme pesebre con heno y paja. A un lado, permanecía en pie un manso burrito sin dejar de comer en todo tiempo. Al otro lado, un buey no menos manso. Junto al pesebre, de pie, deshecho de consolación y felicidad, el Pobre de Asís esperaba el comienzo de la liturgia.

Francisco se revistió de dalmática para oficiar de diácono. Comenzó la misa. Llegado el momento, anunció con voz sonora la «buena noticia» del Nacimiento del Señor. Cerró el misal. Salió del altar. Se aproximó al pueblo, situándose entre el pesebre y los fieles.

Comenzó a hablar. Parecía que iba a estallar en llanto. Repetía muchas veces: ¡Amor! ¡Amor! ¡Amor! No enhebraba correctamente las frases gramaticales. Más tarde comenzó a pronunciar repetidamente estas palabras sueltas: Infancia, Pobreza, Paz, Salvación, y, al final, agregaba siempre como un estribillo, ¡Amor! ¡Amor! ¡Amor! Una y otra vez parecía encontrarse al borde del llanto.

Pero sucedió lo inesperado. Poco a poco se desvaneció la amenaza del llanto, quedando el Hermano completamente sereno, insensible y ausente. Al parecer, Francisco perdió la conciencia de su identidad, el sentido de la ubicación y la noción de su circunstancia, y se «ausentó» por completo. Había sido arrebatado por una fortísima marea.

Olvidando a la gente, comenzó a dirigir la palabra a «alguien» que supuestamente se encontraba sobre el pesebre, como si en el mundo no existiera nadie más. Hacía lo que una madre hace con su bebé: le sonreía, le hacía gestos y le decía las expresiones que las mamás emplean con el niño en la cuna.

Pronunciaba «Jesús», «Niño de Belén» con una cadencia inefable. Al pronunciar estas palabras, era como si sus labios se untaran de miel, y paladeaba como quien regusta el dulce que se le ha pegado a los labios. Repetía muchas veces la palabra «Beth-le-em» como si fuera el balido de una oveja del establo de Belén.

Se inclinaba sobre el pesebre como si fuera a besar a alguien o a tomarlo en sus brazos, como si fuera a hacer las carantoñas que hacen las mamás a sus pequeñitos.

Juan Velita aseguró haber visto allí con sus propios ojos al Niño Jesús dormido. Al sentir el contacto de las caricias de Francisco, el Niño despertó y sonrió al Hermano. Eso afirmó Juan Velita.

Fue una noche inolvidable. Todos los habitantes de Greccio tuvieron la impresión de que su gruta se había transformado en un nuevo Belén, y contaban milagros.

De altura en altura

Los meses de invierno y primavera los vivió el Hermano de altura en altura. Durante un tiempo permaneció en el eremitorio de Poggio Bustone, lugar de grata memoria para él.

De allí se trasladó al eremitorio de la Foresta, donde, según testimonios no muy fidedignos, escribió el *Cántico del hermano sol*. No descuidó frecuentar el eremitorio del combate y la agonía, Fonte Colombo, así como el de Greccio.

Al aproximarse la primavera, se trasladó a Narni. Ascendiendo las montañas próximas a la ciudad por un camino provinciano, llegó hasta una aldea llamada San Urbano. Y, como a dos millas del poblado, subiendo por una pendiente casi vertical, arribó al eremitorio. Si bien el paisaje que se domina desde todos los eremitorios hace palpitar el corazón, el que se domina desde el eremitorio de San Urbano supera toda fantasía. Permaneció también un tiempo en un lugar de oración situado en las montañas que coronan la ciudad de Espoleto.

* * *

Bajaba de los eremitorios y, caminando dificultosamente, se presentaba en la plaza de las aldeas. Era tanta su aureola que los pueblos se despoblaban en un instante y todos sus habitantes concurrían a la plaza. Les hablaba con voz débil y cálido acento de Pobreza, Paz, y Amor. Al final les explicaba la Pasión del Señor con acentos tan apasionados, que el público se retiraba a sus casas –así sucedía siempre– en silencio y con lágrimas. Preguntaba por los leprosos. Si los había, los cuidaba con el cariño maternal de los primeros tiempos.

En el mes de junio de 1224, Francisco asistió al Capítulo de la Porciúncula. Las fuentes no nos han conservado ninguna anécdota sobre sus intervenciones. La explicación de esta pasividad estaba en que el Hermano había cumplido ya su misión y ya no era legislador ni conductor. Era simplemente modelo ejemplar y padre venerado.

Conozco a Cristo Pobre y Crucificado

Un día arreciaron las enfermedades. Francisco parecía un saco de arena. Ni siquiera se podía mover. Los hermanos lo tomaron y lo condujeron a la choza de la Porciúncula. Estuvo el día entero sentado y acurrucado en un rincón de la choza, rodeado de León, Maseo, Ángel y Rufino.

Parecían viejos combatientes cuidando a un herido de guerra. Lo querían más que a una madre. Francisco se dejaba querer. Era una escena de gran belleza y ternura. Durante todo el día no se separaron de su lado. A veces, los dolores superaban su capacidad de resistencia, y se le escapaban algunos gemidos.

En un momento dado, el dolor alcanzó alturas tan insoportables que Francisco se encorvó completamente sobre sí mismo hasta tocar la frente con las rodillas. Fray León no pudo contener las lágrimas. Fray Maseo, desesperado, le dijo:

–Hermano Francisco, no hay medicina humana que pueda aliviarte. Sabemos, sin embargo, cuánta consolación te causa la palabra evangélica. ¿Quiéres que llamemos a fray Cesáreo de Spira, especialista en la Santa Escritura, para que te haga algunos comentarios y así se alivien tus dolores?

Maseo calló. El Hermano continuó encorvado sobre sí mismo sin decir nada. Los cuatro hermanos lo miraban expectantes aguardando la respuesta. Después de un rato, que a los hermanos les pareció una eternidad, el Hermano levantó la cabeza y, con los ojos cerrados, respondió en tono humilde y sin impostar la voz: «No; no hace falta. Conozco a Cristo Pobre y Crucificado, y eso me basta».

Al pronunciar estas palabras, los músculos de su rostro, contraídos por el dolor, se relajaron casi al instante, y una profunda serenidad cubrió todo su ser. Estas palabras eran la síntesis de su ideal y una declaración de principios.

Pensando darle más alivio, fray León agregó:

–Hermano Francisco, piensa también en Cristo Resucitado; ese recuerdo consolará, sin duda, tu alma.

El Hermano respondió:

–Los que no saben del Crucificado, nada saben del Resucitado. Los que no hablan del Crucificado, tampoco pueden hablar del Resucitado. Los que no pasan por el Viernes Santo, nunca llegarán al Domingo de Resurrección.

Y en esto, Francisco se incorporó casi sin esfuerzo como un hombre rejuvenecido. Los hermanos se miraron asustados. El Hermano levantó los brazos y habló vigorosamente:

–Hermano León, escribe: No hay altura más alta que la cumbre del Calvario. Ni siquiera le supera la cumbre de la Resurrección. Mejor, las dos son una misma cumbre.

Luego continuó:

–Hermano León, ya celebré la noche de Getsemaní. Pasé también por los escenarios de Anás, Caifás y de Herodes. He recorrido toda la Vía Dolorosa. Para la consumación completa sólo me resta escalar la pendiente del Calvario. Después del Calvario ya no queda nada. Ahí mismo nace la Resurrección. Vámonos, pues, a esa solitaria, inhumana y sacrosanta montaña que me regaló el conde Orlando. Algo me dice que allí pueden suceder cosas importantes.

* * *

Tomó, pues, a León, Ángel, Rufino y Maseo y, en pleno verano, a mediados de julio, salieron de la Porciúncula en dirección del Alvernia.

–Hermano Maseo –le dijo Francisco–, tú serás nuestro guardián y te obedeceremos como al mismo Cristo. Donde dispongas, dormiremos. Preocúpate del sustento de cada día, de tal manera que nosotros no tengamos otra preocupación sino la de dedicarnos al trato con el Señor.

Con su figura apuesta y modales distinguidos, no tuvo fray Maseo mayores dificultades para conseguir comida y alojamiento en el transcurso del viaje.

Después de dos días de camino, ya no le respondían las fuerzas al Hermano. Su organismo estaba agotado, pero su alma se mantenía animosa. En vista de su decisión de llegar a toda costa al Alvernia, fray Maseo entró en una aldea para conseguir un asno con su arriero.

Golpeó la primera puerta. Salió el dueño de casa, un hombre entrado ya en edad.

–Mi Señor –le dijo fray Maseo–, somos cinco hermanos que caminamos al encuentro con Dios. Cuatro de nosotros somos capaces de caminar centenares de leguas. Pero con nosotros va uno que no puede dar un solo paso. Lo grave es que ese uno es el más importante de todos.

–¿Quién es y cómo se llama? –preguntó el arriero.

–Francisco, el de Asís.

–¿Ese que le llaman el Santo?

–El mismo —respondió Maseo.

–Será para mí un honor transportar una carga tan sagrada –añadió el arriero–. Vámonos.

* * *

Reemprendieron la marcha. Era un asno pequeño, mansito y dócil a las órdenes del arriero. Francisco iba sentado cómodamente. Por lo general los cinco hermanos caminaban en silencio y oración. El Hermano iba, además con los ojos cerrados, y con frecuencia, en los momentos de más intensa consolación, se cubría la cabeza con el manto. El arriero estaba profundamente edificado de la compostura de los hermanos.

Después de caminar muchas leguas, no pudo aguantar más el campesino y soltó aquello que tenía pensado decir desde el primer momento:

–Padre Francisco, es difícil que puedas calcular la altura en que te ha colocado la opinión pública. Dicen que quien te ve, ve a Cristo; que quien te mira, queda inundado de paz, y que quien te toca, es sanado al momento de la enfermedad y del pecado. Padre venerado –concluyó el arriero–, permíteme expresarte un deseo: ojalá seas tan santo como la gente cree, y ojalá nunca defraudes la buena opinión que de ti se ha formado el pueblo de Dios.

Al escuchar tales palabras, Francisco vaciló un instante con los ojos bien abiertos y la boca también semiabierta, como no dando crédito a lo que oía. Al recuperar la presencia de ánimo, dijo al arriero:

–Hermano carísimo, detén al hermano asno.

Todos se detuvieton. Manifestó Francisco el deseo de bajar del asno y los hermanos le ayudaron a apearse.

Sin decir palabra se fue el Hermano junto al arriero, se arrodilló dificultosamente a sus pies, se los besó reverentemente, y le dijo:

–El cielo y la tierra me ayuden a darte gracias, hermano arriero. Nunca salieron de boca humana palabras tan sabias. Bendita sea tu boca.

Y de nuevo le besó los pies. El arriero no sabía a dónde mirar, edificado y confuso.

Descansaron unas horas bajo la sombra de una tupida higuera, a la vera del camino. Francisco sintió ganas de comer unos higos, y fray Maseo se los alcanzó.

Alvernia a la vista

Al entrar en la región del Casentino, a los hermanos se les dilató el corazón: a muchas leguas de distancia se erguía, solitaria y orgullosa, recortada contra el azul del firmamento, la indomable montaña del Alvernia. Desde lejos tenía rostro de amenaza para los enemigos y de protección para los amigos.

Al verla, Francisco se estremeció. No era la primera vez que visitaba la santa montaña, sino la quinta; pero no supo exactamente por qué razón su corazón comenzó a palpitar. Se diría que era de alegría y terror, deseo y miedo, todo a un mismo tiempo.

Pidió que lo bajaran del asno. Se arrodilló. Lo mismo hicieron los hermanos y también el arriero. Francisco se mantuvo varios minutos con la cabeza profundamente inclinada, los ojos cerrados, las manos juntas y los dedos entrecruzados.

De pronto, abrió los ojos, levantó la cabeza, extendió los brazos y, con tono de ansiedad, dijo:

–Oh Alvernia, Alvernia, Calvario, Alvernia. Benditos los ojos que te contemplan y los pies que pisan tus cumbres. Saludo desde aquí tus rocas de fuego y tus abetos seculares. Saludo también a los hermanos halcones, mirlos y ruiseñores, así como a las hermanas perdices. Un saludo especial a los santos ángeles que habitan en tu soledad. Cúbreme con tu sombra, montaña sagrada, porque se avecinan días de tempestad.

Siguieron caminando. Mientras los trigales y viñedos enrarecían, iban abundando los encinas y castaños. Más tarde éstas disminuían mientras hacían su aparición los pinos y alerces hasta que, al fin, no quedaba otra corona sino las soberbias rocas.

–Hermano León –preguntó Francisco–, ¿cuál es el emblema que corona las cumbres de nuestras montañas?

–La Cruz, Hermano Francisco.

–Eso es. Falta una Cruz sobre la cabeza de nuestra bienamada Alvernia.

–Nosotros la plantaremos –dijo fray León.

–Quizá no haga falta. ¡Quién sabe si el Señor mismo no se encargará de plantarla!

* * *

Llegaron por fin al pie de la montaña. Antes de emprender la escalada, descansaron unas horas bajo una frondosa encina. Lo que allí sucedió no entra en las explicaciones humanas. En cosa de minutos hicieron su aparición decenas y centenas de mirlos, alondras, petirrojos, ruiseñores, gorriones, zorzales, pinzones y hasta perdices. Abrumado y agradecido, el Hermano repetía:

–¡Gracias, Señor, gracias!

Fue una fiesta nunca vista. Las aves silbaban, chirriaban, cantaban, revoloteaban en torno de Francisco en una desordenada algarabía. Unas hacían piruetas audaces y zambullidas acrobáticas, mientras otras se posaban ora encima de la cabeza, ora sobre los hombros, los brazos o las rodillas de Francisco. Fue un festival de canto y danza.

–Hermano León, ¡qué maravilla, qué prodigio! ¡Qué grande es Dios! –exclamó Francisco, completamente abrumado por el espectáculo. Y añadió–: Sólo faltan las golondrinas para que reviente una primavera sobre la cumbre del Alvernia.

* * *

Subieron por la escarpada pendiente. Francisco abría desmesuradamente los ojos. Se diría que contemplaba aquella ladera por primera vez. Y le parecía estar al principio del mundo: todo le resultaba nuevo. Enraizados firmemente en el suelo roqueño, altísimos abetos escalaban el cielo. Parecían tocar el firmamento, y eran de tal diámetro, que cuatro hombres juntos no alcanzaban a abrazarlos.

Francisco suplicó al arriero que detuviera el jumento. Colocado al pie de uno de los abetos, echada la cabeza hacia atrás, poniendo la mano sobre los ojos para que la luz solar no lo lastimara, el Hermano lo contemplaba de abajo a arriba. Después de admirarlo largo rato, exclamó:

–¡Señor, Señor, qué grande eres!

En la medida en que ascendían, el espacio se dilataba a la vista. Corpulentas hayas, poderosas encinas y altísimos pinos de raro espécimen proyectaban una sombra profunda y fresca. Francisco se sintió en el paraíso.

–Hermano León –exclamó–, ¡qué paz!, ¡qué libertad!, ¡qué felicidad! Somos los hombres más dichosos de la tierra.

Al llegar a la planicie, Francisco sintió necesidad de estar solo, y manifestó a los hermanos este deseo. Se internó en el bosque. Caminó en diferentes direcciones. Después descendió unos quinientos pies, más allá de las rocas. Se colocó frente a ellas, de espaldas al sol, al caer de la tarde. ¡Qué espectáculo! Es difícil encontrar una evocación más plástica de la potencia y eternidad de Dios.

Eran unas rocas salvajes que hundían sus raíces en la montaña y elevaban sus cabezas sobre el fondo del firmamento. Al ser embestidas por la luz dorada del sol poniente, asemejaban un incendio de remotísimas épocas telúricas. Todo era fuego y delirio sobre la montaña.

–¿Qué rayos cayeron sobre estas rocas –se preguntó Francisco–, para trazar semejantes hendiduras? ¿Qué terremoto cuarteó estos cíclopes? Esto debió suceder cuando la tierra protestó por la muerte de Jesús –pensó.

Francisco estaba anonadado repitiendo en voz alta:

–¡Señor, Señor!

Con el peso infinito de su dulcedumbre cayó Dios sobre el alma de Francisco. Esta consolación sacó a Francisco de sí mismo, elevó sus potencialidades a altísimo voltaje, se arrodilló ante las titánicas rocas, extendió los brazos y, levantando mucho la voz, habló así:

–Altísimo Señor, aunque indigno de nombrarte, a Ti dirijo este canto.
¡Señor, Señor, gravitación eterna de los horizontes sin fin!
Eres hermoso como este paisaje, invencible como estas rocas, eterno como esta montaña, profundo como ese azul.
Tú has puesto en pie estas piedras como terribles centinelas para vigilar la marcha de los siglos.
En el incendio de estos picachos mi alma te siente y te quiere.
Todo está lleno de tu presencia. Tú brillarás para siempre sobre las rocas de mi alma.
Bendito seas por la potencia eterna de este macizo.
Bendito seas por sus hendiduras desgarradas.
Bendito seas por las nieves eternas.
Bendito seas por el silencio augusto de las noches estrelladas.

* * *

Dando un amplio rodeo, el Hermano ascendió el lugar donde el conde Orlando había erigido unas pequeñas chozas. Éstas se levantaban juntas en un reducido perímetro. Pero a petición de Francisco, Orlando había construído también otra choza solitaria bajo una haya frondosa, a bastante distancia de las demás chozas. El Hermano reunió a los hermanos. Él se sentó sobre el tronco yacente de una vieja encina. A su derredor lo hicieron los demás hermanos.

«Carísimos –les dijo–, se aproxima la hora de la Gran Partida. Estoy a pocos pasos de la Casa del Padre. Necesito estar a solas con mi Dios. Necesito enderezarme para presentarme pulcro ante la Luz. Quiero estar solo. Si llegaran seglares para visitarme, atendedlos vosotros. El único enlace entre vosotros y yo, será fray León».

¿Qué será después de mi muerte?

Está escrito: en el crisol del fuego se purifica el oro. Alvernia fue para Francisco una misteriosa alternancia de fuego y agua. Tuvo momentos de consolación hasta el delirio y ráfagas de Getsemaní.

Hacía año y medio que no le visitaba la desolación. Ahora regresó, pero con una diferencia: esta vez no tenía aspecto de tristeza sino de pena honda y serena.

Los años de lucha por el ideal despertaron de nuevo en su alma. Las memorias dolorosas de aquellos años cubrían obstinadamente su cielo como aves de rapiña, y no las podía ahuyentar. Con trazos vigorosos se le presentaban en su mente aquellos borrascosos Capítulos, el *Studium* de Bolonia, la oposición pertinaz y astuta de los intelectuales, fray Elías, fray Juan de Staccia, la época dolorosísima de la redacción de las Reglas...

Se le renovaron todas las cicatrices. Los impulsos primarios se le encresparon, y la malquerencia contra los opositores hizo su aparición como hierba desabrida en su huerto. Con esto el Hermano sufría horriblemente. El pasado se tornaba presente, el presente se enlazaba con el futuro, dejándose llevar el Pobre de Dios de los más negros presentimientos.

–Si estando yo entre ellos –pensaba– se atrevieron a innovaciones tan audaces, ¿qué será ahora que están solos? Y, sobre todo, cuando yo no esté en este mundo.

Por momentos veía su ideal como una bandera despedazada y el futuro irremediablemente perdido:

–¿Qué será de estos hermanos cuando yo muera?

En uno de los peores momentos, salió de la choza, a toda prisa, como quien escapa de un peligro. Recorrió el bosque, se plantó sobre una roca elevada frente a un paisaje inebriante. Pero aquello no le decía nada. Su corazón estaba turbado. Era como si se le hubiera prendido fuego. Se internó otra vez en el bosque. Se arrodilló frente a una gigantesca encina, extendió los brazos y gritó a todo pulmón:

–¡Eterno Dios, apaga estos ardores, calma mi fiebre!

Repitió estas palabras muchísimas veces. Comenzó a tranquilizarse.

–No puede ser –se dijo a sí mismo–. La ira y la turbación son explosivos que destruyen la Fraternidad. No debo sentir ninguna hostilidad en contra de los opositores. Eso sería como dar una lanzada contra el corazón de Dios. Después de apagar las llamas, necesito sentir ternura por cada uno de ellos. ¿Quién sabe si así entrarán en el redil del ideal?

–Ése es el peligro –se dijo a sí mismo en voz alta–: transformar al adversario en enemigo. Luchar por un ideal, cosa noble es, pero si durante el fragor se pasa del campo mental al emocional, y al adversario ideológico lo transformamos en enemigo cordial, Dios no puede estar en medio de todo eso. Cuando el opositor se transforma en enemigo, se cierran todos los caminos del entendimiento. No puedo resistir al que me resiste. No debo permitir que crezca en mi huerto la maldita hierba del rencor.

Y, diciendo esto, se tendió en el suelo bajo la gran encina apoyando su frente sobre las manos. El contacto con la tierra lo calmó como si hubiera descargado sus energías agresivas.

Por cada opositor, y pensando en ellos, besaba tres veces el suelo. Pensaba positiva, concentrada y prolongadamente en cada uno de ellos hasta que se le apagaba por completo la llama de la agresividad y experimentaba una ternura sensible por ellos. Luego decía en voz alta:

–Madre Tierra, transmite esta ternura a fray Elías, dondequiera que esté.

Y así hacía con cada uno de los hermanos de la oposición.

Luego pedía perdón a Dios por haberlo ofendido sintiendo hostilidad contra sus hijos, y, recordando nominalmente a cada uno, decía:

–Padre, en tus manos lo deposito; guárdalo como a la niña de tus ojos. Mi Dios –decía– entra hasta las raíces de mi ser, toma posesión de mí y calma este tumulto. Dios mío, quiero sentir en este momento lo que Tú sientes por aquel hermano, lo que Tú sentías al morir por él.

Después, todavía en el suelo, imaginaba que abría de par en par las puertas de su interioridad a todos los hermanos de la oposición.

–Ven, hermano –decía pensando en cada uno–, te acojo con brazos de cariño.

Y acababa diciendo:

–Hermana Madre Tierra, en tus ondas subterráneas transmite a los hermanos las vibraciones de mi corazón. Oh Madre Tierra, sé tú el gran enlace entre los hermanos.

Se levantó con el corazón bañado de paz. Cuando veía una golondrina en vuelo, le decía en voz alta:

–Hermana, anuncia a mis hermanos la primavera del amor.

Recordando las antiguas maldiciones que había fulminado contra la oposición, recorría el bosque impartiendo bendiciones.

–Benditos sean los que trabajan por tu heredad. Benditos los que conducen a los hermanos.

Y pensaba:

–Me gustaría estar en la copa de este altísimo abeto para sonreír a los hermanos.

* * *

Lentamente, parándose y dando pequeños rodeos, admirando los árboles y conversando con las criaturas del bosque, regresó el Hermano a la cabaña.

–La vida es lucha, y en la lucha surge el conflicto –pensaba–. De ello no hay que asustarse, porque es inevitable. Lo importante es reconciliarse. Es la tarea primordial de todos los días. No puede haber armonía con Dios ni con la tierra mientras haya desafinaciones con los hermanos. Sería triste –seguía pensando– que el hombre fuera un acorde desabrido en medio de la armonía universal.

Era el crepúsculo. La montaña, torturada por el fuego del día, respiraba ahora aliviada. La calma, como rocío vespertino, lo penetró y refrescó todo. Despertaron mil voces, saliendo mil insectos por entre el musgo y los líquenes. Todavía el sol cubría con vestidura de oro las cumbres lejanas. Parecía la aurora del mundo.

El Hermano regresó despacito a la choza mientras repetía en voz alta:

–¡Qué paz, qué paz!

* * *

Recuperada la paz, el Hermano vivió unos cuantos días abismado en el mar de Dios. Las fuerzas mentales de Francisco eran atraídas y concentradas por la Presencia. Al sentirse en Dios, todo su ser entraba frecuentemente en una vibración emocionante. Ya en trance, Francisco, como sustrato coherente de energías espirituales, quedaba «fuera de sí».

Fray León asegura haberlo visto elevado tres o cuatro metros encima del suelo y aun a la altura de una haya. Curioso e intrigante, fray León fisgoneaba constantemente con la más santa de las intenciones al Hermano. Se plantaba detrás de los árboles para observarlo sin ser observado. Iba a su presencia con la excusa de llevarle algún recado, para ver si podía sorprenderlo en arrobamientos o escuchar exclamaciones.

Un día, lo sorprendió elevado varios metros sobre la tierra. Se le acercó sigilosamente, le besó los pies y se alejó diciendo:

«Ten piedad, Señor, de este pobre pecador, y por los méritos de Francisco, halle yo gracia ante tus ojos».

* * *

Ante la santa curiosidad del amigo y confidente, Francisco nada decía, pero no se sentía bien. Cuando decidió hacer un mes de ayuno riguroso en soledad absoluta, pidió a León que se colocara a la puerta del oratorio de los hermanos. Francisco se alejó a una cierta distancia y llamó a fray León con voz fuerte. Al instante respondió fray León. Se alejó Francisco otros muchos metros y gritó con toda su garganta:

–Fray León!

Esta vez el hermano León no respondió.

–Éste es el lugar conveniente dijo Francisco.

Aquí, lejos de la curiosidad de los santos hermanos, inició al día siguiente de la Asunción un mes de ayuno y soledad en honor de san Miguel.

El lugar escogido era una pequeña planicie encima de una roca, algo así como una terraza con una caída vertical de unos cuarenta metros, frente a otra roca enhiesta y altísima. Esta pequeña planicie rocosa estaba separada de la tierra firme por un precipicio de unos cuarenta metros, formando el conjunto una especie de isla.

Los hermanos colocaron sobre el precipicio un madero a modo de puente y construyeron sobre la roca una celda con cañas entretejidas.

Francisco dio instrucciones precisas: nadie debía acercarse a aquel lugar. Una vez por día, fray león le llevaría pan y agua, y vendría a medianoche para rezar maitines. Pero tampoco fray León debía atravesar el puente sin una contraseña, que sería ésta: fray León gritaría: *Domine labia mea aperies*, y Francisco respondería: *Et os meum aununtiabit laudem tuam*. Si el Hermano no respondía, fray León tenía que ausentarse inmediatamente.

La gran pascua franciscana

Aquí comienza el período más sublime de la vida de Francisco. El escritor siente la tentación de ofrecer un sabroso anecdotario y eludir la zambullida en las peligrosas latitudes donde el Hermano habitó. Pero si se quiere desvelar el misterio de un hombre, el escritor necesita sumergirse de alguna manera en las aguas de aquella experiencia. Bien sabemos, no obstante, que toda experiencia es inédita. Por eso, no le resta al escritor otra vía que la deductiva y, para expresarse, el lenguaje figurado.

* * *

Una narración atribuida a fray León dice así:

> «Una noche fue fray León a la hora acostumbrada a decir maitines con Francisco. Y llamando a la entrada del puente:

Domine labia mea aperies, como habían convenido, Francisco no respondió. Mas fray León no se volvió atrás, como Francisco le tenía ordenado si no le respondía, sino que atravesó el puente del precipicio y entró quedamente en la celda; y como no lo hallara, pensó que estaría en algún rincón del bosque en oración.

Por lo cual salió afuera, y a la luz de la luna anduvo buscándolo calladamente por la selva. Por fin, oyó la voz de Francisco y, acercándose, le vio de rodillas, con la cara y las manos alzadas al cielo, y escuchó que decía así con fervor de espíritu: "¿Quién eres Tú y quién soy yo?" Y estas palabras las repetía muchas veces, y no decía otra cosa.

Maravillándose grandemente, fray León levantó los ojos, miró al cielo, y vio venir de arriba una llama de fuego bellísima y esplendorosísima, la cual, bajándose, se posó sobre la cabeza de Francisco, y de dicha llama salía una voz que hablaba con Francisco; mas fray León no discernía las palabras. Reputándose indigno de estar tan cerca de aquel lugar santo, y temiendo, además, ofender a Francisco o perturbarlo en su consolación si fuera sentido por él, retiróse atrás suavemente y esperaba de lejos a ver el fin.

Y, mirando fijamente, vio que Francisco alargó tres veces las manos hacia la llama y, finalmente, vio que la llama retornaba al cielo.

Decidido y alegre por la visión, iba a volver a su celda y, andando así con seguridad, Francisco sintió ruido de pies en las hojas y le mandó que esperase sin moverse. Entonces, fray León, obediente, estúvose quieto, y le esperó con tanto miedo que, según aseguró después a los compañeros, en aquel trance hubiera preferido que le tragara la tierra a esperar a Francisco, del cual pensó que había de estar incomodado contra él, pues cuidaba con suma diligencia no ofender a su paternidad, para que por su culpa no le privase Francisco de su compañía. Allegándose, pues, a él, Francisco le preguntó:

–¿Quién eres tú?

–Soy el hermano León, Padre mío –le respondió temblando.

–¿Por qué viniste aquí, *Ovejita de Dios*? ¿No te dije que no me observaras? Dime por santa obediencia si algo viste u oíste.

Fray León respondió:

–Padre, yo te oí hablar y decir muchas veces: "¿Quién eres Tú, y quién soy yo?"

«Y entonces, de hinojos, fray León confesó la culpa de su inobediencia y le pidió perdón con muchas lágrimas».

* * *

De día y de noche, Francisco, incansable, nadaba en el mar de Dios. Las noches de luna lo embrujaban, pero mucho más las noches estrelladas. Por la narración de fray León y por las «Alabanzas» podemos deducir que el Hermano vivió por este tiempo la impresión espiritual de vértigo que proviene de medir (Francisco) la distancia entre Dios y él. El Pobre de Dios sentía que esa distancia era terriblemente presente porque estaba hecha al mismo tiempo de lejanía y proximidad, de trascendencia e inmanencia.

En las noches profundas, el Hermano salía de la choza, se sentaba en las rocas, bajo el cielo estrellado, y, perdido en la inmensidad de Dios, experimentaba una mezcla de fascinación y espanto, anonadamiento y asombro, gratitud y júbilo.

Mirando la bóveda estrellada repetía infinitas veces:

«¡Qué admirable es tu nombre en toda la tierra!»

Lo decía con voz elevada y emocionada. Luego bajaba la voz (no se sabe de qué profundidades salía aquella voz) para decir con el mismo salmo:

«¿Qué es el hombre para que te acuerdes de él?»

En una oportunidad pasó toda la noche repitiendo esta frase. Después de pronunciarla, el Pobre permanecía largamente en un silencio en cuyo seno seguía vibrando la sustancia de la frase.

* * *

En aquellas noches de misterio y aire tibio, Francisco, erguido sobre la roca hasta la altura de las estrellas, distinguía dos realidades imposibles de enlazar: por una parte, Dios, realidad admirable, avasalladora y quemante; por otra parte, Francisco, el Pobrecito, «casi» nada. Y, en medio, una distancia infranqueable que ni la Gracia ni el Amor podrían cubrir. Sin embargo, por esas cosas inexplicables, tal distancia no era sino un puente de oro, tendido por el Amor. Cuanto más próximos estaban Dios y Francisco, más distantes se sentían, porque nunca se percibía con toda claridad la diferencia entre la altura del Altísimo y la pequeñez del Pobrecito.

La intimidad a la que hemos sido llamados no colma esa distancia. La gracia nos declara hijos, pero tampoco cubre la distancia. En aquellas noches, Francisco tenía delante de sus ojos, recortada sobre el fondo de estrellas, aquella roca enhiesta y altísima. Mucho más alta y firme que el *sasso grande* quedaba esta verdad absoluta: *Dios-es*.

«¿Quién eres Tú y quién soy yo?» –repetía toda la noche.

¿Pregunta? Es otra cosa que pregunta. ¿Afirmación? Es más que afirmación. Es admiración, sorpresa, júbilo, anonadamiento. Es el vértigo sagrado, vivencia imposible de describir.

Francisco se asomaba al precipicio de cuarenta metros que tenía a sus pies, al fulgor de la luna. Sentía una sensación extraña y contradictoria; el abismo lo cautivaba como si le gritara: ¡Salta! Pero otra fuerza lo arrastraba al mismo tiempo hacia atrás. Era el vértigo.

Cuando Francisco acababa por aceptar gozosamente que *Dios-es*, lo que ocurría todas las noches, entraba en una especie de embriaguez telúrica y la vida se le tornaba en omnipotencia y plenitud, participando de la eterna e infinita vitalidad de Dios y convirtiendo al Hermano en el cantor de la novedad más rotunda y absoluta: *Dios-es*. ¿Quién eres Tú y quién soy yo?

Al aceptar gozosamente que *Dios-es* y yo *no soy*, quedaba franqueada aquella distancia. Y en ese momento la distancia y la presencia se fundían.

Francisco era el hombre seducido por el abismo de Dios. Por otra parte, era el hombre golpeado y vencido por el peso de la Gloria. Francisco estaba siempre sorprendido. Dios, para él, era una eterna novedad. Siempre cautivado: salido de sí mismo y volcado sobre el otro. Un hombre esencialmente pascual.

De aquí parte *la gran pascua franciscana*. El Hermano siempre en tensión y apertura, en estado de salida hacia el Admirable. Cuando su alma «sale» hacia Dios, sólo tiene palabras monótonamente repetidas, definitivamente incapaces de conceptualizar lo que vive:

> «Altísimo, santísimo, omnipotente, vivo, sumo, grande, verdadero, glorioso, eterno, justo, bueno, recto,

divino, loable, admirable, bendito, inmutable, invisible, inenarrable, inefable, ininteligible, sobreexaltado, sublime, excelso».

* * *

Era una noche brillante y profunda como pocas. El aire estival del Alvernia era fresco y tibio a la vez. El mundo dormía en la paz eterna. Todo era quietud y serenidad.

El Hermano, de pie sobre las rocas, extendió los brazos, se sumergió en los abismos de la fe en la inmensidad de Dios. Aquella noche habían aparecido en su alma energías misteriosas de «adhesión», nuevas fuerzas de profundidad de «conocimiento» y amor.

Francisco no decía nada. La palabra había caducado. La comunicación se efectuaba de ser a ser, como quien se sumerge en profundas aguas.

La mente de Francisco estaba paralizada. En ella no había ninguna actividad diversificante o analítica. Era un acto simple y total: Francisco estaba «en» Dios. Era una vivencia densa, compenetrante, inmediata, vivísima, sin imágenes, sin pensamientos determinados. No hacía falta representar a Dios porque Dios estaba «ahí», «con»Francisco, y Francisco «con» Dios.

Dios era (¿qué era?) un panorama infinito, sin muros ni puertas, regado por la ternura; era un bosque de infinitos brazos cálidos en actitud de abrazo; el aire estaba poblado de miles de enjambres con miel de oro; era una marea irremediable, como si diez mil brazos rodearan y abrazaran al amado Francisco; era como si una crecida subida de río anegara los campos.

No quedaba nada. Las estrellas habían desaparecido, la noche se había sumergido. Francisco mismo había desaparecido. Sólo quedaba un Tú que abarca todo arriba y abajo, adelante y detrás, derecha e izquierda, dentro y fuera.

> «Tú eres Santo, Señor Dios único, que haces maravillas.
> Tú eres fuerte, Tú eres grande, Tú eres Altísimo.
> Tú eres el Bien, todo Bien, Sumo Bien.
> Señor Dios, vivo y verdadero.
> Tú eres caridad y amor, Tú eres sabiduría.
> Tú eres humildad, Tú eres paciencia, Tú eres seguridad.

Tú eres quietud, Tú eres solaz, Tú eres alegría.
Tú eres hermosura, Tú eres mansedumbre.
Tú eres nuestro protector, guardián y defensor.
Tú eres nuestra fortaleza y esperanza.
Tú eres nuestra dulcedumbre.
Tú eres nuestra vida eterna, grande y admirable Señor».

El «yo» de Francisco fue irresistiblemente atraído y tomado por el Uno, hecho (Francisco) totalmente «uno» con el Centro. Esta fue la gran *pascua*. No hubo, sin embargo, fusión, al contrario; Francisco no sólo conservaba más nítidamente que nunca la conciencia de su identidad personal, sino que, cuanto más avanzaba mar adentro en Dios, aumentaba de tal manera la diversidad entre Dios y él, que llegó a adquirir perfiles inquietantes: «¿Quién eres Tú y quién soy yo?»

* * *

Francisco estaba sumergido en la sustancia absoluta e inmutable de Dios. Dios no *estaba* con Francisco, *era* con Francisco. Dios lo ocupaba todo, lo llenaba todo. Y, «en» Dios, no había para Francisco lejos, cerca, allá, acá. El Hermano se había elevado por encima del tiempo y el espacio: habían desaparecido las distancias, y Francisco comenzó a sentirse como el *hijo de la inmensidad*.

En aquella noche, todo estaba al alcance de sus manos: las encinas, las rocas, las estrellas rojas, las estrellas azules, las nebulosas, las galaxias más lejanas del universo en expansión. Como Dios lo ocupaba todo, no existía el espacio. Sólo existía inmensidad. Mejor, sólo existía el Inmenso. Esto es, las medidas habían sido absorbidas y asumidas por el Inmenso. Ahora bien: si Dios «es» con Francisco y Francisco «es» con Dios (y Dios es inmensidad), también Francisco es «inmenso», mejor –como dijimos–, hijo de la inmensidad: «Mi Dios y mi Todo».

¡Noches embriagadoras aquéllas! ¡Noches de experiencias telúricas «en» Dios! El Hermano se extendía, avanzaba y poseía el mundo de horizonte a horizonte, el universo de extremo a extremo. No hay sensación humana que se le pueda comparar en plenitud y júbilo.

–¡Dios, Dios! –decía Francisco en alta voz–. Dios es el que potencia –pensaba– las impotencias del hombre hasta la omnipotencia. Dios hace estallar las fronteras del hombre abriéndolas hasta márgenes desconocidos.

¿Cómo decir? Al sentirse en el seno de Dios le nacieron a Francisco unas alas de envergadura tal, que abarcaban de parte a parte el mundo. «Mi Dios y mi Todo».

* * *

Al quedar el Hermano asumido por Aquel que es inmensidad, todo quedaba relativizado para Francisco.

Esto es, las realidades perdían sus perfiles individuales, no en sí mismas sino para Francisco. En esa tibia noche estival, en esa noche en que el Hermano hizo («en» Dios) una zambullida en la creación, desaparecieron las diferencias entre los seres. Esto es: desapareció la ley de la diferenciación y apareció la ley de la unidad.

En otras palabras, Francisco vivió la intuición de la unidad interna de todos los seres en Dios, porque Dios es el fundamento fundante de toda realidad, la raíz única por la que todas las cosas existen, y en la que subsisten. Al entrar Francisco en la profundidad total de Dios, los seres perdieron sus relieves individuales que los diferenciaban y separaban, y, «en» Dios, el Hermano comenzó a «sentir» todas las cosas como parte de su ser.

Es decir: Francisco llegó hasta la «Raíz» única que sustenta todas las cosas, y «allá» todas las criaturas empezaron a quedar *implicadas, comprometidas* con Francisco («en» Dios), eran *hermanas*. Las estrellas, el fuego, el viento, lo lejano, lo cercano, los abetos, las rocas, los lobos, los halcones... todos (y todo) eran *hermanos*. Fue una vivísima experiencia cósmica «en Dios», plenificante como ninguna otra experiencia humana. «Mi Dios y mi Todo». Dios era esposa, madre, regalo, hermano, hijo, herencia.

La noche entera la pasó el Hermano repitiendo «Mi Dios y mi Todo», y al repetirlo sentía que todas las ternuras y satisfacciones que puedan dar las criaturas, se las daba el Altísimo. Más plenamente no se puede vivir esta existencia. Era un preludio de la Eternidad, que no será otra cosa sino *la posesión simultánea y total de la Vida Interminable*. ¡Mi Dios y mi Todo!

Aquella tarde, Francisco presenció una tempestad aparatosa. Desde el interior de la choza contemplaba, emocionado, la furiosa descarga. El Hermano estaba admirado de cómo aquellos gigantescos abetos se dejaban bañar como niños sumisos, y las rocas no resistían y la orgullosa montaña se sometía humildemente al castigo del viento y el granizo.

–Así tengo que ser –decía el Hermano en voz alta.

Y, diciendo esto, se tendió de bruces en el suelo de la choza y extendió los brazos. Su alma se sumergió en la sustancia de la tierra, y, entregado en las manos del Altísimo, se dejó llevar dócilmente por las corrientes divinas.

* * *

Por aquel tiempo el Hermano entabló una misteriosa amistad con un halcón que habitaba en el *sasso grande*. Un día, Francisco, de pie sobre la roca, vivía la proximidad y ternura de todas las criaturas. En esto, un temible halcón regresó de caza con potentes golpes de ala. Francisco admiró su sentido de orientación, su raudo cruzar el aire y la extraordinaria facilidad con que aterrizó en un pequeñísimo saliente de la roca.

El Hermano sintió cariño y admiración por aquella criatura. Diríase que se estableció una sintonía entre Francisco y el ave de presa, y que ésta detectó el cariño del Hermano. Francisco encendió todos los fuegos de su sensibilidad y le dirigió estas palabras:

–Pájaro mío, hermano halcón, hijo de Dios, óyeme. Soy tu hermano; no me tengas miedo. Despliega las alas y ven.

Lo que sucedió no entra en las explicaciones humanas. El halcón extendió las alas, y casi sin abatirlas, dejándose caer como quien da un salto, descendió y se posó a pocos metros del Hermano. Ante esto, la admiración y la ternura del Hermano por aquella ave se elevaron a su máximo nivel. Diríase que la poderosa ave percibió el cariño del Hermano y con ello se sintió feliz. Francisco no se movió. Simplemente lo miraba con gran cariño y gratitud. El halcón tampoco se movió; miraba a diferentes lados con naturalidad.

Se le pasó a Francisco la idea de darle de comer. Pero se dio cuenta de que en la choza no tenía otra comida que el pan y agua que le traía diariamente fray León, y recordó, además, que las aves de presa no comen pan sino sólo carne. Desistió, pues, de la idea de darle de comer, y, en lugar de eso, le dio palabras de cariño:

–¿Dónde está tu nido, pájaro de Dios? ¡Qué hermoso debe verse el mundo desde esas alturas! Tú no tienes rutas trazadas en el aire. ¿Cómo haces para llegar a tu destino? ¿Dónde tienes la brújula? ¿Quién te enseñó a volar? ¿Qué haces en los días de tempestad? ¿Tienes miedo a los relámpagos? ¿Qué haces cuando caen metros de nieve sobre esta montaña? Dios plantó en la tierra estas temibles rocas para que te sirvan de morada. No caigas en el pecado de la ingratitud.

Todos los días pasaba el halcón junto a la choza del Hermano. De tal manera se familiarizaron los dos, que el halcón permanecía habitualmente en la terraza roqueña donde estaba instalado el Hermano, ausentándose tan sólo a las horas en que iba de caza a buscar comida.

Francisco sintió pena al pensar que el halcón se alimentaba de otros pajaritos, pero evitaba pensar en eso. La amistad entre ellos llegó a adquirir relieves tan entrañables y humanos que a la hora del rezo de maitines, a medianoche, venía el halcón, batía vigorosamente sus alas contra la pared de la choza y así despertaba a Francisco para la oración. Si alguna vez el Hermano se hallaba muy enfermo, el halcón no lo despertaba o lo despertaba más tarde.

Al despedirse del Alvernia, Francisco tuvo una mención especial para el hermano halcón.

La noche de la estigmatización

–Hermano León, abre el misal al azar y lee las primeras palabras que vean tus ojos.

Las palabras eran éstas: «He aquí que subimos a Jerusalén y el Hijo del Hombre será apresado, torturado y crucificado; pero al tercer día resucitará».

Por segunda y tercera vez mandó Francisco a fray León hacer lo mismo, y siempre salieron palabras referentes a la Pasión del Señor.

* * *

Francisco extendió las alas, recogió todas sus pasiones por su Amor Crucificado, reunió las palpitaciones de sus veinte últimos años y, durante varias semanas, día y noche, permaneció sumergido en los abismos del dolor y amor del Crucificado.

Su sensibilidad, vivísima por naturaleza, fue potenciada hasta superar los normales parámetros humanos. En estas semanas, dejó paso libre a un deseo vehementísimo: el deseo de sentir en sí mismo el dolor y el amor que Jesús sintió cuando estaba en la Cruz.

Como quien con un potente telescopio se abre al infinito mundo sideral, o como quien tomando una escafandra se sumerge en las profundidades del mar, el Hermano, con las facultades recogidas, en quietud y fe, se asomó con reverencia a las intimidades del Crucificado y «se quedó» ahí durante muchos días y muchas noches.

«Presenció» cosas que están cerradas a la curiosidad humana. Quieto, inmóvil, el Hermano se dejó impregnar de los «sentimientos» de Jesús y participó de la experiencia profunda del Crucificado. Descendió hasta los manantiales primitivos de Jesús Crucificado allá donde nacen los impulsos, las decisiones y la vida, allá donde se funden el amor y el dolor, borrándose sus fronteras correspondientes. En suma, vivió Francisco la temperatura interior de Jesús.

El amor y el dolor son una misma cosa.

–Mi Jesús –dijo Francisco–, sufriste por mí porque me amaste y me amaste porque sufriste por mí. Me amaste gratuitamente. Tu amor no tenía ninguna utilidad, ninguna finalidad. No sufriste para redimirme sino para amarme y por amarme. No tienes más razones sino las del amor; la razón de la sinrazón del amor se llama gratuidad. Me llevaste por los tiempos eternos como un sueño dorado. Pero, llegada la «Hora», todos los sueños se desvanecieron y me amaste con la concreción de unos clavos negros y unas gotas rojas de sangre. Donde hay amor, no hay dolor. Me concebiste en el amor en una eternidad y me diste a luz en el dolor en una tarde oscura. Desde siempre y para siempre me amaste gratuitamente.

Francisco salió de la choza y comenzó a gritar desesperadamente:

«El Amor no es amado; el Amor no es amado».

Gritaba a las estrellas, y a los vientos, y a las soledades, y a las inmensidades, y a las rocas, y a las encinas, y a los halcones, y a los hombres que dormían más allá de las montañas.

* * *

Aquella noche el Hermano estaba ebrio, delirante, incendiado, torturado por el Amor; y le quemaba el pensamiento el hecho de que el Amor no fuera amado.

Era una noche profunda. Los secretos de la tierra se hacían manifiestos. La creación estaba silenciosa y la luz cubierta con una mortaja. Un aire tibio, como presagio de temblor de tierra, acariciaba el bosque. Podía suceder cualquier cosa esa noche: este mundo podía sumergirse u otros mundos emerger.

Todos los olores, desde los agrios hasta los dulces, danzaban en los vientos sin orden y en una extraña mezcolanza. El diapasón de Francisco sonaba en su tono más agudo. En la tierra de Francisco las aguas habían tocado la cumbre más alta. Hoy se podía morir o resucitar. ¿Para qué cantar? El Mundo cantaba un nocturno sosegado; pero aquello podía ser preludio de una *Cantata apassionata*. Los viejos guerreros dormían hundidos en el sueño eterno, secadas ya todas las lágrimas.

Hacía días que la luna se había despedido y vagaba por los hemisferios australes. Las estrellas eran las únicas señoras de aquella noche. El Señor Dios había elevado más allá de toda altura la altura de Francisco, y encendido en sus venas una hoguera de altísimas llamas. La tierra palpitaba como presintiendo un parto inminente o un cataclismo como los de antiguas edades.

* * *

–Quisiera decir esta noche, mi Señor, las palabras más hondas que le es dado al hombre pronunciar. Jesús Crucificado, mi tierra está preparada para recibir cualquier tempestad. Puedes descargar los relámpagos, centellas y rayos que creas conveniente. Ojalá ellos abrieran en mi carne surcos de sangre y barrancos de dolor. Estoy dispuesto.

«Por un momento quiero "ser" Tú. Suelta, Jesús, por el torrente de mi sangre tu torrente de amor. Haz de mi carne una pira de dolor y de mi espíritu una hoguera de amor.

«Me gustaría, mi Jesús Crucificado, subirme a esa Cruz, quitarte los clavos, y sustituirte siquiera por un momento.

«Desde ahí arriba quisiera abrazar el mundo, amar a todos los hombres, amar y sufrir por ellos. Esta noche quisiera, desde allá arriba, cubrir el mundo con el manto de la paz. Esta noche quisiera reunir todos los andrajos y tumores de los hijos de los hombres, levantar con ellos un altar en medio del mundo y reducirlos a un holocausto final para que sólo quede la ceniza de la paz sobre el suelo de la alegría.

«Esta noche quisiera que todos los navíos de los mares fueran empujados por los vientos del Amor. Quiero incendiarme esta noche en la pira del dolor para que sólo quede el Amor. Y después de eso, puede acabarse todo porque ya hemos llegado a la cumbre de la resurrección.

«Jesús Crucificado, esta noche renuncio a todo y entrego una moneda, y por ella venga la sombra bendita a los nidos humanos y la risa alegre a los ojos de los niños. Esta noche salgan las abejas a los campos floridos, retírense los ejércitos a los cuarteles de la paz, abandonen los dolientes las camas, salgan los enfermos de los hospitales y el dolor se retire para siempre a sus oscuras guaridas. Jesús, venga sobre mí todo el dolor del mundo para transformarlo en amor total y que nadie, de ahora para siempre, sea visitado por el dolor; y sea envuelto el mundo en los brazos de la dulzura.

«Esta noche quiero alumbrar con mi lámpara a todos los caminantes, cautivos y desterrados. Quiero plantar un rosal en todos los hogares, verter lluvia sobre los campos quemados, soltar vientos que porten esperanzas, esperar en la puerta a todos los repatriados, correr con un cesto en la mano sembrando la paz, ser báculo para los cojos, lazarillo para los ciegos y madre para los huérfanos».

* * *

Así pasó la noche. Cuando en los confines del horizonte una tenue claridad anunciaba la llegada del día, hubo algo así como un estampido. Fue un acorde de dolor y amor que entró como tempestad en las arterias de Francisco. Desde el cielo descendió como un meteoro incandescente el amado Jesús Crucificado. Los aires se henchían de dulzura. Jesús era fuego, energía, fuerza, dolor y gozo abatiéndose sobre el Pobrecito.

En ese momento, Francisco estaba mirando hacia el Oriente. A simple vista, la aparición semejaba un serafín cubierto con seis alas ígneas. Pero al aproximársele la visión, el Hermano observó que debajo de las alas se divisaba la efigie de un hombre crucificado. El delirio se apoderó del Pobrecito: era miedo, júbilo, admiración, pena infinita, gozo enloquecedor y dolor sobrehumano. Todas las espadas del mundo, juntamente con todos los panales de la tierra, cayeron sobre el Hermano. Francisco sentíase morir. Estuvo al borde mismo de la vida.

Le pareció estar en medio de una furiosa tempestad. De pronto sintió la misma impresión que si hubiera caído un rayo sobre su cuerpo. Lanzó un grito desgarrador, presa de un dolor sin límites. Mas el Pobre quedó dudando si era dolor o placer. A los pocos minutos sintió como si otro rayo se hubiera abatido abrasadoramente sobre su cuerpo. Y así se le descargaron como cinco rayos.

Francisco pensó que había llegado su última hora, y que ya estaba reducido a cenizas.

–Mi Jesús Crucificado –dijo–, descarga sin piedad sobre mí todos tus dolores; más, Señor, más, que quiero acabar con todo el dolor de la tierra reduciéndolo a Amor.

Pero no hacía falta. Se había llegado a la consumación. Francisco estaba crucificado.

Desapareció la visión. Estaba amaneciendo. Francisco tuvo la impresión de que se había calmado la tempestad y de que todo volvía a la normalidad. A la luz incipiente de la aurora, Francisco comprobaba que sus manos, pies y costado estaban quemados, heridos, taladrados, manando mucha sangre. Las heridas le dolían terriblemente.

Adiós, monte Alvernia

Después de asistir a misa, el 30 de septiembre de 1224, reunió el Hermano Crucificado a los hermanos, y les dijo:

–Hermanos, el Señor con sus pies descalzos, camina todas las mañanas por esta montaña, y los aires están poblados de ángeles con alas de oro. Es, pues, una montaña santa. Los ministros deben destinar para esta Fraternidad a hermanos que sean tan santos como la montaña misma.

«Yo me ausento hoy mismo con el hermano León, y no volveré más. Estoy a un paso de la eternidad. Os quedáis aquí pero vais conmigo, hermanos. Amaos unos a otros como una madre ama a su pequeño. Rendid pleitesía y fidelidad caballeresca a Nuestra Señora la Pobreza. Por encima de todo, y aun por encima de la Pobreza, rendid culto eterno al Santo Amor. Os declaro caballeros del Amor Eterno.

«Adiós, hermano Maseo. Adiós, hermano Ángel. Adiós, hermanos Silvestre e Iluminado. Vivid en paz. Adiós, todos vosotros. Adiós, monte Alvernia. Adiós, monte de los Ángeles. Adiós, montaña querida. Adiós, hermano halcón. Bendito seas por tus delicadezas. Adiós, roca altísima, nunca te volveré a ver. En tus brazos, Madre del Verbo Eterno, deposito estos mis hijos aquí presentes».

«Llorábamos inconsolables –continúa la crónica–. También él se alejó sollozando y llevándose nuestros corazones».

* * *

El Hermano Crucificado y fray León bajaron con cuidado y lentamente por la ladera opuesta a las rocas, por la veredita que conduce a Chiusi. Pero no entraron en el castillo. Los dos hermanos descendieron en silencio. Francisco pronto cesó de sollozar. Fray León, sensible y sensibilizado, lloraba a mares y no le importaba que lo vieran llorar. El Hermano iba sentado en un borrico manso que fray León guiaba con una cuerda.

Después de caminar largo tiempo, el Hermano Crucificado miró atrás. Todavía se veía el monte Alvernia. Un poco antes de internarse en La Foresta, en el último recodo del camino se perdía ya de vista la santa montaña. Francisco mandó detener el asno. Fray León le ayudó a apearse. El Hermano se arrodilló en la vereda, con los brazos en cruz, mirando al Alvernia. A lo lejos, la montaña, con su melena negra, ofrecía un aspecto sombrío y amenazante, recortada sobre el fondo de nubes. Francisco impartió la última bendición a la montaña, diciendo:

«Adiós, montaña santa. Caiga sobre ti la bendición del Altísimo. Paz contigo para siempre, montaña querida; ya nunca jamás te volveré a ver».

Se levantaron y siguieron el camino. Al instante se les perdió de vista la negra silueta del Alvernia. Internándose en los desfiladeros sombríos de La Foresta, caminaron largo rato en silencio. El Hermano Crucificado rompió el silencio para decir:

–Hermano León, todo está terminado. He llegado al umbral. Sólo resta entrar. Mis golondrinas están ya en vuelo. A veces siento que voy a enloquecer de felicidad. Hermano León, *Ovejita de Dios* y camarada de combate, Aquel que no tiene nombre me está haciendo con la mano la señal de que me vaya. Podría ser éste nuestro último viaje.

No dijo más. Fray León no respondió. Siguieron en silencio. El Hermano, después de un rato, miró al compañero y vio que éste lloraba a lágrima viva.

–Hermano, lloras igual que los que no tienen fe –dijo Francisco.

–¿Qué será de mí sin ti, que eres mi padre y mi madre?

–¿Cuántas veces tengo que repetirte lo mismo?: ni la polilla ni la espada acabarán jamás con el alma. Oh hermano León, después que me recoja el Padre en su seno, estaré a tu lado más presente que en este momento. ¿Vale algo el cuerpo? Ya ves este mío: parece un saco de arena. El alma, hermano León, el alma humana vale y posee una eterna juventud. Cesen tus lágrimas, ovejita de Dios, y brille la sonrisa en tus ojos.

El hermano León quedó consolado con estas palabras, y secó sus lágrimas con la manga del hábito.

La paciencia de Dios

Siguieron en silencio.

–Hermano León, escribe –dijo Francisco–: La carne se desmorona como una pared ruinosa. Cuando haya caído el último pedazo, aparecerá la espaciosa estancia de luz. Qué alegre estoy, hermano León. ¡Hemos vencido! Es la victoria de la nunca desmentida misericordia de Dios. Aleluya.

Aquella noche durmieron en una gruta del camino. Por primera vez en esa noche, fray León limpió las llagas del Hermano Crucificado con agua tibia de hierbas aromáticas. El Pobre de Dios se dejaba cuidar como un niño sumiso.

–Tengo fiebre, fiebre alta, hermano León. A veces me siento tan mal... –dijo el Pobre.

–Son las heridas y la sangre derramada, Hermano Francisco, las que te producen la fiebre –explicó fray León.

–Si eso es así, ¿qué fiebre no habría tenido mi bendito Señor Crucificado en la tarde del Calvario? Bendito sea Él por su dolor y su amor.

Francisco tenía frío. Fray León salió fuera de la gruta, recogió leña en los alrededores y encendió una fogata. Sentó a Francisco a una distancia conveniente. Las llamas, no obstante, producían excesivo calor. Fray León tomó al Hermano y lo sentó a mayor distancia. Y puso sobre sus ojos un paño atado a la cabeza con una cuerdecita, para que el resplandor de las llamas no hiriera sus ojos enfermos. Cuando las llamas se extinguieron y quedó sólo el rescoldo, de nuevo fray León tomó al Hermano, lo sentó muy cerca de la fogata y le quitó el paño de los ojos porque ahora ya podían tolerar la luz mortecina del rescoldo. Por lo demás, siempre le había gustado al Hermano contemplar el fuego. Fray León lo cuidaba como una madre, y el Pobre se dejaba cuidar como un niño. ¡Qué espectáculo!

Francisco no durmió aquella noche. Todo él era un mosaico de dolor, amor, fiebre y nostalgia de las Colinas Eternas. Cada día era como una víspera, velando las armas para entrar en la gran aventura de la muerte.

Fray León se acostó en un rincón de la gruta, no sin antes arropar bien a Francisco. Constantemente despertaba para mirar al Pobre. Cuando veía que el Hermano se había descubierto, se levantaba para arroparlo convenientemente. El Hermano Crucificado permaneció sin dormir toda la noche, con los ojos cerrados, acurrucada su alma en los brazos del Padre. A medianoche, fray León observó que hacía mucho frío. No había leña. Salió afuera. Todo estaba oscuro. Tanteando, pudo cortar algunas ramas y encendió de nuevo la fogata, y, después de arropar de nuevo al Hermano, se acostó y durmió profundamente.

Despertó a la alborada, sacudido por un sueño horrible. El Pobre ya no estaba en la gruta. Fray León salió en su busca y lo encontró en la cumbre de un pequeño altozano, de pie, con los brazos abiertos, mirando en dirección del Oriente donde brillaba la aurora anunciando la salida del sol. El Hermano Crucificado estaba resplandeciente como un amanecer. Cuando vio venir a fray León, lo recibió con una alegría inesperada, como si estuviera ansioso por comunicarle algo importante.

–Innumerables ángeles he visto esta noche –comenzó diciendo Francisco–. Todos ellos eran virtuosos concertistas. Estaban afinando cítaras, laúdes, arpas, oboes, violines y flautas. Por encargo del Padre están preparando un gran concierto para recibirme. ¡Qué alegría, hermano León! ¡La Eternidad está a la vista! Se acabó la lucha, la tristeza y el pecado. He visto también una montaña de oro. Pero no te asustes, *Ovejita de Dios*, que no era oro sino trigo. ¿No has oído decir a Cristo que debemos almacenar la cosecha en los graneros de la eternidad? No hice otra cosa durante toda mi vida. He visto también otra cosa: las vigas que sostienen la casa que el Padre me ha preparado, no tienen ninguna señal de polilla. Mis tesoros están, pues, en lugar seguro. Qué feliz soy, hermano León!

–Pues yo no soy tan feliz, Hermano Francisco –dijo fray León, y se echó a llorar. Fray León se conmovía fácilmente.

–¿Qué te pasa, querida *Ovejita de Dios*?

–También yo he tenido sueños anoche –respondió León–, y no tan bonitos como los tuyos.

–Abre tu corazón, hijo mío, y cuéntamelo todo.

–He soñado que después de tu muerte los ministros me perseguirán y me meterán en la cárcel y me azotarán, y andaré fugitivo por las montañas escapando de la ira de los intelectuales.

Afortunadamente, al decir estas palabras, fray León arreció en llanto y cubrió sus ojos con las manos. Digo afortunadamente porque así fray León no presenció la reacción de Francisco. Instantáneamente una sombra profunda de tristeza cubrió por completo el rostro hasta ahora radiante del Hermano. De un golpe se le renovaron todas las viejas heridas.

–Los conozco bien, y son capaces de todo eso –pensó Francisco mientras fray León lloraba en silencio.

De repente apareció ante su mente el panorama del futuro lleno de sombras.

Efectivamente, fray León sobrevivió casi cuarenta años a la muerte de Francisco y fue víctima de toda clase de persecuciones por parte de ministros e intelectuales, sin excluir azotes y cárceles.

Francisco se sentía casi desesperado, no por el fantasma del futuro, sino porque se apoderó de él una profunda turbación. Era hombre de paz, y cuando la paz se le escapaba, se sentía morir.

Pero si él mismo era víctima de desolación, ¿cómo consolar al desconsolado fray León? Reaccionó, pues, al instante. Ahogó el brote de tristeza, se aproximó a fray León, lo abrazó efusivamente, y dándole unas palmaditas en la cara, le dijo:

–Campeón, recuerda: bajo el arco de la aurora te esperaré de pie para tu entrada triunfal en la eternidad. Vendrás del campo de batalla cubierto de cicatrices; cada cicatriz brillará como una esmeralda por los siglos sin fin. Cuantas más heridas recibas, más resplandecerás en el paraíso.

Con esto se consoló fray León, y comenzaron los dos a descender el altozano muy lentamente. Fray León iba delante señalando a Francisco dónde dar los pasos. Bajaron en silencio. En un instante el Hermano dejó entrar en su intimidad un fragmento de aversión contra los traidores al ideal. Pero enseguida sintió una tristeza inmensa por haber dado paso libre, aunque fuera por un instante, al sentimiento de hostilidad. Al llegar al llano, el Hermano Crucificado se arrodilló ante fray León, diciéndole:

—Bendíceme, padre, porque he pecado. Hermano León, escúchame en confesión.

Francisco se confesó. Es de saber que fray León fue secretario, enfermero y confesor del Hermano de Asís. Fray León le dio la absolución.

* * *

Se levantó Francisco, y le dijo:

–Sentémonos.

Sentados sobre sendas piedras, el Pobre comenzó a hablar:

–Respóndeme, hermano León: ¿cuál es el atributo más hermoso de Dios?

–El amor –respondió fray León.

–No lo es –dijo Francisco.

–La sabiduría –respondió León.

–No lo es. Escribe, hermano León: La perla más rara y preciosa de la corona de Dios es la paciencia. Oh, cuando pienso en la paciencia de mi Dios, me vienen unas ganas locas de estallar en lágrimas y que todo el mundo me vea llorando a mares, porque no hay manera más elocuente de celebrar ese inapreciable atributo. Y, en contraste, me acomete una tristeza de muerte cuando pienso que no he tenido esa paciencia con mis adversarios. Quisiera tenerlos ahora mismo aquí para postrarme de hinojos ante ellos y besarles los pies.

«Sigue escribiendo, hermano León: La malevolencia es excremento del mismo Satanás y una maldita cloaca subterránea que envenena y ensucia las fuentes profundas de la vida. ¡Cómo deseo tener un corazón puro y paciente! Y cuando en mi corazón hace su aparición la sombra de la malevolencia, siquiera por un instante, me vienen ganas de llenarme de barro la boca.

«La benevolencia, en cambio, es una corriente misteriosa (subterránea también), algo así como un sacramento invisible que purifica los manantiales y siembra de ondas armónicas los espacios fraternos. Hermano León, escribe: Si yo doy a luz un buen sentimiento, toda la humanidad se eleva cuatro palmos sobre el suelo.

«¡Oh, la paciencia de Dios! Hermano León, esta mil veces bendita palabra escríbela siempre con letras bien grandes. No sé cómo decírtelo. Cuando pienso en la paciencia de Dios, me siento enloquecer de felicidad. Siento ganas de morir de pura felicidad».

Repitió innumerables veces, como extasiado:

–¡Paciencia de Dios!, ¡paciencia de Dios!

Fray León se contagió y comenzó también a repetir la frase a una con Francisco.

Al final, el Hermano dijo:

–Sea la Hermana Madre Tierra testigo de nuestro juramento –y, poniendo la mano sobre la tierra, añadió–: Imitando la paciencia de Dios, nunca daremos entrada libre a ningún sentimiento de hostilidad contra nadie. Y que la Hermana Tierra nos demande si infringimos esta palabra.

El poder del Amor

Reemprendieron el viaje. Aquel día llegaron a Borgo San Sepolcro. Sin entrar en la ciudad, se dispusieron a escalar las montañas. Subiendo por un barranco salvaje, llegaron hasta un *saliente* de roca que parecía el techo del mundo y que llamaban *sasso spicco*. De allí, escalando por una pendiente empinada unos centenares de metros, llegaron al eremitorio de Monte Casale.

Al llegar a la choza, salió precipitadamente un hermano, al parecer emocionado, exclamando:

–¡Padre Francisco! ¡Padre Francisco!

Se arrojó a los pies del Hermano, se abrazó fuertemente a ellos, besándolos una y otra vez bañado en un mar de lágrimas. Admirado, el Pobre le preguntó:

–¿Quién eres tú, Hermano mío?

–¿No te acuerdas, Padre Francisco? Soy uno de aquellos tres asaltantes de caminos que, por tu piedad, abandoné aquella vida e ingresé en la Fraternidad.

Efectivamente, hacía varios años que el ex-bandolero llevaba una vida edificantísima. A medianoche se levantaba a maitines. A veces ya no volvía a acostarse, sino que pasaba lo restante de la noche en adoración. Trabajaba en silencio en el huertecito que los hermanos habían abierto en una ladera de la montaña. Era delicadísimo con los huéspedes.

Al informarse de todo esto, el Hermano Crucificado tomó del brazo a fray León, lo condujo apresuradamente al bosque y, antes de internarse en su espesura, comenzó a gritar exaltado:

–¡Prodigios del Amor!, ¡prodigios del Amor! Escribe, hermano León: Sobran cárceles allí donde hay amor. No hay en el mundo descalabros anímicos, ataduras egoístas ni energías aéreas que militan al servicio de la muerte que puedan resistir al Amor. Hermano León, ¿qué diferencia hay entre Dios y el Amor? Son dos caras de una misma sustancia. Sigue escribiendo, hermano León: El Amor transforma los cementerios en jardines. La vestidura del amor es el silencio.

En las arpas de oro no hay tanta melodía, ni en las arterias de la primavera tanta vida, ni en el amanecer tanto esplendor como en el seno del Amor. No hay milagros imposibles para el Amor. ¿No has visto el último milagro, hermano León? ¿No has visto un bandolero transformado en un santo por la magia del Amor? No sé cómo decírtelo, hermano León. Te lo diré con una sola frase: Dios es Amor.

Los ojos enfermos de Francisco brillaban como dos luceros. Éste sí que fue el último milagro del Amor. ¿Cómo pudo el Amor resucitar aquellas dos concavidades apagadas y vanas?

* * *

Francisco y León pasaron varios días en el eremitorio. Un buen día descendieron de la montaña y, al pasar por Borgo San Sepolcro, la pequeña ciudad estalló en delirio. ¿Qué tenía este hombre? Era como si el recibimiento hubiese sido programado desde semanas atrás. Aquello no era comparable con el paso de un capitán victorioso. Quizá recordaba la entrada triunfal de su Maestro. Todos querían tocarlo. Los labradores abandonaron el campo; las mujeres, las casas; los niños, las escuelas; cortaron ramos de olivo y de otros árboles y, agitándolos al viento, exclamaban:

«¡Ecco il Santo!»

Se apiñaban las muchedumbres, lo apretaban por todas partes, varias veces el Pobre estuvo a punto de caer al suelo. Las mujeres, con sus niños enfermos en los brazos, se abrían paso a cualquier precio por entre la multitud hasta conseguir tocarlo. Las gentes gritaban. Lo vitoreaban. Lloraban.

Francisco, zarandeado de un lado para otro, por lo general permaneció insensible, como si su espíritu estuviese ausente. A ratos parecía disgustado con todo aquello. Otras veces, resignado, exclamaba:

–Señor, Señor.

De pronto, sintió un vivo impulso de hablar. Se apeó del borrico, se encaramó sobre una piedra de la plaza, y con un vigor inusitado, comenzó a decir:

–Soy un insignificante gusano, hombre inútil y pecador...

No pudo seguir. La multitud lo ahogó con un rugido: «Santo di Dio, Santo di Dio».

Francisco hizo un gesto de impotencia y resignación.

Cuando la gente se calmó, Francisco, agitando los brazos, gritó:

–Amor, Amor, Amor. Quemad en el brasero del Amor vuestras rivalidades y egoísmos. Oh Santo Amor, ala de protección, nido de vida, troquel de felicidad, albergue de los pequeños, cadena inmortal, guardián de la paz, sombra fresca, madre eterna, niño dormido, mar inagotable, música sin palabras, melodía inmortal…

Francisco estaba ebrio. Continuó:

–Amaos unos a otros. Amad a los enemigos. Amad las piedras, los árboles, los pájaros, los peces, las ranas… Amad a las moscas, los sapos, las arañas, los murciélagos, las lechuzas… Amad a las serpientes, y ellas no os morderán. Amad a los lobos, y no os devorarán. Amad a vuestros enemigos, y se tornarán en niños de ternura. Levantad la bandera del Amor, y desaparecerán las rivalidades, se apagarán las guerras, se extinguirán las envidias y las ofensas.

Parecía que el Hermano perdía la cabeza y que desde las cenizas brotaba un joven inmortal. Comenzó a moverse y pronunciar las frases con cadencia de danza:

–Dios es Amor. El Amor es más fuerte que la muerte. Poned Amor donde haya odio. Donde haya ofensa poned perdón. Donde haya discordia, unión. Se acostará el cordero junto al lobo. Cantarán a una voz los gavilanes y los ruiseñores. Las espadas se transformarán en arados; los soldados, en sembradores; los arietes, en molinos de viento; los campos de batalla, en trigales; no habrá fronteras ni patrias que dividan a hermanos contra hermanos; la paz cubrirá el orbe de la tierra, y Dios será todo en todos.

En los ojos de la multitud se distinguían desde lejos las llamas del delirio. Francisco estaba al borde del colapso. En este momento se detuvo un instante para equilibrarse y respirar. Levantó de nuevo los brazos y la voz, para decir:

–¡Paciencia de Dios, paciencia de Dios…!

No pudo seguir. De un golpe se desplomó su equilibrio y se desató en un llanto incontenible. La multitud enloqueció. La gente lloraba, gritaba, aullaba:

«¡Santo di Dio! ¡Santo di Dio!»

La multitud se abalanzó peligrosamente sobre el Hermano Crucificado. Fray León lloraba emocionado y desesperado. Por un instinto primitivo de defensa, un grupo de hombres maduros y fornidos rodearon en cadena al Pobre de Dios, y fue un milagro cómo aquel día salió Francisco ileso de las manos enloquecidas de la multitud.

La escena se repitió, con variantes, en otras ciudades.

A los pies de la creación

Siguieron ambos su camino en la forma señalada: fray León adelante, conduciendo al jumento con la soga; el Hermano Crucificado sentado dulcemente sobre el mismo con los ojos cerrados y en silencio.

–Has estado a punto de ser devorado por la fiera popular, Hermano Francisco –dijo fray León.

–¡Dios! ¡Dios!, hermano León, es a Dios a quien quieren devorar. Las gentes tienen hambre de Dios. Cuando huelen a Dios, pierden la cabeza y se lanzan como fieras a devorarlo. ¡Dios, hermano León, Dios!

Callaron y continuaron en silencio. Era ya otoño bien avanzado. Las altas cumbres de los Apeninos estaban coronadas de nieve.

Aquel día caminaron durante toda la jornada por malos caminos, con bajas temperaturas. Casi sin darse cuenta les sorprendió la noche sin poder llegar a una posada. Se refugiaron en la oquedad de una peña con ánimo de pasar allí la noche. Un hombre que les acompañó aquel día, congelado de frío, murmuraba y casi maldecía contra Francisco. Éste se le aproximó y puso la mano llagada sobre su hombro. Apenas lo hubo tocado, le desapareció el frío, y tanto calor le entró como si estuviera junto a un horno encendido.

* * *

Al día siguiente, el Hermano dijo a fray León:

–Hermano León, dediquemos el día a nuestro bendito Amor, el Señor Dios Padre.

Comenzaron a escalar una montaña no muy alta pero de hermosa forma cónica, y muy roqueña. Subieron muy lentamente porque no había veredas. Fray León condujo al borrico y su sagrada carga dando amplios rodeos para evitar la verticalidad. Por todas partes se veían pequeñas encinas, negros cipreses, castaños de ancha copa, matorrales, bojs y peñascos audaces.

Se sentaron para descansar. Francisco se sentía feliz. Si bien estaba perdiendo la vista por completo, conservaba el olfato con alta sensibilidad.

–Hermano León, me parece sentir el aroma del tomillo. ¿Será verdad?

Se levantó fray León y pronto regresó con un manojo de tomillo. Francisco lo olfateó, aspiró intensamente su perfume, y dijo:

–Bendito seas, mi Dios, por el hermano tomillo. Hermano León –dijo luego–, siempre he oído decir que la sensación más placentera que Dios puede conceder al hombre es la de aspirar al mismo tiempo el perfume del tomillo y el del romero. ¿Será verdad?

Al instante se levantó fray León, y al cabo de un buen rato volvió con unas matas fragantes de romero.

Francisco juntó los dos manojos y aspiró. Quedó casi embriagado, diciendo:

–¡Oh... Señor, Señor..., oh... regalos de Dios! Soy el hombre más dichoso de la tierra. Qué hermosa es la existencia, hermano León. El día que yo llegue a la eternidad, plantaré tomillo y romero por todas las montañas del paraíso. Escribe, hermano León: Sólo los pobres participarán de la embriaguez de la tierra y del asombro del mundo. Sólo los pobres gustarán de las golosinas del Padre. ¡Qué dicha la de ser pobres por amor!

* * *

Se levantaron y siguieron ascendiendo. El Hermano prefirió dejar el burrito y subir a pie. Delante iba Francisco; a su lado y un poco atrás, iba fray León, para auxiliarlo si el Hermano resbalaba. Francisco ascendía muy lentamente y mirando con cuidado al suelo, casi encorvado, como si buscara un objeto perdido.

–¿Qué sucede, Hermano Francisco? –preguntó fray León.

–¡Las piedras, hermano León, las piedras! ¿Nunca oíste a los salmistas comparar a Cristo con una piedra? Cuando veo una piedra en el suelo, no puedo menos de pensar en

Cristo. Y si pisara una de ellas, sentiría la misma pesadumbre, salvadas las infinitas distancias, que si hollara una hostia consagrada.

Y, arrodillándose e inclinándose en el suelo, besó una piedra de regular tamaño con tanta veneración y cariño como si lo hiciera con Cristo.

–Hermano León, escribe: Detrás de cada criatura está escondida la efigie de Cristo. ¡Cuántas veces tengo que decirte, hermano León, que lo esencial siempre es invisible! Cierra los ojos, mira con fe, y debajo de la primera piedra encontrarás una hermosa efigie del Señor. A los ojos de la fe el mundo está lleno de prodigios.

«Te haré una confidencia, hermano León. No sabes cuántas veces he estado tentado de poner en la Regla el siguiente artículo: Exhorto en el Señor Jesucristo que, cuando los hermanos vieren un pedacito de papel en el suelo, lo levanten y lo pongan en lugar decoroso porque allí podría estar escrito el nombre de Dios; o, al menos, con las letras de ese papel podría componerse el nombre de Dios. Los que así lo hicieren, sean benditos por la mano del Altísimo».

* * *

Siguieron subiendo la escarpada montaña. Llegados a la cima, Francisco se sentó, mientras fray León buscaba un saliente de roca o una concavidad. Habiéndolo encontrado, tomó al Hermano Crucificado y lo condujo allá, le preparó una piedra y lo sentó sobre ella.

–Hermano León, aquí pasaremos este día y también la noche. Seguramente tendremos una noche fría. Prepara, pues, leña. Cortarás toda clase de ramas, aun las gruesas, pero préstame atención, hermano León: en cuanto a los troncos, no los herirás, ni siquiera los tocarás, porque… de un tronco como éstos salió la cruz salvadora de Cristo, eternamente bendito.

Al decir estas palabras, se le humedecieron los ojos.

–Escúchame más, hermano León: al cortar los matorrales, respetarás la raíz para que puedan retoñar y revivir.

Mientras Francisco permanecía sumido en Dios, fray León salía y entraba con sus fardos de leña. En un momento dado, cruzó frente a la gruta una bandada de alondras cantando alegremente. El Hermano se estremeció de emoción. Salió de la gruta por si llegaba alguna otra bandada. No llegó.

«La hermana alondra –dijo Francisco– es un ejemplo para el hermano menor. ¡Con su capuchita se parece tanto a nosotros! Su plumaje es de color terroso como nuestro hábito. Busca humildemente su alimento por los caminos. Se eleva a gran altura en el azul cantando alegremente. En suma, su corazón está siempre en las alturas. Nosotros deberíamos ser como las alondras».

* * *

Por la noche, fray León encendió la fogata, calentó agua con hierbas medicinales, con suma delicadeza le curó al hermano las llagas, y lo arropó como a un niño. Francisco estuvo extasiado varias horas frente al fuego. Le pareció más «hermoso, vibrante y jocundo» que nunca.

–Hermano León, estoy estremecido por la fuerza y la hermosura del hermano fuego. Mira qué perpetuo movimiento. Mira la llama cómo sube y baja por la espalda del leño. Aparece y desaparece como un sortilegio. Mira cómo se lanza a una carrera centelleante recorriendo de extremo a extremo el leño. Ahora es amarilla, más tarde azul, después roja, en seguida verde-azul. Parece un juego mágico de la hermana Madre Tierra. ¡El fuego, el mar, Dios: se parecen tanto! Hermano León, escribe: Entre todas las criaturas, la que más se parece a Dios es el fuego. Los dos están llenos de vida y movimiento. Los dos alumbran y calientan. Los dos resplandecen y mueven. Los dos calcinan, purifican, cauterizan, según los casos. Los dos son hermosos y vibrantes. Loado seas, mi Señor, por el hermano fuego.

A la mañana siguiente, fray León tomó los tizones a medio quemar y los arrojaba despreocupadamente afuera. Echaba también tierra sobre el rescoldo para apagar los últimos arrestos del fuego.

–No, hermano León –dijo Francisco–; así, no. No debemos extinguir nada en este mundo. Si los intelectuales de la orden no lo encontraran ridículo, hubiese puesto en la Regla estos mandamientos: No apagar las velas; no extinguir las llamas; no cortar troncos; no pisar piedras; no enjaular pájaros; no cortar flores; no quemar nada; no destruir nada; no despreciar nada; alimentar abejas durante el invierno; tener piedad de todo lo que vive; sentir ternura por todo lo pequeño e insignificante; tratar con predilección a los animalitos feos o repulsivos como los sapos, ratas, moscas, cucarachas, lagartijas, serpientes... Ah, si me hubieran permitido los intelectuales, ¡qué Regla tan distinta hubiese dado a los hermanos! Oh hermano León, el mundo entero es un enorme sacramento de Dios.

* * *

La creación correspondía a Francisco con la misma ternura.

En los días en que el Hermano se dedicaba a la contemplación en las alturas de Greccio, un lebrato grande le seguía a todas partes como un perrito fiel. En la misma región de Rieti, cuando Francisco pasaba algunos días de oración en las riberas de un lago, un martín pescador y una trucha de mediano tamaño venían puntualmente todos los días, a la misma hora, a pedirle la bendición.

En Siena, los hermanos tenían en su cabaña un hermoso faisán. Cuando Francisco se ausentaba, el faisán hacía huelga de hambre y durante varios días se negaba a comer.

En la Porciúncula había una cigarra grande encaramada siempre en las ramas de un enebro y cantaba estridentemente. Cuando Francisco la llamaba, la cigarra acudía presurosa y gozosamente. Se posaba en la mano derecha del Hermano y cantaba las divinas alabanzas.

También en la Porciúncula, por una temporada, tuvieron los hermanos una ovejita muy devota. Siempre que el Hermano se ponía en oración, la oveja acudía a su lado y lo acompañaba todo el tiempo echada en el suelo. En el momento de la consagración, se prosternaba en el suelo doblando sus dos patas delanteras; y saludaba a Nuestra Señora con tiernos balidos.

En un eremitorio, aconsejó al hortelano que fuera disminuyendo el espacio para las hortalizas a fin de dedicarlo a las flores. Cuando en la primavera el campo se cubría de flores, era frecuente ver la siguiente escena: se detenía el Hermano ante una flor (nunca cortaba flores), le hablaba como a una persona, le decía requiebros como a una novia, le invitaba a alabar la hermosura del Hermoso. Las tocaba con suma delicadeza como acariciándolas. Parecía que ellas adquirían conciencia de sí mismas y le respondían como personas.

El Hermano Francisco, en suma, entraba en el secreto profundo de la creación.

Un día salió Francisco a mendigar vino tinto, con gran extrañeza de fray León. Volvió con un tarro lleno de espumoso tinto. Lo calentó hasta hervirlo. Luego lo dejó entibiar. Enseguida lo mezcló con miel y depositó el tarro de vino y miel a la entrada de una de las colmenas del bosque.

—Hermano León –dijo Francisco–, no podemos permitir que se mueran esas deliciosas criaturas, las abejas. Estamos en invierno, no hay flores; las pobres podrían morir de hambre.

En una primavera se dedicó a confeccionar nidos de tórtolas. Pasó un tiempo observando cuidadosamente la estructura de esos nidos; y después de construirlos lo más parecido a los originales, los colocaba en los arbustos y matorrales.

—Hermano León –le decia–, las tórtolas me gustan mucho, ¿sabes por qué? Tienen los atributos más apreciados de mi Señor: la misericordia y la humildad.

El hermano Dolor

Continuaron el viaje hacia la Porciúncula. Durante el camino, no hizo otra cosa el Hermano sino hablar de la vida eterna, de la gran fiesta que les espera a los pobres, de los cofres donde están guardados los tesoros y de las diademas que brillarán encima de las cabezas coronadas.

El Hermano hablaba como si el desenlace fuera inminente. ¿Sería exacto decir que Francisco estaba alegre? Era otra cosa que alegría. Era casi ansia por pisar las cumbres eternas. Sufría mucho. Los trastornos gástricos, la hemorragia y la consiguiente fiebre de los estigmas y la enfermedad de los ojos habían hecho del Pobre de Dios una llaga viva. La eternidad, entre otras cosas, era descanso y fin de sus dolores.

Un día llegaron a la Porciúncula. Sin embargo, no permaneció allí ni siquiera un día. Sintiendo la inminencia de su muerte, se sintió devorado por el deseo y la necesidad de proclamar los derechos de Dios. Durante el invierno y la primavera recorrió gran parte de los pueblos de la Umbría. Montado en un asno humilde, fue un apóstol incansable recorriendo hasta tres y cuatro aldeas por día.

Las agotadoras jornadas debilitaron de tal manera su deteriorada salud, que en varias oportunidades se temió por su vida. Perdió casi totalmente la vista. Llevaba vendados los ojos y sufría horribles dolores de cabeza.

Hallándose en Rieti Honorio III con su Corte, Hugolino instó a Francisco a que se presentara en esa ciudad para una consulta médica con los doctores pontificios. Francisco siempre tuvo alergia a los médicos y se resistió a presentarse ante ellos. Tuvieron que rendirlo con el versículo del *Eclesiástico*: «El Señor puso en la tierra la medicina. El varón prudente no la desdeña».

El Hermano Crucificado decidió someterse a la consulta médica y a una eventual intervención quirúrgica.

* * *

–Soy un muro en ruinas –pensaba el Pobre de Dios–. Faltan pocas horas antes de que amanezca el Día. Las cumbres eternas ya están a la vista. Voy a despedirme de la hermana Clara y de las Damas Pobres. Probablemente será el adiós final.

Con la intención de pasar un par de días, se fue Francisco a San Damián en compañía de fray León.

–Padre Francisco –le dijo Clara–, las alondras, los ruiseñores, las golondrinas, los claveles del claustro, las Hermanas Pobres y yo te damos la bienvenida. Sólo un deseo nos asiste, Padre Francisco: que tu paso por San Damián te resulte un preludio del paraíso.

Conociendo los gustos del Hermano, Clara le había preparado una guirnalda de violetas. Al tomarlas en la mano y aspirarlas, Francisco fue arrebatado por la inspiración:

–Oh, la humildad –comenzó diciendo–, madre de santos y cuna de la Fraternidad. Hermana Clara, ¿cómo te lo diré? En el seno de la humildad se gestan los hombres libres y fuertes. Donde hay humildad no hay miedo. Es la escuela de la sabiduría. En este troquel se fraguan los altos ejemplares de la raza humana y los aristócratas del espíritu. Donde hay humildad, hay belleza interior, la serenidad de un atardecer, la elegancia de una dama, la dulzura de una madre, la fortaleza de un campeón, la tenacidad del acero, la mansedumbre de una paloma. ¿Cómo te lo diré? Hermana Clara, una mujer humilde es una mujer invencible. ¡Qué bien huelen las violetas, hermana Clara! Las estrellas me ayuden a darte gracias por esta guirnalda.

Aquel día el Hermano Crucificado parecía renacer. Pero el bienestar duró poco. Por la noche todos los achaques, puestos en pie de guerra, se abatieron sobre el Pobre de Dios como una jauría hambrienta de lobos.

–Hermano León, ¿sabes lo que es el fuego? Así es el dolor: es como el fuego que entra hasta los huesos, hasta la médula del hueso, muerde, despedaza, quema, despelleja. No se puede respirar. El cuerpo se convierte en una llama viva, mejor, en una pira. Con la diferencia de que devora, pero no consume. Hermano León, no puedo más. Pide al Altísimo que retire por un momento su mano.

Posiblemente nunca en su vida fray León se sintió tan desesperado como esa noche. El Hermano Crucificado hacía contorsiones, gemía. Sus ojos eran dos llamas de sangre y pus. El hígado parecía que se le reventaba. Las llagas eran incendios. Fray León no sabía qué hacer. Se le ocurrió llamar al convento de las Damas Pobres.

–Pero ¿qué se gana con eso? –pensó.

–Hermano León, retiro la palabra. No pidas al Altísimo que aparte su mano. Él es mi Padre. No puede permitir que su hijo conozca el paroxismo. Dile que actúe según crea conveniente y que se cumpla su voluntad. El dolor, hermano León, ¿será el paralelo más bajo de la existencia humana, o quizá el más alto? ¿Por qué el Hijo de Dios utilizó este medio para redimir el mundo? ¿Qué queda detrás del dolor? ¿La redención? ¿La extinción? ¿La paz? En las manos de Dios, ¿qué significa el dolor? ¿Cariño? ¿Castigo? ¿Predilección? ¿Purificación? ¿Piedad para con nosotros? ¿Aviso? He oído decir que el dolor y el placer son una misma cosa. ¿Será verdad?

* * *

Amaneció.

–¡Qué alivio! Hermano León, escribe: La alborada del día es el beso de Dios. Loado seas, mi Señor, por el amanecer: es el fin de los dolores y tiene cara de esperanza. Si no hubiera aurora, sucumbiríamos sin duda a la desesperación. La noche es terrible.

Sin embargo, los dolores de Francisco no se aliviaron. Al salir el sol, vino la hermana Clara trayendo caldo de gallina con ingredientes que, según ella, reanimarían al enfermo. El Hermano no sentía deseos de tomar nada. Por sentido de cortesía, no obstante, se incorporó y comenzó a sorberlo lentamente. No pudo acabar. Vomitó todo entre espasmos de dolor. Fray León se fue a un rincón para llorar. Clara, con lágrimas en los ojos, acomodó al Hermano, lo acostó y lo arropó.

–Estoy crucificado, hermana Clara –dijo Francisco–. El dolor me muerde como un perro rabioso y me tritura los huesos.

–Padre Francisco, ¿qué podría decirte yo? Tú lo sabes todo. Tú nos hablaste tantas veces del Señor Crucificado.

Al oír estas palabras, el Hermano Crucificado abrió los ojos como si despertara de un letargo.

–Tienes razón, hermana Clara. ¿De qué quejarse? ¿Cómo pude olvidarme de mi Señor Pobre y Crucificado? Hermano León, si alguna lamentación salió esta noche de mi boca y la has anotado, bórrala inmediatamente. No he sido verdadero caballero de mi Señor. Loado seas, mi Dios, por el hermano dolor, compañero inseparable de mi Señor Crucificado. Bendito seas, mi Dios –continuó–, por esa criatura de quien todo ser viviente huye. El hermano dolor nos purifica, nos desata de las ataduras terrestres y nos arroja en los brazos de Dios. Hermano León, escribe: Bienaventurado el hombre a quien el dolor sorprendió armado con la fe y el amor. Será purificado como el oro y se convertirá en un surtidor de mérito y vida. Desdichado del hombre que a la hora del dolor se encuentra desarmado y sin fe. Sin duda será aniquilado. ¡Oh mi glorioso Señor Jesucristo, valiente compañero del dolor, tiéndeme una mano y haz de mí lo que quieras!

Diciendo esto, se relajó y durmió. Clara y León salieron afuera.

–¿Qué te parece, hermano León? –preguntó Clara–. ¿Tendremos por mucho tiempo entre nosotros al Padre Francisco?

–Hermana Clara, yo creía que en la crucifixión terminaban los dolores. Misteriosamente el Altísimo sigue oprimiendo con su mano a nuestro Hermano. ¿Qué podemos hacer nosotros? ¿Qué se consigue con resistir o con hacer preguntas que no recibirán respuestas? El Hermano Francisco me enseñó siempre que debemos cerrar la boca, abrir el corazón e inclinar la cabeza ante los misterios de Dios. Por lo demás, ¿qué sabemos nosotros?

–Hermano León –dijo Clara–, ahora que estamos solos, cuéntame cómo fue la crucifixión de Francisco. ¿Vino Cristo en forma de relámpago? ¿Quizá de centella? ¿Se le quemó la carne? ¿O se la hendieron? Cuéntame.

–Hermana Clara, si ese firmamento de arriba está, según dicen, repleto de misterios, con más motivo te diré que la noche de la estigmatización quedará eternamente clausurada a la curiosidad humana. ¿Hendiduras? En el costado sí, hermana Clara. En las manos y los pies, te diría que son como quemaduras profundas que recuerdan la forma y el color de los clavos que atravesaron los miembros de Jesús.

–¿Te parece que el Padre Francisco me permitirá lavar, curar y vendar las llagas? Sería para mi el privilegio más grande de mi vida.

–Despídete de ese privilegio, hermana Clara. Francisco es terriblemente celoso de sus secretos divinos aun respecto de personas muy queridas. Muchas veces me ha dicho: Escribe, hermano León: ¡Pobre del hombre que no tenga secretos con su Dios!

***

Entraron en la habitación. Francisco estaba con los ojos muy abiertos.

–Hermana Clara, ¿estamos de día o de noche? –preguntó.

–Estamos en el mediodía, Padre Francisco –respondió Clara.

–No veo nada, no veo nada, ni una sombra; estoy ciego –dijo–. Parece medianoche.

Se incorporó. Tendió las manos. Abrió desorbitadamente aquellos ojos de sangre.

–No veo nada –dijo otra vez.

Se tendió en la cama, diciendo:

–Señor, Señor; soy tu siervo; no tengo derecho a reclamar; hágase tu voluntad. Todo está bien.

Se hizo un profundo silencio. Clara y León se miraron significativamente. Fray León, no pudiendo contenerse, se fue al umbral de la puerta. Clara, vertiendo gruesas lágrimas, pero sin sollozar, quedó al pie de la cama.

–¿Dónde estás, hermana Clara? –preguntó Francisco.

–Aquí estoy, Padre Francisco.

–¡El vuelo de las golondrinas, hermana Clara, el vuelo de las golondrinas! –suspiró el Hermano Crucificado.

–¿Qué quieres decir con eso, Padre Francisco? –preguntó Clara.

–Cuando yo era joven y reparaba estos muros, detenía el trabajo, me sentaba en el claustro de San Damián y pasaba horas admirando el vuelo de las golondrinas. Me estremecían sus alegres piruetas, sus audaces acrobacias, su rapidez de relámpago. A veces hasta vertía lágrimas de pura emoción. Oh, es difícil presenciar espectáculo más emocionante que el vuelo de las golondrinas. Hace años soñaba en volver a tener esa dicha. Vine aquí a despedirme de vosotras, y también (no se lo dije a nadie) para admirar el vuelo de las golondrinas del claustro de San Damián. El Señor me ha retirado ahora la visión. Nunca más podré ver el vuelo de las golondrinas. Es lo que más siento, hermana Clara. No obstante, hágase su voluntad.

Clara permaneció en silencio. Sentía una inmensa pena de que el Hermano no pudiera admirar ya el vuelo de estas alegres portadoras de la primavera.

El violín

A lo largo del día, el Hermano Crucificado fue navegando por los mares de la tranquilidad. Era un niño dócil ante los embates divinos. No resistió. No preguntó. Aceptó la nueva situación en silencio y paz. Fue rodando por la pendiente del abandono hasta caer en los brazos de la serenidad total.

Debido a esta actitud interior se aliviaron sus dolores. Fray León no se apartó de la cabecera del enfermo. Sor Clara iba y venía con mucha frecuencia trayendo ahora agua aromática, después ropa limpia, más tarde remedios caseros elaborados por ella misma. El Hermano fue pasando de la visión a la audición. Al perder la visión de los ojos, se le amplió el horizonte visual de la fe.

–¿Qué es esto, hermano León? ¿Hemos llegado ya al paraíso? Al faltarme la luz, los oídos se me están llenando de armonías. Desde Espoleto hasta Perusa todas las voces del valle, pájaros, grillos, sapos, suben a mi alma formando una sinfonía inmortal. Y ese jilguero que canta en el ciprés de la ventana... Me siento morir de felicidad. Nunca sentí tanta dulzura.

Y, bajando mucho la voz, dijo:

–¡Dios! ¡Dios! ¡Qué grande eres!

León y Clara estaban felices en silencio. De cuando en cuando se miraban con una leve inclinación de cabeza, como concordando con lo que Francisco decía.

–Escribe, hermano León: Sólo los ciegos verán a Dios. Basta cerrar los ojos, y el universo se puebla de Dios. Oh, lo esencial siempre está más allá de la retina. Hermano León, retira los ojos, los oídos, el olfato y el tacto y, sin más, nos encontramos en el paraíso. Detrás de la muerte se levanta la muralla de la inmortalidad. Al caer, como revestimientos ruinosos, todos los sentidos y el muro del cuerpo, aparece el Rostro Esencial: Dios. Oh hermano León, ¿cuándo descansaré en los brazos de mi Dios?

El semblante del Pobre de Dios estaba cubierto de profunda serenidad. Con una señal de la mano, la hermana Clara llamó a fray León al exterior de la habitación, y le dijo:

–Hermano León, he visto muchos enfermos y conozco el estilo de Dios. El alivio que el Padre Francisco goza en este momento es una tregua. Volverán los dolores y quizá con saña redoblada. Temo por esta noche. Puede suceder cualquier cosa. Te voy a proveer de variados remedios.

Efectivamente, al caer de la tarde la hermana Clara trajo como experta enfermera toda clase de paños, hierbas medicinales, remedios varios experimentados por ella misma con sus enfermas, diferentes caldos. Fuera de la habitación le preparó un pequeño horno para calentar el agua.

Al despedirse, Clara pidió la bendición del Hermano. El Pobre de Dios colocó su mano llagada sobre la cabeza de Clara. En esta actitud estuvo en silencio unos minutos, y después, levantando la voz y con palabras inspiradísimas, recabó la asistencia del Altísimo sobre ella.

Cuando Clara se ausentó, Francisco dijo:

–No te admires de lo que voy a decirte, hermano León, y escribe: Oh, la mujer... es el misterio más excelso de la tierra. Ellas huelen la muerte, hermano León. Las mujeres nacieron para dar vida, y allí donde ronda la muerte, sea del cuerpo o del alma, desde los ancestros más primitivos ellas sacan energías para defenderse como fieras. Sin la mujer, la *Vida* se extinguiría. La mujer, hermano León, está siempre en contacto con la tierra y la vida. Y no te asustes de lo que voy a decirte: Dios, por ser fuente de vida, está más cerca de la mujer, y ella más cerca de Dios. Ellas, sin saberlo, son un poco la efigie verdadera de Dios. Me acuerdo de la gran dama, *madonna* Pica... Y ahora, no te escandalices de lo que voy a decirte y sigue escribiendo: Desde que conocí los mares profundos de mi madre, doña Pica, siento siempre la tentación de invocar a Dios con la palabra *Madre*.

* * *

No se equivocó la hermana Clara. Acababa de pronunciar Francisco las palabras anteriores, y el dolor se le metió como una marea. En pocos minutos, el Hermano Crucificado era una pira de dolor, de llamas más altas que nunca. Fray León, asustado, echó mano de los remedios provistos por Clara, y para tranquilizar al Hermano le enumeró la lista de los medicamentos proporcionados por Clara. Francisco no reaccionó.

Los dolores avanzaron en un crescendo continuo. El Hermano se contorsionaba clamando a Dios, y cuando los dolores llegaron y superaron el paralelo de la resistencia humana, nunca nadie sabrá lo que sucedió al Hermano Crucificado.

El dolor y el placer se identificaron. El Calvario y el Tabor se abrazaron y se fundieron. Nadie sabrá explicarse si Francisco estaba en el cuerpo o fuera del cuerpo, si perdió el sentido o fue momentáneamente arrebatado de la tierra de los vivientes o fue un desmayo total. El hecho es que el Hermano comenzó a oír los arpegios de un violín, al parecer ejecutado por un ángel. La música hizo que se perdieran las fronteras entre el dolor y el placer, y que el dolor fuera arrebatado por el placer o que el placer asumiera y sublimara el dolor.

Fray León vio que el Hermano dejó de contorsionarse y su rostro se tornó sonriente. En un primer momento, fray León pensó que Francisco había partido al otro lado. Pero al tomarle el pulso vio que el corazón funcionaba normalmente. Eso, por fuera.

Por dentro, Francisco había sido elevado al voltaje más alto de resistencia adonde puede llegar un ser humano. Dios mismo se transformó en música, tomando los dedos de un ángel para ejecutar una *partita* que recogía las melodías del paraíso.

Era Dios mismo el que, en su potencia sin límites, se abatió con su infinita dulzura sobre la mortalidad de Francisco, actuando y reduciendo y centrando todas las potencias del Hermano en su sensibilidad musical. Dios se transformó en un *stradivarius* de inefable son. Ante esta fortísima *visitación,* de Dios, todas las energías (energías que son las mismas para el dolor que para el gozo) fueron arrastradas por el «torrente de todas las delicias», sustrayéndose de la esfera del dolor y sumergiéndose en la esfera del gozo.

* * *

Como quien despierta de un dulce sueño, el Pobre de Dios volvió en sí:

"Hermano León, si el ángel hubiera tocado un acorde más, yo hubiese muerto ahí mismo". La Misericordia (también esta palabra debes escribirla siempre con mayúscula, hermano León) me llevó no sé si al primero, tercero o quinto cielo, y escuché melodías que el hombre no puede oír sin morir. Ahora ya no necesito de los remedios de la hermana Clara. Bendito sea el hermano dolor que nos purifica y nos prepara para la música eterna. Hermano León, escribe: Todos los diccionarios juntos no son capaces de expresar la maravilla que Dios tiene reservada para los que le aman.

Volvieron los dolores. Pero en ese momento Francisco hubiese afrontado impávido las penas del infierno. Durante el resto de la noche y la mañana no se ausentó de su cara la sonrisa, si bien se percibía que sufría mucho.

Al salir el sol vino la hermana Clara, trayendo agua caliente y ropa limpia.

–Padre Francisco –dijo Clara–, en vista de que se agravan tus dolencias y no es posible trasladarte a la Porciúncula,

¿quieres que te prepare aquí mismo una cabañita semejante a la que ocupas en Santa María de los Ángeles?

–Agradezco tu desvelo y acepto tu iniciativa, hermana Clara –respondió Francisco.

Entre la casita del capellán y el claustro, Clara hizo construir con mimbres entrecruzados, cañas y ramas, una choza como las que le gustaban a Francisco. Clara dirigió personalmente la construcción, y, dentro de los cánones de la pobreza, lo preparó todo para aliviar en alguna medida los dolores del Hermano.

Aquí estuvo el Hermano Crucificado cerca de mes y medio sin salir del estrecho recinto y sin que amenguaran los dolores ni un momento.

Noche transfigurada

Hubo, sin embargo, una noche en la que estallaron todos los cerrojos. Siempre sucede lo mismo: las medidas de la consolación son del mismo calibre que las de la desolación. Aquella noche la desolación tocó los fondos. El Padre Altísimo abandonó a su hijo y permitió que rodara como canto errante por las quebradas de la desesperación. Después de la noche de la estigmatización, ésta fue la *gran noche* del Hermano, más memorable inclusive que la noche de Espoleto.

El Padre le retiró toda consolación. Se diría que se desataban las fuerzas del infierno abatiéndose todas juntas en un asalto final sobre el pobre enfermo. Aquella noche, el Hermano deseó morir para verse libre del sufrimiento.

Saltaron las viejas heridas del corazón y comenzaron a manar sangre. El Pobre de Dios sentía tristeza de no poder reaccionar con paz. Hubiera deseado volver atrás y comenzar de nuevo viviendo perpetuamente, solitario anacoreta en los Apeninos. Sus ideales yacían destrozados en el suelo, le parecía, como banderas abatidas. Para colmo, daba la impresión de que todas las ratas de la comarca hubieran sido convocadas para torturarlo. Subían y bajaban por el chamizo con su chirriar agudo. Se le subían por la cama, le pasaban por encima del cuerpo, algunas le mordieron. El páncreas era una hoguera, los ojos llamas rojas, las llagas fuego, fiebre, delirio, agonía.

La situación llegó al paroxismo y Francisco de Asís avanzó al borde más peligroso de su vida, al abismo de la desesperación.

A medianoche, en el momento más álgido, se incorporó en un impulso de desesperación para gritar:

–Señor mi Dios, ¿hasta cuándo? No puedo más. Llévame, por favor.

Como respuesta, resonaron clarísimamente, en la esfera total de su ser, estas palabras:

–Querido Francisco, si alguien en recompensa de tus tribulaciones te diera un tesoro tan grande que en su comparación nada valiera la tierra, ¿no te alegrarías con ese regalo?

–Por supuesto, Señor; sería un regalo inestimable.

–Entonces danza de alegría, Pobrecito de Dios; canta en tus dolores porque la recompensa eterna está completamente asegurada para ti.

* * *

De pronto, todo se puso en movimiento. Desde las raíces invisibles comenzó a subir por las arterias de la tierra... ¿qué? Soplaban los vientos desde los cuatro costados de la tierra y en sus alas venía... ¿qué? Desde arriba caía como lluvia de estrellas... ¿cómo llamarlo? Era, se llamaba *júbilo*. Era marea y mareo. Era colmena, ternura, embriaguez.

–Hermano León, pásame el violín –dijo Francisco.

Fray León pensó que el Hermano deliraba, y le habló como a un niño pequeño:

–Estás soñando, querido Francisco. Lo del violín fue la noche pasada, días atrás. Ya no hay violines, Hermano Francisco.

–¿Cuántas veces tengo que decirte, hermano León, que sólo los ciegos verán prodigios? Sal afuera. Corta dos ramas bastante gruesas del cerezo que está frente a la puerta y tráemelas.

Se las trajo. Francisco las tomó. Colocó una rama apoyando una punta en la mano y la otra en el hombro, a modo de violín. Con la mano derecha tomó la otra rama como si fuera el arco del violín. Y Francisco se "ausentó" para toda la noche. Hasta la madrugada no cesó de pasar una rama sobre la otra, como si estuviera ejecutando una sonata. Abría la boca como si estuviera cantando. Miraba con los ojos ciegos bien abiertos hacia arriba como si algo viera. Así pasó toda la noche. Su alma estaba completamente ausente.

En esa ausencia lucía una mañana radiante. Se abrían las flores y el mundo se vestía de esperanza. En primer lugar apareció de pie sobre una piedra solitaria *madonna* Pica, que rodeó su infancia y juventud de brazos de ternura y de altos ideales. Allá estaba la noche de Espoleto como estrella matutina. El Cristo bizantino le había abierto el camino.

La misericordia del Señor lo había tomado de la mano y paseado entre los leprosos y las tapias en ruinas. Había vencido el ridículo desnudándose delante de todo Asís. Allá estaban los primeros hermanos, la aprobación de la nueva vida por el Santo Padre, Rivotorto y sus alegrías, la Porciúncula y su pobreza, la sorprendente multiplicación de los hermanos, las luchas por el ideal, los prodigios de Greccio y del Alvernia... ¡Todo había sido tan hermoso!

Como gran señor, el sol había presidido y alumbrado esta gloriosa marcha. El fuego le había acompañado de día, y sobre todo de noche, con su hermosura y fuerza. El agua de las quebradas, próximas a los eremitorios, le habían encantado con su rumor y apagado su sed. Oh, las inolvidables noches estrelladas, densas de Presencia, y las noches de luna llena. La tierra le había entregado sus montañas para orar, sus cuevas para dormir, sus vientos para acunarlo, y su seno para producir aceitunas, trigo, nueces, uvas y ciruelas. ¡Todo había sido tan hermoso!

Más arriba del sol y las estrellas estaba el Altísimo que había puesto en marcha con su potencia y amor esta existencia singular. ¡Todo había sido tan hermoso!

El Hermano Crucificado, siempre «ausente», sintió vivamente que su existencia había sido un regalo privilegiado del Padre Dios. Experimentó una intensa gratitud a Dios, al sol, al fuego, al agua, a la tierra... y, en la noche más desesperada de su vida, noche de ratas, fiebre y delirio, el Hermano Crucificado de Asís entregó al mundo el himno más optimista y alegre que haya salido del corazón humano: el *Cántico del Hermano Sol*.

Al rayar el alba llegó la hermana Clara trayendo ropa limpia y caldo de gallina para el enfermo. Antes de entrar en la habitación, llamó aparte a fray León y le preguntó:

–¿Cómo pasó la noche el Padre Francisco?

–Hermana Clara, sólo sé que sus pulmones y corazón todavía se mueven. Pero Francisco mismo ya no está en este mundo. Pasaron cosas muy raras esta noche, hermana Clara. El Hermano Francisco llegó hasta el vértice de la desesperación. En cuanto sobrepasó ese vértice, yo no sé cómo explicarte, hermana Clara: no sé si fue delirio, éxtasis... Me pidió dos palos y, como quien pulsa el violín, estuvo toda la noche frotando ambos palos, abriendo la boca como si estuviera cantando arias.

–Hermano León –gritó Francisco con voz fuerte desde dentro.

–Aquí estoy, Hermano Francisco.

–¿Llegó la hermana Clara?

–Ya llegó, Hermano Francisco. Aquí está.

Francisco daba la impresión de haber despertado de un sueño profundo o de haber regresado de otro mundo.

«Anoche, el Señor misericordiosamente me ha asegurado que mi casa del paraíso está reservada y asegurada –dijo–. Como respuesta de gratitud he compuesto un canto». Y quiero que tú, hermano León, compañero de mil combates, y tú, hermana Clara, mi plantita más regalada, seáis los primeros en escucharlo.

Se incorporó en la cama y tomó una posición adecuada. Colocó un palo entre la mano y el hombro izquierdo y el otro en la mano derecha, y comenzó a frotar el uno sobre el otro con mucho brío. Abrió la boca y cantó así:

Omnipotente, Altísimo, bondadoso Señor,
tuyas son la alabanza, la gloria y el honor;
tan sólo Tú eres digno de toda bendición
y nunca es digno el hombre de hacer de Ti mención.

Loado seas por toda creatura, mi Señor,
y en especial por el señor hermano sol
que alumbra y abre el día, y es bello en su esplendor,
y lleva por los cielos noticias de su Autor.

Y por la hermana luna de blanca luz menor
y las estrellas claras que tu poder creó
tan limpias, tan hermosas, tan vivas como son,
y brillan en los cielos: ¡loado, mi Señor!

Y por la hermana agua, preciosa en su candor,
que es útil, casta, humilde: ¡loado, mi Señor!
Por el hermano fuego que alumbra al irse el sol
y es fuerte, hermoso, alegre: ¡loado, mi Señor!

Y por la hermana tierra que es toda bendición,
la hermana madre tierra que da en toda ocasión
las hierbas y los frutos y flores de color
y nos sustenta y rige: ¡loado, mi Señor!

¡Servidle con ternura y humilde corazón!
¡Agradeced sus dones, cantad su creación!
¡Las creaturas todas, load a mi Señor!

Antes de la cuarta estrofa, fray León ya se había echado a llorar. Clara se mantenía serena. Al acabar el himno, fray León, anegado en un mar de lágrimas, se echó sobre Francisco, besó sus hombros, sus manos y pies llagados, y se mantuvo largamente abrazado a sus pies, diciendo:

–Ten piedad de mí, Señor, que soy un insignificante gusano. ¿Quién soy yo para merecer el privilegio de vivir junto a un santo?

–Hermano León, la emoción te hace decir palabras disparatadas. Escribe: Sólo Dios es santo.

Por un tiempo el Hermano Crucificado dejó a un lado el breviario y durante todas las horas repetía el *Cántico del sol*. Cuando arreciaba el dolor de las enfermedades, lo entonaba con tono más elevado y vibrante, e invitaba a fray León y a la hermana Clara a que lo acompañasen al unísono. Era la mejor anestesia para sus dolores.

* * *

–Hermano León –dijo un día Francisco–, me gustaría fundar otra orden, o mejor, me gustaría que la orden de los Hermanos Menores se transformara en la orden de Hermanos Juglares. Busca al *Rey de los versos*, hermano León, y tráelo cuanto antes a mi presencia.

Cuando hubo llegado fray Pacífico, Francisco le preguntó:

–Hermano Pacífico, ¿has traído el laúd?

–Hermano Francisco –respondió fray Pacífico–, ¿qué vale un soldado sin espada o un heraldo sin trompeta? Un cantor sin laúd, ¿de qué sirve? Querido Francisco: aquí lo tengo en mis manos.

–Has respondido muy bien, hermano. ¡Cómo me gustaría saber pulsar el laúd!

–Si quieres, te enseñaré –dijo fray Pacífico.

–Es tarde, hermano. Está cayendo la noche. Ya tengo que partir.

–Al menos te enseñaré unos acordes elementales. Te servirán de fondo para acompañar el *Cántico*.

Era un espectáculo ver a este ciego, inútil para todo, tratando de aprender como un alumno dócil la manera de tomar el laúd, la posición de los dedos y la alegría de niño que sentía al conseguir extraer algún acorde correcto.

–Hermano Pacífico –dijo Francisco–, escoge un grupo de hermanos que tengan condiciones musicales. Después de que yo te enseñe a ti, tú les enseñarás a ellos el *Cántico*. Iréis por las aldeas y ciudades. Reuniréis al pueblo en la plaza principal. Antes y después de la predicadón cantaréis al son del laúd y la flauta el *Cántico*, como verdaderos juglares de Dios, al estilo de los trovadores provenzales. Terminado el cántico, uno cualquiera de vosotros dirá a los oyentes estas palabras: «Nosotros somos los juglares de Dios y como recompensa os pedimos esto: que viváis en el Amor».

«Hermano León, escribe: Quiero que los hermanos menores sean trovadores de Dios, que caminen por el mundo proclamando que no hay otro Todopoderoso sino sólo Dios y alegrando la existencia a los hombres. ¿No son, efectivamente, los servidores de Dios juglares destinados a levantar los corazones de los humildes y llevarlos a la alegría?»

Embajador de la paz

Estando todavía yacente en San Damián, el Hermano Crucificado se informó de que había surgido una violenta querella entre el obispo Guido y el *podestá*, messer Opórtolo. Al parecer, el litigio había adquirido proporciones escandalosas.

Esta situación causaba gran pesadumbre a Francisco. Lo que más sentía era que nadie hacía nada por trabajar para la concordia.

«Gran vergüenza –decía– para nosotros, siervos de Dios, que el obispo y el *podestá* se odien de esa manera, y que ninguno se preocupe de ayudarlos a hacer las paces».

Decidió, pues, transformarse en obrero de la paz desde su lecho de dolor. Agregó una estrofa al Cántico, que decía así:

> Loado seas, mi Señor, por los que perdonan por tu amor
> y soportan enfermedad y tribulación.
> Bienaventurados los que sufren en paz
> pues por Ti, Altísimo, serán coronados.

–Hermano Pacífico: «Vete de mi parte al *podestá* e invítalo junto con los notables a oír mi *Cántico* en la plaza del obispo con la nueva estrofa».

A la hora conveniente, la plaza estaba repleta de ciudadanos. Subieron a un estrado fray Pacífico con su coro de hermanos músicos. El *Rey de los versos* alzó la voz para decir estas palabras:

«Ciudadanos de Asís: vais a escuchar el *Cántico del Hermano Sol* que el Hermano Francisco acaba de componer en su lecho de enfermo para la gloria de Dios y armonía entre los hombres. Él mismo os ruega de rodillas que lo escuchéis atentamente».

Fray Pacífico cantaba, él solo, las estrofas, y el coro las repetía al unísono. El *podestá* «se puso de pie, y con las manos juntas y lágrimas en los ojos, escuchaba atentamente y con mucha devoción». Los asistentes le imitaron poniéndose de pie «igual que se hace al oír el Evangelio de la Misa».

La concurrencia estaba conmovida al escuchar la última canción del Venerado Hermano. Al oír la nueva estrofa del perdón, la multitud estalló en lágrimas. La conmoción general contagió profundamente a los dos querellantes.

El *podestá* avanzó en medio de la multitud hacia el obispo, y se arrodilló a sus pies, diciéndole:

«Aun cuando alguien hubiese asesinado a mi propio hijo, no hay hombre en el mundo a quien yo no perdonara en este momento por amor de Dios y de su siervo Francisco.

Con mayor razón estoy dispuesto a daros satisfacción, señor obispo, en la forma que indiquéis».

El obispo Guido, tomándolo del brazo, levantó al *podestá* y, abrazándolo efusivamente, le dijo:

«También yo pido perdón. Por mi oficio, debería ser humilde. Sin embargo, soy de natural irascible y obstinado. Perdóname, te ruego, por amor de Dios y de su siervo Francisco».

Aquel día todo el pueblo ensalzó al Pobre de Asís, que por su embajada de paz puso armonía en la ciudad.

Adiós a Clara

El Pobre de Asís pasó unos cincuenta días postrado en el lecho de la enfermedad en la choza de San Damián. Clara fue la enfermera que le prodigó innumerables delicadezas, alivió el curso de la enfermedad y aplicó recetas originales inventadas y experimentadas por ella misma. En suma, se transformó en enfermera, madre y presencia femenina para aquel período tan doloroso del Hermano de Asís.

De esta manera Francisco se recuperó y se dispuso a abandonar San Damián para viajar a Rieti.

Con su certera intuición, Clara presintió que le restaban pocos días de vida a Francisco y que probablemente nunca más se verían.

–Padre Francisco –le dijo sor Clara–, el arcángel está rondándote. La corona está preparada, la sinfonía inmortal, ensayada. Tu garganta pronto se apagará. Antes de que se apague, queremos oírte la última canción. Ven al monasterio y dirige el postrer mensaje a las Damas Pobres.

Acompañados de León, Pacífico, Maseo, Rufino y Ángel, entraron en el locutorio del monasterio. Al otro lado de las rejas aparecieron, como palomas radiantes, las Damas Pobres.

Francisco se sentó en una rústica silla, y junto a él, a un lado y otro, los hermanos permanecieron de pie.

–Hermano Pacífico –dijo Francisco–, toma el laúd y entona el preludio.

Como nunca sonaba aquella obertura. Parecía música celestial ejecutada por ángeles. De pronto, el Hermano abrió la boca y entonó la primera estrofa. El silencio parecía una bóveda maciza que acogía aquella voz frágil pero firme. Los hermanos hacían coro repitiendo al unísono cada estrofa.

Las Damas Pobres, una por una, fueron rodando por la pendiente de la emoción hasta perderse en el mar de lágrimas. La última en contagiarse fue Clara. También los hermanos se contagiaron hasta que, al final, todos acabaron llorando; todos, menos Francisco.

Mientras se calmaban los ánimos y las lágrimas se secaban, el Hermano hizo un momento de silencio. Luego les dirigió las últimas palabras, diciéndoles:

–Mis Señoras:

«La boda está preparada. Los músicos tienen las cítaras en sus manos. La fiesta va a comenzar. Tengo que partir.

«Mis Señoras: me postro de rodillas ante sus eminencias para suplicarles que mantengan alta fidelidad a la muy Alta Señora Pobreza.

«Os suplico también de hinojos que vuestras vidas sean un cirio, ardiendo sin consumirse, ante el Santo Amor. Sed una esmeralda prendida sobre la túnica blanca del Amado.

«Mis Señoras: os espero de pie bajo el arco de la eternidad. Adiós».

En medio de un mar de lágrimas y sollozos avanzó Clara, muy serena, hasta donde estaba el Hermano Crucificado, y depositó en sus manos un regalo dentro de un envoltorio recubierto de ramas de olivo y laurel, adornado artísticamente con violetas, rosas y claveles. Besó sus dos manos llagadas, diciendo:

–Padre Francisco, hasta el Gran Encuentro. Adiós.

Sólo en este momento se vieron humedecer los ojos de Clara.

En el envoltorio había un par de zapatillas de felpa, hechas por Clara a la medida de los pies llagados y vendados de Francisco. Clara y Francisco no se verían más en esta tierra.

Súplica al fuego

Desde este momento hasta su muerte, el Pobre de Dios estuvo acompañado en todo momento por los cuatro combatientes de primera hora: León, Maseo, Ángel y Rufino. Esto fue un mérito de fray Elías, que, conociendo los deseos del Hermano, dispuso que esos cuatro veteranos y leales hermanos lo acompañaran día y noche.

Ellos confeccionaron una amplia capucha para cubrir su cabeza, pues sufría atroces dolores de cabeza. Cubrieron sus ojos con un paño grueso, pero suave. Le consiguieron un asnito, el más manso y cómodo de la comarca. Y así hicieron el viaje hasta Rieti. Fray Elías y Hugolino le insistieron en que se alojara en el palacio episcopal, por las facilidades y comodidades que allí podía disfrutar.

Mas el Hermano Crucificado manifestó el deseo de alojarse en la choza de Fonte Colombo, distante una hora de la ciudad. Pronto se agravaron las dolencias del estómago y del hígado.

El Pobre de Dios mantuvo una presencia de ánimo extraordinaria en estos días. Había en él, diríase, como dos sujetos. El cuerpo era una hoguera de dolor, pero el alma estaba tan radiante que recubría de serenidad el dolor.

Los médicos del Papa ensayaron todos los remedios conocidos de tono menor para aliviar aquellos ojos enfermos.

Todos los intentos resultaron vanos. Entonces optaron por un tratamiento más enérgico: le cauterizarían desde la oreja hasta la sobreceja del ojo más enfermo.

El Hermano Crucificado aceptó la terapia martirial. Pero al sentir los preparativos del cauterio, al oír cómo los instrumentos quirúrgicos se recalentaban en el horno, un instintivo espanto se apoderó de él.

Entonces sucedió una escena de ternura inenarrable. El Hermano, impostando la voz con una modulación dulcísima, como una madre que suplica al niño más querido, dirigió al hierro incandescente estas palabras:

«Hermano mío fuego, a quien he querido tanto. Siempre fui cortés contigo por amor de quien te creó. Sé tú ahora cortés conmigo y no me hagas mucho daño para que yo pueda soportar la operación».

Y, haciendo la señal de la Cruz, bendijo al fuego como signo de amistad. Cuando el cirujano tomó entre sus manos el cauterio rusiente, León, Ángel, Maseo y Rufino, horrorizados y conmovidos, salieron corriendo de la choza hacia el bosque, para no presenciar aquel tormento.

Francisco se puso en las manos de Dios, hizo vivamente presente ante su imaginación al Señor Crucificado. Se identificó de tal manera con el Crucificado que, igual que en el Alvernia, se fundió en el amor y en el dolor del Señor. En esto, el cirujano le metió profundamente el cauterio rusiente desde cerca de la oreja hasta las cejas. El Hermano no hizo el más pequeño rictus de dolor.

Cuando el cirujano acabó su intervención quirúrgica, Francisco le dijo:

«Si te parece, puedes quemar más, porque no he sentido dolor alguno».

La amistad y la enemistad con las criaturas

Después de varias horas llegaron los hermanos asustados. Y cuando vieron a Francisco tan sereno y sin dolor, fray León, en su simplicidad, comenzó a gritar:

–¡Milagro, milagro!

El Hermano les dijo:

«Hombres de poca fe, ¿por qué habéis huido?»

–Hermano León, escribe: No hay milagros. Hay reconciliación. Amé a los lobos, y los lobos me dieron cariño. Amé a los árboles, y los árboles me dieron sombra. Amé a las estrellas, y las estrellas me dieron resplandor. Fui cortés con el fuego, y el fuego me ha devuelto cortesía. No hay milagros. Mejor, todo es milagro.

«Sigue escribiendo, hermano León: El paraíso está en el corazón; el infierno está también en el corazón. Cuando el corazón está vacío de Dios, el hombre atraviesa la creación como mudo, sordo, ciego y muerto; inclusive la Palabra de Dios está vacía de Dios.

«Cuando el corazón del hombre se llena de Dios, el mundo entero se puebla de Dios. Levantas la primera piedra y aparece Dios. Alzas la mirada hacia las estrellas y te encuentras con Dios. El Señor sonríe en las flores, murmura en la brisa, pregunta en el viento, responde en la tempestad, canta en los ríos..., todas las criaturas hablan de Dios cuando el corazón está lleno de Dios».

* * *

Con la cabeza completamente vendada, el Hermano Crucificado rezumaba serenidad y paz. Parecía que el dolor mismo se le había transformado en un *hermano*, el último de todos, y este nuevo hermano amaba al Hermano y lo respetaba. El Pobre de Dios había entrado en la armonía universal. Antes de llegar al paraíso, estaba en el paraíso. Los cuatro veteranos y leales hermanos le rodeaban en todo momento, sentados en el suelo, mirándole sin pestañear, profundamente felices al ver feliz al Hermano. Cada palabra que pronunciaba el Pobre de Dios la recogían y guardaban como reliquia.

–Sigue escribiendo, hermano León –dijo Francisco–: Fue también el corazón humano el que metió la enemistad en las entrañas de la creación. Es el pecado. El hombre utiliza su superioridad intelectual para torturar a los animales indefensos. El hombre quiere domesticar a todos, esto es, dominarlos y someterlos a su servicio, y no raras veces a su capricho. Los que se dedican a cazar no son los pobres que tienen hambre, sino los ricos a quienes nada les falta. Matan por diversión.

«El hombre no respeta nada porque se siente superior a todo. Es la ley de la selva. Tala bosques sin consideración, corta flores sin sensibilidad, enjaula pájaros, mata aves, quema rastrojos y construye esas cárceles que llaman zoológicos para diversión de las gentes.

«La creación se siente avasallada por la prepotencia orgullosa del hombre, y.por eso ella reacciona con hostilidad. Y así el agua inunda y ahoga, el fuego incendia y quema, el lobo tritura y devora, el león despedaza, la serpiente pica y mata, las tempestades asuelan, el granizo destruye las cosechas, las fuerzas aéreas se confabulan para transformarse en rayos de muerte, las fuerzas telúricas se tornan en terremotos devastadores, las enfermedades atacan, y sobre un negro corcel avanza victoriosamente la muerte como venganza inapelable contra la prepotencia del hombre. Es la respuesta de la creación».

Parecía que el Hermano iba a ceder a las lágrimas. Pero se recuperó y continuó:

–Sigue escribiendo, hermano León: Toda mi vida no hice sino amar, y el primer mandamiento del amor es dejar vivir a los vivientes. Oh hermano León, si respetáramos, si reverenciáramos todo lo que vive, más aún, todo lo que es, la creación sería un hogar feliz. Y te añadiré una precisión, hermano León: respetar particularmente lo débil e insignificante. Lo grande se hace respetar por sí mismo. ¿Qué gracia tiene respetar a un león o un rinoceronte? Su superioridad intelectual la debería utilizar el hombre para cuidar, proteger y ayudar a vivir a los vivientes. De mi parte he procurado ser el hermano más pequeño entre los vivientes, en especial entre los más frágiles. Hermano León, cómo me hubiera gustado poner en la Regla esta cláusula: Yo, el Hermano Francisco, siervo inútil, pido de rodillas a todos los hermanos del mundo que no sólo respeten sino también veneren y reverencien todo lo que vive, todo lo que es.

Paz y Amor

–Hermano Francisco –dijo fray León–, ¿cómo es posible reverenciar tanta cosa desacertada como hay en el mundo?

–Respóndeme, querida *Ovejita de Dios*, ¿has visto alguna vez que brote agua turbia en las altas vertientes de las cumbres cordilleranas?

«Escribe con letras bien grandes, querido León: Si la fuente se llama Bien, todo lo que brote de allí será bueno. Levanta la piel de cada cosa y te encontrarás con la efigie de Cristo. ¿Has pensado alguna vez en la luz, hermano León? La luz es aquello que se difunde. Si no se difundiera, no sería luz.

«Por una "necesidad" libérrima y amorosa, Dios reventó en una expansión universal y así se originó la creación. Pero al ir creando una por una todas las creaturas, las modeló según una imagen: el Verbo Eterno.

«Qué dicha, hermano León, pensar que todas las creaturas son la fotografía del Señor. Todas las cosas son sagradas. Todo está bendecido y santificado juntamente con el hombre. Todo es bueno. Por eso te hablo de venerar lo que vive y lo que es. Y también por eso la cortesía se ha de extender no sólo a las cucarachas y las arañas sino también a las piedras y a los metales. La creación es un enorme sacramento de Dios.

«Anota bien esto, hermano León: El hermano menor tiene que ser pobre y elegante al mismo tiempo. Limpieza, orden y pulcritud son los atributos de quien venera la silla en que se sienta, la mesa en que come y la ropa que viste.

«Un verdadero pobre es un aristócrata. Los vulgares no son pobres. Cortesía, hermano León, no sólo hacia las personas sino hacia las cosas».

En esto fray León comenzó a mirar si su hábito estaba limpio, sobre todo las mangas. Fray Ángel se levantó y empezó a poner en orden los objetos de la choza, y fray Maseo a barrer el suelo cuidadosamente. El Hermano estaba cansado, pero feliz. Los hermanos le dieron caldo de gallina, que lo reanimó. Después de una hora aproximadamente, de nuevo los cuatro hermanos se pusieron en cuclillas o sentados en el suelo en torno al Hermano en actitud de escucharle. Sabían que lo tenían para pocas semanas. Viéndolos tan deseosos de recibir enseñanzas, el Hermano continuó:

–Sí, hermano León, todo es bueno. El primer mandamiento consiste en creer en el bien. ¿Qué se gana con agredir la oscuridad? Basta encender una luz y las tinieblas huyen despavoridas. Si pretendes destruir una guerra con otra guerra, tendrás una conflagración mundial. Aunque parezca mentira, la paz es más fuerte que la guerra, como el bien es superior al mal, porque Dios es el Sumo Bien.

«Escribe, hermano León: No hay en este mundo enemigos que resistan a la bondad y al amor. No hay odio que no se desvanezca ante el empuje del Amor. ¿Qué es más fuerte, el fuego o el agua? El mundo dice: el odiar es de los fuertes. Cristo contesta: el que perdona es el más fuerte. El odio es fuego; el perdón, agua. ¿Has visto alguna vez que el fuego acabe con el agua? Cuando ambos se enfrentan, siempre sucumbe el fuego.

«¿Se consigue algo con lamentarse de los males que nos rodean? Cuando la gente dice: "todo está perdido, aquí se acabó todo", la esperanza levanta la bandera diciendo: aquí comienza todo. Sí, la esperanza es más fuerte que el desaliento, el bien es superior al mal.

«Escribe, hermano León: Los hermanos menores marcharán por el mundo con un estandarte en alto: el estandarte de la Pobreza. En la cima del estandarte irán escritas estas palabras: Paz y Amor».

* * *

Los cuatro hermanos no pestañeaban. Escuchaban como los hijos que recogen cuidadosamente las últimas palabras de su venerado padre. Francisco continuó:

–¿Se consigue algo con atacar el error? En todo errar hay una parte de verdad y mucha recta intención. Basta promover la bandera de la verdad, y el errar se desvanece y los que estaban sentados a su sombra se cobijan bajo el alero de la verdad. La verdad es más fuerte que el error.

«Escribe, hermano León: No hay que atacar nada. No hay que destruir nada, porque todo es bueno. La verdad se defiende por sí misma. ¿Recuerdas, hermano León, aquel magno Concilio al que asistimos hace ya más de diez años? El Santo Padre Inocencio quiso alistarnos a todos en una cruzada para desbaratar a los albigenses. Yo no quise alistarme en esa cruzada. Te dije: Vamos a dar a los albigenses buen ejemplo y amor, y sin duda cesarán ellos en su contumacia y entrarán dócilmente en el verdadero redil.

«Así actuamos siempre, ¿recuerdas, hermano León? Cuántas veces en nuestras correrías por el mundo nos encontramos con grupos proselitistas de albigenses y valdenses. Al principio nos insultaban. A los insultos respondíamos: ¡Paz y Amor! Al ver nuestra reacción, se extrañaban. Entrábamos en conversación. Cuando percibían nuestro amor, se tornaban en corderitos dóciles dispuestos a escuchar todo.

«Oh hermano León, cuando la Verdad y el Amor avanzan juntos, no hay en el mundo ejércitos de combate, sean de arriba o de abajo, que los puedan resistir».

Los dos, el Hermano y fray León, hicieron un amplio repaso de tantos episodios en que afrontaron al mal con el bien: asaltantes de caminos, herejes, pecadores, fanáticos gibelinos…

–¡Todo fue piedad de Dios! –exclamó Francisco.

Al recuerdo de tantos prodigios, el Hermano sintió una inmensa gratitud, y les dijo:

–Hermanos, vamos a la gruta para entonar el *Cántico del hermano sol.*

Se trataba de aquella gruta donde pocos años atrás había sufrido una verdadera agonía escribiendo la Regla definitiva.

Se levantaron los cuatro hermanos. Fray Maseo y fray Ángel tomaron al Hermano de un brazo y otro, y comenzaron a bajar por aquella peligrosa pendiente. Descendían sumamente despacio, y prácticamente llevaban en andas al Hermano. Fray León iba unos metros adelante, y fray Rufino atrás para socorrerlo en caso de algún eventual resbalón. ¡Qué espectáculo! No hay madre en la tierra que haya sido amada por sus hijos como el Hermano por aquellos veteranos.

Llegados a la gruta, el Pobre de Dios les dijo:

–Cómo me gustaría tener aquí ahora a nuestro querido Pacífico con su laúd. Pero ya que eso no es posible, hermano León, tráeme dos ramas de ese gran castaño.

Mientras fray León cortaba las ramas, los tres hermanos le prepararon una piedra y lo sentaron sobre ella.

Las enfermedades seguían su proceso biológico; pero el hermano Dolor era cortés con el Hermano Crucificado, y éste lucía sereno y radiante. Tomó las dos ramas, al estilo de un violín, y rasgándolas entonó la primera estrofa del Cántico. La cueva de la agonía se había transformado en la cueva de la resurrección. El canto resonaba vibrante y pleno en aquella concavidad. Como de costumbre, fray León fue el primero en romper a llorar. Más tarde se contagiaron Ángel y Maseo. Rufino se mantuvo sereno en todo tiempo. El Hermano parecía ciudadano de otro mundo.

Repitieron tres o cuatro veces el *Cántico*. Al terminarlo, rememoraron escenas sucedidas en años pasados en esa misma caverna. En ningún momento, no obstante, se hizo presente la tristeza. Subieron a la choza. Los hermanos se dispersaron, uno en busca de hierbas medicinales, el otro a procurarse paños y vendas suaves, el tercero a mendigar alimentos casa por casa. Fray León, enfermero, permaneció cuidando al Hermano.

A la noche, los cuatro hermanos acomodaron al enfermo en una litera rústica y relativamente cómoda. Cantaron otra vez el *Cántico*. El hermano no tenía sueño. Los cuatro veteranos se sentaron de nuevo alrededor de su cama, dispuestos a recoger y guardar con santa avaricia las postreras palabras del Hermano Crucificado.

* * *

El Hermano recordó a los miles de seguidores que sembraban por el mundo Paz y Amor. Evocó momentos conmovedores de su breve y fecunda vida. Al final, comenzó a hablar del festín eterno, de las músicas inmortales, de las colinas del paraíso... Lentamente fue callando. Al parecer, se entregó en brazos del sueño. No dormía, sin embargo. Se diría que se había «ausentado» al otro lado.

Los hermanos veteranos apagaron el candil y se acostaron en los cuatro rincones de la choza sobre sendas pieles de cabra. Poco durmieron, sin embargo. Estuvieron atentos toda la noche al más pequeño movimiento del enfermo.

Así pasaron varias semanas. Fueron días llenos de dicha para el Hermano. Se dedicó a escribir cartas a reyes, príncipes y emperadores a los que, por cierto, no conocía. Escribió también a todos los hermanos de la Orden. En lugar de rezar el oficio Divino, cantaba innumerables veces el *Cántico*, generalmente en la caverna.

El Hermano sintió vivos deseos de saltar otra vez al mundo para anunciar Paz y Amor. A pesar de estar acabado, dispuso que aquel mismo día saldrían sobre plazas y poblados con el estandarte desplegado. Para despedirse, fuéronse a la gruta y cantaron el *Cántico*. Salieron luego a aquel balcón salvaje de rocas, y cantaron por última vez el *Cántico* frente a aquel paisaje de cumbres nevadas, torrentes de agua y bosques de castaños. Así se despidió el Hermano para siempre de Fonte Colombo, lugar entrañablemente franciscano.

El último viaje

Fuéronse de aldea en aldea. Los cuatro hermanos llevaban a Francisco sentado en un asno mansito. Subían a los eremitorios, bajaban a los poblados. Se presentaban en las plazas. El Hermano hablaba invariablemente de la Paz y el Amor. Pasó la fiesta de Navidad en Poggio Bustone. Las muchedumbres le atribuían milagros. La opinión pública ya lo había canonizado antes de morir.

Caminando de pueblo en pueblo pasó hasta Siena. Allá un dominico, doctor en teología, quiso ridiculizar a la Orden rival, poniendo en aprietos a su Fundador ante una pregunta capciosa. Le dijo:

«Reverendo Padre, ¿puede explicarme cómo debe interpretarse el versículo del profeta Isaías: "Si no denuncian al malo su impiedad, yo le volveré a pedir su alma?" Conozco muchos hombres que están en pecado mortal y, sin embargo, no me encuentro en disposición de echarles en cara su pecado. ¿Me cargo con su pecado o no?»

Un sabio como Francisco de Asís no tiene nada que hacer con un intelectual de cátedra. No raras veces éstos utilizan su alto oficio para perderse en disquisiciones artificiales, cuando no transforman las facultades de ciencias sagradas en escuelas de racionalización. Los alumnos aprenden frecuentemente allá a hacer acrobacias para justificar sus intereses y posiciones de vida; aprenden a tener respuestas para todo, pierden el espíritu de simplicidad, adquiriendo el espíritu de complicación, y a veces se alejan de la vida.

El Pobre (y sabio) de Asís respondió al dominico:

–Pertenezco a la Orden de la Santa Ignorancia. No entiendo de esas cosas. Sólo *sé* «a» Cristo Pobre y Crucificado. No sé otra ciencia. El Señor no me llamó a enseñar como doctor sino a vivir como siervo pobre.

Según las fuentes, el doctor en teología insistió en querer recibir una respuesta. Ante la insistencia, el hombre existencial no se dejó arrastrar al terreno intelectual (ahí sí que estaba perdido), y dio una respuesta de verdadero testigo de Dios:

«Sí, el verdadero servidor del Señor recupera sin cesar al malo; pero lo obtiene sobre todo por su conducta, por la verdad que resplandece en sus palabras, por la luz de su ejemplo, por todo el resplandor de su vida».

¡Respuesta de verdadero sabio!

* * *

Una noche comenzó el Hermano a vomitar sangre entre terribles espasmos. Las hemorragias continuaron hasta la madrugada. Todos creyeron que había llegado su última hora.

Los cuatro leales veteranos no sabían qué hacer. Dieron rienda suelta a las lágrimas y lamentaciones, diciendo:

«¿Qué será de nosotros, pobres huérfanos abandonados de quien fuera nuestro padre, nuestra madre y nuestro pastor?»

El Hermano estaba completamente agotado con la pérdida de tanta sangre. La palidez de su rostro, sin embargo, estaba vestida de belleza crepuscular, una belleza que sólo podía venir del otro lado.

–Hermano León, ¿llegó la hora? –preguntó Francisco. Y sin recibir respuesta, añadió–: Maseo, Ángel, Rufino y León, cantadme sin cesar el *Cántico del hermano sol*.

Después de cantarlo varias veces, los cuatro hermanos le pidieron un testimonio escrito de última voluntad, algo equivalente a un testamento.

–Hermano León –dijo Francisco–, en la Porciúncula entregué mi vida; en la Porciúncula desearía entregar mi alma. Pero si la Santísima Voluntad prefiere disponer otra cosa, llama al hermano Benito de Pirato.

Al presentarse éste, el Hermano le dijo:

«Escribe: Bendigo a todos mis hermanos, a los que ya están en la Orden y a los que ingresarán hasta el fin del mundo, y como ya no puedo hablar más, en tres palabras resumo mi voluntad: rendid culto eterno al Santo Amor; guardad alta fidelidad a la Señora Pobreza, y vivid a los pies de la Santa Iglesia».

* * *

Alarmado, llegó fray Elías y decidió llevárselo a la Porciúncula. Se alojaron unos días en el delicioso eremitorio Le Celle, cerca de Cortona.

Continuando el viaje, no quisieron pasar por Perusa, la vía más recta, por temor de que sus habitantes intentaran apoderarse del santo. Dieron, pues, un amplio rodeo pasando por Gubbio y Nocera. Se detuvieron unos días en el eremitorio de Bagnara.

Un día, el cortejo llegó a Asís. La ciudad estalló, incontenible, de alegría. Era un delirio. Ya no se trataba del hijo de Bernardone sino del Santo de Asís. La multitud, el municipio, el obispo Guido y fray Elías decidieron que el Hermano fuera instalado en el obispado. La Porciúncula era un lugar abierto y, por consiguiente, peligroso. Podrían hacerse presentes por sorpresa los perusinos para llevárselo, y Asís podía quedar sin su Santo.

La última hermana

Fray Elías permitió que los cuatro viejos amigos lo acompañaran y lo cuidaran día y noche aun en el palacio del obispo. Era un cuarto amplio con todas las comodidades y daba al patio interior de la casona.

La sombra de la tristeza cubrió el alma del Hermano todo el primer día. Hubiera querido instalarse en su querida choza de la Porciúncula.

–Es un contrasentido –pensaba– que quien ha vivido en una choza, muera en un palacio.

Pero eso no le hacía gran impresión.

–Lo peor es –seguía pensando– que mi Señor muera en una Cruz y yo en una regia cama.

Más aún, le causaba una repugnancia instintiva la razón de fondo que originaba esta situación, a saber: la posibilidad de ser raptado por su aureola de santo. Esto le causaba un malestar tan insoportable, que ni siquiera quería pensarlo.

–Es una usurpación, hermano León, un vulgar latrocinio. La santidad sólo pertenece al Altísimo. Referir ese atributo a un simple hombre, es un hurto. Y mucho más en el caso presente: te he dicho mil veces, hermano León, que soy el mayor pecador del mundo, y esto no es piadosa exageración, falsa humildad o visión desenfocada. Cualquier mortal que hubiese recibido las gracias que yo recibí, hubiera correspondido con más generosidad. ¡El hijo de Bernardone un santo! ¡Qué abominación!

Esto último lo dijo bajando mucho la voz.

Había, sin embargo, otro motivo que proyectaba la sombra del primer día. Le informaron que la casa episcopal, donde residía, estaba rodeada de soldados para custodiarlo y defenderlo contra un posible rapto de parte de los perusinos. Esto constituía para el Hermano una detonación en sus entrañas. Se sentía morir.

–A lo largo de mi vida, hermano León, fui deshaciéndome de toda clase de apropiación. Por eso he sido un hombre de paz. La espada y el soldado son para defender las propiedades (así se llamen las fronteras de una patria) o para conquistarlas, y donde hay propiedades, se hace presente la violencia. Mas cuando pienso que esa propiedad soy yo y por la aureola de santo, oh hermano León, me siento morir de tristeza.

Sin embargo, no protestó. Se acordó de la paciencia de Dios y su rostro fue cubriéndose de un halo de serenidad. Aquella noche no durmió. Los estigmas habían elevado mucho la temperatura arterial y una hemorragia más copiosa que de costumbre había provocado una aguda deshidratación. El hermano dolor, no obstante, mantuvo su actitud de cortesía para con el Hermano.

Los cuatro leales veteranos no se acostaron aquella noche. El enfermero fray León no se separó un instante de la cabecera de la cama. Varias veces le curó las llagas. Los otros tres hermanos pasaron la noche lavando las vendas, preparando medicinas domésticas, calentando el agua.

El Hermano Crucificado estuvo lejos toda la noche. Al parecer, no oía nada. A pesar de la temperatura y de la deshidratación, no exhaló gemidos y parecía un autómata que se deja mover y curar sin sentir nada. La beatitud había ocupado aquel cuerpo crucificado.

* * *

Amaneció. Era verano. Parecía la primera aurora del mundo. Como un meteoro incandescente, hizo de improviso su aparición la aurora cubriendo con un manto de gloria todo el valle espoletano desde el Subasio hasta los montes Sabinos. Millares de vencejos y golondrinas tomaron por asalto el azul y aquello era un prodigio enloquecedor de audacia, júbilo, chirridos, canto, vuelos acrobáticos, picadas verticales... Era la vida. La atmósfera se impregnó de la mezcla más embriagadora de perfumes: albahacas, geranios, claveles, rosas, naranjos, azahares, jazmines... Estalló por los aires la música policromada de mirlos, ruiseñores, zorzales, jilgueros y canarios. Era una borrachera de vida y éxtasis.

El Hermano abrió desmesuradamente los ojos e, incorporándose, dijo:

–¿Qué es esto, Dios mío? Parece que hemos llegado ya al paraíso, hermano León. Abrid las ventanas, que entre la creación entera. ¡Qué mal me siento en este palacio, hermano León! Bienaventurados los pobres que abren los ojos y se encuentran bajo el cielo estrellado; extienden los brazos y acarician el árbol, mojan las manos en el arroyo o las calientan en una fogata. Hermano León, me ahogo en esta casa señorial. Quiero la choza, el contacto directo con la tierra, el aire, el agua, la nieve, la escarcha, el orvallo. Soy un pájaro enjaulado. Quiero vivir entre mis hermanas, las criaturas, volar, cantar. No puedo más, hermano León.

–Es el Altísimo, Hermano Francisco; es su voluntad la que ha dispuesto este encierro transitorio.

–¡La paciencia de Dios! –exclamó en voz baja Francisco-. ¡La paciencia de Dios!

Al pronunciar estas palabras, el Hermano se relajó por completo y la dulzura del paraíso cayó sobre él como rocío de mañana.

–Hermano León, busca al hermano Pacífico.

Cuando llegó el *Rey de los versos*, Francisco lo recibió con los brazos abiertos:

–¡Bienvenido, golondrina de Dios! Toma el laúd. Hermanos, aproximaos, formemos coro y entonemos el *Cántico*.

En la amplia habitación principesca resonó por primera vez el *Cántico* con las voces silvestres y viriles de los hermanos. Francisco y Pacífico cantaban las estrofas una por una, y los hermanos las repetían al unísono.

* * *

Al día siguiente vino desde Arezzo un médico, amigo suyo, llamado Buongiovanni, que quiere decir «Buen Juan». Como Jesús dice en el Evangelio que «sólo Dios es bueno», Francisco lo llamaba simplemente hermano Juan, o también Benbegnate (Bienvenido).

–Dime, Benbegnate, ¿qué piensas de mi enfermedad? –preguntó Francisco.

–Con la ayuda de Dios, todo saldrá bien –respondió el otro.

–No me engañes. No temas decirme la verdad, porque ya me entregué en las manos de Dios. Lo único que me importa es asumir la Voluntad de Dios.

–Si así es, te diré la verdad: según nuestros cálculos científicos, a lo sumo llegarás hasta fines de septiembre o principios de octubre.

Al escuchar este diagnóstico, el pobre ciego se estremeció de gozo, se incorporó con gran facilidad al impulso de su alegría, alzó los ojos hacia el cielo, extendió los brazos y repitió varias veces en voz muy alta:

–Bienvenida seas, hermana mía, Muerte. Hermano León, llama a Rufino, Maseo y Ángel para que cantemos todos juntos.

Antes de iniciar el canto, les dijo:

–Hermanos, se me ha anunciado que la Hermana que viene a recogerme para llevarme al paraíso ya está en viaje hacia acá. Es ella la que me franqueará las puertas de la eternidad. Es una gran noticia. Merece que la celebremos con música. Cantemos.

Antes de la entonación, fray León ya era un mar de lágrimas. También los demás se contagiaron. Aun así, todos cantaron más briosamente que nunca, aunque con los ojos llenos de lágrimas. Al llegar a la última estrofa, Francisco mandó callar a los hermanos, e improvisó una nueva estrofa en honor de la hermana Muerte:

«Loado seas, mi Señor, por nuestra hermana muerte corporal
a la cual no hay hombre viviente que pueda escapar.
¡Ay de los que mueren en pecado mortal!
Bienaventurados los que cumplen tu santa voluntad
porque la muerte segunda no les hará mal».

Con la nueva estrofa, el Cántico quedaba completo. Los cronistas dicen que «le cantaban (a Francisco) varias veces al día el *Cántico de las criaturas* para reanimarle el espíritu, y aun durante la noche para edificar y recrear a los guardias que custodiaban el palacio».

Adiós a Asís

Fray Elías no estaba de acuerdo con tanta música. Le parecía que un hombre considerado como santo por todo el pueblo debía guardar cierta compostura y no pasar horas cantando en el umbral de la muerte. Entró, pues, el ministro general en la habitación del enfermo, y le dijo:

–Hermano Francisco, es bueno que estés alegre, pero el pueblo no comprende eso. Tengo miedo de que en la ciudad, donde todos te veneran como santo, se escandalice la gente al ver que no te preparas como es debido a bien morir.

Francisco le respondió:

–Hermano, déjame cantar. No hay mejor manera de expresar la alegría de sentirme cerca de mi Casa. Es mucho lo que sufro, hermano Elías. Lo que alivia estos dolores es el canto y el sentirme tan cerca de mi Dios y mi Padre. Hermano Elías –continuó Francisco–, tus preocupaciones desaparecerían si me transportaras a la Porciúncula. Allá, en el bosque, podemos cantar sin llamar la atención y recibir a la muerte con música y fiestas.

El ministro general decidió que el Hermano fuera trasladado a la Porciúncula. La municipalidad manifestó el deseo de acompañarlo con una pequeña escolta a fin de evitar posibles intentos de rapto. Fray Elías accedió a este deseo.

Los cuatro hermanos colocaron al enfermo en unas parihuelas. Fue descendiendo el cortejo despacio y con cuidado por las calles de la ciudad. Atravesaron la puerta principal, llamada *Portaccia*. Bajaron entre olivares a lo largo de las murallas hasta llegar a la llanura. De cuando en cuando el ciego preguntaba en qué punto se encontraban.

Al llegar frente al hospital de los leprosos San Salvatore delle Pareti, el enfermo mandó detener la comitiva y que depositaran en el suelo la camilla donde yacía, con la cara vuelta hacia la ciudad. Los hermanos ayudaron a Francisco a incorporarse sobre la yacija, y permaneció en esta posición largos minutos con los ojos cerrados.

En pocos minutos desfilaron ante su mente, como instantáneas conmovedoras, tantas predilecciones divinas, consolaciones inesperadas y prodigios de amor acaecidos en los veinte últimos años en la ciudad y su contorno. Allá estaba la casa materna donde por primera vez sintió las insistencias de la gracia. Allá estaban las calles en que, una noche de juerga, cayó Dios sobre él con el peso de su dulcedumbre. Allá estaban San Damian, Rivotorno y la Porciúncula. Allá arriba, el monte Subasio con sus barrancos salvajes y altos eremitorios.

Ahora viajaba a la Porciúncula para morir. Quiso detenerse en este recodo del camino para manifestar su gratitud a la ciudad y darle el último adiós.

Alzó dificultosamente su brazo derecho y, trazando en el aire la señal de la Cruz, dijo:

–Asís, ciudad amada, caiga sobre tus muros y tus hijos la bendición del Altísimo como frescor mañanero. Asís, ciudad amada, ayer guarida de ladrones, hoy mansión de santos. Ayer rumor de guerra, hoy silencio de paz. Nunca falte el trigo y el aceite para los hijos de tus hijos. Señor Jesucristo, extiende la sombra de tus alas sobre sus murallas, sus campanarios y su llanura. Generaciones imperecederas perpetúen tu nombre en el surco de los siglos. Asís, ciudad amada, me voy; te deposito en las manos de Dios. Que seas feliz; adiós.

El cortejo reanudó la marcha y pronto llegaron a Santa María de los Ángeles.

Se apaga el fuego

Los cuatro hermanos instalaron al Hermano en la umbrosa cabaña de la porciúncula, en pleno bosque, a unos cuatro metros de la capilla de Santa María, reparada con sus propias manos.

–Es primavera, hermano León.

–No, no, Hermano Francisco. Estamos en los primeros días de otoño.

–Siento el perfume de todas las flores, el rumor de todos los bosques, la frescura de todos los prados. Parece primavera. ¡Qué dicha! ¿Quién sabe si ha estallado en mis venas una primavera? ¡Me siento tan feliz, hermano León! Dile a fray Pacífico que convoque a los hermanos juglares, aquellos que le acompañan como coro en sus salidas trovadorescas, que se instalen en este bosque y que no cesen de cantar el *Cántico* día y noche, ahí fuera, a pocos metros de esta cabaña, hasta que yo descanse en el Señor.

Con su regreso a la Porciúncula, teatro de tantas consolaciones divinas, pareció reanimarse el enfermo. Era apariencia, sin embargo. Las extremidades y el vientre los tenía completamente hinchados, presentando una figura deforme. Le quedaban pocos días de vida. El hermano Dolor lo trataba cada vez con más delicadeza. La belleza del atardecer y la paz del crepúsculo tejieron una vestidura y con ella cubrieron su rostro hasta el postrer suspiro. Su alma navegaba por los mares de la eternidad.

–Hermano León, escucho la música callada de violines y arpas de oro –dijo–. Las melodías vienen desde muy lejos.

Al decir esto, el Hermano parecía regresar de un largo viaje.

–¡Cuándo descansaré en los brazos de mi Padre! Tengo el alma errante de los expatriados... ¡Cuándo divisaré las doradas colinas de mi Patria!

«Escribe, hermano León: Soy un río, ¿cuándo descansaré en el Mar?

«Todas las tardes, las grandes aves vuelan desde mis nidos hacia las Montañas Eternas. ¿Cuándo llegarán? ¿Dónde está Aquel que busca mi alma? Eres el Agua Inmortal. ¿Por qué no apagas mi sed?

«Las cuerdas de mi arpa están tensas. Pulsa, Señor, sin miedo; no importa que se rompan con tal de que saques una melodía inmortal.

«Apaga la lámpara, Señor, que quiero dormir».

* * *

Los cuatro leales veteranos no se separaban un instante de su lado. El *Cántico* no cesaba en el bosque aledaño. El cuerpo de Francisco no tenía parte sana. ¿Cómo no se rompía aquella ánfora? Su supervivencia parecía un prodigio. El hermano Dolor se mantenía delicado y cortés con Francisco.

–Todo fue hermoso –pensaba el Hermano mirando hacia atrás–. Aquella mañana la piedad de Dios me dio la victoria más importante de mi vida.

Se refería al episodio en que, depositando las ropas en las manos de Pietro Bernardone, quedó desnudo delante de todo Asís.

–León, Maseo, Ángel, Rufino, aproximaos, y despojadme de todas las ropas.

Los hermanos vacilaron.

–¿Será que el Hermano delira? –pensaron.

En vista de su vacilación, Francisco les dijo:

–Viejos camaradas en mil combates, no vaciléis. El Padre me echó desnudo a este mundo, y desnudo quiero volver a sus brazos. Quiero morir desnudo, como mi Señor Jesucristo. Quiero morir en los brazos de la Dama Pobreza y en el seno de la Madre Tierra, mi hermana. Proceded, pues, a retirarme las ropas.

Uno por uno, le despojaron de sus vestidos hasta dejarlo completamente desnudo. A los cuatro hermanos se les fue al suelo toda la fortaleza y rompieron a llorar como niños, incluso el más sereno, Rufino. Francisco tapaba con su mano derecha la llaga del costado. Era un cuerpo hinchado, lívido, martirizado por las penitencias y las enfermedades. ¡Qué espectáculo!

–Ahora tomadme y depositadme sobre la tierra desnuda –les dijo.

Lo tomaron con suma delicadeza y lo colocaron sobre el suelo de tierra. El Hermano cerró los ojos.

Hizo un recorrido mental por los veinte fecundos años y sintió una inmensa satisfacción y gratitud por la misión cumplida. Abrió los ojos y, dirigiéndolos a los hermanos, dijo con voz vigorosa: «Con la gracia de Dios he cumplido mi deber; que Cristo os ayude a cumplir el vuestro».

–Hermana Madre Tierra, quiero dormir en tus entrañas. Pero, antes de dormirme, escucha los latidos agradecidos de mi corazón. Gracias por tus limpios arroyos: ellos nacen en las altas vertientes; sus aguas son frescas porque corren por las sombrías hondonadas y sacian la sed de los caminantes.

«Gracias, hermana tierra, por las cuevas y cavernas. En ellas resplandece de manera especial el rostro de Dios; en ellas pasan las noches los peregrinos; en ellas se calientan los mendigos en invierno con fogatas; en fin, son moradas para los pobres.

«Gracias, hermana tierra, por tus duros pedernales que nos dan el fuego, el cual ilumina la noche, nos preserva del frío, alegra la vista, cauteriza las heridas y purifica la tierra.

«Gracias, hermana tierra, por tus vientos y brisas. Ellos nos refrescan en el estío, en sus alas se esparcen las semillas de vida y ellos mueven las aspas de los molinos.

«Gracias, hermana tierra, por las hortalizas, los trigales, los huertos de frutas, las fuentes de agua fresca, por los árboles donde anidan los pájaros.

«Gracias, hermana tierra, por la cuna que nos prestas para dormir el sueño eterno».

Todo esto dijo el Hermano con los ojos cerrados, yaciendo desnudo en el suelo boca arriba. Luego intentó ponerse boca abajo para besar la tierra, en señal de gratitud. No pudo. Entonces apoyó las palmas de sus manos sobre el suelo y dijo:

–Gracias.

–Hermano León, dile a fray Pacífico que entone el *Cántico del hermano sol*.

Fue un espectáculo para conmover a las piedras: a pocos metros de la cabaña, los hermanos cantando a todo pulmón el

Cántico; los cuatro veteranos, además de fray Bernardo y algunos más, llorando a mares; fray León con una rodilla clavada en el suelo, apoyando su cabeza en la pared de la cabaña, llorando desconsoladamente; el Hermano, desnudo en el suelo, con los ojos cerrados y el rostro apacible, repitiendo las estrofas que en el exterior cantaban los hermanos…

Terminada esta «liturgia» de cortesía para la Dama Pobreza y gratitud para la Madre Tierra, el Hermano no quiso que lo levantaran todavía. Esperó a que le prestaran como limosna alguna prenda de vestir, ya que, siendo un verdadero pobre, no tenía derecho a nada. Manifestó esta idea, y el guardián de la Porciúncula le trajo algunas prendas de vestir y se las entregó, diciéndole entre sollozos:

«Te presto esta ropa interior, esta túnica y esta capucha, y para que conste y sepas que no tienes propiedad alguna sobre ellas, te prohíbo por santa obediencia que las des a nadie».

Era la fórmula de la pobreza absoluta y altísima.

Al oír estas palabras, aquel agonizante pareció resucitar. Vibró todo su ser; se estremeció su alma de indecible alegría. Levantó los brazos, y dijo:

–Bendita seas mil veces, Santa Señora Pobreza, que nos libertas de todas las cadenas y nos arrojas desnudos y libres en los brazos de Dios.

Entonces pidió que lo colocaran de nuevo en el lecho. Así lo hicieron con infinita veneración.

* * *

El Hermano Crucificado fue apagándose como un cirio. Su voz era cada vez más débil. Su rostro estaba vestido de la dulzura del paraíso. El *Cántico* seguía resonando en el bosque casi sin tregua día y noche. Diferentes grupos de hermanos se turnaban para cantarlo sin cesar. En un momento, el Hermano dijo:

–Es el preludio, preludio de la sinfonía eterna.

Fue despidiéndose de todos.

–Hermano León –le dijo–, camarada fiel de mil batallas, secretario y enfermero, mi madre en tantas jornadas, me despido. Perdóname por haberte arrastrado por caminos pedregosos en nuestras andanzas caballerescas por Cristo. Todas las palabras del lenguaje humano quedan cortas para expresar la gratitud que siento por ti. Te bendigo más de lo que puedo. Y te espero de pie bajo el gran arco de la eternidad. Adiós.

Fray León ni siquiera escuchó estas palabras. Estaba derribado por la emoción y las lágrimas.

Dirigiéndose al primer compañero, fray Bernardo, e imponiéndole las manos, le dijo:

«Absuelvo y bendigo cuanto puedo, y aun más de lo que puedo, a todos mis hermanos ausentes. Haz que les lleguen estas palabras y bendícelos en mi nombre».

Sospechando que pronto sería objeto de persecución (y no se equivocó), añadió:

«Es voluntad mía que en la Orden siempre sea amado con particular afecto mi querido hermano Bernardo, quien fue el primero en dar sus bienes a los pobres y en emprender conmigo el camino del Evangelio».

* * *

En esto llegó un hermano proveniente de San Damián, diciendo que Clara y las hermanas pobres estaban llorando inconsolables. Para ellas envió este mensaje:

«Yo, el pequeñito hermano Francisco, deseo seguir hasta el fin la pobreza del Señor y de su Santa Madre, y les suplico de rodillas a ustedes, mis señoras, que nunca se aparten de este camino, por más que otra cosa les aconsejaren algunos».

Volviéndose al mensajero, añadió:

«Dile a la Hermana Clara que le prohíbo dejarse llevar de la tristeza; y que sea en esta oportunidad la gran dama que siempre fue».

Acordándose de su amiga romana Jacoba de Setesolios, dijo:

«Muy triste se pondría si se enterase de que salí de este mundo sin antes avisarle».

Y comenzó a dictar para ella una carta que decía así:

«A la dama Jacoba, sierva de Dios, el hermano Francisco, Pobrecito de Dios, salud en el Señor y unión en el Espíritu Santo. Amiga carísima, debo avisarte que se acerca el fin de mi vida. Por tanto, ponte pronto en camino si quieres verme todavía vivo. Trae contigo una mortaja de saco para envolver mi cuerpo y cuanto sea necesario para la sepultura. Te ruego traerme también de aquellos pastelitos de almendras que solías prepararme cuando estaba enfermo en Roma…»

Hasta ahí llegó el dictado de la carta. En este momento entró en la choza un hermano, diciendo:

–Hermano Francisco, la noble dama Jacoba acaba de llegar con sus dos hijos.

«¡Alabado sea Dios! –exclamó el Hermano–. Abridle la puerta, pues no rige para "fray" Jacoba la prohibición de entrar aquí mujeres».

Era otro espectáculo: la elegante dama romana, con sus hijos y séquito, con sus perfumes y vestidos de encajes en la choza mortuoria del Pobre de Dios, desbordando costumbres monacales de clausura: sorprendente libertad de hijos de Dios...

Después de saludarse, le preguntó Francisco si había traído los pastelitos de almendras. Ante la respuesta afirmativa de la dama, el Pobre invitó a todos los hermanos de la cabaña, diciéndoles:

–Venid acá todos, y comamos los sabrosos dulces preparados por «fray» Jacoba.

Estaba escrito en la vida de este hombre que todo sería sorprendente: ¡la víspera de morir, en torno de un agonizante, en la cabaña mortuoria, comiendo alegremente golosinas! Fue un espectáculo único en la historia del espíritu. ¡Qué libertad! ¡Qué madurez!

* * *

Con la llegada de «fray» Jacoba, pareció reanimarse el Hermano; pero enseguida se hundió de nuevo en la agonía. En realidad, le faltaban pocas horas de vida.

Levantando levemente la voz, y dirigiéndose a los hermanos presentes, les dijo:

«Cuando me veáis en las últimas, ponedme en el suelo, como ayer, y cuando haya expirado, dejadme todavía en el suelo el tiempo que se tarda en andar una milla».

Desde la espesura del bosque subía cada vez con más fervor el *Cántico del hermano sol*. A las voces del bosque se agregaron las voces de la cabaña, y a las voces de la cabaña se acopló la voz tenue del agonizante, y el mundo entero parecía cantar el *Cántico* con la estrofa a la hermana muerte.

* * *

No había estertores. El Pobre de Dios se apagaba como un humilde cirio, como la luz de un candil cuando se acaba el aceite. Los cuatro veteranos y leales hermanos, clavados en cuclillas en torno al lecho mortuorio, no se apartaron ni un instante. A estas alturas, no le suministraban medicinas. Todo estaba consumado. Simplemente aguardaban a que el fuego se apagara. Sollozaban tranquilamente y sin suspiros.

Sólo fray León tenía desahogos más compulsivos. Por esta razón, se levantaba, iba al otro costado de la cabaña, hincaba una rodilla en el suelo, apoyaba el codo sobre la otra rodilla recostando la cabeza sobre la pared. En esta posición permanecía largas horas llorando inconsolablemente. No le importaba que lo vieran llorar y, al parecer, la fuente de sus lágrimas era inagotable.

* * *

La voz de Francisco era debilísima. Y cuando sus labios comenzaban a moverse, los hermanos se le aproximaban para escuchar sus últimas palabras.

–Hermano León –dijo el Hermano–, oigo las campanas de la eternidad. Me están llamando a la fiesta. ¡Qué alegría!

Hubo un largo silencio.

De pronto, inesperadamente, como quien llega de regiones desconocidas, el Pobre de Dios levantó la voz y dijo:

–Hermano León, escribe estas mis últimas palabras: Mi Señor, me arrastraré de rodillas hasta tus pies, me sentaré a tu sombra y cubriré con las dos manos mi desnudez. Con tus manos tomarás mis manos, me levantarás, me abrazarás y me dirás: Eres hijo de mi Amor y sombra de mi Sustancia. Me besarás en la frente y colgarás una guirnalda a mi cuello. Pondrás anillo de oro en mi anular y vestido de príncipe sobre mi desnudez.

«Y me dirás: Hijo mío, mírame a los ojos. Mírame y allá lejos, sobre las últimas laderas de tu corazón, veré escrito mi nombre. Y yo te diré: Déjame entrar en ese mar. Y Tú me dirás: Entra. Y avanzaré mar adentro, y me perderé allí, y perderé la cabeza, y soñaré.

«¿No te da vergüenza tenerme por hijo?, te preguntaré. Y me responderás: ¿No has visto escrito tu nombre en el rincón más florido? Pondrás tus mejillas sobre las mías y me dirás: Por los espacios siderales no hay otro: eres el único.

«Mi Dios, ¿es verdad que me soñaste antes de que el rocío apareciera en la madrugada? ¿Es verdad que tus pies caminaron por los siglos y por los mundos detrás de mi sombra fugitiva? Dime, ¿es verdad que cuando me encontraste el cielo se deshizo en canciones? ¿Es verdad que cuando se me rinden los ojos y me entrego en brazos del sueño, tú quedas a mi lado velando mi descanso?

«¿Qué tengo que darte?, te preguntaré. El dar me corresponde a Mí, a ti sólo el recibir, responderás. ¿Por qué no hablas?, te preguntaré. El silencio es el lenguaje del amor, responderás.

«Esta noche llegaré a tu casa. Me acostarás sobre un lecho de flores. Entornarás las ventanas para que la luna no me dé en los ojos. Te diré: Vengo de lejos; soy un niño cansado y herido, y tengo sueño. Con manos de madre me tocarás los ojos y me dirás: Duerme. Y me perderé en el mar...»

* * *

Se hizo un larguísimo silencio. Nadie hablaba. Todos miraban al agonizante.

Un hermano leyó el Evangelio de la Pasión según san Juan.

Era el atardecer del 3 de octubre de 1226. Los últimos rayos de oro cubrían de nostalgia y aires de eternidad los picos más altos de los Apeninos. La tierra había entregado su cosecha dorada y presentaba el rostro de satisfacción de quien ha cumplido su misión.

Inesperadamente, el agonizante abrió los ojos; hizo ademán de incorporarse, diciendo:

–¡Ya llega! ¡Ya llega!

Había en su voz y en su expresión algo de ansiedad, mucho de alegría y una cierta sensación de alivio de quien va a ser liberado de la cárcel. Los hermanos lo miraron expectantes. El agonizante se hundió de nuevo en su lecho y quedó en silencio, respirando con dificultad.

A los pocos minutos abrió de nuevo los ojos, y esta vez sin ninguna ansiedad y sin moverse, dijo:

–¡Ya ha llegado!

Con voz debilísima añadió:

–Hermanos, ayudadme a incorporarme.

Los cuatro veteranos lo tomaron con gran veneración y lo sentaron en el lecho mortuorio.

Extendió los brazos y, mirando hacia la puerta de la choza, dijo con voz apagada:

«Bienvenida seas, hermana mía, Muerte». No sé por qué todo el mundo te teme tanto, amable hermana. Eres la hermana libertadora, llena de piedad. ¿Qué sería sin ti de los desesperados, de los sumidos en la cárcel de la tristeza? Nos libras de este *cuerpo de pecado*, de tantos peligros de perdición. Nos cierras las puertas de la vida y nos abres las puertas de la Vida.

Luego, dirigiéndose a los presentes, les dijo:

–Caballeros de mi Señor, si en el transcurso de nuestra breve vida hemos rendido cortesía caballeresca a Nuestra Señora Pobreza, es correcto que lo hagamos ahora con la Señora Hermana Muerte que acaba de llegar para librarme de la cárcel del cuerpo y llevarme al paraíso inmortal.

* * *

E improvisó una «liturgia» caballeresca. Mandó al médico que se plantara en la puerta de la choza y que, como introductor de embajadores, anunciara solemne y gozosamente la llegada de la ilustre visitante.

Pidió a los hermanos que lo colocaran en el suelo. Por última vez los cuatro leales veteranos lo tomaron con infinita reverencia y lo colocaron en la tierra sobre una piel de oveja. El Hermano mandó que, en honor de la hermana Muerte, derramaran polvo y ceniza sobre su cuerpo. Así lo hicieron.

Pocos minutos después el moribundo comenzó a rezar el salmo «Con mi voz clamé al Señor». Los hermanos lo continuaron.

El Hermano tenía cuarenta y cinco años. En veinte años escasos había consumado esta singular historia del espíritu.

En el bosque y en la cabaña, los hermanos seguían cantando fervorosamente el *Cántico del hermano sol*.

El Hermano yacía en el suelo. Ya no se movió más.

Todo estaba consumado.

* * *

En este momento se formó espontáneamente, sin ningún plan premeditado, un cortejo triunfal que acompañaría al Pobre de Dios hasta el umbral del paraíso.

Abrían la marcha los ángeles, arcángeles, querubines, serafines, principados y potestades. Ocupaban el firmamento de un extremo a otro y cantaban *Hosannas* al Altísimo y a su siervo Francisco.

Luego venían los jabalíes, lobos, zorros, chacales, perros, pumas, bueyes, corderos, caballos, leopardos, bisontes, osos, asnos, leones, paquidermos, antílopes, rinocerontes. Todos ellos avanzaban en orden compacto. No se amenazaban ni se atacaban unos a otros. Al contrario, parecían viejos amigos.

Detrás volaban los murciélagos, mariposas, abejas, cóndores, colibríes, alondras, moscardones, golondrinas, grullas, zorzales, pinzones, perdices, gorriones, ruiseñores, mirlos, gallos, gallinas, patos. Había tal armonía entre ellos como si toda la vida hubieran convivido en el mismo corral en la mejor camaradería.

Más tarde seguían los caimanes, delfines, hipopótamos, peces espada, ballenas, pejerreyes, dorados, peces voladores, truchas. Era admirable: los peces grandes no se comían a los peces chicos. Parecían hermanos de una misma familia. Finalmente cerraban el cortejo las cobras, anacondas, víboras, boas, lagartos, lagartijas, dinosaurios, plectosaurios y serpientes de cascabel.

Mientras en el bosque de la Porciúncula no cesaba de resonar el *Cántico del hermano sol*, todos estos *hermanos* cantaban, gritaban, piaban, graznaban, rebuznaban, silbaban bramaban, aullaban, ladraban, rugían, balaban, mugían.

Desde el principio del mundo no se había escuchado semejante concierto. Todas las criaturas, según su naturaleza, cantaban aleluyas a su amigo y hermano Francisco. Y Francisco y las criaturas alababan, al unísono, al Altísimo Creador.

Detrás de esta escolta triunfal, el Hermano de Asís, sentado sobre un burrito, se despegó de la tierra y empezó a cruzar los cielos. Se había abierto la puerta grande del paraíso como en las grandes solemnidades. Desde el día de la Ascensión, no se había abierto esa puerta.

El Pobre de Dios arrastraba consigo a toda la creación al paraíso.

Había reconciliado la tierra con el cielo, la materia con el espíritu. Era una llama desprendida del leño. Era la piedad de Dios que retornaba a casa.

Lentamente, muy lentamente, el Hermano fue internándose en las órbitas siderales. Fue alejándose como un meteoro azul hasta que se perdió en las profundidades de la eternidad.

ÍNDICE

Capítulo Primero
AMANECE LA LIBERTAD

CAPÍTULO SEGUNDO
SUBE EL SOL

CAPÍTULO TERCERO

EL SEÑOR ME DIO HERMANOS

CAPÍTULO CUARTO
A LOS PIES DE LA SANTA IGLESIA

CAPÍTULO QUINTO
LA GRAN DESOLACIÓN

CAPÍTULO SEXTO
LA ÚLTIMA CANCIÓN

Se terminó de imprimir en los talleres de
EDITORIAL ALBA, S.A. DE C.V.
Calle Alba 1914, San Pedrito, Tlaquepaque, Jal.
el 30 de julio de 2009. Se imprimieron
5,000 ejemplares, más sobrantes para reposición.